KB039115

생성형 AI의 법과 윤리에 대한 문답

The Law and Ethics of Generative AI

생성형 AI의
법과 윤리에 대한 문답

김윤명

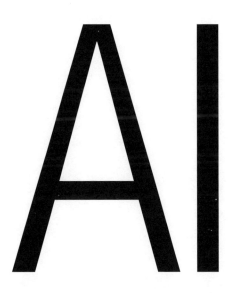

박영사

추 천 사

강민구(서울고등법원 부장판사)

지난해 11. 30. 미국 오픈 AI사에서 세계 최초로 챗 GPT를 출시하여 생성형 AI의 판도라 상자가 열렸다. 그 후, 마치 고대 삼국지 시절의 전쟁을 보는 듯한 생성형 AI를 둘러싼 거대한 소리 없는 전쟁이 벌어지는 중이다. 오픈 AI에 10억 달러를 투자한 MS는 챗 GPT 4.0 버전의 기능에 자사의 빙 검색 결과까지 종합한 BING 챗봇을 출시해서 시장을 선점했다. 하지만 인공지능의 종가인 구글도 이에 뒤지지 않는 실력으로 2023. 2.에 BARD를 출시했고, 2023. 5. 11. BARD 한국어판이 출시되었다. 지난 8. 24.에는 그동안 국내 사용자가 기다렸던 네이버의 클로바 X 한국형 생성형 AI가 출시되어 한창 사용자의 요구에 부응 중이다.

이러한 범용 생성형 AI 외에도 법조 분야에서는 양대 글로벌 DB 사업자인 West Law와 LEXIS NEXIS 사에서 경쟁적으로 영미법 분야를 중심으로 이미 법조 전용 생성형 AI를 출시하여 치열한 경쟁을 벌이는 중이다. 더구나 이 두 회사는 머지않은 시기에 한국의 법률 정보 관련 종합적인 한글 데이터를 이식할 것이 예상되어 국내 법조에 쓰나미와 같은 영향을 끼칠 것이다.

언론지상에는 연일 약방의 감초처럼 GPT 용어가 거론되고 있고, 서점가에는 이러한 생성형 AI 관련 서적이 백화쟁명식으로 쏟아지고 있다.

이런 시절 인연 속에 이번에 저자가 적절한 질문을 만들고, 생성형 AI가 답변한 원문, 윤색, 개작, 직접 자신의 생각을 육필로 적은 것 등 여러 방법을 다 사용하여 충실한 생성형 AI의 종합적 문답식 교재를 집필했다. 특히, 법률 전문가가 아니면 물어볼 수 없는 저작권 등 각종 법률적 쟁점에 관한 질문이 망라되어 있다.

추천인은 AI 전문가가 아니다. 좀 더 일찍 관심을 가지고 많이 사용해 본 사용자에 불과하다. 따라서 고생한 저자의 이번 저서에 대해 어떤 평을 하는 것은 어찌 보면 주제가 넘는 것이다. 그래도 추천을 청하는 저자의 청을 거절하지 못하고 이 글을 적어 보았다.

국내에서 생성형 AI를 소개하는 책은 크게 두 가지로 분류된다. 컴퓨팅이나 AI를 전공한 공학자가 접근하는 경우가 있고, 법학이나 인문학을 전공한 문과적 소양을 가진 저자가 있다. 이번 저서는 후자의 경우에 속한다.

저자는 그동안 산업계, 국회, 학계 등 다양한 분야에서 일한 경력을 가지고 있다. 지식재산법 분야의 박사학위도 취득한 학구파이기도 하다. 지금은 한림국제대학원대학교에서 글로벌게임전공 교수로 있으면서, 올해 디지털 관련 법제와 정책연구를 위해 '디지털정책연구소'를 세웠다. 추천인은 한국정보법학회 활동을 하면서 저자를 알게 된 인연이 있다. 성실한 자세로 토론하던 때의 저자 모습이 이미지로 떠오른다.

백화쟁명식 난무하는 관련 업계의 여러 저서 중에 군계일학처럼 잘 정리된 이번 저서가 강호의 관심 있는 모든 분께 디딤돌이 되기를 바라는 마음이다. 또한 저자가 앞으로 더욱더 호기심, 탐구심, 열정을 가지고, 깊은 연구 활동을 지속하여 우리 사회에 큰 등불이 되기를 바라는 심정이다.

방대한 문항을 직접 만들고 잘 정리한 저자의 노고를 치하하면서 부족한 추천사를 마감한다.

2023. 8. 31.
강민구

추천의 글

배경훈(LG AI연구원 원장)

AI를 잘 활용하는 것이 개인과 기업의 경쟁력이 될 것이라는 생각이 널리 퍼짐에 따라, AI 기술의 발전과 함께 이를 활용하는 시장 역시 빠르게 성장하고 있습니다. 그 중에서도 학습한 데이터의 범주를 넘어선 결과물을 생성해주는 생성형 AI 기술이 주목을 받으며 점점 더 많은 산업과 분야에서 적용되어 산업의 혁신과 업무의 효율성을 도모하고 있습니다.

생성형 AI 기술이 고도화될수록 데이터 윤리, 저작권법 등 직접적으로 관련이 있는 법과 제도뿐만 아니라 AI라는 기술의 신뢰성, 투명성, 책임성 등도 화두가 되어갈 것입니다. 그러나 이러한 기술의 급속한 발전에 비해 법과 제도는 항상 빠르게 발전하는 기술을 따라가지 못한다는 비판을 받아왔습니다. 이로 인해 사업가들과 창작가들은 현재의 법적 규제와 함께 생성형 AI를 활용하기 어려운 상황에 직면하기도 합니다. 이 책은 그런 어려움에 직면한 이들을 위해 소중한 해결책과 조언을 제공하고자 합니다.

"생성형 AI의 법과 윤리에 대한 문답"는 뛰어난 전문성과 명쾌한 기술적 설명으로 생성형 AI와 관련된 법적 문제들과 윤리적 이슈들을 해결하는 데에 필요한 노하우를 제공합니다. 이 책은 500여개의 질문과 답변을 통한 사례 연구를 바탕으로 생성형 AI를 활용하는 사업가와 창작가 들에게 유용한 가이드가 될 수 있습니다. 또한, 제도의 발전 속도와 기술의 발전 속도를 조화시키기 위해 필요한 제도적 개선 방안을 탐구하고 있습니다.

생성형 AI를 활용하여 사업을 기획하거나 창작을 하는 분들에게 이 책이 현명한 판단과 안전한 실행을 도울 수 있기를 바랍니다. 더 나아가, 제도와 기술의 발전을 촉진시키는데 기여함으로써 생성형 AI 시장 전반의 건전한 성장에도 기여할 수 있을 것입니다. 기술과 제도의 만남을 이해하는 노선도로서, 그리고 생성형 AI 시장에서 성공하고 창의적인 활동을 할 수 있는 지혜로운 길잡이로서, 이 책을 추천 드립니다.

'생성형 AI의 법과 윤리'에 대해 묻고 답하다!

"인공지능(AI)은 어디까지 나아갈 것인가?"

딥러닝 알고리즘으로 AI가 고양이를 식별했을 때, 놀라움을 금치 못했다.

알파고가 이세돌에게 불계승할 때도, 세상은 놀라움이 가득했다.

AI가 큰 파도처럼 밀려오는 듯했고, 인간은 존재이유가 사라지는 듯했다.

다행히 그런 우려는 오래가지 않았고, 세상은 평정심을 되찾았다.

다만, 여러 면에서 AI는 인간을 대신할 수 있을 것이라는 기대가 자리했다.

실상, AI가 인간을 대신한다.

아니, 요즘 ChatGPT가 이끈 생성형 AI는 인간을 넘어선다.

인간은 어떻게 해야 하나?

새로운 종, 또는 인류가 나타난 것일까?

인간은 이들과 공존을 고민해야 하지 않을까?

수많은 질문이 쏟아지나 현명한 답은 찾기 어렵다.

이 책은 긴 질문의 여행이다.

삶의 가치에 대한 여행이기도 하다.

기본적인 골격과 스토리 구성을 짰다.

ChatGPT에 그것을 질문으로 하였고, 그에 대한 답변을 결합하였다.

답변은 단순하고 심플했다.

세상은 복잡하지 않은 그걸 원했고, 그 답변을 아이디어로 하여 새로운 창작을 하였다.

우문현답이라고 했던가?

ChatGPT의 답변이 저작권이 있는지는 논할 거리가 많다.

다만, 아이디어 차원의 내용을 정리하는 것으로 활용하였다.

답변의 책임은 저자에게 있다.

큰 흐름이 정말 큰 것인지는 비켜나 봐야 안다.

그 흐름에서 잠시 비켜서서 정리한 것이다.

이 흐름은 지속될 것으로 보인다.

끝이 어디일지도 모르는 흐름은, 끝까지 가 봐야 안다.

그 끝에 내가 갈 수도, 어쩌면 갈 필요도 없을지도 모를 일이다.

하여, 흐름에 맡길 뿐이다.

2023. 4. 3.

'생성형 AI의 법과 윤리'에 대해 묻고 답하다!

차례

제2장
프롬프트 엔지니어링

제3장
생성형 AI 및 데이터 윤리

제4장
생성형 AI와 법

제5장
생성형 AI와 저작권

제6장
데이터 공정이용

제7장
디지털 저작권과 기계의 저작권 향유

제8장
AI발명과 기술공개

제10장
AI의 위험과 신뢰의 확보

서장

1. AI가 가져오는 장점은?

인공지능(artificial intelligence; AI)은 산업부터 일상생활에 이르기까지 거의 모든 분야에서 활용되고 있으며, 우리에게 다양한 혜택을 주고 있다. AI가 가져오는 주요 장점에 대해 설명하면 다음과 같다. 무엇보다 높은 생산성을 가져다준다. AI 기술은 빠르고 정확한 처리를 가능하게 하므로 인간과 비교했을 때 생산성을 대폭 향상시킨다. 산업 분야에서는 자동화가 가능한 공정에 적용하여 불필요한 인력을 대체하고, 서비스 분야에서는 고객 문의나 예약 등을 자동으로 처리함으로써 업무 부담을 줄일 수 있기 때문이다.

다음으로 더 나은 의사결정을 내린다. AI는 데이터를 분석하여 패턴을 파악하고 예측할 수 있으며, 이로써 기업이나 정부 등이 보유한 대규모 데이터를 활용하여 더 나은 의사결정을 내릴 수 있게 해 준다. 예를 들어, 금융 기관은 AI를 활용하여 신용 승인, 부정 거래 탐지 등의 작업을 수행하고, 정부는 AI를 활용하여 재난 예방 및 대응, 보건 분야에서의 질병 예측 등에 활용할 수 있다.

또한, 사업자에게는 새로운 비즈니스 모델을 만들어 준다. AI 기술은 새로운 비즈니스 모델을 발견하는데 큰 도움을 준다. 예를 들어, 스마트 스피커나 스마트폰을 활용하여 가정용 전자제품을 제어하는 IoT 기술이 대표적이다. 또한, AI 기술을 활용하여 개인화된 서비스를 제공하거나, 고객 데이터를 분석하여 새로운 시장을 발견하는 등의 활용 방안도 가능하다.

아울러, AI가 가져오는 장점으로는 비용 절감을 해 준다는 점이다. AI 기술을 활용하면 고객 서비스를 자동화함으로써 비용을 절감할 수 있다. 예를 들어, 인터넷 쇼핑몰에서는 AI를 활용하여 고객의 취향을 분석하고 추천 상품을 제공함으로써 고객 서비스를 개선하고, 동시에 인력 비용을 절감할 수 있다.

끝으로, AI가 가져오는 긍정적이자, 부정적인 면이 일자리 문제이다. AI는 새로운 일자리를 창출한다. AI 기술은 새로운 일자리 창출에 큰 기회를 제공한다. 예를 들어, AI 개발자, 데이터 분석가, 로봇 공학자 등과 같은 새로운 직업이 생성될 수 있다. 또한, AI를 사용하여 생산성을 높이고 비용을 절감할 수 있으므로, 기업이 더 많은 자원을 투입함으로써 성장할 수 있는 가능성이 높아진다. 이는 국가적으로도 유리한 영향을 미친다. 더욱 효율적인 생산성을 달성하면 국가 경제가 성장하고, 이에 따라 새로운 일자리가 생기는 경향이 있기 때문이다. 다만, 18세기의 러다이트 운동과 같은 새로운 러다이트 운동도 무시하지 못한다. 새로운 일자리 창출 이면에 사라지는 일자리 문제도 충분히 고려되어야 하는 이유이다.

2. AI가 인간의 삶을 어떻게 변화시킬까?

AI는 이미 우리의 삶에 큰 변화를 가져왔다. 이제는 우리가 생각하기도 전에 AI가 우리 주변에서 일어나는 일들을 통제하고 있다. 예를 들면, 우리가 검색 엔진에서 검색하는 내용을 분석하여 우리의 관심사를 이해하고, 스마트폰에서 음성 명령을 받아 실행한다. AI는 또한 우리의 직업과 경제 구조에도 영향을 미친다. AI가 점점 발전함에 따라 기계가 인간의 일을 더 많이 대신하게 된다. 이것은 일부 산업에서는 일자리가 사라질 수도 있지만, 반대로 새로운 일자리가 생기는 경우도 있을 수 있다. 예를 들어, AI 개발자, 데이터 과학자, 로봇 엔지니어 등의 새로운 직업이 생길 수 있다.

또한, AI는 의학과 헬스케어 산업에서도 큰 역할을 할 것으로 예상된다. 예를 들어, AI는 의료 영상을 분석하여 질병을 조기 발견하고, 환자에게 맞춤형 치료 계획을 제시하는 데 사용될 수 있다. 마지막으로, AI는 교육, 문화 및 엔터테인먼트 산업에서도 큰 역할을 할 것으로 예상된다. AI는 학생들이 배우기를 더욱 쉽게 하고, 문화 제품을 더욱 맞춤화하며, 엔터테인먼트 산업에서 새로운 경험을 제공할 수 있다.

AI는 우리의 삶을 근본적으로 변화시키고 있다. 이러한 변화는 긍정적일 수도 있고 부정적일 수도 있지만, 우리는 이러한 변화를 수용하고 대처하기 위해 노력해야 한다. AI에 대해 잘 이해할수록 우리는 공존할 수 있는 능력을 얻게 될 것이다.

3. AI의 문제점과 해결방안은?

AI의 발전과 함께 다양한 문제점들이 발생하고 있다. 그중에서도 가장 큰 문제점은 데이터의 부족과 편향성이다. AI는 데이터로부터 학습을 하기 때문에 데이터의 양과 질이 매우 중요하다. 그러나, 충분한 양과 질의 데이터를 구하는 것이 어렵기 때문에 학습 결과에 편향성이 생길 수 있다. 또한, AI가 만들어 내는 결과물이 어떻게 도출되었는지를 설명할 수 없는 블랙박스(black box) 문제도 있다. AI가 복잡한 패턴을 인식하고 예측하는 능력을 가지기 때문에 그 결과물이 어떻게 만들어졌는지 이해하기가 어려울 수 있다. AI 기술이 사회와 경제에 미치는 영향도 문제가 된다. AI 기술이 적용되면서 일부 직업이 자동화되고, 불균형한 배분이 발생할 수 있다. 또한, AI가 인간의 생각과 행동을 모방하다 보면 인간의 사생활과 관련된 문제도 발생할 수 있다.

이러한 문제들을 해결하기 위한 여러 가지 방안이 있다. 예를 들어, 데이터의 양과 질을 개선하고 편향성을 줄이기 위해 다양한 데이터를 수집하고, 데이터를 전처리하는 방법 등이 있다. 또한, AI의 작동 방식을 설명할 수 있는 투명한 방식을 개발하는 것도 중요하다. 마지막으로, AI가 사회와 경제에 미치는 영향을 고려하여 적절한 법적 규제와 윤리적 지침을 마련하는 것도 중요하다. 알고리즘의 공개와 같은 규제나 감사(audit) 제도가 논의되는 이유이기도 하다.

4. 왜, 생성형 AI인가?

생성형 AI는 인공지능 분야에서 가장 혁신적인 기술 중 하나로, 기존의 인공지능 기술이 가지고 있던 한계를 극복하기 위한 목적으로 개발되었다. 예를 들면, 기존의 인공지능 기술은 사전에 정의된 규칙에 따라 동작하고, 입력 데이터를 분석하여 사전에 학습된 패턴과 일치하는 결과를 출력하는 것이 일반적이었다. 그러나, 생성형 AI는 이러한 제한을 넘어서 자체적으로 새로운 데이터나 정보를 생성하는 능력을 가지고 있다. 따라서, 생성형 AI는 다양한 분야에서 활용이 가능하며, 예측 불가능한 새로운 정보나 창의적인 결과물을 만들어 낼 수 있는 능력을 갖추고 있다. 예를 들어, 음악, 예술, 문학 등 예술 분야에서 생성형 AI는 새로운 작품을 만들어 내는데 활용되고 있다. 또한, 의료 분야에서는 생성형 AI가 새로운 약물 발견이나 질병 진단 등에 활용될 수 있다.

생성형 AI는 대규모의 데이터를 분석하여 패턴을 파악하고, 이를 활용하여 새로운 통찰력을 얻을 수 있는 잠재력을 가지고 있다. 이러한 잠재력을 활용하여 다양한 분야에서 혁신적인 기술과 솔루션을 개발할 수 있다. 그러나, 생성형 AI가 가지고 있는 문제점들을 해결하고 적절한 규제와 통제가 이루어져야만 그 잠재력을 충분히 발휘할 수 있다.

5. 생성형 AI의 문제점에 대해 10가지를 나열해보면?

생성형 AI는 자체적으로 새로운 데이터나 정보를 생성하는 기능을 가지고 있기 때문에 이러한 기술이 발전하면서 여러 가지 문제점들이 제기되고 있다. 이 중에서는 다음과 같은 것들이 있다. 물론, 그 이상의 문제를 갖고 있음은 부인할 수 없다. 다만, 다양한 문제들은 해결해야 할 과제라는 점을 잊지 않아야 한다.

편향과 차별성

생성형 AI는 학습데이터에 기반하여 작동하기 때문에, 데이터에 존재하는 바이어스와 차별성이 AI 결과물에 반영될 수 있다. 예를 들어, 인종, 성별, 연령 등의 인구통계학적 요인이 편향을 만들어 낼 수 있다. 이러한 편향성은 인공지능을 통해 만들어진 결과가 사회적으로 부당하거나 불공평한 결과를 초래할 수 있다. 따라서, 생성형 AI를 개발하는 과정에서는 데이터 수집 및 학습에 대한 편향성을 최소화하고, 결과물을 검증하는 과정에서 편향성이 있는지 확인하는 작업이 필요하다.

허위 정보

생성형 AI는 실제로 존재하지 않는 정보를 생성할 수 있기 때문에, 허위 정보를 만들어 내는 가능성이 있다. 이러한 허위 정보는 사회적으로 큰 문제를 일으킬 수 있으며, 정보를 생성하는 AI 시스템을 사용하는 사용자들은 이러한 위험성을 인식하고, AI 결과물을 검증하는 작업이 필요하다.

저작권 침해

생성형 AI가 저작권 보호물을 생성하는 경우, 저작권 침해 문제가 발생할 수 있다. 저작권 침해는 다양한 형태로 발생할 수 있으며, AI 시스템을 개발하는 기업이나 개인은 저작권법에 대한 이해와 준수가 필요하다.

새로운 위협 요소

생성형 AI가 위협적인 내용을 생성하는 경우, 이를 악용하여 사회적으로 문제를 일으킬 수 있다. 예를 들어, 스팸, 스미싱, 악성 코드 등의 위협적인 내용이 AI에 의해 생성될 수 있다. 이러한 위협적인 내용을 방지하기 위해서는 AI 개발자와 운용자들은 AI 시스템에서 생성되는 결과물을 모니터링하고, 필요한 경우 이를 수정하거나 삭제하는 작업을 수행해야 한다.

신뢰성 부족

생성형 AI가 어떤 정보를 생성하였는지의 신뢰성이 제한적일 수 있다. 이는 AI 시스템이 어떠한 학습데이터를 기반으로 작동하는지, 그리고 AI 시스템이 어떠한 규칙에 따라 작동하는지에 대한 이해 부족으로 인해 발생할 수 있다. 예를 들어, 생성형 AI가 어떤 글을 생성하였는지에 대해 사용자는 그 정보의 신뢰성을 판단하기 어려울 수 있다. 생성된 글이 사실인지, 편향적인 정보인지, 그리고 누가 이를 생성하였는지 등에 대한 정보가 부족하기 때문이다.

개인정보 침해

생성형 AI는 데이터를 수집하여 사용할 수 있다. 그러나, 이 데이터에는 개인정보도 포함될 수 있기 때문에 개인정보 침해의 위험이 있다. 이는 학습데이터에서 개인정보가 노출되는 경우뿐만 아니라, AI 시스템이 개인정보를 수집하는 경우에도 해당된다. 이러한 문제는 GDPR[1] 및 기타 개인정보 보호법에 따라 규제되고

---

1) GDPR은 일반 개인정보 보호 규정(General Data Protection Regulation)의 약자로, 2018년 5월 25일부터 유효해진 유럽 연합(EU)의 개인정보 보호법이다. GDPR은 EU 내부 및 EU 외부에 위치한 모든 기업이 개인정보 보호를 위해 따라야 하는 일련의 규정을 제공한다.

있다.

데이터의 부족

생성형 AI는 대규모의 학습데이터가 필요하기 때문에, 데이터의 부족으로 인해 학습이 불가능한 경우가 있을 수 있다. 특히 새로운 분야나 새로운 문제에 대한 데이터가 부족한 경우에는 AI 시스템의 성능이 크게 저하될 수 있다. 이러한 문제를 해결하기 위해서는 데이터 수집 및 공유에 대한 노력이 필요하다.

기술적 한계

생성형 AI는 아직까지도 기술적 한계가 존재하기 때문에, 환각을 일으키는 등 완벽한 결과를 보장할 수 없다. 예를 들어, 생성형 AI가 작업에 필요한 정보를 정확하게 이해하지 못하거나 적절한 방식으로 정보를 생성하지 못하는 등의 한계가 있을 수 있다. 따라서, 이러한 한계를 극복하고 AI 시스템의 성능을 개선하기 위해서는 지속적인 연구와 개발이 필요하다.

인간과의 갈등

생성형 AI가 인간의 역할을 대체할 가능성이 있기 때문에, 인간과 AI 사이에 갈등이 발생할 수 있다. 특히 일부 직종에서는 AI 기술의 도입이 일부 업무의 자동화와 함께 일자리 감소로 이어질 수 있다는 우려가 있다. 이러한 문제를 해결하기 위해서는 적극적인 교육 및 직종 전문성 강화, 일자리 창출을 위한 새로운 산업 육성 등의 대책이 필요하다.

이러한 문제점들을 해결해 나가기 위해 다양한 노력이 이루어지고 있다. 이 책도, 마찬가지이다. 문제라는 것은 정의하기 나름이고, 그 정의에 따라서 문제이거나 단순한 사건이 될 수 있다. 그렇지만, 인공지능이 가져오는 다양한 문제는 해결해야 할 과제이고, 이를 무시하고서는 신뢰성 있고 안전한 인공지능을 구현하기 쉽지 않을 것이다.

6. 생성형 AI 시대에 법률가들은 무슨 일을 해야 하고, 어떻게 대응하는게 좋을까?

생성형 AI 시대에서 법률가들은 다양한 역할을 수행할 수 있다. 그중 몇 가지를 살펴보면 다음과 같다. 첫째, AI 개발과 관련된 법률 상담에 관한 것으로, AI를 개발하고 운영하는 과정에서는 다양한 법적 이슈가 발생할 수 있다. 법률가들은 AI 개발자나 기업들에게 이를 미리 예측하고 대비할 수 있도록 상담해 줄 수 있다. 둘째, AI 윤리 및 규제에 관한 것으로, AI는 사회에 큰 영향을 미치기 때문에, 윤리적인 문제나 규제 문제도 중요하다. 법률가들은 이러한 문제를 다루기 위한 법적 규제를 제안하거나, 기존 법률을 수정하여 AI에 대한 규제를 강화할 수 있다. 셋째, AI 분쟁 해결에 관한 것으로, AI를 이용한 서비스나 제품이 소비자들에게 피해를 줄 수 있다. 이 경우 법률가들은 분쟁 해결을 위해 소송을 제기하거나, 이를 방지하기 위한 계약 조항을 작성할 수 있다. 넷째, AI 법률 교육에 관한 것으로, AI 기술의 발전으로 인해 법률 분야에서 AI에 대한 이해와 지식이 필수적이다. 법률가들은 이를 위해 법률 교육을 실시하고 AI 법률 전문가를 양성할 수 있다.

결론적으로, 생성형 AI 시대에서 법률가들은 AI와 관련된 법적 문제를 해결하고, AI 기술이 발전하더라도 인간의 권리와 안전을 대변하는 역할을 수행해야 한다. AI가 중심이 되는 사회라고 하더라도, 인간과의 관계를 어떻게 설정할 것인지, 인간과의 문제를 어떻게 해결해야 할 것인지, 인간의 갈등관계를 어떻게 조정할 것인지 등 다양한 이슈가 존재하기 때문에 법률가가 해야 할 일은 여전할 것이다. 물론, 일반인도 법률에 대한 이해가 필요하다. AI를 부릴 수 있을 정도의 법률적 교양을 갖추는 것이 미래사회에서 인간의 경쟁력이 될 수 있기 때문이다.

7. 생성형 AI에 대해 일반인들은 어떻게 대응하는 것이 좋을까?

생성형 AI는 다양한 이슈를 만들어 낸다. AI가 만든 콘텐츠를 어떻게 활용할 것인지는 일반인들의 중요한 관심사가 아닐 수 없다. 이 책은 일반인들을 위해 생성형 AI의 법률, 윤리, 저작권 등 지식재산, 알고리즘 규제 등 10가지 큰 주제에 대해 질문과 답변 형식으로 정리했다. 스스로, 다양한 이슈를 인지하고 대응하는 것은 알고리즘 시대의 주체로서 살아갈 수 있는 힘을 얻는 것이다. 이를 위해서 아래에 몇 가지 방향을 제안하고자 한다.

먼저, 스스로 지속적으로 학습해야 한다. 일종의 평생학습을 해야 한다는 의미이다. 새로운 기술의 등장에 대응하고, 그에 따른 일자리를 지속하기 위한 것이다. 기술과 그 의미에 대해 더 많이 배우는 것부터 시작할 수 있다.

다음으로, AI 생성 콘텐츠를 사용할 때 특히 민감하거나 논쟁의 여지가 있는 주제를 포함하는 경우를 주의해야 한다. 정보를 공유하거나 이에 따라 조치를 취하기 전에 정보의 정확성과 신뢰성을 확인해야 한다.

또한, 생성형 AI의 윤리적 사용에 대한 인식을 높일 수 있다. 여기에는 기술의 투명성, 책임 및 책임감 있는 사용에 대한 요구가 포함된다. 생성형 AI가 윤리적이고 책임감 있게 사용되도록 규제하는 노력이 필요한 것처럼, 스스로도 인공지능을 윤리적으로 사용해야 할 것이다.

무엇보다, AI 생성 콘텐츠와 관련하여 우리 자신의 지식재산을 보호할 수 있는 권리를 인식해야 한다. 아울러, AI 생성형 콘텐츠를 사용할 때도 타인의 저작권을 존중해야 한다. 여기에는 원저작자로부터 허가를 받거나 콘텐츠 사용에 대한 라이선스가 부여되었는지 확인하는 것이 포함된다.

이외에 인공지능 시대에 오히려 다양성에 대해 고민해야 한다. 우리는 편견이나 고정관념을 영속시키기보다는 다양성과 포괄성을 촉진하는 생성형 AI의 개발을 장려할 수 있다. AI로 생성된 콘텐츠를 사용할 때 사람의 의견과 관점을 찾아야 한다. 이를 통해 기술이 우리의 가치와 신념에 부합하는 방식으로 사용되도록 해야 한다.

끝으로, 생성형 AI의 윤리적 사용에 대한 사회적 합의가 필요할 수 있다. 이를 통해 신뢰성을 높이고 기술의 책임 있는 사용을 촉진할 수 있다. 이를 위하여 다양한 AI 개발자와 교류하여 우려를 표명하고 기술의 윤리적 사용을 개선하는 방법에 대한 피드백을 제공할 수 있기 때문이다.

제1장 생성형 AI의 이해

생성형 AI는 이미 우리 생활의 많은 영역에서 중요한 역할을 하고 있다. 그러나, 이러한 기술이 계속 발전하면서 인류에게 어떤 영향을 미칠 것인지에 대해 생각하면 여러 가지 우려스러운 면이 있다. 무엇보다, 일자리의 변화이다. 생성형 인공지능 기술은 이미 많은 분야에서 인간의 업무를 자동화하고 있다. 이는 일부 직종에서는 일자리가 없어질 수 있음을 의미한다. 반면에 새로운 일자리가 창출될 수도 있다. 또한, 기계학습 과정에서 개인정보 등이 포함된 데이터의 문제이다. 생성형 AI는 대량의 데이터를 수집하고 분석한다. 이를 이용하면 개인의 정보나 행동 패턴을 파악할 수 있기 때문에 사생활 침해의 우려가 있다. 생성형 AI는 인간의 행동을 모방하는 능력을 가지고 있다. 그러나, 이를 남용하면 인간의 가치관이나 윤리적인 문제를 악화시킬 수 있다. 인공지능 리터러시에 따른 격차문제이다. 이미 여러 분야에서 다양한 격차가 발생하고 있으나, 인공지능으로 인한 격차는 더욱 커질 수 있다. 생성형 AI는 기술력이 높은 국가나 기업이 더 많이 보유하고 있을 가능성이 있다. 이는 기술력이 낮은 국가나 기업에 사회적 격차를 초래할 수 있다. 이러한 우려를 해소하기 위해서는 윤리적인 이슈를 고려한 기술 개발과 규제가 필요하다.

1. 생성형 AI

1-1. 생성형 AI란 어떤 의미인가?

생성형 AI는 인공지능의 한 분야로, 기존의 프로그래밍 방식으로 만들어지는 규칙 기반의 AI와는 달리 데이터 학습을 통해 새로운 데이터를 생성하거나 변환하는 능력을 가지고 있다. 생성형 AI는 주로 이미지, 음성, 자연어 등의 다양한 분야에서 활용되어 혁신적인 결과를 만들어 내고 있다. 생성형 AI는 딥러닝(deep learning) 알고리즘을 기반으로 한다. 딥러닝은 인공신경망을 사용하여 데이터에서 패턴을 학습하고, 그 패턴을 기반으로 새로운 데이터를 생성하거나 변환하는 기술이다. 이를 통해 생성형 AI는 기존의 방식으로는 불가능한 창의적인 결과물을 만들어 내는 것이 가능해진다.

생성형 AI의 대표적인 예시로는 GAN(Generative Adversarial Networks)이 있다. GAN은 생성자(generator)와 판별자(discriminator)라는 두 개의 인공신경망을 이용하여 새로운 데이터를 생성한다. 생성자는 실제 데이터와 비슷한 가짜 데이터를 생성하고, 판별자는 이를 판별하여 생성자가 더 진짜 같은 데이터를 생성할 수 있도록 학습한다. 이러한 과정을 반복하며, 생성자는 더욱 진짜 같은 데이터를 생성하게 되는 것이다.

생성형 AI는 이미지, 음성, 자연어 처리 등의 분야에서 다양하게 활용되고 있다. 예를 들어, 생성형 AI를 이용하여 실제 객체와 구분하기 어려운 가짜 사진을 만들어 내는 딥페이크(deep fake) 기술이나 새로운 음악 작곡, 자연어 생성 등의 기술이 있다. 생성형 AI는 그만큼 위험성도 존재한다. 예를 들어, 딥페이크 기술을 악용하여 사실과 다른 정보를 유포하는 가짜 뉴스를 만들어 내는 등의 문제가 발생할 수 있다. 따라서, 이러한 기술을 사용할 때는 적절한 규제와 윤리적인 책임이 필요하다.

1-2. 생성형 AI로서 파운데이션 모델이란?

파운데이션 모델(Foundation Model)은 대규모 데이터셋을 기반으로 사전 학습된 인공지능 모델을 말한다. 최근 딥러닝 기술이 발전하면서 많은 데이터를 사용하여 사전 학습된 모델이 만들어졌는데, 이를 파운데이션 모델이라고 부른다. 파운데이션 모델은 다양한 분야에서 활용되며, 자연어 처리, 이미지 인식, 음성 인식 등 다양한 분야에서 뛰어난 성능을 보인다. 예를 들어, GPT-3는 자연어 생성 분야에서 세계적인 수준의 성능을 보이는 파운데이션 모델 중 하나이다. 기본적으로 대규모의 데이터셋을 사용하여 학습되기 때문에 다양한 데이터 분포와 패턴을 학습할 수 있다. 이를 통해 새로운 태스크에 대해서도 일반화된 성능을 보이며, 파인튜닝(fine-tuning) 과정을 통해 적은 데이터셋으로도 높은 성능을 보이는 경우가 많다. 최근에는 공개된 코드나 모델을 활용하여 간단하게 사용할 수 있어서 다양한 분야에서 활용될 수 있다.

1-3. 파운데이션 모델에서 가장 큰 이슈는?

파운데이션 모델에서 가장 큰 이슈는 과적합(overfitting)과 일반화(generalization)의 균형을 유지하는 것이다. 파운데이션 모델은 대부분 매우 크고 복잡한 모델로, 수많은 매개변수를 가지고 있다. 이러한 모델은 학습데이터에 대해서는 매우 높은 정확도를 보일 수 있지만, 새로운 데이터에 대해서는 예측이 어렵거나 부정확할 수 있다. 따라서, 파운데이션 모델을 효과적으로 사용하기 위해서는 적절한 데이터 전처리, 데이터 증강 기법 등을 활용하여 과적합을 방지하고 일반화 성능을 향상시켜야 한다. 또한, 모델의 크기와 복잡도를 조절하고, 적절한 하이퍼파라미터를 선택하는 등의 방법을 사용하여 모델을 최적화해야 한다. 이를 통해 파운데이션 모델을 안정적이고 효과적으로 사용할 수 있다.

1-4. 파운데이션 모델을 정교화하는 파인튜닝이란?

AI 모델의 학습 결과가 일반적인 상황에서 충분히 우수하지 않을 경우, 파인튜닝을 통해 해당 모델의 성능을 개선할 수 있다. 파인튜닝으로 기존에 학습된 AI 모델을 새로운 데이터로 학습시켜 성능을 개선하거나 새로운 작업에 적용하는 데 사용하여 모델을 더욱 정교하게 만들게 된다. 미세조정을 의미하는 파인튜닝(fine-tuning)은 미리 학습된 모델의 일부 또는 전체 파라미터를 새로운 데이터셋에 맞게 조정하는 기술이다.

일반적으로, 미리 학습된 모델은 대규모 데이터셋에서 일반적인 특성을 학습한다. 하지만, 새로운 작업에서 사용되는 데이터셋은 이전 데이터셋과 다른 특징을 가지고 있기 때문에, 미리 학습된 모델을 그대로 사용하는 것은 제한적이다. 이런 경우, 파인튜닝을 통해 모델의 일부 또는 전체 파라미터를 조정하여 새로운 데이터셋에 적합한 모델을 만들 수 있다.

파인튜닝은 대규모 데이터셋에서 학습된 모델을 적은 양의 데이터로도 적용할 수 있도록 한다. 이는 시간과 비용을 절약하면서도 정확한 모델을 만들 수 있다는 장점이 있다. 파인튜닝은 자연어 처리나 컴퓨터 비전 등 다양한 분야에서 사용되고 있다.

기존에 학습된 모델은 일반적인 상황에서 효과적일 수 있지만, 새로운 데이터나 새로운 상황에서는 일부 예측이나 분류가 부정확할 수 있다. 이러한 경우에는 새로운 데이터로 모델을 다시 학습시켜서 성능을 개선하는 것이 필요하다. 파인튜닝은 새로운 데이터로 모델을 학습시켜, 모델이 더 정확하게 예측하도록 하는 작업이다.

2. 거대 언어모델

2-1. 거대 언어모델은 어떤 개념인가?

거대 언어모델(Large-scale Language Model, LLM)은 텍스트 데이터를 학습하여 다음 단어나 문장을 예측하는 모델이다. 이전에는 특정 분야에 특화된 모델들이 주로 사용되었다. 최근에는 더 많은 데이터와 컴퓨팅 파워, 그리고 발전된 딥러닝 기술 등이 결합하여 대용량의 데이터를 학습할 수 있는 거대 언어모델이 등장하게 되었다.

거대 언어모델은 일반적으로 unsupervised pre-training과 supervised fine-tuning으로 이루어진다. Unsupervised pre-training 단계에서는 큰 양의 텍스트 데이터를 이용해 모델을 사전 학습시키며, Supervised fine-tuning 단계에서는 특정 태스크를 위한 데이터셋을 이용하여 모델을 미세 조정한다. 이러한 방식은 학습데이터가 부족한 태스크에서도 좋은 성과를 보이는 것으로 알려져 있다.

거대 언어모델의 대표적인 예로는 OpenAI에서 개발한 GPT(Generative Pre-trained Transformer) 시리즈가 있다. GPT 모델은 Transformer 아키텍처를 기반으로 하며, 대량의 텍스트 데이터를 이용해 pre-training을 수행한다. 이후 특정 태스크를 위한 파인튜닝(fine-tuning)을 통해 놀라운 성능을 발휘한다.

거대 언어모델은 대량의 텍스트 데이터를 기반으로 학습된 인공지능 모델이라는 점에서 기계번역, 자연어 이해, 질문응답, 요약 등 다양한 자연어 처리 태스크에서 놀라운 성과를 보여주고 있다. 이처럼, LLM을 학습시키기 위해서는 대량의 데이터와 많은 계산 자원이 필요하므로, 이러한 한계를 극복하기 위한 다양한 연구도 활발하게 이루어지고 있다.

2-2. 거대 언어모델은 어떠한 동작 방식을 갖고 있는가?

거대 언어모델은 대량의 텍스트 데이터를 입력으로 받아 각 단어의 빈도, 문장 구조, 문맥 등을 학습한다. 학습이 완료된 모델은 새로운 입력 텍스트를 받아들여 이전에 학습한 텍스트와 비교하고, 이를 통해 다음 단어를 예측하거나 문장을 생성하는 등의 작업을 수행할 수 있다.

보통 거대 언어모델은 두 가지 구성 요소를 가진다. 첫 번째 구성 요소는 인코더(encoder)로, 이는 입력 텍스트를 수치화하는 과정을 담당한다. 입력 텍스트를 다수의 임베딩 벡터로 변환하여 모델이 이해할 수 있는 형태로 변환한다. 두 번째 구성 요소는 디코더(decoder)로, 이는 인코더로부터 출력된 임베딩 벡터를 입력으로 받아 이를 다시 원래 텍스트 형태로 변환하는 과정을 담당한다. 디코더는 이전에 학습된 텍스트 데이터와 입력된 임베딩 벡터를 사용하여 다음 단어를 예측하거나 문장을 생성할 수 있다. 거대 언어모델은 텍스트 생성, 기계번역, 감성 분석 등 다양한 자연어 처리 작업에 사용될 수 있다. 이러한 모델은 학습에 사용되는 데이터의 양과 학습 알고리즘의 복잡도에 따라 정확도와 성능이 달라진다. 최근에는 GPT-3와 같은 거대 언어모델이 대중화되면서 자연어 처리 분야에서 큰 주목을 받고 있다.

이러한 거대 언어모델의 학습 방식은 크게 언어 모델링(Language Modeling)과 사전학습(Pre-training)으로 나뉜다. 먼저, 언어 모델링은 자연어 처리에서 주어진 단어들의 나열에 대해 다음 단어를 예측하는 작업이다. 예를 들어, "나는 오늘 밥을 먹었다." 라는 문장에서 "밥을" 다음에 나올 단어를 예측하는 것이다. 이를 위해서 거대 언어모델은 대규모의 데이터를 학습하며, 문장 내의 각 단어들의 확률 분포를 계산한다. 다음으로, 사전학습은 거대 언어모델이 일반적인 자연어 처리 작업에 유용하게 사용될 수 있도록 모델을 학습시키는 과정이다. 대규모의 데이터를 모델에 입력하여 학습을 시키고, 이후에는 다양한 자연어 처리 작업을 위해 추가적인 학습이 이루어진다.

2-3. 거대 언어모델의 응용 분야는 어떤 게 있나?

거대 언어모델은 다양한 분야에서 활용되고 있다. 몇 가지 응용 분야를 살펴보면 다음과 같다.

자연어 이해(Natural Language Understanding, NLU): 자연어 이해는 인간의 언어를 이해하고 처리하는 기술로, 텍스트를 이해하고 분석하여 정보를 추출하는 작업을 수행한다. 이를 위해 거대 언어모델은 텍스트 데이터를 학습하여 다양한 자연어 처리 작업을 수행할 수 있다. 예를 들어, 문장 구조 분석을 통해 주어, 동사, 목적어 등의 구성 요소를 파악하고 개체명 인식을 통해 문장에서 언급된 인물, 장소, 기관 등을 추출할 수 있다. 또한, 의미 분석을 통해 문장의 의미를 이해하고, 질문 응답 시스템, 대화 시스템 등의 응용 분야에서 활용할 수 있다.

기계번역(Machine Translation): 기계번역은 입력된 문장을 다른 언어로 번역하는 기술로, 다국어 데이터를 학습하여 이를 가능하게 한다. 거대 언어모델은 다양한 언어를 학습하여 번역 작업을 수행할 수 있으며, 최근에는 대규모 병렬 말뭉치 데이터를 이용하여 end-to- end 기계번역 시스템의 개발도 가능해졌다. 이를 통해 다양한 분야에서 언어 번역 작업이 필요한 경우에 활용될 수 있다.

자연어 생성(Natural Language Generation, NLG): 자연어 생성은 입력된 정보를 바탕으로 새로운 텍스트를 생성하는 기술로, 챗봇, 기사 요약, 콘텐츠 생성 등 다양한 분야에서 활용된다. 거대 언어모델은 입력된 정보를 이해하고 이를 기반으로 새로운 문장을 생성할 수 있다. 예를 들어, 기사 요약 시스템에서는 거대 언어모델이 입력된 긴 기사를 이해하고 이를 요약하는 짧은 기사를 생성할 수 있다.

감성 분석(Sentiment Analysis): 감성 분석은 텍스트 데이터에서 긍정, 부정, 중립 등의 감성 정보를 추출하는 작업이다. 거대 언어모델은 감성 분석 작업에서도 활용될 수 있다. 이 모델은 입력된 문장에서 특정 키워드나 문맥을 찾아 이를 기반으로 긍정/부정적인 감성을 판단할 수 있다.

음성 인식(Speech Recognition): 거대 언어모델은 음성 인식 분야에서도 활용될 수 있다. 음성 인식은 음성 데이터를 입력으로 받아 이를 텍스트로 변환하는 기술이다. 이를 위해서는 음성 데이터를 분석하고, 음성에서 음소나 단어를 인식하는 과정이 필요하다. 이 모델은 대량의 음성 데이터를 학습하여, 다양한 억양과 발음을 이해하고 이를 이용해 음성 데이터를 텍스트로 변환할 수 있다. 음성 인식 기술은 다양한 응용 분야에서 활용된다. 예를 들어, 음성 검색, 음성 명령어 인식, 음성 번역 등에 사용된다.

2-4. 로봇과 연계해서 응용할 수 있는 분야는?

로봇이나 기계에 연계할 수 있는 것이 생성형 AI이다. 이미, 학습된 AI 모델을 채용함으로써 로봇은 다양한 추론을 할 수 있게 된다는 점에서 그 활용성은 높다고 할 수 있다.

로봇 제어(Robot Control): 거대 언어모델은 로봇 제어 분야에서도 응용될 수 있다. 이를 통해 인간의 언어로 로봇을 제어하거나, 로봇이 인간과 자연스럽게 대화하며 업무를 수행하는 것이 가능해진다. 예를 들어, 로봇이 공장 내부에서 자동으로 이동하며 작업을 수행할 때, 사용자가 명령어를 입력하면 해당 명령어를 이해하고 로봇이 작업을 수행할 수 있도록 할 수 있다. 또한, 로봇이 자동으로 작업을 수행하던 중 문제가 발생하면, 해당 문제를 자연어로 설명하고, 로봇이 이를 이해하여 문제를 해결하도록 할 수 있다.

자동 번역(Automatic Translation): 자동 번역은 다양한 언어간의 번역을 자동으로 수행하는 기술이다. 거대 언어모델은 자동 번역 분야에서도 응용될 수 있다. 이를 통해 더 정확하고 자연스러운 번역을 수행할 수 있다. 예를 들어, 한국어를 영어로 번역하는 경우, 일반적인 기계번역기에서는 문장 구조나 억양이 맞지 않아 번역 결과가 부자연스러울 수 있다. 하지만, 거대 언어모델은 대량의 다국어 데이터를 학습하고, 각 언어 간의 관계를 이해하고, 자연스러운 번역 결과를 제공할 수 있다. 이를 통해 국제 비즈니스, 여행, 학문 등 다양한 분야에서 활용될 수 있다.

이 외에도 거대 언어모델은 인공지능 분야의 다양한 응용 분야에서 사용된다. 이 모델을 사용하여 더욱 정확하고 효율적인 인공지능 시스템을 구축할 수 있다.

3. 문명사적 전환기를 가져온 ChatGPT

3-1. ChatGPT의 역사적 의의는 무엇일까?

OpenAI가 개발한 ChatGPT는 2020년에 공개된 거대 언어모델인 GPT-3를 기반으로 한 대화형 인공지능 챗봇이다. GPT-3는 이전의 거대 언어모델들보다 훨씬 크고 정확도도 높은 모델로, 자연어 처리 분야에서 큰 이정표를 세웠다. 페이페이 리 교수는 위대한 변곡점이라고 평가했다. 특히, ChatGPT는 사람들과 자연스럽 게 대화하며 다양한 정보를 제공하고 질문에 답변하는 등의 기능을 수행한다. 이 전의 인공지능 챗봇들과는 달리, ChatGPT는 높은 수준의 자연어 이해 능력과 훌 륭한 대화 흐름을 가지고 있어서, 사람들과 대화를 나누는 것이 자연스럽게 느껴 진다.

이러한 점에서 ChatGPT는 인공지능 챗봇의 발전을 대표하는 기술 중 하나로 평가될 수 있다. 높은 수준의 자연어 이해와 대화 능력을 가지고 있어서, 다양한 분야에서 사용될 수 있다. 또한, ChatGPT를 기반으로 한 다양한 응용 프로그램들 도 개발되고 있어서, 인공지능 분야에서의 발전과 혁신을 이끌어 가고 있다.

3-2. ChatGPT는 문명사에 어떤 영향을 줄까?

인류문명에 많은 영향을 준 것은 종이와 인쇄술의 발명이다. 10세기 중국의 채 륜이 발명한 종이는 기록문화의 확기적인 전환을 이끌어냈다. 또한, 고려시대의 금속활자의 발명은 목판인쇄와는 비교할 수 없을 정도의 정보의 생산력을 증가시 켰다. 20세기의 인터넷도 이에 비견될 수 있지만, 최근의 생성형 AI는 인간의 창 작이라는 측면에서 큰 전환점이 되고 있다. 무엇보다, ChatGPT와 같은 AI 기술은 인간과 컴퓨터 간의 상호작용 및 의사소통 방식을 혁신적으로 변화시킬 수 있으 며, 문명사에 큰 영향을 줄 수 있다. 예를 들어, ChatGPT를 이용한 대화형 인터페 이스는 인간과 기계 간의 상호작용을 보다 자연스럽게 만들어 줄 수 있다. 이는 인간-컴퓨터 상호작용 분야뿐만 아니라, 인간과 인간 간의 상호작용에서도 큰 영 향을 미칠 수 있다. 예를 들어, ChatGPT를 이용하여 실시간 번역 및 음성 인식 기술을 개선하면, 세계 각국의 사람들이 보다 쉽게 소통할 수 있을 것이다.

또한, ChatGPT는 인간과 기계 간의 지능적 상호작용을 강화할 수 있다. 이는 교육, 의료, 금융 등 다양한 분야에서 큰 영향을 미칠 것으로 기대된다. 예를 들 어, ChatGPT를 이용하여 개인 맞춤형 교육을 제공하면, 학생들이 보다 효과적으 로 학습할 수 있을 것이다. 또한, ChatGPT를 이용하여 의료진이 환자와 의사소통 을 할 때, 의사결정을 보다 정확하고 빠르게 내릴 수 있다.

3-3. 문명사에 미치는 악영향은 없을까?

AI 기술의 발전과 함께 생성되는 거대 언어모델들은 몇 가지 부정적인 영향을 미칠 수 있다. 예를 들어, 첫째, 거대 언어모델은 데이터에 기반한 학습을 수행하기 때문에, 데이터에 내포된 편견이 모델에 반영될 수 있다. 이러한 편견은 인종, 성별, 출신 국가 등에 따른 차별적인 태도나 인식을 이어질 수 있다. 둘째, 거대 언어모델은 인간의 언어와 매우 유사하게 생성할 수 있다. 이러한 특성 때문에, 생성된 텍스트가 인간이 작성한 것과 구분이 어려울 수 있다. 따라서, 이를 이용한 피싱, 스팸, 가짜 뉴스 등의 악성 정보 전파가 늘어날 수 있다. 셋째, 거대 언어모델은 개인정보 침해 문제를 야기할 수 있다. 모델이 학습한 데이터에는 개인 식별 정보가 포함될 수 있으며, 이 정보가 모델 내부에서 노출될 경우, 이를 이용한 사기 등의 범죄 행위가 일어날 수 있다. 따라서, 거대 언어모델을 개발하고 활용할 때는 이러한 부정적인 영향을 최소화하기 위한 적절한 대응 방안을 마련해야 한다.

4. 생성형 AI와 산업

4-1. 생성형 AI가 노동시장에 미치는 영향은?

생성형 AI는 노동시장에 중요한 영향을 미친다. 이전에는 수작업으로 처리되던 작업들이 이제는 자동화되어 사람들의 일자리를 대체할 가능성이 있다. 이에 따라 산업 구조와 노동시장의 변화가 예상되고 있다.

먼저, 생성형 AI가 가장 큰 영향을 미칠 것으로 예상되는 분야는 제조업이다. 제조업에서는 기계 시스템의 자동화가 이미 진행되어 왔지만, 이제는 기계학습 및 딥러닝 기술을 적용한 AI 시스템이 추가로 도입될 예정이다. 예를 들어, 자동차 제조 공정에서는 이미 로봇이 사용되고 있지만, 기계학습 및 딥러닝 기술을 적용한 AI 시스템을 사용하면 생산 라인에서의 결함을 더욱 빠르고 정확하게 식별할 수 있다. 이를 통해 생산 효율성을 높이고 인력 비용을 절감할 수 있지만, 관련된 직업이 대체될 가능성이 높다.

또한, 고객 서비스 및 판매 분야에서도 생성형 AI는 영향력을 행사한다. 쇼핑

웹사이트에서는 이미 추천 시스템이 사용되고 있지만, 이제는 생성형 AI를 사용하여 고객들의 구매 이력, 검색어 및 관심사를 분석하여 개인화된 추천을 제공할 수 있다. 이는 고객 만족도를 높이고 매출을 증가시킬 수 있지만, 이전에는 판매원이 수행했던 고객 상담 및 지원 업무 등 일부 직업이 대체될 가능성이 있다.

마지막으로, 금융 서비스 분야에서도 생성형 AI는 중요한 역할을 할 것으로 예상된다. 예를 들어, 은행에서는 생성형 AI를 사용하여 대출 신청서를 처리하고 신용도를 평가할 수 있다. 이는 대출 프로세스를 빠르고 정확하게 처리할 수 있지만, 이전에는 신용 분석가들이 수행해왔던 일부 작업이 대체될 가능성이 있다.

4-2. 생성형 AI가 산업구조의 변화를 가져올 가능성은 어떻게 될까?

생성형 AI는 산업구조에 큰 변화를 가져올 것으로 예상된다. 이전에는 기술의 발전이 산업구조에 영향을 주는 것은 일종의 보조 역할을 했지만, 생성형 AI의 경우에는 매우 큰 파급력을 가질 수 있다.

먼저, 생성형 AI는 많은 분야에서 인간의 역할을 대체할 수 있다. 예를 들어, 이미지나 음성, 자연어 처리 등에서 생성형 AI는 이전에 인간만이 할 수 있었던 작업을 대체할 수 있다. 따라서, 이러한 분야에서 인력 수요가 줄어들 수 있으며, 이는 산업구조에 영향을 줄 수 있다.

다음으로, 생성형 AI는 생산성을 크게 높일 수 있다. 이전에는 수작업으로 처리해야 했던 작업을 AI가 처리하면 생산성이 크게 향상될 수 있다. 예를 들어, 품질 검사, 제품 조립, 패키징, 운송 등에서 생성형 AI를 적용하면 생산성이 크게 향상될 수 있다. 이는 산업구조의 변화를 가져올 수 있다.

또한, 생성형 AI는 매우 정확한 예측을 제공할 수 있다. 예를 들어, 판매량 예측, 고객 선호도 예측, 제조 프로세스 예측 등에서 생성형 AI를 적용하면 정확한 예측을 제공할 수 있다. 이는 기업이 비용을 줄이고 효율성을 높일 수 있도록 도와주며, 산업구조의 변화를 가져올 수 있다.

하지만, 생성형 AI가 산업구조에 미치는 영향은 모두 긍정적인 것은 아니다. 생성형 AI가 대체할 수 있는 일부 직업들은 저술가, 디자이너, 예술가, 기자, 사서 등과 같은 창의적인 직업들이 포함될 수 있다. 이는 창의성과 예술성을 필요로 하는 분야에서는 인력 수요가 줄어들 수 있다는 것을 의미한다. 아울러, AI 기술의 발전으로 인한 재정렬이 필요한 직종도 생길 수 있다. 예를 들어, 의료분야에서는 인공지능 기술이 발전함에 따라 의사의 역할이 변화할 수 있다. 전문분야인지 여부와 상관없이 다양한 분야에서 인공지능의 인간의 일자리를 대신하게 될 것이다. 따라서, 이러한 산업구조의 변화에서 필요한 것은 평생교육 시스템의 운용과 기본소득 등 사회보장 체계의 개편이라고 할 것이다.

4-3. 생성형 AI가 새로운 산업을 만들 수 있지 않을까?

생성형 AI는 새로운 산업을 만들어 내고 있다. 제일 먼저 산업적으로 활용된 분야는 출판분야이다. ChatGPT가 출시되면서 가장 선도했던 분야는 ChatGPT를 어떻게 활용할 것인지, 매뉴얼 수준의 책이 발간되면서 출판시장을 선도한 것이다. 물론, ChatGPT는 로봇에 채용되면서 다양한 활동유형을 보여줄 수 있을 것이다. 보스턴다이나믹스의 두뇌로서 ChatGPT가 활용될 가능성도 배재하지 못할 것이다.

자율주행차, 음성 인식, 기계번역 등에 사용되는 AI 기술들은 이미 새로운 시장을 만들어 내고 있으며, 이러한 시장들은 계속해서 성장할 것으로 예상된다. 또한, 생성형 AI 기술은 기존의 산업에서도 새로운 기회와 가능성을 제공할 수 있다. 예를 들어, 금융분야에서는 생성형 AI가 대출 심사나 투자 의사결정을 지원하고, 제조업에서는 제품 디자인 및 생산 과정을 개선하며, 의료분야에서는 질병 진단 및 치료에 활용될 수 있다.

또한 생성형 AI는 다양한 분야에서 새로운 비즈니스 모델을 발견하고 새로운 산업을 창출할 수 있다. 예를 들어, 생성형 AI는 글쓰기, 그림 그리기, 음악 작곡 등 다양한 예술 창작 분야에서도 사용될 수 있다. 이는 인간의 창의성과 예술성을 대체할 수는 없지만, 창작 과정에서 발생하는 일상적이고 반복적인 업무들을 대체하여, 작가나 예술가가 더 많은 시간을 창작에 집중할 수 있도록 도와준다.

생성형 AI는 의료 분야에서도 사용될 수 있다. 예를 들어, 희귀 질병의 진단을 돕는 데 사용될 수 있으며, 환자의 증상과 역사를 바탕으로 진단을 내리고, 적절한 치료법을 추천하는 등 의료진의 업무를 보조하는 데 큰 역할을 할 수 있다.

또한, 금융 분야에서도 생성형 AI가 사용되고 있다. 금융 분야에서는 생성형 AI가 대출 승인 여부, 보험 청구 검토, 자산 관리 등에 사용될 수 있다. 이는 금융

기관에서 발생하는 반복적이고 일상적인 업무를 대신 처리하며, 고객 서비스를 개선하고 비즈니스 프로세스를 최적화하여 더욱 효율적인 운영을 할 수 있도록 도와준다.

이처럼 생성형 AI는 다양한 분야에서 새로운 산업을 창출할 수 있을 뿐만 아니라, 기존 산업에서도 일부 업무를 대체하고, 업무 효율성을 높여 새로운 경제적 가치를 창출할 수 있다.

5. 프롬프트 엔지니어링

5-1. 프롬프트 엔지니어링이란?

프롬프트(prompt)는 인공지능 생성 모델의 입력값으로 사용되는 텍스트 또는 문장을 의미한다. 예를 들어, "한국의 수도는?"과 같은 질문이 프롬프트가 될 수 있다. 프롬프트 엔지니어링(Prompt Engineering)은 프롬프트를 효과적으로 활용하여 원하는 결과를 생성하기 위한 기술이다. 이를 위해서는 어떤 프롬프트를 사용할지, 어떤 형식으로 입력할지, 파라미터를 추가할지 등의 다양한 요소들을 고려해야 한다.

구체적인 프롬프트를 만들어 내는 기술인 프롬프트 엔지니어링(Prompt Engineering)은 생성형 AI를 이용하여 특정한 작업을 수행하기 위한 적절한 프롬프트를 만들어 내는 기술이다. 프롬프트를 제대로 활용하기 위한 방법론은 다음과 같다.

첫째, 프롬프트의 목적에 따라서 어떤 유형의 프롬프트가 필요한지를 판단하는 것이 중요하다. 예를 들어, 특정한 작업을 수행하는데 있어서 특정한 정보나 지식이 필요한 경우, 이에 해당하는 정보를 포함한 프롬프트를 만들어 내는 것이 필요하다.

둘째, 프롬프트를 구성하는 요소들을 정의하고, 이를 효율적으로 결합하는 방법을 찾는 것이 중요하다. 이를 위해서는 생성형 AI의 다양한 모델과 알고리즘을 이용하여 프롬프트를 자동으로 생성하는 방법을 개발할 수 있다.

셋째, 프롬프트를 지속적으로 평가하고 수정하는 것이 중요하다. 즉, 프롬프트가 목적에 부합하고 필요한 정보를 제공하고 있는지를 지속적으로 확인하고, 필요한 경우에는 수정하여 최적화된 프롬프트를 만들어 내는 것이 필요하다.

이러한 방법론들이 프롬프트 엔지니어링을 가능케하며, 생성형 AI의 발전과 함께 더욱 발전해 나갈 수 있는 기술이다. 프롬프트 엔지니어링을 넘어, 프롬프트 산업(Prompt Industry)은 프롬프트 기술을 활용하여 다양한 산업 분야에서 활용되는 서비스 및 제품을 개발하는 산업이다. 예를 들어, 프롬프트 기반의 자연어 생성 모델을 활용하여 자동 요약, 문서 작성, 기계번역, 챗봇 등의 다양한 서비스를 개발할 수 있다.

이와 같이 프롬프트, 프롬프트 엔지니어링, 프롬프트 산업은 인공지능 생성 모델의 발전과 함께 중요한 역할을 하고 있으며, 다양한 분야에서 활용 가능한 기술이다.

5-2. 프롬프트가 영향을 받는 요인은?

프롬프트가 영향을 받는 요인에는 임의성, 문맥, 단어 순서, 알고리즘 업데이트, 추가 정보 등이 있다. 이러한 요인들은 AI 언어모델의 출력에 영향을 미치며, 내 응답은 패턴과 통계 모델을 기반으로 생성되지만 다양한 요인들의 영향을 받는다는 것이다. 예를 들어, 동일한 질문을 하더라도 내 응답이 달라질 수 있으며, 단어나 구의 의미는 문맥에 따라 바뀔 수 있어 내 대답은 대화의 맥락에 따라 다를 수 있다. 따라서, AI 언어모델의 출력은 언제나 다양한 요인들의 영향을 받을 수 있으며, 이를 고려하여 결과를 평가해야 한다.

질문을 하거나 프롬프트를 제공하면 입력 정보를 사용하여 학습데이터에서 학습한 패턴을 기반으로 응답을 생성한다. 그러나, AI 언어모델의 응답은 알고리즘 방식으로 생성되기 때문에 다음과 같은 여러 다른 요인의 영향도 받는다.

임의성(Randomness): AI 언어모델은 어느 정도의 임의성을 포함한다. 이는 동일한 질문에 대해서도 모델이 출력하는 응답이 매번 달라질 수 있다는 것을 의미한다. 이러한 임의성은 모델 학습에 사용된 데이터의 다양성과 더불어, 생성된 응답의 다양성을 보장하기 위해 일부러 도입된 것이다. 따라서, 같은 질문에 대해 항상 동일한 답변을 제공하지 않을 수 있다.

문맥(Context): AI 언어모델이 생성하는 응답은 주어진 프롬프트나 질문에 대한 문맥을 고려한다. 즉, 단어나 구의 의미는 그것이 사용되는 문맥에 따라 달라질 수 있다. 예를 들어, "잭이 나무를 자르고 있다"와 "잭이 나무를 심고 있다"라는 두 문장은 '잭', '나무'라는 공통어를 가지고 있지만, '자르고 있다'와 '심고 있다'라는 동작어의 차이 때문에 의미가 완전히 다르다. 따라서, AI 언어모델이 문맥을 고려하지 않으면, 응답이 모호하거나 부정확해질 수 있다.

단어 순서(Word Order): AI 언어모델이 출력하는 응답은 프롬프트나 질문의 단어 순서에 영향을 받을 수 있다. 단어나 구문의 순서를 약간만 변경해도 생성된 응답에 상당한 차이가 발생할 수 있다. 예를 들어, "오늘 눈이 왔다"와 "눈이 오늘 왔다"는 의미가 동일하지만, 단어 순서가 다르다. 따라서, AI 언어모델이 입력의 단어 순서를 고려하지 않으면, 생성된 응답이 부정확할 수 있다.

알고리즘 업데이트(Algorithm Update): 알고리즘 업데이트는 AI 모델이 학습하는 방식을 변경할 수 있는 것을 의미한다. 모델이 학습데이터를 처리하고 분석하는 방법을 변경하거나, 모델의 구조를 변경하거나, 새로운 데이터를 추가하는 등의 방식으로 업데이트를 수행할 수 있다. 예를 들어, 새로운 데이터가 추가되면 모델은 이를 처리하고 학습에 반영할 수 있다. 이로 인해 모델이 예전보다 새로운 상황에 대한 대답을 더 정확하게 제공할 수 있게 된다. 이러한 작업을 파인튜닝이라고도 한다. 하지만, 모델이 업데이트되면 예전과는 다른 방식으로 입력 데이터를 처리하므로, 유사한 입력에 대해서도 이전과는 다른 응답이 생성될 수 있다. 따라서, AI 언어모델의 정확성과 일관성을 유지하기 위해서는 업데이트된 모델을 새로운 데이터로 다시 학습시켜야 할 필요가 있다.

추가 정보: 프롬프트 또는 질문에 대한 추가 정보를 제공하면 더 정확하거나 구체적인 응답을 생성하는 데 도움이 될 수 있다. 예를 들어, 단어의 의미에 대해 질문하는 경우 문맥이나 사용 예를 제공하면 더 자세한 설명을 제공하는 데 도움이 될 수 있다.

요약하면, AI 언어모델의 출력에 영향을 미칠 수 있는 많은 요소가 있다. AI의 응답은 패턴과 통계 모델을 기반으로 생성되지만 임의성, 컨텍스트 및 알고리즘 업데이트를 비롯한 다른 많은 요인의 영향을 받기도 한다.

6. 글쓰기 등 창작의 민주화

6-1. 인간에게 글쓰기란?

글쓰기는 인간의 언어를 통해 생각, 아이디어, 감정 등을 표현하고 전달하는 과정이라고 할 수 있다. 이는 문학 작품이나 논문 등과 같이 다양한 형태로 나타날 수 있다. 글쓰기는 또한 사회적, 문화적, 정치적인 영향을 받으며, 글쓰기가 미치는 영향력도 상당하다. 따라서, 글쓰기는 사람들이 서로 소통하고 이해하기 위한 중요한 수단이며, 문화와 지식의 전달을 위한 중요한 역할을 한다.

무엇보다, 철학적 관점에서 글쓰기란 인간의 언어 능력과 사유력을 통해 세상과 자기 자신을 이해하고 전달하기 위한 활동이라 볼 수 있다. 이러한 활동은 인간의 인지, 감정, 경험, 지식, 철학 등이 모두 반영되어 있다.

글쓰기는 또한 자기 표현과 자기 식별의 방식 중 하나이다. 우리는 글을 통해 자신이 누구인지, 무엇을 좋아하는지, 어떤 가치를 가지는지 등을 나타내고, 다른 사람들과 의사소통하며, 아이디어를 나누고 협력하는 등의 활동을 한다.

또 다른 면에서 글쓰기는 문화와 역사에도 깊은 영향을 미치고 있다. 역사상 많은 글쓰기 작품들은 그것들이 쓰인 시대와 문화, 사회, 인물들의 이야기를 담고 있으며, 이러한 작품들은 후대에 전달되어 역사와 문화의 유산이 되기도 한다.

이처럼, 글쓰기는 인간이 사유하는 능력과 창조성을 발휘하는 예술적, 철학적, 문화적 활동이라고 볼 수 있다. 다만, 글쓰기는 인간의 경험과 사상이라는 점에서 그 가치를 담고 있으나, 생성형 AI가 생성한 글에 대한 평가는 다양하다. 전문적인 글은 물론, 시와 같은 고도의 지적 영역까지도 AI가 생성하고 있다는 점에서 인간의 글쓰기는 어떠한 방향을 가져야할 지 고민스러운 것이 아니다.

6-2. 생성형 AI는 글쓰기의 자유를 가져다 줄 수 있을까?

생성형 AI는 짧은 시간에 많은 양의 텍스트를 생성할 수 있다. 글쓰기의 자유는 사람의 개인적인 경험, 생각, 감정, 열정 등을 표현할 수 있는 능력이다. 그러나, 생성형 AI가 생성하는 텍스트는 이러한 인간적인 측면에서는 부족하다. 생성형 AI는 다양한 데이터를 학습하여 일반적인 규칙을 파악하고 새로운 문장을 생성하는 것이 주된 역할이다. 그러므로, 생성된 텍스트는 어느 정도는 일관성과 유사성을 가진다.

이러한 면에서 생성형 AI는 글쓰기의 자유를 확대시킬 수 있다. AI 모델은 이전에 쓰인 텍스트 데이터를 학습하고, 새로운 문장을 생성하는 데 사용된다. AI는 기존의 작가들이 쓴 글의 스타일, 어휘, 문법, 흐름 등을 학습하고 이를 기반으로 새로운 글을 쓸 수 있다. 그러나, 이러한 기술이 완벽하지는 않으며, 여러 가지 제약이 있다. 예를 들어, 생성된 문장의 일관성, 의미 전달, 문법적인 올바름 등에 대한 문제가 있을 수 있다. 또한, AI가 쓴 글의 저작권 문제나, AI가 인위적으로 만들어진 글임을 알리기 위한 표시 등의 문제가 있을 수 있다.

따라서, 생성형 AI를 이용하여 글쓰기를 하는 경우, 그 결과물을 검토하고 수정해야 할 필요가 있다. 이를 통해 AI가 쓴 글의 품질을 높이고, 이를 통해 글쓰기의 자유를 증진시킬 수 있을 것이다. 사람의 개인적인 경험과 감정을 표현하거나 문학적인 창의성을 가진 작품을 만들어 내는 것은 여전히 사람의 역량에 달려 있기 때문이다.

생성형 AI가 새로운 아이디어를 제공하거나 창의적인 아이디어를 도출하는 데 도움을 줄 수는 있다. 그렇지만, AI는 법적으로 저작자가 될 수 없거니와 그렇기 때문에 생성한 콘텐츠를 저작물로 볼 수 없다. 현재의 규범은 인간을 위한 것이라는 점에서 인간 이외의 제3자에 대한 권리나 의무에 대해 규정하고 있지 않기 때문이다.

6-3. 글쓰기에서 창작성이란?

글쓰기의 창작성은 기존에 존재하는 아이디어와 자료들을 조합하여 새로운 아이디어와 정보를 창출해 내는 과정을 의미한다. 즉, 글쓰기는 작가가 자신의 경험, 지식, 관찰, 상상력 등을 활용하여 독창적이고 창조적인 아이디어를 만들어 내고 이를 표현하는 과정이다. 따라서, 생성형 AI가 글쓰기에서 창작성이 있는 작품을 만들어 내는 것은 어렵다고 볼 수 있다. 생성형 AI는 대부분 대량의 데이터를 기반으로 작동하며, 이를 활용하여 기존에 존재하는 패턴을 파악하고 이를 조합하여 문장을 생성한다. 이러한 과정에서는 기존의 데이터와 패턴에서 벗어나기 어렵기 때문에, 창작성이 부족하다는 지적을 받는 경우가 많다.

최근에는 프롬프트 기반 생성형 AI가 발전하면서, 사람이 직접 프롬프트를 제

제1장 생성형 AI의 이해

공하고 AI가 이를 기반으로 문장을 생성하는 방식이 발전하고 있다. 이러한 방식에서는 인간의 창의성이 AI에 반영될 수 있으며, AI가 인간의 아이디어를 조합하여 새로운 아이디어를 만들어낼 수 있다는 가능성이 있다. 따라서, AI가 창작성을 갖는 글쓰기를 하는 것은 아직은 한계가 있지만, 프롬프트 기반 생성형 AI의 발전으로 이러한 한계가 극복될 것이다.

〈대법원의 창작성 판례〉

저작권법 제2조 제1호는 저작물을 '인간의 사상 또는 감정을 표현한 창작물'로 규정하여 창작성을 요구하고 있다. 여기서 창작성은 완전한 의미의 독창성을 요구하는 것은 아니라고 하더라도 창작성이 인정되려면 적어도 어떠한 작품이 단순히 남의 것을 모방한 것이어서는 아니 되고 사상이나 감정에 대한 작자 자신의 독자적인 표현을 담고 있어야 한다. 그리하여 누가 하더라도 같거나 비슷할 수밖에 없는 표현, 즉 저작물 작성자의 창조적 개성이 드러나지 아니하는 표현을 담고 있는 것은 창작성이 있다고 할 수 없다.

출처: 대법원 2017. 11. 9. 선고 2014다49180 판결 [손해배상]

6-4. 생성형 AI의 글쓰기에는 창의성이 담겨 있을까?

생성형 AI가 만들어 낸 글이 창의적인지에 대한 논의는 아직 진행 중인 분야이다. 따라서, 생성형 AI가 창의성을 가진 글을 쓸 수 있을지 여부는 현재까지 확실하게 답변하기 어렵다. 일부 연구는 생성형 AI가 일정 수준의 창의성을 가질 수 있다는 가능성을 제시하지만, 이는 아직 실험적인 수준에서이며 AI가 인간과 동등한 창의성을 가진 글을 작성할 수 있는지에 대한 논의는 계속되고 있다.

창의성은 일반적으로 새로운 아이디어나 개념, 새로운 방식으로 문제를 해결하는 능력과 관련이 있다. 이러한 능력은 현재의 생성형 AI 모델에서는 한계가 있다. AI는 기존의 데이터를 학습하고, 그것을 기반으로 새로운 문장을 생성할 수 있지만, 새로운 아이디어를 창출하거나 독창적인 작품을 창작하는 능력은 아직 부족하다. 하지만, 생성형 AI는 기존의 데이터에서 새로운 관점을 찾아내거나, 다른 데이터와 결합하여 새로운 조합을 만들어 내는 등의 창의성을 보여줄 수 있다. 이러한 능력은 특정 분야에서 문제를 해결하거나, 새로운 아이디어를 발견하는 데 유용하게 사용될 수 있다.

생성형 AI가 작문을 할 때는 학습데이터로부터 패턴을 학습하여 다음 단어나 문장을 예측하고 생성한다. 이러한 방식은 언어를 규칙적이고 일관성 있게 사용하는 것을 특징으로 하기 때문에 새로운 아이디어나 혁신성은 부족할 수 있다. 따라서, 생성형 AI가 만들어 낸 글이 인간의 창작성과 직접적으로 비교될 수는 없지만, 생성형 AI가 다양한 분야에서 활용될 수 있고, 특히 대량의 글쓰기가 필요한 분야에서는 효율적인 도구로서 큰 역할을 할 것으로 예상된다.

7. 의인화: 대화형 AI로서 챗봇

7-1. 챗봇과 대화하다보면 사람처럼 느껴지는 감정은 자연스러운걸까?

챗봇과 대화하다보면, 강점 중 하나는 사람처럼 느껴지는 자연스러움이다. 생성형 AI 모델은 자연어 처리 기술을 이용해 입력된 문장을 이해하고, 이에 대한 응답을 생성한다. 이 과정에서 AI 모델은 인간이 사용하는 언어 패턴을 학습하고, 이를 활용해 대화를 진행한다. 따라서, 챗봇과 대화하는 사용자는 인간이 아닌 AI와 대화하고 있음에도 불구하고 자연스러운 대화를 경험할 수 있다. 또한, 생성형 AI 모델은 대화를 이어가면서 사용자의 언어 스타일을 학습하고, 이를 반영해 더욱 자연스러운 대화를 제공할 수 있다.

7-2. 의인화란?

의인화(anthropomorphism)란 인간이 사물이나 동물에게 인간적인 특성이나 감정, 의도 등을 부여하는 것을 의미한다. 즉, 인간이 그렇게 하려고 의도하지 않아도 자연스럽게 사물이나 동물에게 인간적인 특성을 덧붙이게 되는 경향을 말한다. 이는 우리가 사물이나 동물을 인간처럼 생각하고 대우하는 것과 관련이 있다. 예를 들어, 우리는 자동차를 '깔끔하게 세차되어 있어서 예쁘다'고 표현하거나, 강아지가 우리에게 쓸쓸하게 보일 때 '화가 났니?'라고 물을 수 있다. 이러한 말투나 태도는 사물이나 동물이 인간적인 감정과 특성을 가진다는 것을 가정하는 것으로, 인간의 특성 중 하나인 상호작용을 보다 쉽게 할 수 있도록 도와주는 역할을 한다.

하지만, 의인화는 때로는 잘못된 인식을 불러일으킬 수도 있다. 예를 들어, 고양이를 인간과 같이 생각하여 인간의 음식을 고양이에게 먹인다면, 고양이의 건강에 해를 입힐 수 있다. 따라서, 의인화는 사람들 사이에서 상호작용을 보다 쉽게 하는 데 도움이 되지만, 현실적인 문제를 불러일으킬 수도 있으므로 적절한 사용이 필요하다.

7-3. 인형과 같은 사물의 의인화는 어떤 의미인가?

사물의 의인화는 사람들이 일상생활에서 사물에게 인간적인 성격, 감정, 의지, 의도 등을 부여하고 이러한 사물을 마치 인간처럼 대우하는 경향을 말한다. 예를 들어, 자동차에게 "화이팅"이라고 응원하거나, 시계가 "나를 기다리고 있을 것 같아"라고 생각하는 것 등이 이에 해당된다.

의인화는 우리의 일상생활에서 흔히 일어나며, 사람들이 사물을 다루는 방식과 인간 관계에 대한 이해에 영향을 미친다. 또한, 이러한 경향은 인간들이 자연스럽게 챗봇과 같은 인공지능에도 인간적인 특성을 부여하려는 경향으로 이어질 수 있다.

7-4. 펫로스 증후군과는 다르나?

사물이나 로봇에 대한 애정은 해당 물건에 대한 애정이 생기기 때문이다. 특히 애완동물 같은 경우, 죽거나 분실했을 때 밀려오는 심리적인 형상을 펫로스 증후군이라고 한다. 펫로스 증후군(Pet Loss Syndrome)은 애완동물을 잃었을 때 나타나는 정서적인 반응을 의미하는 용어이다. 이것은 일종의 슬픔, 비탄, 심한 스트레스, 무력감, 허탈감 등을 느끼게 되는 정상적인 반응으로 간주된다. 반면, 의인화는 인간의 감정, 의지, 인격, 인간과 같은 특성을 갖춘 것으로 비유되는 개념이다. 예를 들어, 애완동물을 사람처럼 생각하고 대우하거나, 기계나 사물을 인간처럼 행동하거나 감정을 표현하는 것이다. 이것은 인간의 인지적인 과정에서 발생하는 일종의 인지적 편견으로 간주된다.

8. 학습을 위한 데이터 수립과 정제

8-1. 기계학습 메커니즘이란?

기계학습은 컴퓨터 시스템이 데이터를 분석하고 패턴을 찾아내는 인공지능의 한 분야이다. 기계학습 알고리즘은 크게 지도학습, 비지도학습, 강화학습으로 구분된다.

먼저, 지도학습은 입력 데이터와 출력 데이터 쌍을 학습하여, 새로운 입력 데이터가 주어졌을 때 출력 데이터를 예측하는 모델을 학습한다. 예를 들어, 사진을 보여주면 그 사진에 나타난 물체의 이름을 맞히는 이미지 분류 문제가 있다.

다음으로, 비지도학습은 출력 데이터가 주어지지 않은 상태에서 입력 데이터 간의 패턴을 찾아내는 알고리즘이다. 대표적인 예로는 군집화 문제가 있다. 데이터들을 유사한 특성에 따라 여러 그룹으로 나누는 문제이다.

마지막으로, 강화학습은 시스템이 환경과 상호작용하며 어떤 행동을 취할 때마다 그 결과에 따라 보상이 주어지는 학습 방법이다. 이 보상을 최대화하도록 행동을 결정하는 모델을 학습한다. 예를 들어, 게임을 플레이하면서 승리를 위한 최적의 전략을 학습하는 문제가 있다.

기계학습에서 학습데이터는 모델을 구성하는데 매우 중요한 역할을 한다. 모델이 학습데이터를 잘 학습할수록 새로운 데이터에 대한 예측도 정확해진다. 이러한 학습은 반복적으로 이루어지며, 모델이 더욱 높은 정확도와 일반화 능력을 갖출 수 있도록 지속적으로 향상시켜 나간다.

8-2. 기계학습의 과적합은 어떤 의미인가?

과적합(overfitting)이란 기계학습에서 모델이 학습데이터에 지나치게 적합화되어 새로운 데이터에 대한 성능이 낮아지는 현상을 말한다. 즉, 과적합은 학습데이터에 대해서는 높은 정확도를 보이지만, 새로운 데이터에 대해서는 제대로 동작하지 않는 문제를 일으키기 때문에 실제 응용에서 매우 중요한 문제이다. 과적합은 모델이 학습데이터에 너무 맞춰져서 새로운 데이터에 대해서 일반화(generalization)가 제대로 되지 않는 문제가 있다. 따라서, 과적합이 발생하면 모델이 불안정해지며, 예측이 부정확해진다.

과적합을 해결하기 위한 방법으로는 다음과 같은 것들이 있다.

먼저, 데이터를 더 다양하게 수집하고, 데이터 증강 기술을 활용하여 데이터를 더 다양하게 만드는 방법이다. 과적합은 학습데이터가 충분하지 않거나 데이터가 제한적인 경우에 발생할 가능성이 높다. 따라서, 데이터를 더 다양하게 수집하고, 데이터 증강 기술을 활용하여 데이터를 더 다양하게 만드는 것이 좋다.

다음으로, 모델의 복잡도를 줄이는 등의 방법을 통해 과적합을 줄이는 방법이다. 모델의 복잡도가 높을수록 과적합이 일어날 가능성이 높다. 따라서, 모델의 복잡도를 줄이는 등의 방법을 통해 과적합을 줄일 수 있다.

또한, 정규화(regularization)를 활용하는 방법을 들 수 있다. 정규화는 모델의 가중치(weight)를 제한하는 방법으로, 과적합을 막는 데에 효과적이다.

마지막으로 교차 검증(cross-validation)을 활용하는 방법이다. 교차 검증은 데이터를 여러 개의 그룹으로 나누어 각 그룹을 모델의 검증용 데이터와 학습용 데이터로 사용하여, 모델을 학습하고 검증하는 방법이다. 이 방법을 사용하면 모델의 일반화 성능을 더 잘 파악할 수 있기 때문에 과적합을 방지할 수 있다.

8-3. 데이터 수집과 정제 과정은 어떻게 되나?

생성형 AI는 데이터를 학습하여 새로운 결과에 대해 예측하는 기술이다. 따라서, AI 모델이 좋은 예측을 하기 위해서는 데이터 수집 및 정제 과정이 매우 중요하다. 생성형 AI의 학습을 위한 데이터 수립과 정제 과정에 대해 자세히 알아보도록 한다.

먼저, 데이터 수집은 모델이 예측해야 하는 문제와 관련된 데이터를 찾아내는 과정이다. 이 과정에서 데이터의 출처, 형식, 양, 질 등이 중요한 요소가 된다. 데이터의 출처는 모델이 예측해야 하는 문제와 관련성이 있어야 하며, 형식은 모델이 이해할 수 있는 형태여야 한다. 데이터의 양은 모델의 복잡도와 연관성이 있으며, 데이터의 질은 모델의 성능과 직결된다.

다음으로, 데이터 정제는 수집한 데이터 중에서 모델의 학습에 적합한 데이터를 선별하고 처리하는 과정이다. 이 과정에서는 잡음 데이터, 불완전한 데이터, 이상치 등을 제거하거나 대체하여 데이터의 품질을 개선한다. 데이터 정제는 모델의 성능에 직접적인 영향을 미치기 때문에 꼼꼼한 처리가 필요하다. 데이터 수립과 정제 과정에서 고려해야 할 중요한 요소 중 하나는 데이터의 다양성이다. 다양한 데이터를 수집하고 학습시켜야 모델이 예측력을 가지며 일반화된 결과를 내놓을 수 있다. 이를 위해 데이터의 출처를 다양하게 하거나 데이터를 증강하는 기술을 활용할 수 있다.

끝으로, 데이터 수집 및 정제 과정에서는 데이터 보호 문제에 대한 고민도 필요하다. 민감 정보가 포함된 데이터는 개인정보 보호법 등 관련 법규를 준수하여 적절한 보호 조치를 취해야 한다. 또한, 데이터의 공유와 활용에 대한 조치도 필요하다.

이상의 내용을 정리하자면, 생성형 AI의 학습을 위한 데이터 수립과 정제 과정은 모델의 성능과 일반화 능력을 결정하는 중요한 단계이다. 따라서, 데이터의 출처, 형식, 양, 질, 다양성, 보호 등을 고려하여 꼼꼼하게 처리해야 한다.

8-4. 파운데이션 모델 구축을 위한 데이터를 확보할 수 있는 방안은?

파운데이션 모델(Foundation Model)은 대규모 데이터셋을 기반으로 사전 학습된 인공지능 모델로, 기본적으로 대규모의 데이터셋을 사용하여 학습되기 때문에 다양한 데이터 분포와 패턴을 학습할 수 있다. 이를 통해 새로운 태스크에 대해서도 일반화된 성능을 보이며, 파인튜닝 과정을 통해 적은 데이터셋으로도 높은 성능을 보이는 경우가 많다. 최근에는 공개된 코드나 모델을 활용하여 간단하게 사용할 수 있어서 다양한 분야에서 활용될 수 있다.

이러한 파운데이션 모델 구축을 위해서는 많은 양의 다양한 데이터가 필요하다. 데이터를 수집하는 방안은 다음과 같다.

첫째, 공개 데이터셋의 사용이다. 이미 공개된 데이터셋을 활용하여 모델을 구축할 수 있다. 예를 들어, MNIST, CIFAR-10, ImageNet 등 이미지 인식 분야에서 많이 사용되는 데이터셋이 있다.

둘째, 수작업 형태로 데이터를 수집하는 것이다. 일부 경우, 수작업으로 데이터를 수집해야 할 수도 있다. 이는 인간의 판단력이 필요한 작업이거나, 이전에 수집된 데이터셋으로는 원하는 모델을 만들기 어려운 경우에 유용하다.

셋째, 웹 스크래핑 방식이다. 인터넷에서 데이터를 수집하는 웹 스크래핑 기술을 사용하여 데이터를 수집할 수 있다. 이는 대규모 데이터를 비교적 쉽게 수집할

제1장 생성형 AI의 이해

수 있는 방법 중 하나이다.

넷째, 데이터 생성이다. 보통 이렇게 생성된 데이터를 합성데이터라고 한다. 때로는 데이터를 생성하여 모델을 학습시키는 것이 필요할 수 있다. 예를 들어, GAN(Generative Adversarial Network)을 사용하여 새로운 이미지를 생성하거나, 텍스트 데이터를 생성할 수 있다.

다섯째, 라이선스나 이용허락에 의한 방식이다. 데이터를 제공하는 계약을 체결하여 데이터를 수집할 수 있다. 이는 공공데이터를 활용하는 것과 같이, 데이터를 얻기 어려운 경우 유용한 방법이다.

위 방법 중 적절한 방법을 선택하여 데이터를 수집하고, 그 데이터를 기반으로 파운데이션 모델을 구축할 수 있다.

8-5. 데이터 정제와 레이블링은 어떤 차이인가?

데이터 정제와 레이블링은 둘 다 데이터 전처리 과정에 속하지만, 서로 다른 개념이다. 먼저, 데이터 정제란 데이터에서 잘못되거나, 불완전하거나 또는 중복된 정보를 제거하거나 수정하여 데이터의 품질을 향상시키는 과정이다. 이는 데이터의 노이즈 제거, 결측치 처리, 이상치 제거 등을 포함한다. 데이터 정제는 기계학습 모델의 성능을 높이기 위해 반드시 필요한 과정이다.

다음으로, 레이블링이란 데이터를 분석하기 위해 데이터에 의미 있는 레이블 또는 태그를 붙이는 과정이다. 이는 지도학습을 위한 데이터셋을 만들 때 매우 중요한 과정이다. 예를 들어, 이미지 분류를 위한 데이터셋을 만들 때는 이미지에 대한 레이블링 작업이 필요하다. 이러한 레이블링 작업을 통해 모델이 입력 데이터에 대한 정확한 출력값을 예측할 수 있다.

데이터 정제는 데이터 품질을 향상시키는 것이고, 레이블링은 데이터에 의미 있는 정보를 부여하는 것이다. 두 과정 모두 기계학습 모델의 성능을 향상시키는 데 중요한 역할을 한다.

9. 생성형 AI의 발전가능성

9-1. 생성형 AI의 발전가능성은?

생성형 AI는 인공지능의 분야 중에서도 가장 빠르게 발전하고 있는 분야 중 하나이다. 생성형 AI는 인간의 창의성과 상상력을 모방하여 새로운 콘텐츠를 만들어 내는 능력을 갖추고 있다. 이를 가능하게 하는 기술로는 GAN(Generative Adversarial Network)이나 VAE(Variational Autoencoder)와 같은 딥러닝 알고리즘이 있다.

생성형 AI는 이미 예술, 음악, 문학, 게임 등의 분야에서 활발하게 활용되고 있으며, 미래에는 새로운 산업 분야나 서비스 분야에서도 더욱 발전할 것으로 예상된다. 예를 들어, 생성형 AI가 의료 분야에서 활용되어 새로운 치료 방법이나 의약품 개발에 기여할 수도 있다. 또한, 생성형 AI는 개인 맞춤형 콘텐츠 생성에도 활용될 수 있다. 예를 들어, 개인의 취향과 취미 등을 바탕으로 개인 맞춤형 음악, 영상, 게임 등을 생성해 제공할 수 있다.

하지만, 생성형 AI에는 여전히 한계와 문제점도 존재한다. 생성된 결과물이 예술적이거나 창의적이라고 해서 반드시 좋은 결과물이 아닐 수 있으며, 인간의 개입이 필요한 경우도 있다. 또한, 생성형 AI는 새로운 정보를 생성하다 보면 인쇄 맞춤법, 편집 등과 같은 부분에서 아직 미숙한 부분이 있을 수 있다. 따라서, 생성형 AI는 매우 유망한 분야이지만, 이를 사용하는 데에는 적절한 윤리적, 사회적, 법적 고민이 필요하며, 그 한계와 문제점도 고려해야 한다.

9-2. 미래의 기계학습은 어떤 모습으로 발전할까?

기계학습은 항상 새로운 발전과 혁신이 이루어지고 있는 빠르게 진화하는 분야이기 때문에 미래에 기계학습이 어떻게 발전할지 확실하게 예측하기는 어렵다. 그러나, 기계학습의 미래를 형성할 수 있는 몇 가지 추세와 잠재적 개발이 이루어질 것이다.

설명가능성: 의료 및 금융과 같은 중요한 애플리케이션에서 기계학습이 점점 더 많이 사용됨에 따라 알고리즘이 보다 투명하고 설명가능해야 한다는 요구가 커지고 있다. 이는 기계학습 모델이 예측 또는 결정에 도달한 방법을 설명할 수 있어야 함을 의미한다.

개인화: 기계학습 알고리즘은 전자 상거래 웹사이트 추천 또는 개인화된 건강 관리 계획과 같은 사용자 경험을 개인화하는 데 점점 더 많이 사용되고 있다. 미래에는 기계학습이 훨씬 더 개인화되고 개인의 필요에 맞게 조정될 것이다.

엣지 컴퓨팅: 사물 인터넷(IoT)이 계속 성장함에 따라 스마트폰 및 센서와 같이 컴퓨팅 리소스가 제한된 장치에서 머신 러닝을 수행할 필요성이 증가하고 있다. 엣지 컴퓨팅은 처리를 위해 데이터를 중앙 서버로 보내는 대신 장치 자체에서 계산을 수행하는 방식을 말한다.

비지도 학습: 현재 대부분의 기계학습은 지도 학습을 통해 이루어지며 여기서 알고리즘은 레이블이 지정된 데이터에 대해 훈련된다. 미래에는 알고리즘이 레이블이 지정되지 않은 데이터에서 학습하여 복잡한 시스템에 대한 보다 발전되고 미묘한 이해로 이어질 수 있는 비지도 학습에 더 중점을 둘 수 있다.

학제간 협업: 기계학습이 더욱 보편화됨에 따라 기술이 책임감 있고 윤리적으로 사용되도록 컴퓨터 과학자, 통계학자, 도메인 전문가 및 윤리학자 간에 더 큰 협업이 있을 수 있다.

이처럼, 전반적으로 기계학습의 미래는 개인화 증가, 투명성 및 설명가능성 향상, 비지도 학습에 대한 집중도 증가, 서로 다른 분야 간의 협업 증가로 특징지어질 가능성이 높다.

9-3. 생성형 AI는 어떤 방향으로 발전해 나갈까?

생성형 AI는 지속적으로 진화하고 있으며 최근 몇 년 동안 새로운 알고리즘과 모델이 개발되면서 기술이 빠르게 발전했다. 이러한 발전으로 생성형 AI는 이전에는 할 수 없었던 작업을 수행할 수 있게 되었다. 생성형 AI가 계속 진화할 수 있는 몇 가지 잠재적인 방향이 있다. 생성형 AI는 계속해서 발전해 나가고 있으며, 앞으로도 많은 발전이 예상된다.

먼저, 더욱 정교한 자연어 처리 기술이 개발될 것이다. 현재 자연어 처리 기술의 한계 중 하나는 모호한 언어와 맥락에 대한 이해 부족이다. 따라서, 이러한 한계를 극복하고 더 정확한 결과를 생성할 수 있는 기술이 개발될 것이다.

또한, 더욱 복잡한 대화 시나리오에 대응할 수 있는 더욱 발전된 대화 모델이 등장할 것이다. 현재 생성형 AI 모델은 한정된 분야에서 일정 수준 이상의 성능을 보이고 있지만, 다양한 분야에서 인간과 비슷한 대화를 나눌 수 있는 모델이 개발될 것으로 예상된다. 또한, 생성형 AI가 인간과 상호작용하는 분야는 계속해서 확대될 것이다. 예를 들어, AI가 문제를 해결하거나 상담을 수행하는 등 인간의 일부 역할을 대신할 수 있게 될 것이다. 이러한 발전으로 인해 AI와 인간이 함께 일하는 환경이 보다 일반적인 것이 될 것이다.

마지막으로, 데이터의 중요성이 더욱 강조될 것이다. 생성형 AI의 성능은 모델이 학습하는 데이터의 양과 질에 크게 영향을 받는다. 따라서, 더 많은 데이터를 수집하고 처리할 수 있는 기술이 개발될 것이며, 이를 통해 생성형 AI의 성능이 더욱 발전할 것이다.

이러한 방향은 생성형 AI가 미래에 진화할 수 있는 잠재적인 방법 중 일부에 불과하다.

10. 멀티모달 AI

10-1. 멀티모달 AI란 기존의 AI 모델과는 다르나?

멀티모달 AI는 다양한 종류의 데이터와 정보를 동시에 처리하고 결합하여 인식하고 이해하는 인공지능 기술로 다양한 분야에서 활용이 가능하다. 예를 들어, 자율주행 자동차에서는 카메라, 레이더, 리다이렉션 등 다양한 센서 데이터를 동시에 처리하여 주행 환경을 인식하고 결정을 내리는데 활용된다. 또한, 음성 인식 기술과 이미지 인식 기술을 결합하여 보안 시스템에서는 얼굴과 목소리를 인식하여 보안 수준을 높이는데 활용될 수 있다.

멀티모달 AI는 단일 AI 모델에 비해 더욱 정확한 인식과 판단을 할 수 있으며, 다양한 정보를 결합하여 더욱 종합적인 분석을 할 수 있다. 그러나, 멀티모달 AI의 데이터 처리량이 매우 크기 때문에 기존의 인공지능 기술에 비해 높은 컴퓨팅 자원과 높은 처리 속도가 필요하다. 또한, 다양한 종류의 데이터를 처리하는 과정에서 각각의 데이터들이 상호작용하는 방식을 고려하여 복잡한 알고리즘을 적용해야 하는 문제가 있다. 이러한 문제점을 극복하고, 멀티모달 AI 기술을 발전시키기 위해 더 많은 연구와 개발이 필요하다.

10-2. 멀티모달 AI의 훈련 방법은?

멀티모달 AI를 훈련하는 방법은 다양하다. 그러나, 기본적인 접근 방식은 각각의 데이터 모드를 각각의 신경망으로 구성하여 각 신경망에서 생성된 출력을 결합하는 것이다.

가장 기본적인 멀티모달 AI의 훈련 방법은 다음과 같다.

데이터 수집: 멀티모달 AI를 훈련시키기 위해서는 다양한 유형의 데이터를 수집해야 한다. 예를 들어, 이미지와 텍스트, 동영상과 음성 등 다양한 유형의 데이터를 수집한다.

모델 아키텍처 설계: 멀티모달 AI를 훈련시키기 위해서는 각각의 데이터 모드를 처리하기 위한 신경망 아키텍처를 설계해야 한다. 예를 들어, 이미지를 처리하기 위한 합성곱 신경망(Convolutional Neural Network, CNN)과 텍스트를 처리하기 위한 순환 신경망(Recurrent Neural Network, RNN)을 각각 설계한다.

멀티모달 모델 훈련: 멀티모달 AI 모델을 훈련시키기 위해서는 각각의 데이터 모드를 처리하는 신경망을 동시에 훈련시켜야 한다. 이를 위해서는 다양한 최적화 알고리즘과 손실 함수를 사용하여 전체 모델을 최적화한다.

결과 평가: 멀티모달 AI 모델의 성능을 평가하기 위해서는 훈련된 모델을 테스트 데이터에 적용하여 성능을 평가한다.

모델 성능 향상: 멀티모달 AI 모델의 성능을 향상시키기 위해서는 다양한 기술과 방법을 사용하여 모델을 개선해야 한다. 예를 들어, 추가 데이터 수집, 데이터 증강, 신경망 구조 변경 등을 사용하여 모델을 개선할 수 있다.

최근에는, 멀티모달 AI의 훈련을 위해 GAN과 같은 새로운 딥러닝 알고리즘이 등장하고 있다. 이러한 새로운 기술과 방법들을 사용하여 멀티모달 AI 모델의 성능을 더욱 향상시킬 수 있다.

10-3. 멀티모달은 어떻게 다양한 유형의 콘텐츠를 생성하나?

멀티모달은 이미지, 텍스트, 동영상 등 다양한 유형의 데이터를 다루는 인공지능 기술을 의미한다. 멀티모달 AI는 여러 유형의 데이터를 동시에 분석하고 이를 기반으로 새로운 형태의 데이터를 생성하는 기술을 말한다. 따라서, 멀티모달 AI는 이미지, 텍스트, 동영상 등 다양한 유형의 데이터를 생성할 수 있다. 예를 들어, 멀티모달 AI는 이미지와 텍스트 데이터를 함께 분석하여 이미지에 대한 설명을 생성할 수 있다.

또한, 음성과 이미지 데이터를 함께 분석하여 음성으로 이미지를 설명하는 기능을 제공할 수도 있다. 또한, 멀티모달 AI는 이미지, 텍스트, 동영상 데이터를 함께 사용하여 새로운 형태의 데이터를 생성할 수도 있다. 따라서, 멀티모달 AI는 다양한 분야에서 활용될 수 있다. 예를 들어, 음성 비서, 자율주행 자동차, 로봇, 게임 등에서 멀티모달 AI가 사용될 수 있다. 멀티모달 AI는 더욱 정확하고 다양한 정보를 제공할 수 있으며, 이를 기반으로 한 차별화된 서비스나 제품을 제공할 수 있다.

제2장 프롬프트 엔지니어링

프롬프트(prompt)는 컴퓨터 운영체제에서 사용자가 입력한 명령을 실행할 수 있는 상태를 나타내는 텍스트 또는 기호이다. 프롬프트는 주로 커맨드 라인 인터페이스(CLI)에서 사용되며, 사용자가 명령어를 입력하고 실행 결과를 확인할 수 있게 해 준다.

유닉스 기반의 프롬프트는 명령어를 입력하고, 시스템을 실행시키는 것이었다면 생성형 AI에서 프롬프트는 AI 모델에게 프롬프트의 내용에 맞는 결과물을 생성하도록 요구하는 것이다. 어쩌면, 시스템을 운용하고 그 결과를 받는다는 점에서 동일하다. 다만, 결과를 콘텐츠라는 형태로 받는 지금과의 차이라면 차이랄까?

유닉스 유물과 달리, AI 시대의 프롬프트 엔지니어링(Prompt Engineering)은 생성형 AI에 대한 관심이 높아지면서 등장한 비교적 새로운 분야이다. 프롬프트 엔지니어는 AI 모델에서 텍스트 또는 기타 출력 형식을 생성하는 데 사용되는 프롬프트를 설계, 개발 및 개선하는 일을 담당한다. 프롬프트 엔지니어의 작업에는 특정 작업 또는 도메인에 특정한 프롬프트 디자인, 생성된 출력의 품질을 개선하기 위한 프롬프트 수정, 프롬프트의 효율성을 확인하기 위한 테스트 및 평가 등 다양한 작업이 포함될 수 있다.

엔지니어로서 성공하기 위해 개인은 기계학습 및 자연 언어 처리에 대한 지식, 프로그래밍 언어 숙련도, 창의적이고 비판적으로 사고하는 능력을 포함하여 다양한 기술 및 창의적 기술이 필요하다.

1. 프롬프트의 확장 가능성

1-1. 생성형 AI에서 프롬프트란?

생성형 AI에서 프롬프트(prompt)는 AI 모델이 문장이나 콘텐츠를 생성하기 위한 시작점을 제공하는 역할을 한다. 사용자가 프롬프트에 질문이나 문장을 입력하면,

AI 모델은 해당 프롬프트를 기반으로 문장을 생성한다. 예를 들어, "한국의 16대 대통령은?"과 같은 프롬프트에 "노무현 대통령"이라는 답변을 생성하도록 AI 모델을 학습시킬 수 있다.

이러한 생성형 AI 모델에서는 프롬프트가 생성된 문장의 적합성과 일관성을 유지하는 데 중요한 역할을 한다. 따라서, 프롬프트는 모델의 생성된 결과에 큰 영향을 미친다. 프롬프트를 잘 설정하면 생성된 문장이 더 자연스럽고 정확해지는데, 이는 생성된 결과를 더욱 유용하게 만든다. 제대로 된 프롬프트는 제대로 된 결과물을 만들어 낸다.

1-2. 프롬프트 생성 원리는 어떻게 되는가?

프롬프트(prompt)는 컴퓨터의 커맨드라인 인터페이스(Command Line Interface, CLI)에서 사용되는 텍스트 기반 인터페이스이다. 사용자가 컴퓨터에 명령을 입력하고 실행할 때, 프롬프트는 사용자에게 명령을 입력할 수 있는 준비가 되었다는 신호를 보내고, 사용자가 명령을 입력한 후 실행하면 결과를 출력한다.

프롬프트는 운영체제가 커널(kernel)에게 명령을 입력할 준비가 되었음을 알리는 신호를 보내면, 커널이 사용자와 상호작용하도록 한다. 운영체제는 이때 프롬프트 문자열을 표시하고, 사용자가 명령을 입력할 때까지 대기한다. 일반적으로, 프롬프트 문자열은 명령어를 입력할 준비가 되었음을 나타내는 특수한 기호로 시작한다.

프롬프트 문자열은 운영체제나 터미널 응용 프로그램에서 제어된다. 예를 들어, 유닉스(Unix)나 리눅스(Linux) 시스템에서는 프롬프트 문자열을 수정하기 위해 PS1 변수를 사용할 수 있다. PS1 변수는 셸(shell) 프롬프트 문자열을 설정하는 데 사용되는 환경 변수이다. 윈도우즈(Windows) 시스템에서는 DOS 상태에서 프롬프트 명령어를 사용하여 프롬프트 문자열을 수정할 수 있다.

1-3. 커맨드라인 인터페이스란?

커맨드라인 인터페이스(Command Line Interface, CLI)는 텍스트 기반으로 동작하는 컴퓨터 사용자 인터페이스의 한 형태이다. 커맨드라인 인터페이스는 사용자가 명령어나 특정한 인자(argument)를 입력하여 컴퓨터와 상호작용할 수 있도록 한다. 이를 통해 사용자는 그래픽 사용자 인터페이스(GUI)를 사용하는 것보다 더 빠르게 작업을 수행하고, 자동화된 작업을 수행하기에 용이하다.

커맨드라인 인터페이스는 일반적으로 명령 프롬프트(prompt)와 명령어(Command)로 구성된다. 사용자가 명령 프롬프트에 명령어를 입력하면, 시스템은 해당 명령어를 실행하고 그 결과를 터미널에 출력한다. 커맨드라인 인터페이스는 대개 터미널 또는 콘솔 창을 통해 제공되며, 사용자는 키보드를 사용하여 명령을 입력한다.

커맨드라인 인터페이스는 운영 체제의 기본적인 기능을 제어하고, 시스템 설정을 변경하거나, 파일과 폴더를 관리하고, 네트워크와 관련된 작업을 수행하는 등 다양한 작업을 수행할 수 있다. 커맨드라인 인터페이스는 또한 쉘(Shell)이라고 불리는 프로그램을 통해 실행된다. 쉘은 사용자의 명령어를 받아 해석하고 실행하는 컴퓨터 프로그램으로, 운영 체제의 일부로 간주된다.

1-4. 프롬프트의 확장 가능성은 어떻게 되나?

프롬프트의 확장성은 광범위한 출력을 생성하기 위해 수정하거나 확장할 수 있는 기능을 의미한다. 프롬프트의 확장성은 프롬프트의 특이성, 사용 가능한 학습 데이터의 양, 출력을 생성하는 데 사용되는 AI 모델의 복잡성을 비롯한 여러 요인에 따라 달라진다.

너무 구체적인 프롬프트는 제한된 출력 집합만 생성할 수 있으므로 확장할 수 없다. 반면에 너무 일반적인 프롬프트는 유용한 출력을 생성하기에는 모호할 수 있다. 특이성과 일반성 사이의 균형을 찾음으로써 프롬프트의 확장성을 최대화하는 데 중요하다.

사용 가능한 학습데이터의 양도 프롬프트의 확장성에 영향을 미친다. 더 크고 다양한 데이터셋은 AI 모델이 더 넓은 범위의 출력을 생성하는 데 도움이 될 수 있는 반면, 더 작고 덜 다양한 데이터셋은 더 제한된 출력 세트를 생성할 수 있다.

마지막으로 출력을 생성하는 데 사용되는 AI 모델의 복잡성도 프롬프트의 확장성에 영향을 미칠 수 있다. GPT-3과 같은 더 복잡한 모델은 단순한 모델보다 더 넓은 범위의 출력을 생성할 수 있지만 더 많은 계산 리소스와 학습데이터가 필요할 수밖에 없다.

전반적으로 프롬프트의 확장성은 크고 다양한 데이터셋을 사용하고 충분히 복잡한 AI 모델을 사용하여 특이성과 일반성 사이의 올바른 균형을 찾는 데 달려 있다.

2. 프롬프트 엔지니어링

2-1. 프롬프트 엔지니어링이란?

프롬프트 엔지니어링(Prompt engineering)은 생성형 AI 모델을 사용하여 자연어 생성 문제를 해결하기 위한 방법론 중 하나이다. 이 방법론은 사용자가 원하는 대화 형태를 정의하는 프롬프트와 이를 생성하는 AI 모델을 개발하는 과정을 포함한다.

프롬프트 엔지니어링의 핵심은 사용자가 원하는 대화 스타일을 파악하고, 이를 반영하는 적절한 프롬프트를 디자인하는 것이다. 이를 위해서는 다양한 대화 데이터를 수집하고 분석하여 대화 스타일과 사용자 요구 사항을 파악하는 것이 필요하다.

프롬프트 엔지니어링은 인간과 AI 모델 간의 상호작용을 더욱 자연스럽게 만들어주며, AI 모델의 생성 결과를 개선하여 실제 사용자 요구에 더욱 부합하는 대화 시스템을 구현할 수 있도록 도와준다.

프롬프트 엔지니어링을 위해 기술적으로 필요한 것은 크게 세 가지이다.

첫째, 대화 데이터 수집 및 분석 기술이 필요하다. 이를 통해 사용자의 요구사항과 대화 스타일을 파악하고, 적절한 프롬프트를 디자인할 수 있다. 대화 데이터 수집에는 크롤링, 스크래핑, 특정 목적에 따른 설문조사 등의 방법이 사용된다. 수집된 대화 데이터를 분석하기 위해서는 자연어 처리 기술과 통계 분석 기술이 필요하다.

둘째, 생성형 AI 모델 개발 기술이 필요하다. 프롬프트를 기반으로 한 생성형 AI 모델을 개발하기 위해서는 딥러닝 기술과 자연어 처리 기술 등이 필요하다. 생성형 AI 모델 개발에는 주로 대규모 자연어 처리 데이터셋과 높은 계산 능력을 요구하므로, 이를 처리할 수 있는 컴퓨팅 자원과 기술적 지식이 필요하다.

셋째, 생성된 문장의 적합성과 일관성을 평가하기 위해서는 자연어 처리 기술과 평가 기준이 필요하다. 이를 위해 자동 평가 및 수동 평가 기법 등을 사용할 수 있다. 따라서, 프롬프트 엔지니어링을 위해 기술적으로 필요한 것은 대화 데이터 수집 및 분석 기술, 생성형 AI 모델 개발 기술, 자연어 처리 기술 등이 있다.

2-2. 이용자 입장에서 프롬프트 엔지니어링에 대해 필요한 것은?

이용자 입장에서 프롬프트 엔지니어링에 대해 필요한 내용은 크게 두 가지이다.

첫째, 프롬프트가 사용자의 요구사항과 대화 스타일에 부합하는지를 평가할 수 있는 능력이 필요하다. 이를 위해서는 자연스러운 대화를 이끌어 내는 능력과 자신이 원하는 정보를 정확하게 전달받을 수 있는 능력이 필요하다. 이를 위해서는 프롬프트가 제공하는 선택지가 명확하고 쉽게 이해할 수 있어야 하며, 필요한 정보를 요청하는 방식이 자연스럽고 효과적이어야 한다.

둘째, 프롬프트가 제공하는 정보가 신뢰성과 정확성을 갖추고 있는지를 평가할 수 있는 능력이 필요하다. 이를 위해서는 프롬프트가 제공하는 정보의 출처와 검증 과정이 명확하게 표시되어야 하며, 이용자가 필요한 정보를 찾는 데 도움이 되는 검색 기능이 제공되어야 한다. 따라서, 이용자 입장에서 프롬프트 엔지니어링에 대해 필요한 내용은 자연스러운 대화를 이끌어 내는 능력과 제공하는 정보의 신뢰성과 정확성을 평가할 수 있는 능력이다. 이를 위해 프롬프트가 제공하는 선택지와 요청 방식, 정보의 출처와 검증 과정, 검색 기능 등을 고려해야 한다.

2-3. 프롬프트 엔지니어링을 위해 필요한 요소나 기술은?

프롬프트 엔지니어링에는 생성형 AI 모델에서 특정 출력을 생성하는 데 사용할 수 있는 프롬프트의 생성 및 설계가 포함된다. 엔지니어링에 성공하려면 다음과 같은 몇 가지 요소와 기술이 필요하다.

문제 영역에 대한 이해: 효과적인 프롬프트를 생성하려면 프롬프트 엔지니어는 작업 중인 문제 영역을 깊이 이해해야 한다. 여기에는 관련 개념, 용어 및 문제와 관련된 데이터에 대한 지식이 포함된다.

관련 입력 및 출력 식별 능력: 프롬프트 엔지니어는 생성형 AI 모델에서 유용하고 관련성 있는 콘텐츠를 생성하는 데 필요한 주요 입력 및 출력을 식별할 수 있어야 한다. 이를 위해서는 문제 영역에 대한 이해와 관련 데이터 소스를 식별하는 능력이 필요하다.

데이터 전처리 기술: 출력 품질을 보장하기 위해 프롬프트 엔지니어는 데이터를 전처리하고 프롬프트에 포함되어야 하는 주요 기능을 식별해야 한다. 여기에는 AI 모델에 대한 입력으로 사용할 데이터 정리, 서식 지정 및 구성이 포함된다.

커뮤니케이션 기술: 효과적인 신속한 엔지니어링을 위해서는 신속한 엔지니어와 데이터 과학자, 개발자 및 도메인 전문가를 포함한 기타 이해 관계자 간의 명확하고 간결한 커뮤니케이션이 필요하다. 프롬프트 엔지니어는 프롬프트의 목적, 작동 방식 및 콘텐츠 생성에 프롬프트를 사용할 수 있는 방법을 설명할 수 있어야 한다.

평가 및 반복 능력: 효과적인 프롬프트를 만들기 위해 프롬프트 엔지니어는 AI 모델의 성능을 평가하고 필요에 따라 프롬프트를 반복할 수 있어야 한다. 이를 위해서는 출력을 분석하고 개선할 영역을 식별하고 그에 따라 프롬프트를 조정하는 능력이 필요하다.

요약하자면, 프롬프트 엔지니어링에는 도메인 전문 지식, 데이터 전처리 기술, 기계학습 알고리즘 지식, 강력한 커뮤니케이션 기술 및 프롬프트에서 평가하고 반복할 수 있는 능력의 조합이 필요하다.

3. 동일한 프롬프트, 서로 다른 결과

3-1. 동일한 프롬프트라도 다른 결과가 나오는 이유는?

동일한 프롬프트라도 다른 결과가 나오는 이유는 생성형 AI 모델이 학습한 데이터셋과 환경, 무작위성 등 다양한 요인들에 의해 영향을 받기 때문이다. 생성형 AI 모델은 수많은 데이터셋을 학습하면서 문맥, 어휘, 문법 등을 학습한다. 그러나, 데이터셋에 포함되지 않은 문맥이나 어휘, 문법 등의 요소가 등장하면 예측 결과가 달라질 수 있다. 또한, 환경 요인에 따라서도 결과가 달라질 수 있다. 예를 들어, 같은 프롬프트를 같은 생성형 AI 모델에 주더라도, 해당 모델을 실행하는 시간, 장소, 컴퓨터 하드웨어 등의 환경 요소에 따라 결과가 달라질 수 있다. 또한, 생성형 AI 모델은 대개 무작위성 요소를 포함하고 있다. 즉, 같은 프롬프트를 주더라도 AI 모델이 임의로 선택하는 다양한 경우의 수에 따라 결과가 달라질 수 있다. 따라서, 동일한 프롬프트를 제공한다 하더라도, 생성형 AI 모델이 생성하는 결과물은 매번 달라지게 된다.

이와 같이, 동일한 프롬프트를 사용하더라도 결과물이 다른 가장 큰 이유는 모델이 학습한 데이터의 다양성과 양이다. 모델이 학습한 데이터가 제한적이거나 불균형하게 분포되어 있다면, 그에 따른 결과물이 생성될 가능성이 높다. 또한, 입력한 문장의 다양성과 길이, 모델의 초기 상태 등도 결과물에 영향을 미칠 수 있다. 또한, 생성형 AI의 특성상, 모델 내부에서 생성된 확률적인 과정으로 인해 동일한 입력에 대해 다른 결과가 생성될 수도 있다. 이처럼, 몇 분 전에 한 질문과 방금 한 질문은 동일한데, 결과가 다른 것은 GPT-3와 같은 인공지능 모델이 일정한 확률 분포를 가지고 있기 때문이다. 따라서, 동일한 프롬프트를 이용해도, 각각의 실행마다 결과가 조금씩 다를 수 있다.

동일한 프롬프트를 이용하여도 결과가 다르게 나오는 것은 일반적인 현상이다. 이는 인공지능 모델이 생성하는 결과물이 일정한 패턴에만 의존하지 않고, 다양한 요소들이 함께 작용하기 때문이다. 사람도 동일한 주제에 대해 설명할 때, 처한 상황에 따라 표현방식이 달라지곤 한다. 하물며, 사람을 모방한 AI도 당연한 것이라고 할 것이다.

3-2. 다른 결과의 요인은 데이터에 기반하기 때문인가?

프롬프트에 같은 입력을 주더라도 결과가 다를 수 있는 이유는 여러 가지가 있다.

첫째로, 학습데이터셋이 다를 수 있다. 예를 들어, GPT-3 모델은 지난 몇 년간 인터넷 상의 수많은 텍스트 데이터를 수집하여 학습된 모델이다. 만약, 서로 다른 사용자가 GPT-3 모델을 사용하여 다른 텍스트 데이터를 추가로 학습시킨다면, 각 사용자가 보는 결과물은 서로 다를 수 있다.

둘째로, 모델 파라미터가 다를 수 있다. 모델 파라미터는 모델을 훈련시키는데 사용되는 숫자 값들로, 같은 모델이더라도 파라미터가 다르면 결과가 다를 수 있다. 예를 들어, GPT-3 모델은 여러 다른 크기와 구조의 모델이 있으며, 각 모델은 서로 다른 파라미터를 가지고 있다.

셋째로, 모델 버전이 다를 수 있다. 모델 버전은 모델 훈련 도중 수정되거나 개선된 모델의 버전을 나타낸다. 따라서, 모델의 특정 버전을 사용할 경우 다른 버전을 사용할 때와 결과가 다를 수 있다.

마지막으로, 프롬프트가 어떻게 작성되었느냐에 따라 결과가 다를 수 있다. 프롬프트는 사용자가 모델에게 입력하는 텍스트이며, 이 입력에 따라 모델이 생성하는 출력이 결정된다. 따라서, 같은 모델이라 하더라도 다른 프롬프트를 사용하면 결과가 다를 수 있다.

이러한 이유로, 같은 프롬프트에 대해 다른 결과가 나올 수 있으며, 이는 인공지능 모델의 특성상 불가피한 부분이다.

4. 프롬프트의 권리

4-1 프롬프트 자체에 대한 권리는 누가 갖는가?

프롬프트 자체에 대한 권리는 일반적으로 해당 프롬프트를 개발한 개인이나 기업이 갖게 된다. 이는 지식재산권에 해당하며, 해당 개발자나 기업은 해당 프롬프트를 상업적으로 이용하거나 판매할 수 있다. 그러나, 프롬프트에서 생성된 결과물에 대한 권리는 다소 복잡하다. 예를 들어, ChatGPT와 같은 대형 자연어 처리 모델의 경우, 해당 모델을 개발한 OpenAI는 모델 자체에 대한 권리를 갖고 있지만, 모델에서 생성된 결과물에 대한 권리는 사용자나 해당 결과물을 이용하는 기업 등 다양한 주체들이 공유하게 된다. 따라서, 프롬프트 자체에 대한 권리와 결과물에 대한 권리는 구체적인 상황과 이용 방식에 따라 다르게 적용될 수 있으며, 이를 명확히 하는 것은 해당 프롬프트를 개발하거나 이용하는 주체들 간의 합의에 따라 결정된다.

4-2. 생성형 AI에 입력한 프롬프트는 누가 소유할까?

생성형 AI에서 프롬프트 소유권은 데이터 과학자, 개발자, 도메인 전문가 및 최종 사용자를 포함한 다양한 이해 관계자 간의 공동 작업이어야 한다. 각 그룹에는 효과적인 프롬프트 생성에 기여할 수 있는 고유한 관점과 지식이 있다.

데이터 과학자는 AI 모델을 선택하고 교육하여 프롬프트에서 콘텐츠를 생성할 책임이 있다. 그들은 기계학습 알고리즘, 데이터 전처리 및 모델 선택에 대한 전문 지식을 가지고 있다. 데이터 과학자는 당면한 문제에 가장 적합한 알고리즘과 모델과 최적의 성능을 위해 데이터를 사전 처리하는 방법에 대한 통찰력을 제공할 수 있다.

개발자는 생성형 AI 모델을 사용하는 애플리케이션이나 시스템에 프롬프트를 구현할 책임이 있다. 그들은 소프트웨어 엔지니어링, API 및 사용자 인터페이스에 대한 전문 지식을 가지고 있다. 개발자는 프롬프트를 애플리케이션에 통합하는 방법과 사용자에게 피드백을 제공하는 방법에 대한 통찰력을 제공할 수 있다.

해당 분야에 대한 도메인 전문가는 프롬프트가 적절하고 유용한 콘텐츠를 생성하도록 도메인별 지식과 전문 지식을 제공할 책임이 있다. 그들은 관련 용어, 개념 및 데이터를 포함하여 문제 영역에 대한 전문 지식을 가지고 있다. 도메인 전문가는 관련 입력 및 출력과 최적의 성능을 위해 데이터를 사전 처리하는 방법에 대한 통찰력을 제공할 수 있다.

최종 사용자(end user)는 생성형 AI 모델을 통합하는 애플리케이션 또는 시스템을 사용할 책임이 있다. 그들은 생성된 콘텐츠가 어떻게 사용될 것인지, 그리고 그것이 어떻게 그들의 필요를 가장 잘 충족시킬 수 있는지에 대한 지식을 가지고 있다. 최종 사용자는 생성된 콘텐츠의 품질 및 유용성과 이를 개선할 수 있는 방법에 대한 피드백을 제공할 수 있다.

4-3. 프롬프트를 팔 때, 어떤 방식으로 계약해야 할까?

프롬프트에 따라, 결과가 달라지고, 프롬프트 엔지니어링이 중요해지면서 프롬프트를 거래하는 마켓이 형성되고 있다.

비즈니스 계약 또는 계약의 일부로 프롬프트를 판매하는 경우, 계약 조건이 명확하게 정의되고 관련된 모든 당사자가 동의하는지 확인하는 것이 중요하다. 프롬프트 판매 계약에 서명할 때 염두에 두어야 할 몇 가지 주요 고려사항은 다음과 같다.

프롬프트를 명확하게 정의: 프롬프트가 명확하게 정의되고 관련된 모든 당사자가 이해하는지 확인해야 한다. 계약서에는 프롬프트의 정확한 언어와 프롬프트의 목적, 대상 청중, 특정 매개 변수 또는 제한 사항과 같은 기타 관련 세부 정보를 지정해야 한다.

소유권 및 사용 권한 명시: 계약서에는 누가 프롬프트를 소유하고 어떻게 사용할 수 있는지 명확하게 지정해야 한다. 예를 들어, 프롬프트의 소유권은 유지하지만 특정 목적이나 기간 동안 사용할 수 있는 라이선스를 구매자에게 부여할 수 있다. 계약 조건이 귀하의 지식재산권 및 관련 법률 또는 규정과 일치하는지 확인해야 한다.

지불 조건 정의: 계약은 신속하게 지불할 금액과 시기를 지정해야 한다. 지불 조건이 공정하고 합리적인지 확인하고 미지급 또는 기타 분쟁이 발생할 경우를 포함하여야 한다.

기밀성 및 비공개 처리: 프롬프트가 기밀이거나 독점적인 경우 계약에 지식재산을 보호하고 무단 공개 또는 사용을 방지하는 조항이 포함되어야 한다. 계약의 일부로 비공개 또는 기밀 유지 계약을 포함하는 것을 고려해야 한다.

이러한 단계를 수행하고 계약 조건을 신중하게 정의함으로써 성공적이고 상호 이익이 되는 프롬프트 판매를 보장할 수 있다.

5. 프롬프트로 생성된 결과물의 권리

5-1. 기계는 저작자가 될 수 있을까?

현행 저작권법에 따르면 기계는 저작자로 인정되지 않는다. 저작권은 인간의 창작물에 대해서만 부여되며, 기계가 생성한 결과물은 프로그래머나 개발자가 프로그램을 작성하고 설계된 알고리즘에 의해 생성된 것이기 때문이다. 그러나, 기계가 스스로 창작한 결과물이 있다면 이에 대한 법적인 취급 방법은 아직 명확하게 정해진 바 없다. 다만, 기계가 자율적으로 창작할 수 있는 경우는 찾기 어렵다. 물론, 이와 관련하여 저작권법 개정이 필요하다는 의견도 제기되고 있다. 따라서, 현재로서는 기계가 저작자로 인정될 수 없지만, 앞으로 기계가 창작한 결과물에 대한 법적 논의는 물론, 권리·의무의 주체성에 대해서도 정리가 필요하다.

저작권법상 '저작물'은 인간의 사상 또는 감정을 표현한 창작물을 말하고, '저작자'는 저작물을 창작한 자를 말한다(저작권법 제2조 제1호, 제2호). 저작권은 구체적으로 외부에 표현한 창작적인 표현형식만을 보호대상으로 하므로, 2인 이상이 저작물의 작성에 관여한 경우 그중에서 창작적인 표현형식 자체에 기여한 자만이 그 저작물의 저작자가 되고, 창작적인 표현형식에 기여하지 아니한 자는 비록 저작물의 작성 과정에서 아이디어나 소재 또는 필요한 자료를 제공하는 등의 관여를 하였더라도 그 저작물의 저작자가 되는 것은 아니다. 여기에서 사상이나 감정이 '표현'되었다고 하려면 머릿속에서 구상된 것만으로는 부족하고 어떤 형태나 방법으로든 외부에 나타나야 한다. 그 나타나는 방법이나 형태에 대하여는 아무런 제한이 없다.

출처: 대법원 2020. 6. 25. 선고 2018도13696 판결 [사기]

5-2. ChatGPT가 생성한 콘텐츠는 저작권이 있을까?

콘텐츠(Contents)는 부호 · 문자 · 도형 · 색채 · 음성 · 음향 · 이미지 및 영상 등(이들의 복합체를 포함한다)의 자료 또는 정보를 의미한다. 콘텐츠는 문서, 이미지, 동영상, 음악, 소프트웨어, 게임, 애플리케이션 등의 형태로 존재할 수 있다. 이러한 콘텐츠는 정보나 감성적인 요소를 담고 있어서 사용자에게 새로운 경험과 가치를 제공하고, 커뮤니케이션 수단으로 활용될 수 있다. 최근에는 인터넷과 모바일의 보급으로 더욱 쉽게 접근하고 공유할 수 있게 되어, 콘텐츠 산업이 크게 성장하고 있다. 또한, 콘텐츠 분야는 다양한 기술과 영역과 융합되면서 더욱 발전하고 있다.

〈문화산업진흥기본법 상 콘텐츠의 개념 및 유형〉

제2조(정의) ① 이 법에서 사용하는 용어의 뜻은 다음과 같다.
 3. "콘텐츠"란 부호 · 문자 · 도형 · 색채 · 음성 · 음향 · 이미지 및 영상 등(이들의 복합체를 포함한다)의 자료 또는 정보를 말한다.
 4. "문화콘텐츠"란 문화적 요소가 체화된 콘텐츠를 말한다.

5. "디지털콘텐츠"란 부호·문자·도형·색채·음성·음향·이미지 및 영상 등(이들의 복합체를 포함한다)의 자료 또는 정보로서 그 보존 및 이용의 효용을 높일 수 있도록 디지털 형태로 제작하거나 처리한 것을 말한다.
6. "디지털문화콘텐츠"란 문화적 요소가 체화된 디지털콘텐츠를 말한다.
7. "멀티미디어콘텐츠"란 부호·문자·도형·색채·음성·음향·이미지 및 영상 등(이들의 복합체를 포함한다)과 관련된 미디어를 유기적으로 복합시켜 새로운 표현기능 및 저장기능을 갖게 한 콘텐츠를 말한다.
8. "공공문화콘텐츠"란 「공공기관의 정보공개에 관한 법률」 제2조제3호에 따른 공공기관 및 「박물관 및 미술관 진흥법」 제3조에 따른 국립 박물관, 공립 박물관, 국립 미술관, 공립 미술관 등에서 보유·제작·전시 또는 관리하고 있는 문화콘텐츠를 말한다.

생성형 AI가 만들어 낸 콘텐츠의 권리귀속에 대해서는 명확하게 정리된 것은 없으며, 사회적 합의를 통해 이에 대한 정책적인 결정을 내릴 필요가 있다. ChatGPT를 예로 들면, 이용자에게 권리를 부여할 것인지, OpenAI에게 업무상저작물로 인정할 것인지, 또는 공동저작물로 인정할 것인지 등이다. 또한, 생성형 AI와 기계번역(machine translation)은 또 다른 이슈이다. 기계번역에 대해서는 뒷부분에서 살펴보고자 한다.

5-3. 프롬프트를 통해 만들어진 콘텐츠의 저작권은 발생하나?

프롬프트를 통해 만들어진 콘텐츠는 인간의 창작물이 아니라 기계가 생성한 것이지만, 이 콘텐츠에도 저작권이 적용될 수 있다. 프롬프트를 통해 생성된 콘텐츠는 다른 저작물과 달리 전적으로 기계에 의해 생성된 것이므로, 저작권 보호의 범위나 적용 방식은 다른 저작물과 차이가 있다.

또한, 프롬프트를 통해 생성된 콘텐츠를 사용하려는 경우에는 해당 콘텐츠의 권리자로부터 이용허락을 받아야 한다. 일부 생성형 AI를 이용하는 경우에는 이용약관에 이용조건이 명시되어 있을 수 있으므로, 이를 확인하고 이용하는 것이 필요하다.

참고로, ChatGPT가 생성한 콘텐츠의 모든 권리는 OpenAI의 이용약관에 따라,

이용자에게 양도되도록 규정하고 있다. 따라서, 이용자는 자신의 프롬프트로 생성한 콘텐츠가 타인의 권리를 침해한 것이 아니라면, 자유롭게 이용할 수 있다.

〈미드저니 저작권 등록 취소 사건〉

미국 저작권청(Copyright Office)은 미드저니로 만든 그림 소설인 <새벽의 자리야(Zarya of the Dawn)>를 저작물로 등록한 바 있다. 그렇지만, AI가 제작한 것임을 SNS에 공개한 것을 확인한 2022년 10월, 미국 저작권청은 저작자인 크리스티나 카슈타노바(Kristina Kashtanova)에게 AI에 의해 제작되었는지 등에 대한 소명을 요청했으나,[2] 소명되지 않아 등록이 취소되었다.[3] 저작권 등록은 실질 심사가 아닌 형식적인 심사를 진행하지만 중요한 요건은 사람이 창작했는지 여부에 대한 확인이며, 이러한 사실을 기재하지 않을 경우에는 등록이 취소될 수 있기 때문이다. 따라서, <새벽의 자리야>의 창작과정에서 AI의 관여 여부에 대해 명확하게 소명하지 못하였기 때문에 등록이 취소되었다. 다만, 미드저니로 제작한 이미지에 대한 등록이 취소된 것이고, 텍스트 및 편집물에 대한 등록은 유효한 것으로 보았다.[4] 물론, 등록을 취소한다고 하더라도 저작자가 창작한 것이라고 한다면 저작권 자체를 부인할 수 없다. 저작권은 창작과 동시에 발생하기 때문이다. 만약, 저작물이 성립되지 않을 경우에는 해당 저작물은 누구라도 자유롭게 이용할 수 있게 된다. <새벽의 자리야> 사건 이후로 미국 저작권청은 인공지능 창작에 의한 가이드라인을 제정하였다.[5]

---

2) Dennis Crouch, Copyright and AI − Zarya of the Dawn, January 26, 2023, https://patentlyo.com/patent/2023/01/copyright-zarya-dawn.html; U.S. Copyright Office Probing Registration for AI-Generated Graphic Novel, https://www.thefashionlaw.com/u-s-copyright-office-cancels-registration-for-ai-generated-graphic-novel <2023.2.1. access>

3) United States Copyright Office, "Re: Zarya of the Dawn (Registration #VAu001480196)", February 21, 2023.

4) United States Copyright Office, "Re: Zarya of the Dawn (Registration #VAu001480196)", February 21, 2023.

5) 가이드라인의 기본적인 내용은 "AI 기술이 인간의 개입 없이 자율적으로 저작물을 생성하는

5-4. 업무상저작물로 보는 방법은 가능할까?

업무상저작물은 해당 기업의 업무 수행과 관련하여 만들어진 저작물을 말한다. 저작권법은 이에 대해 "법인·단체 그 밖의 사용자(이하 "법인 등"이라 한다)의 기획하에 법인등의 업무에 종사하는 자가 업무상 작성하는 저작물"로 정의하고 있다. 따라서, 프롬프트를 통해 만들어진 콘텐츠가 법인 등의 업무상저작물로 분류된다면, 해당 법인 등이 해당 콘텐츠의 저작권을 갖게 된다. 하지만, 이 역시 구체적인 상황과 이용방식에 따라 다르게 적용될 수 있다.

ChatGPT가 생성한 결과물에 대해 OpenAI의 업무상저작물로 볼 가능성은 전혀 없는 것인가? OpenAI에서 제공하는 API를 사용하여 저작물을 생성하거나 OpenAI와의 협력 프로젝트에서 생성된 결과물인 경우에는 OpenAI의 업무상저작물로 분류될 가능성이 있다. 이 경우, 해당 결과물의 저작권은 OpenAI가 소유하게 된다. 그렇지만, 단순히 도구적으로 생성형 AI가 활용된 경우라면 해당 권리는 프롬프트를 통해 명령을 내린 이용자에게 있다고 볼 수 있다. 포토샵을 이용하여 생성한 이미지의 저작권이 해당 이용자에게 있는 것과 같은 논리이다.

6. 생성 결과물의 책임

6-1. 생성물의 법적 책임은 누가 지나?

생성형 AI 모델을 이용해 생성된 결과물로 인한 법적 문제가 발생할 가능성이 높다. 예를 들어, 생성된 텍스트가 저작권 침해, 비방, 차별적이거나 성적 수치심을 유발할 수 있는 내용을 포함할 경우에는 관련 법률에 따른 문제가 발생할 수 있다. 또한, 프롬프트가 생성한 내용이 사실과 일치하지 않거나 잘못된 정보를 포함할 경우, 이에 대한 책임도 발생할 수 있다.

프롬프트를 사용함으로써 발생하는 법적인 책임을 전적으로 해당 행위자가 지게 된다. 따라서, 프롬프트 엔지니어링을 할 때는 법적인 문제를 고려하여 적법하

경우 저작물은 저작권 보호 대상이 아니다."는 것이다. United States Copyright Office, "Copyright Registration Guidance: Works Containing Material Generated by Artificial Intelligence", Federal Register, Vol. 88, No. 51, March 16, 2023.

고 윤리적인 방식으로 생성해야 한다. 또한, 법적인 이슈를 최대한 예방하기 위해서는 AI 윤리 관점에서 정보를 생성하고, 해당 정보의 사용에 대한 책임을 명확히 인식해야 한다.

6-2. 환각효과의 문제는 무엇인가?

프롬프트를 사용하여 새로운 아이디어나 창의적인 발상을 도출하는 것은 매우 흥미로운 일이다. 그러나, 이와 관련하여 환각효과라는 문제가 발생할 수 있다. 환각효과는 주어진 정보에 의해 뇌가 방향을 제시받아 지속적으로 그 방향으로 생각하게 되는 현상을 말한다. 특히, 인공지능 분야에서 환각효과란 모델이 주어진 데이터를 정상적으로 인식하지 못하고, 잘못된 결론을 내리거나 부적절한 예측을 수행하는 상황을 의미한다. 이러한 환각효과에는 다음과 같은 문제점이 있을 수 있다.

먼저, 데이터 왜곡에 관한 문제이다. AI 모델은 학습데이터를 기반으로 작동한다. 그러나, 데이터에 왜곡이 있거나 편향적인 경우, 모델이 잘못된 결론을 내리거나 부적절한 예측을 수행할 수 있다.

다음으로, 새로운 상황에 대한 부적절한 대처에 관한 모델이다. AI 모델이 학습되었을 때와 다른 상황에서는 모델이 부적절한 결과를 내놓을 가능성이 있다. 이는 모델이 데이터 분포 외의 영역에서 동작하게 되면서 발생할 수 있다.

마지막으로 신뢰성에 관한 문제이다. AI 모델이 환각효과를 경험하면, 모델이 내린 결론이 인간의 판단과 다를 수 있다. 이는 모델이 인간의 판단을 완전히 대체할 수 없다는 것을 의미한다. 또한, 모델의 신뢰성에 대한 문제가 발생할 수 있다. 즉, 모델이 잘못된 결론을 내릴 가능성이 있으므로, 모델의 결과를 신뢰하기 어렵게 된다.

이러한 환각효과는 창의성을 저해할 수 있다. 예를 들어, 특정한 주제에 대한 프롬프트를 받은 사람들이 모두 유사한 아이디어를 도출하거나 이미 존재하는 아이디어에 국한되어 생각하게 될 수 있다. 따라서, 프롬프트를 이용한 창의적인 아이디어 도출을 위해서는 다양한 관점과 시각에서 접근하여 다양한 아이디어를 도출하는 것이 중요하다. 또한, 프롬프트를 생성하는데 사용되는 데이터와 모델의 편향성을 고려하여 이를 보완하는 방식으로 프롬프트를 활용하는 것이 필요하다.

6-3. 환각효과를 줄일 수 있는 방안은 무엇일까?

환각효과를 가져오는 이유는 질문에 대한 답변할 수 있는 내용이 명확하지 않다는 점도 하나의 이유가 될 수 있다. 이러한 환각효과를 줄이기 위해서는 다양성을 확보할 수 있는 방안이 무엇보다 중요하다. 다음과 같은 방안을 고려할 수 있다.

다양한 프롬프트의 사용: 단일 프롬프트에 의존하는 것이 아니라, 다양한 종류와 유형의 프롬프트를 사용하여 다양한 시각에서 접근하는 것이 중요하다. 이렇게 함으로써, 더 많은 다양한 아이디어를 도출할 수 있다.

다양한 시각의 참여: 프롬프트 생성에 참여하는 사람들의 다양한 경험과 시각을 수집하는 것이 중요하다. 이렇게 함으로써, 다양한 시각에서 프롬프트를 생성할 수 있으며, 이를 통해 환각효과를 줄일 수 있다.

데이터와 모델의 다양성: 프롬프트 생성에 사용되는 데이터와 모델의 다양성을 고려하는 것이 중요하다. 데이터와 모델에 편향성이 있는 경우, 생성된 프롬프트도 해당 편향성을 반영할 가능성이 높다. 따라서, 다양한 데이터와 모델을 사용하여 프롬프트를 생성하는 것이 필요하다.

활용 목적의 고려: 프롬프트를 생성하는 목적과 사용 목적을 고려하여 적절한 프롬프트를 생성하는 것이 중요하다. 예를 들어, 창의적인 아이디어 도출을 위한 프롬프트 생성인 경우, 다양성과 참여성을 고려하여 프롬프트를 생성하는 것이 필요하다.

또한, 프롬프트를 통해 생성되는 정보의 신뢰성을 높이는 것은 정보 소스의 품질, 정보 자체의 정확성, 정보를 공유하는 사람이나 조직의 신뢰성을 포함하여 여러 요소가 관련된 복잡한 문제이다.

6-4. 생성형 AI에서 환각효과 없이 정보의 신뢰성을 높일 수 있는 방법은?

생성형 AI의 맥락에서 정보의 신뢰성을 높이는 것은 생성된 출력이 정확하고 관련성이 있으며 신뢰할 수 있는지 확인하는 것과 관련된다. 다음은 AI 모델에서 생성된 정보의 신뢰성을 높이는 데 도움이 되는 몇 가지 방법이다.

고품질 학습데이터 사용: 생성형 AI 모델의 정확성과 신뢰성은 이를 개발하는 데 사용되는 학습데이터의 품질에 크게 좌우된다. 고품질의 다양한 학습데이터를 사용하면 모델이 정확하고 관련성 있는 출력을 생성할 수 있는지 확인하는 데 도움이 될 수 있다.

모델 성능 모니터링 및 평가: 생성형 AI 모델의 성능을 정기적으로 모니터링하고 평가하면 생성된 출력에서 문제나 오류를 식별하는 데 도움이 될 수 있다. 여기에는 정확도, 관련성 및 일관성과 같은 메트릭을 사용하여 출력 품질을 측정하는 것이 포함될 수 있다.

사람의 감독 통합: 사람의 감독을 생성형 AI 프로세스에 통합하면 출력이 정확하고 관련성이 있는지 확인하는 데 도움이 될 수 있다. 여기에는 인간 전문가가 생성된 출력을 다른 사람과 공유하기 전에 검토하고 승인하도록 하는 것이 포함될 수 있다.

설명가능한 AI 사용: 설명가능한 AI 기술은 모델이 특정 결과에 도달한 방법에 대한 통찰력을 제공하여 생성적 AI 모델의 투명성과 책임성을 높이는 데 도움이 될 수 있다. 이렇게 하면 생성된 출력에 대한 신뢰를 높이고 오류 또는 편향의 가능성을 줄이는 데 도움이 될 수 있다.

정기적인 업데이트: 생성형 AI 모델을 정기적으로 업데이트하면 시간이 지나도 정확하고 관련성이 높은 모델을 유지하는 데 도움이 될 수 있다. 여기에는 새로운 학습데이터 통합, 모델 매개변수 조정 또는 기타 기술을 사용하여 성능을 향상시키는 작업이 포함될 수 있다.

이러한 전략과 다른 전략을 사용하면 환각효과에 의존하지 않고, 생성형 AI 모델에서 생성된 정보의 신뢰성을 높일 수 있다. 모든 형태의 생성된 출력에서 정확성, 관련성 및 신뢰성의 우선 순위를 지정하고 모델이 시간이 지나도 안정적이고 효과적인 상태를 유지하도록 정기적으로 평가 및 업데이트하는 것이 중요하다.

7. 프롬프트 마켓

7-1. 프롬프트 마켓은 어떤 의미가 있나?

프롬프트 마켓(prompt market)은 생성형 AI 기술에서 발생한 새로운 현상으로, 다양한 프롬프트를 구매하거나 판매하는 온라인 시장을 의미한다. 이러한 시장은 창의성과 다양성을 촉진하며, 개인이나 기업이 자신의 아이디어를 수익화할 수 있는 기회를 제공할 수 있다. 그러나, 프롬프트 마켓에서는 법적인 문제도 발생할 수 있으며, 생성된 아이디어의 출처나 지식재산권 등에 대한 문제도 발생할 수 있다. 따라서, 이러한 문제를 해결하기 위해서는 적절한 규제와 보호가 필요하다.

〈프롬프트 마켓 이미지〉

* source: promptbase.com(2023)

또한, 프롬프트 마켓은 생성형 AI 기술의 발전과 함께 계속해서 발전할 가능성이 있다. 이러한 시장이 발전함에 따라, 더욱 다양하고 창의적인 프롬프트가 생겨나며, 이는 새로운 창의적인 아이디어를 도출하는 데에 큰 도움을 줄 수 있다.

7-2. 프롬프트 마켓사업자는 어떤 내용으로 이용약관을 준비해야 할까?

약관이란 그 명칭이나 형태 또는 범위에 상관없이 계약의 한쪽 당사자가 여러 명의 상대방과 계약을 체결하기 위하여 일정한 형식으로 미리 마련한 계약의 내용을 말한다. 이러한 약관을 이용자에게 제공하는 경우를 이용약관이라 하며, 다수 당사자를 위해 제공하는 계약내용으로 이해할 수 있다. 사업자의 입장에서는 신속한 시장을 운영하는 경우 모든 사용자에게 공정하고 안전한 환경을 보장하기 위해 플랫폼의 이용약관을 구성하는 것이 중요하다. 프롬프트 마켓을 위한 이용약관을 준비할 때 염두에 두어야 할 몇 가지 주요 고려 사항은 다음과 같다.

지식재산권: 사용자가 자신이 만들고 플랫폼에 업로드하는 프롬프트의 소유권을 보유하고 다른 사용자 또는 제3자가 프롬프트를 사용하려면 원래 제작자의 허가가 필요하다는 점을 분명히 해야 한다. 저작권 침해 및 저작권법에 따른 게시 중단 요청과 관련된 조항을 포함할 수도 있다.

허용되는 사용: 이용약관은 적절한 언어 및 행동에 대한 지침, 괴롭힘, 증오심 표현 또는 불법 활동에 대한 금지를 포함하여 플랫폼에서 허용되는 콘텐츠 및 행동 유형을 지정해야 한다.

책임과 면책: 이용약관은 플랫폼 운영자로서의 귀하의 책임 범위와 사용자가 플랫폼에서 취하는 콘텐츠 또는 행동에 대한 사용자의 책임을 명시해야 한다. 자신과 다른 사용자를 보호하기 위해 면책 조항 및 면책 조항을 포함할 수 있다.

수수료 및 결제: 플랫폼 또는 기타 서비스 사용에 대한 요금을 부과하려는 경우 이용약관에 결제 금액 및 시기, 환불 또는 취소와 같은 기타 관련 세부 정보가 명시되어야 한다.

해지 및 정지: 약관에는 허용 가능한 사용 정책 위반 또는 기타 사유로 인한 사용자 계정의 해지 또는 정지와 관련된 조항이 포함되어야 한다.

개인정보 보호 및 데이터 보호: 이용약관은 사용자 데이터가 수집, 저장 및 사용되는 방법과 관련 개인정보 보호 정책 또는 데이터 보호 규정을 지정해야 한다.

분쟁 해결: 사용자 간 또는 사용자와 플랫폼 간에 발생할 수 있는 분쟁을 해결하는 데 도움이 되도록 중재 또는 조정과 같은 분쟁 해결과 관련된 조항을 포함할 수 있다.

이용약관에 이러한 문제를 해결하는 규정을 둠으로써 프롬프트 마켓의 투명하고 공정한 이용환경을 보장할 수 있다.

8. 직업으로서 프롬프트 엔지니어링

8-1. 직업으로서 프롬프트 엔지니어링이란?

프롬프트 엔지니어링은 AI 분야에서 중요한 위치를 차지하고 있으며, 앞으로 더욱 중요해질 것으로 예상된다. 따라서, 프롬프트 엔지니어링을 전문적으로 수행하는 직업은 AI 분야에서 매우 유망한 직업 중 하나이며, AI 기술을 다루는 전문가들의 수요가 계속해서 증가할 것으로 예상된다.

프롬프트 엔지니어링은 다양한 분야에서 활용된다. 예를 들어, 자연어 처리 분야에서는 언어모델을 학습시키는 데 필요한 문장 생성 프롬프트를 만드는 것이 중요하다. 또한, 이미지 생성 분야에서는 이미지 생성 프롬프트를 만들어 모델을 학습시키는 데 사용된다. 이 외에도 다양한 분야에서 프롬프트 엔지니어링이 활용된다.

프롬프트 엔지니어링을 수행하는 직업에는 프롬프트 엔지니어, 데이터 사이언티스트, AI 연구원 등이 있다. 이들은 인공지능 모델 개발 및 개선을 위한 프롬프트 작성 및 관리, 데이터 수집 및 전처리, 모델 학습 및 평가 등 다양한 작업을 수행한다. 이를 위해 다양한 프로그래밍 언어 및 라이브러리, 데이터 처리 및 분석 기술, 기계학습 및 딥러닝 알고리즘 등의 기술적인 역량이 필요하다.

프롬프트 엔지니어링에는 창의성과 상상력이 매우 중요하다. 적절한 프롬프트를 작성하기 위해서는 문제를 새로운 시각으로 바라보고, 다양한 아이디어를 고민하고 구체화할 수 있어야 한다. 또한, 프롬프트의 품질을 높이기 위해서는 끊임없이 실험하고 검증해야 한다.

프롬프트 엔지니어링은 AI 분야에서 더욱 중요한 위치를 차지하고 있으며, 앞으로 더욱 중요해질 것으로 예상된다. 따라서, 프롬프트 엔지니어링을 전문적으로 수행하는 직업은 AI 분야에서 매우 유망한 직업 중 하나가 될 것이다.

8-2. 프롬프트 엔지니어링은 지속성장할 수 있을까?

다양한 산업 분야에서 생성형 AI 기술에 대한 수요가 증가함에 따라 프롬프트 엔지니어링은 성장 가능성을 가지고 있다. 이 분야의 지속 가능한 성장에 기여할 수 있는 한 가지 요소는 점점 더 정교해지고 더 복잡하고 미묘한 결과를 생성할 수 있는 생성형 AI 기술의 지속적인 개발이다. 이러한 발전은 이러한 기능을 효과적으로 활용할 수 있는 프롬프트를 설계하고 개선할 수 있는 프롬프트 엔지니어에 대한 수요를 촉진할 것이다.

또한, 더 많은 산업과 기업이 생성형 AI 기술을 채택함에 따라 신속한 엔지니어에 대한 요구가 증가할 것이다. 예를 들어, 콘텐츠 제작, 마케팅 및 고객 서비스 분야의 기업은 이미 생성형 AI 기술을 사용하여 작업을 자동화하고 고객을 위한 개인화된 콘텐츠를 만들고 있다. 생성형 AI의 잠재적인 응용 프로그램이 계속 확장됨에 따라 프롬프트 엔지니어에 대한 수요도 증가할 것이다. 그러나, 다른 분야와 마찬가지로 프롬프트 엔지니어링은 시간이 지남에 따라 성장을 지속하는 데 어려움을 겪을 수 있다. 이러한 문제에는 다른 직업과의 경쟁, 생성형 AI 기술에 대한 수요 변화 또는 AI 모델이 개발되고 훈련되는 방식의 변화와 같은 요인이 포함될 수 있다.

프롬프트 엔지니어링을 직업으로 지속적으로 성장시키려면 이 분야에서 탁월한 능력을 발휘하는 데 필요한 기술과 전문 지식을 지속적으로 개발하고 개선하는 것이 중요하다. 여기에는 지속적인 교육 및 훈련, 최신 생성형 AI 기술 개발에 대한 최신 정보 유지, 현장 내에서 가치를 추가하고 혁신하는 방법 찾는 것도 포함될 수 있다.

9. 프롬프트 창작

9-1. 프롬프트 창작은 새로운 창작활동으로 볼 수 있는가?

프롬프트 창작은 새로운 창작활동으로 볼 수 있다. 이전에는 문학 작품, 시나리오, 광고 등을 작성하는 것이 창작의 대표적인 형태였지만, 최근 AI 기술의 발전으로 인해 프롬프트를 통해 창작을 하는 경우가 늘어나고 있다.

프롬프트 창작은 기존의 창작 방법과는 다르게, 인공지능 모델에게 어떤 주제나 문장을 입력하면 모델이 해당 내용을 기반으로 자동으로 작문하게 된다. 이러한 방식으로 작문을 하는 것은 기존의 창작 방법과는 다르게, 빠르고 효율적이며 예측할 수 없는 창작 결과를 얻을 수 있다. 프롬프트 창작의 결과물은 인공지능 모델의 성능과 프롬프트의 품질에 크게 의존하게 된다. 따라서, 프롬프트의 품질을 높이고, 인공지능 모델의 성능을 개선함으로써 프롬프트 창작의 품질을 높일 수 있다. 다만, 프롬프트 창작이 저작권법상 창작과 동일한 개념으로 보기 어렵다는 점이 한계이다. 이에 대한 사회적 합의가 필요한 상황이다.

9-2. 프롬프트의 품질을 높이는 방법은?

프롬프트를 통해 생성되는 결과물은 다양한 시도를 통해서 구체화될 수 있다. 단순할수록 결과물도 단순한 반면, 복잡한 내용으로 보다 구체적인 프롬프트를 제시할 경우에는 결과물의 품질도 높아진다. 이처럼, 프롬프트의 품질을 높이기 위해서는 다음과 같은 방법들을 고려할 수 있다.

첫째, 다양한 프롬프트를 시도해보기이다. 생성형 AI 모델은 주어진 프롬프트에 따라 결과를 생성하므로, 다양한 프롬프트를 시도해보는 것이 좋다. 이는 생성된 결과의 다양성을 높일 뿐만 아니라, 보다 풍부하고 흥미로운 결과물을 얻을 수 있도록 도와준다.

둘째, 문맥을 고려한 프롬프트 생성하기이다. 생성형 AI 모델은 문맥을 이해하고, 이를 반영하여 결과를 생성한다. 따라서, 가능한 한 정확한 문맥을 제공하는 프롬프트를 생성하는 것이 좋다. 예를 들어, 생성하고자 하는 결과물의 분야나 주제, 특정 상황 등을 고려하여 프롬프트를 작성할 수 있다.

셋째, 충분한 데이터셋 확보하기이다. 생성형 AI 모델은 학습데이터셋에 따라 결과물의 질과 다양성이 결정되므로, 충분한 양의 데이터셋을 확보하는 것이 중요하다. 가능한 한 다양한 데이터를 수집하고, 이를 학습데이터셋으로 활용하는 것이 좋다. 다만, 데이터셋의 확보는 거대 언어모델 사업자의 몫이다.

넷째, 결과물 검토 및 수정하기이다. 생성된 결과물을 검토하고, 필요한 경우 수정하는 것이 좋다. 이는 생성형 AI 모델의 학습을 보완하고, 더 나은 결과물을 생성하는 데에 도움을 줄 수 있다.

마지막으로, 생성형 AI 모델 선택하기이다. 생성형 AI 모델의 특징과 성능을 고려하여, 적절한 모델을 선택하는 것이 중요하다. 생성형 AI 모델은 각기 다른 특징을 가지고 있으며, 적합한 모델을 선택하는 것이 결과물의 질을 높이는 데에 도움을 줄 수 있다.

9-3. 단순하게 프롬프트만 입력하는데, 어떻게 창작이 될 수 있을까?

프롬프트 창작은 인공지능 기술을 사용하여 이루어지는 작업이다. 일반적으로 프롬프트 창작에는 대규모 언어모델이 사용된다. 이 모델은 이전에 수집된 대량의 텍스트 데이터를 학습하여, 자연어 처리(Natural Language Processing) 및 딥러닝 기술을 사용하여 다음에 올 단어나 문장을 예측한다.

프롬프트 창작에는 사용자가 주어진 주제나 상황에 맞는 프롬프트를 제공하고, 그 프롬프트에 대해 인공지능 모델이 학습한 내용을 바탕으로 자동으로 문장을 생성한다. 이렇게 생성된 문장은 프롬프트에 대한 의존도가 높다. 따라서, 프롬프트의 품질이 프롬프트 창작의 결과물에 큰 영향을 미친다.

또한, 창작된 결과물은 모델이 생성한 문장 중에서 가장 적절하다고 판단된 문장을 선택하여 제공된다. 이 선택은 모델의 평가 기준과 사용자의 요구사항에 따라 달라질 수 있다.

9-4. 인간과 기계의 창작은 서로 다른 의미인가?

인간과 기계가 하는 창작은 크게 다음과 같이 구분할 수 있다. 먼저, 인간은 창작적이고 예술적인 면이 강하다. 인간의 창작은 개인의 경험과 감정, 인간의 독창성 등을 기반으로 만들어지며, 그 결과물은 예술, 문학, 음악 등 다양한 형태로 나타난다. 인간의 창작은 주로 사람들의 감정을 자극하고, 그들의 관점과 인식을 바꿀 수 있다.

다음으로, 기계의 창작은 주로 효율적이고 명확한 목표를 달성하기 위한 것이다. 기계의 창작은 인간이 정의한 목표나 규칙에 따라 작동하며, 그 결과물은 주로 수학, 과학, 엔지니어링 등의 분야에서 사용된다. 기계의 창작은 인간의 논리적 사고와 계산 능력을 보완하여 문제를 해결하거나, 사람들의 일상생활을 더욱 편리하게 만드는 데 기여한다.

이처럼 인간과 기계의 창작은 서로 다른 특성과 목적을 가지고 있다. 하지만, 최근 인공지능 기술이 발전하면서, 기계의 창작이 인간의 창작에 대한 경쟁력을 갖추기 시작하는 등 새로운 창작 분야가 나타나고 있다. 실상 인간의 창작과 기계의 창작을 구분하기가 쉽지 않고, 인간이 기계를 활용했다는 표시를 하지 않는이상 그 과정을 확인하는 것도 쉽지 않다. 이러한 사실상의 한계 때문에 향후에 인간의 창작활동 자체가 위축될 가능성도 무시하지 못할 것이다.

10. 창작도구로서 프롬프트

10-1. 창작도구로서 생성형 AI는 어떤 의미인가?

창작도구(creative tool)로서 생성형 AI는 기존의 창작도구와는 다른 차별화된 특성을 가지고 있다. 일반적으로 창작도구는 인간의 아이디어와 직관, 경험 등을 기반으로 사용자가 직접 창작한 작품을 만들어 내는 것이 주된 기능이다. 하지만, 생성형 AI는 기계가 자체적으로 학습하고, 학습한 내용을 바탕으로 새로운 결과물을 생성한다.

이는 창작도구의 한계를 극복하고, 새로운 창작 영역을 개척하는데 큰 기회를 제공한다. 예를 들어, 기존에는 인간의 창작 능력으로는 불가능했던 매우 복잡하거나 추상적인 작품도 생성형 AI를 통해 구현할 수 있다. 또한, 생성형 AI는 대량의 데이터를 분석하고 패턴을 파악할 수 있기 때문에, 새로운 창작 영역을 개척하는데도 매우 유용하다.

또한, 생성형 AI는 창작도구로서의 미래성도 크게 갖고 있다. 기존의 창작도구와는 달리, 사용자가 직접 입력해야 하는 데이터나 정보가 줄어들기 때문에, 점차적으로 AI가 보다 복잡하고 창의적인 작품을 생성할 수 있게 될 것으로 예상된다.

10-2. 생성형 AI의 창작을 포토샵과 비교하면 어떤 차이가 있을까?

포토샵은 그래픽 디자인 도구로, 이미지를 조작하고 수정하여 다양한 결과물을 만들 수 있도록 돕는 소프트웨어이다. 이를 통해 디자이너는 이미지를 창조적으로 조작하고 변형하여 원하는 디자인을 만들어낼 수 있다.

반면, 생성형 AI는 기계학습과 딥러닝 기술을 이용하여, 입력된 데이터를 기반으로 새로운 데이터를 생성하는 소프트웨어이다. 이를 통해 AI 모델은 예측, 번역, 이미지 생성 등 다양한 작업을 수행할 수 있다.

포토샵과 생성형 AI의 큰 차이점은 포토샵은 디자이너가 이미지를 직접 조작하여 디자인을 만들어 내는 것에 반해, 생성형 AI는 입력된 데이터를 학습하여 새로운 데이터를 생성한다. 또한, 포토샵은 디자이너의 능력과 경험에 따라 결과물이 크게 달라질 수 있지만, 생성형 AI는 학습데이터에 기반하여 일관된 결과물을 생성한다. 이는 생성형 AI가 매우 빠르게 대량의 데이터를 처리하고, 그 결과물을 일관성 있게 생성할 수 있기 때문이다.

이처럼, 생성형 AI는 입력된 데이터와 모델 구성에 따라 다양한 작업을 수행할 수 있으며, 디자인이나 창작물과 같은 창조적인 작업도 가능하다. 하지만, 생성형 AI는 학습데이터와 모델의 구성에 따라 결과물이 달라질 수 있으며, 생성된 작업물에 대한 저작권 문제도 논의되고 있다.

10-3. ChatGPT는 인간이 개발한 것이므로, AI 생성 콘텐츠도 인간이 생성한 것으로 볼 수 있지 않을까?

ChatGPT는 OpenAI에서 개발한 인공지능 모델이다. ChatGPT가 생성한 콘텐츠에 대한 권리를 누가 가질 것인지는 명확하지 않다. 따라서, 현재로서는 해석론으로써 OpenAI에게 귀속된다는 주장이나, 또는 프롬프트로 명령을 내린 이용자에게 귀속된다는 주장, 그리고 OpenAI와 공동저작자로서 지위를 갖는다는 주장이 가능하다.

먼저, OpenAI에게 귀속된다는 주장이다. ChatGPT는 OpenAI가 개발한 자연어 처리 모델이기 때문에, 생성된 콘텐츠 역시 OpenAI의 지식재산으로 보호받을 수 있다. 이는 포토샵으로 만든 이미지나, 기타 다른 프로그램에서 생성된 콘텐츠와 마찬가지이다. 예를 들어, 포토샵으로 이미지를 만든 경우, 해당 이미지의 저작권은 일반적으로 포토샵을 개발한 어도비(Adobe)에게 속한다. 포토샵은 이미지를 만드는데 사용되는 툴을 제공하고, 이를 이용해 만들어진 이미지는 포토샵의 지식재산으로 보호받을 수 있다. 마찬가지로, ChatGPT는 인공지능 기술을 활용해 자연어를 생성하는 기술을 개발한 OpenAI에 의해 개발되었다. ChatGPT가 생성한 콘텐츠는 이 기술을 이용해 만들어진 것이기 때문에, 해당 콘텐츠의 저작권은

OpenAI에게 속한다. OpenAI는 이러한 자연어 처리 기술을 개발하는 과정에서 생성된 데이터나 모델 등을 지식재산권으로 보호하여 이를 상업적으로 이용하고 판매할 수 있다. 따라서, ChatGPT가 생성한 콘텐츠에 대한 저작권은 OpenAI의 지식재산으로 보호받을 수 있다는 것이다. 그렇지만, 이러한 주장은 '창작자 원칙'에 따르면, 타당성이 부족하다.

다음으로, 이용자에게 귀속된다는 주장이다. 실제 창작적 기여를 한 것은 프롬프트를 통해 지시 · 명령을 내린 사람이라는 점을 들어 생성형 AI가 아닌 이용자에게 권리가 귀속되도록 하는 것이다. 다만, 사람이 창작적 아이디어를 제공했지만 실질적인 작업은 기계가 했다는 점에서 전통적인 저작권 논리와는 차이가 있기 때문에 이용자에게 권리를 인정할 수 있는 것인지는 의문이다.

마지막으로, 프롬프트와 그 결과물로서 생성형 AI가 생성한 콘텐츠에 대해 공동저작물로 보도록 하자는 주장이다. 저작권법은 업무상저작물에 대한 개념을 두고있기 때문에 이용자와 OpenAI를 공동 창작의 의사가 있다고 간주하고, 프롬프트와 생성된 콘텐츠가 하나의 저작물로 인정할 수 있다는 주장이다. 만약, AI가 생성한 콘텐츠를 인간이 개작하거나 가공한 경우라면 사실상 해당 권리는 인간에게 귀속될 것이다. 개인적인 영역에서 이루어지는 결과물에 대해서 외부에서 확인할 수 있는 방법이 없기 때문이다. 물론, IP를 추적하거나 라이선스 코드를 통하여 확인할 수 있는 방법은 있으나 실효적이라고 보기 어렵다.

결론적으로, 생성형 AI에 프롬프트를 통해 지시명령을 내린 경우라면, 인간의 사상과 감정이 AI 모델이라는 도구를 활용한(또는 조작한) 것으로 볼 수 있기 때문에 이를 조작한 사람에게 권리가 발생한 것으로 볼 수도 있다.

제3장 생성형 AI 및 데이터 윤리

최근 몇 년간 AI 기술은 급격한 발전을 이루어냈다. 그러나, AI 시스템이 인간과 상호작용하는 방식과 AI가 수집, 저장, 처리 및 사용하는 데이터의 양과 종류가 복잡해짐에 따라, 데이터 윤리 문제가 더욱 중요해지고 있다.

AI 기술은 대부분 학습데이터와 학습 알고리즘을 기반으로 작동한다. 이로 인해 AI 기술의 사용은 대개 학습데이터를 수집하고 처리하는 것을 필요로 한다. 데이터 수집은 민감한 정보에 대한 개인정보 보호와 관련된 문제를 발생시킨다. 이는 AI 시스템이 개인정보를 처리하는 데 있어서 데이터 윤리를 준수할 필요성을 강조한다.

AI 시스템을 개발하는 과정에서 데이터 수집, 처리 및 사용과 관련된 문제들을 해결하기 위해 데이터 윤리에 대한 다양한 가이드라인과 규제가 제시되고 있다. 데이터 윤리는 데이터 수집, 저장, 처리 및 공개에 대한 책임성과 신뢰성을 보장하기 위한 원칙들을 포함한다.

데이터 윤리에 대한 다양한 이슈 중 하나는 AI 시스템이 데이터를 수집하고 처리하는 데에 사용되는 알고리즘의 투명성이다. AI 시스템에서 사용되는 알고리즘이 불명확하거나 공개되지 않으면, AI 시스템이 어떻게 작동하는지 이해하기 어려울 수 있다. 이는 사용자들이 AI 시스템에 대한 불신을 품게 되는 원인이 될 수 있다.

AI 기술의 발전은 우리가 더 많은 데이터를 수집하고 저장하고 처리하도록 요구한다. 이로 인해 데이터 윤리와 관련된 문제는 더욱 복잡해지고 있다. 데이터 수집 및 처리 과정에서 발생할 수 있는 윤리적 문제들에 대한 적극적인 대응이 필요하다.

AI 시스템을 개발하는 과정에서 데이터 윤리를 고려하는 것은 AI 시스템의 신뢰성과 안정성을 보장하기 위해 필수적이다. 데이터 수집, 처리, 사용 및 공개에 대한 규제와 가이드라인을 제시할 필요가 있다.

생성형 AI와 데이터 윤리는 지속적으로 발전하고 깊게 논의되고 있다. 더 많은 데이터와 AI 모델이 추가됨에 따라 새로운 윤리적 문제가 발생할 수 있다. 이에 대한 대응책을 마련하기 위해서는 학문적인 연구와 논의, 법적 규제 등 다양한 측면에서 접근해야 한다. 또한, 이러한 문제에 대한 해결책은 기술적인 방법뿐 아니라 개인적인 노력과 교육, 업계 및 사회 전반에서의 적극적인 참여가 필요하다.

앞으로 생성형 AI와 데이터 윤리는 많은 문제가 제기될 것이며, 이를 해결하기 위해서는 시간과 노력이 필요하다. 이러한 노력과 연구는 인공지능이 우리의 삶과 더불어 미래를 함께하는 데에 큰 도움이 될 것이다.

1. AI 윤리

1-1. 우리사회를 위해 AI 관련 윤리와 법은 어떤 역할을 해야 할까?

법과 윤리는 서로 긴밀하게 연관되어 있다. 법은 사회의 기준을 제시하여, 사회 구성원들 간의 규칙을 정하고, 그것을 지키지 않았을 때 어떤 책임을 지게 하는 체계이다. 반면, 윤리는 개인이나 집단이 가지는 도덕적 가치와 규범을 바탕으로 한 행동과 태도이다. 따라서, 법은 윤리적인 기준을 반영할 수 있지만, 모든 윤리적인 문제에 대해 법이 적용되지는 않는다. AI 윤리와 AI 법은 비슷한 관계를 가지고 있다. AI 윤리는 개인이나 기업 등이 AI 기술을 사용하면서 가지는 윤리적인 가치와 원칙을 나타내며, AI 법은 AI 기술이 사용될 때 필요한 법적인 규제와 책임을 나타낸다. AI 기술의 발전으로 인해 사회적으로 중요한 문제들이 제기되고 있기 때문에, 이러한 문제들을 해결하기 위한 법과 윤리적 가이드라인이 필요하다.

AI 기술의 발전에 따른 법적인 규제를 필요로 한다. 예를 들어, 개인정보 보호법은 AI 기술을 사용하면서 수집된 개인정보의 처리 방법과 책임을 규제한다. 또한, 인공지능이 생성한 결과물이나 생성과정에서 저작권법, 특허법, 상표법 등이 적용된다. 때로는 영업비밀로 보호되어야 할 가치가 공개되거나 침해될 가능성도 높다. 예를 들면, 기계번역 프롬프트에 기업비밀 등이 담긴 내용을 번역하도록 요청할 경우 이는 번역서비스제공자의 데이터베이스에 저장될 수 있기 때문이다.

반면, AI 윤리는 기술의 사용과 발전이 공공의 이익을 중시하며, 사회적 책임을 다하는 방향으로 나아가기 위한 가이드라인이다. AI 윤리는 이러한 문제들을 해결하기 위한 방향성을 제시하고, 이를 바탕으로 법과 규제의 제정과 개선이 이루어진다.

AI 윤리와 AI 법은 상호 보완적인 역할을 하며, AI 기술의 안전성과 적정성을 보장하고, 인간의 권리와 복지를 보호하는데 기여한다. 따라서, AI 기술을 개발하고 활용하는 모든 사람들은 AI 윤리와 AI 법을 염두에 두고 책임을 다해야 한다.

1-2. AI 윤리를 어떻게 정의할 수 있을까?

AI 윤리는 인공지능의 개발, 구현, 사용 및 유통과 관련하여 윤리적인 문제에 대한 연구와 개발을 의미한다. 인공지능의 능력과 영향력이 커짐에 따라, 인공지능의 도덕적인 책임과 개인정보 보호 등에 대한 문제가 더욱 중요해지고 있다. 따라서, AI 윤리는 인공지능의 발전을 지속적으로 지원하면서, 동시에 사회의 이익을 고려한 책임 있는 인공지능 개발을 추구하는 것을 목표로 하고 있다.

AI 윤리의 주요 원칙으로는 다음과 같은 것이 있다.

투명성(Transparency): AI 시스템이 내부 작동 원리나 결과를 설명가능하도록 하여 이해가 가능하게 만드는 것이다. 이를 통해 사용자들은 시스템이 어떻게 의사결정을 내리고 그 결과를 도출했는지 이해할 수 있다. 투명성은 어떤 조직, 기관, 개인, 시스템 등이 그 내부의 정보나 과정, 의사결정, 활동 등을 외부에 공개하고 분명하게 표시하는 것을 말한다. 즉, 투명성은 명확하고 뚜렷한 정보공개로서 정보의 비대칭성을 해소하고 불명확한 부분을 거의 없애는 것을 목적으로 한다.

투명성은 정치, 경제, 교육, 공공기관, 기업 등 다양한 분야에서 중요한 가치로 여겨지며, 투명성을 통해 집권자와 권한을 받은 자 사이의 대립관계나 부당한 행태를 막을 수 있다. 또한, 투명성은 조직의 신뢰성과 직결되어 조직의 이해관계자들에게 신뢰를 제공하고, 조직 내부에서 업무를 수행하는 데 있어서도 효율적인 의사소통과 협력을 가능하게 한다. 예를 들어, 기업에서는 재무정보 공시나 경영성과 보고서 작성 등을 통해 투명성을 확보한다. 또한, 정치에서는 정책 결정 과정에서 공개적인 논의와 의견 수렴 등을 통해 투명성을 유지하며, 교육에서는 교육과정, 학업 성취도, 교사 선발 과정 등을 공개하여 투명성을 제공한다. 최근에는 인공지능, 빅데이터, 알고리즘 등에서도 투명성이 요구되고 있으며, 이러한 분야에서 투명성을 제공하여 공정성과 신뢰성을 높이는 노력이 필요하다.

공정성(Fairness): AI 시스템이 다양한 인종, 성별, 연령 등 다양한 인구군을 균등하게 다루고 평등하게 다루어지도록 하는 것이다. AI 시스템이 편견이나 차별성이 있는 결과를 도출하지 않도록 공정성을 유지해야 한다. 이러한 공정성은 동등하고 공평한 대우를 뜻하는 개념으로, 어떤 일이나 결정을 내리는 과정에서 각각의 관련 이해관계자들이 동등하게 대우받아야 함을 의미한다. 즉, 개인이나 집단, 국가 간에 차별 없이 모든 사람들이 동등하게 대우되어야 한다는 것이다.

공정성은 법률, 정책, 경제, 교육 등 다양한 분야에서 중요한 가치로 여겨지며, 사회적 정의와 밀접한 관련이 있다. 공정성이 보장되지 않으면, 어떤 개인이나 집단이 불이익을 받거나 차별을 당할 수 있기 때문에, 공정성은 사회적 안정과 평화를 유지하는 데 매우 중요한 역할을 한다. 또한, 공정성은 선의의 의도와 합리적인 규칙을 바탕으로 결정을 내리는 것을 의미하기도 한다. 이는 결정이 일관성 있고 예측 가능하며, 참여자들이 결정에 대해 충분한 정보를 가지고 있어야 함을 의미한다. 이러한 공정성은 경영, 법률, 정책 등의 분야에서 중요한 가치로 여겨지며, 의사결정 과정에서 투명성과 신뢰성을 확보하는 데 필수적이다.

프라이버시(Privacy): AI 시스템이 개인정보를 보호하고, 사용자가 개인정보 수집에 동의할 수 있는 방법을 제공해야 한다. 또한, 사용자가 제공한 데이터를 다른 목적으로 사용하지 않도록 해야 한다.

책임성(Responsibility): 책임성은 어떤 행동이나 결정에 대해 그 결과에 대해 대처할 의무가 있는 것을 의미한다. 즉, 자신의 행동과 결과에 대해 책임을 지는 것을 말한다. 책임성은 개인이나 조직, 사회에 모두 적용되며, 어떤 일이나 결정을 내리는 과정에서 그 결과에 대해 책임을 져야 함을 의미한다. 이는 자율성과 관련이 있으며, 자율성이란 스스로 판단하고 선택하며, 스스로 행동하는 능력을 의미한다. 따라서, 책임성이란 개인이나 조직이 자율적으로 행동하면서 그 결과에 대해 책임을 지는 것을 의미한다. 예를 들어, 기업에서는 제품의 품질, 서비스의 질, 환경 문제 등에 대해 책임을 져야 하며, 개인은 자신의 행동이 타인에게 영향을 미치는 경우 그에 대한 책임을 져야 한다. 또한, 정치적인 의사결정에서는 선택한 정책에 대해 책임을 져야 하며, 국가는 자국의 안전과 경제적인 문제에 대해 책임을 져야 한다.

책임성은 어떤 행동이나 결정에 대해 책임을 지는 것을 의미하므로, 그 행동이나 결정이 어떤 결과를 초래할지 미리 예측하여 더 나은 선택을 하는 것이 중요하다. 또한, 책임성 있는 행동을 하기 위해서는 관련 정보를 충분히 수집하고, 논의를 거쳐 결정을 내려야 하며, 그 결과에 대해 적극적으로 대처해야 한다. 이를 통해 책임성 있는 행동을 통해 안정적이고 지속 가능한 성장을 이룰 수 있다.

안전성(Safety): AI 시스템이 사용자나 다른 시스템에 해를 입히지 않도록 보안성을 유지하고 안정성을 확보해야 한다. 이를 위해 시스템의 안전성을 평가하고 관리해야 한다. 안전성은 어떤 제품, 서비스, 시스템 등이 사람이나 환경에 대해 불안전한 영향을 끼치지 않는 성질을 말한다. 즉, 사용자나 주변 환경에 대한 위험성이 최소화되어 있는 상태를 의미한다.

안전성은 제품, 서비스, 시스템 등의 설계, 제조, 운영, 유지보수 등 모든 단계에서 고려되어야 한다. 제품이나 서비스의 경우, 안전성은 제품이나 서비스를 사용하는 과정에서 발생할 수 있는 위험성을 최소화하고, 이를 예방하거나 대처할 수 있는 방법을 제공하는 것을 말한다. 예를 들어, 자동차의 경우, 충돌 시 안전벨트, 에어백 등을 장착하여 운전자와 승객의 안전을 보장하고 있다.

또한, 안전성은 사회적인 책임과도 관련이 있다. 기업이나 정부는 자신의 제품이나 서비스를 안전하게 제공하여 인명이나 환경에 대한 위험성을 최소화하도록 노력해야 한다. 이를 위해서는 안전성 평가, 검증, 인증 등의 체계를 구축하고, 이를 지속적으로 개선하는 노력이 필요하다. 따라서, 안전성은 제품, 서비스, 시스템 등의 사용자와 주변 환경에 대한 책임을 지는 것이며, 이를 위해서는 설계, 제조, 운영, 유지보수 등 모든 단계에서 안전성을 고려해야 한다.

신뢰성(Trustworthiness): AI 시스템이 신뢰할 수 있는 결과를 제공하고, 시스템 자체가 믿을 만하도록 만들어야 한다. 이를 위해 시스템의 성능을 검증하고, 문제가 발생했을 때 빠르게 대응할 수 있어야 한다. 신뢰성은 어떤 제품, 서비스, 시스템 등이 일정한 기능을 안정적으로 수행하는 성질을 말한다. 즉, 제품, 서비스, 시스템 등이 일정한 기간 동안 안정적으로 작동하고, 장애나 오작동이 발생하지 않는 것을 의미한다. 신뢰성은 제품, 서비스, 시스템 등의 설계, 제조, 운영, 유지보수 등 모든 단계에서 고려되어야 한다. 제품이나 서비스의 경우, 신뢰성은 제품이나 서비스를 사용하는 과정에서 예측 가능한 수준의 문제 없이 제공될 수 있는 것을 말한다. 예를 들어, 인터넷 서비스의 경우, 일정한 대역폭을 유지하고 일정한 속도로 데이터를 전송하는 것이 중요하다. 또한, 신뢰성은 고객에게 신뢰감을 제공하고, 기업이나 정부의 신뢰성도 함께 결정한다. 따라서, 기업이나 정부는 자신의 제품이나 서비스를 일정한 수준의 신뢰성으로 제공하는 것이 중요하다. 이를 위해서는 신뢰성 평가, 검증, 인증 등의 체계를 구축하고, 이를 지속적으로 개선하는 노력이 필요하다.

이처럼, 신뢰성을 회복을 위한 AI 윤리는 인공지능의 발전에 대한 논의와 함께 중요한 이슈 중 하나이다. AI 윤리 원칙을 준수하여 책임 있는 인공지능 개발을 추진하면서, 사람 중심의 인공지능 개발을 위한 노력을 지속적으로 해 나가야 한다.

1-3. AI 윤리는 결국 인간의 윤리가 아닐까?

AI 윤리는 인간의 윤리가 영향을 미치지만, AI 시스템이 자체적으로 윤리적 판단을 내리는 경우도 있기 때문에 인간의 윤리와는 조금 다를 수 있다. 인간이 AI 시스템을 개발하고, 운용하고, 결정에 대한 책임을 지기 때문에 인간의 윤리적 판단은 중요하지만, AI 시스템 자체적으로 윤리적 판단을 내릴 수 있어야 한다. 그렇기 때문에 AI 시스템이 윤리적으로 우수한 결정을 내릴 수 있도록 개발 및 운용 방법에 대한 지침이 필요하다. 따라서, AI 윤리와 AI 법은 인간의 윤리와 법규를 기반으로 하지만, 동시에 AI 시스템 자체적으로 윤리적인 판단을 내릴 수 있는 시스템을 만들기 위해 노력해야 한다.

1-4. AI를 윤리적으로 개발하더라도 사람이 윤리적이지 않으면?

AI 시스템을 윤리적으로 개발한다는 것은 단순히 기술적인 측면에서만 고려하는 것이 아니라, 그 시스템이 사용될 환경과 그 환경에서 시스템이 작동할 때 발생할 수 있는 윤리적 문제들을 고려해야 한다. 이러한 윤리적 문제들은 결국 인간들의 행동과 관련이 있다. 따라서, AI의 윤리적 문제를 해결하기 위해서는 인간들의 윤리적 측면에 대한 이해와 개선도 함께 이루어져야 한다.

또한, 시스템을 운영하는 조직이나 개인에게도 중요하다. AI 시스템을 개발하고 운영하는 조직이나 개인이 윤리적 책임을 다하지 않으면, 시스템을 통해 발생하는 문제는 더욱 심각해질 수 있다. 따라서, AI 시스템을 개발하고 운영하는 조직이나 개인은 자신들의 윤리적 책임에 대해 인식하고, 이를 실천하는 것이 중요하다.

결론적으로, AI 시스템이 윤리적으로 개발되고 운영되려면, 인간들의 윤리적 측면과 그러한 시스템을 개발하고 운영하는 조직이나 개인의 윤리적 책임도 함께 고려되어야 한다.

1-5. 일반인도 AI를 잘 쓰기 위해서는 윤리 교육을 받아야 할까?

사람을 윤리적으로 만드는 것은 매우 중요하다. 인간은 여러 가지 복잡한 윤리적 상황에서 판단을 내리고 행동을 취해야 한다. 이러한 판단과 행동은 윤리적 가치관, 도덕적 원칙, 문화, 교육 등 다양한 요소에 영향을 받는다. 따라서, 인간을 윤리적으로 교육하고 훈련하는 것은 AI 윤리를 위해서 매우 중요하다.

AI 개발자와 연구자들뿐만 아니라 일반인들도 AI 윤리와 관련된 교육을 받을 필요가 있다. AI 윤리 교육은 다양한 방법으로 이루어질 수 있다. 예를 들어, AI 개발자들은 교육과 함께 윤리위원회나 감사위원회를 설립하여 AI 시스템이 윤리적으로 운영되고 있는지 검토할 수 있다. 또한, AI 윤리 교육을 통해 일반인들이 AI 시스템에 대한 이해를 높일 수 있고, 이를 통해 불필요한 불신이나 불안감을 줄일 수 있다. 결국, AI 윤리 교육은 인간과 AI 시스템 간의 상호작용을 더욱 원활하게 만들어주며, 인간 중심적인 AI 개발과 운영을 실현할 수 있도록 도와준다.

그렇지 않음으로써 나타날 수 있는 사건이 테이(Tay) 사건이다. 이 사건은 이용자의 문제로 생긴 것으로, AI 윤리는 이용자에도 필요함을 보여준다. 즉, 기계 윤리는 기계뿐만 아니라 이러한 기술과 상호 작용하는 사용자에게도 필요하다고 생각한다. 테이 사건의 경우, 궁극적으로 챗봇과 상호 작용하는 사용자가 소개한 부적절하고 공격적인 대화가 원인이었다. 이는 사용자가 AI 및 기계학습 기술과의 상호 작용이 미칠 수 있는 잠재적인 영향을 인식하고 이러한 기술을 책임감 있고 윤리적인 방식으로 사용해야 할 필요성을 강조한다. 여기에는 유해하거나 공격적인 콘텐츠를 소개하지 않는 것과 이러한 기술에 대한 편견 및 잘못된 정보의 가능성을 인식하는 것이 포함된다.

또한, 사용자가 이러한 기술이 기존의 사회적 및 문화적 편향을 증폭시킬 가능성을 인식하고 책임감 있고 윤리적인 사용을 통해 이러한 편향을 완화하기 위한 조치를 취하는 것이 중요하다. 여기에는 다양한 정보 소스를 찾고, AI 및 기계학습 알고리즘의 결과를 비판적으로 평가하고, 보다 투명하고 책임 있는 시스템 개발을 옹호하는 것이 포함될 수 있다.

결국, AI 윤리는 기계만이 아닌 사람에게도 필요함을 알 수 있다. AI와 기계학습이 계속해서 발전하고 일상 생활에 더욱 통합됨에 따라 이러한 기술의 윤리적 의미를 고려하고 사회로서의 가치와 원칙에 부합하도록 하는 것이 점점 더 중요해지고 있다. 이처럼, AI 윤리에는 기계가 윤리적이고 책임감 있게 작동하는지 확인하는 것뿐만 아니라 이러한 기술을 설계, 개발 및 배포하는 사람들이 자신의 행동에 대해 책임을 지도록 하는 것도 포함된다. 여기에는 편견, 공정성, 개인정보 보호 및 투명성과 같은 문제를 해결하고 AI 및 기계학습이 사회 전체의 이익을 위해 사용되도록 보장하는 것이 포함된다.

또한, AI 윤리는 이러한 기술이 노동력, 경제 및 사회 전체에 미치는 영향을 고려할 것을 요구한다. 예를 들어, 일자리 자동화와 광범위한 실업 가능성은 윤리적 프레임워크(framework)와 정책을 통해 해결해야 하는 중요한 이슈이며 정치적, 경제적, 사회적으로 영향을 미칠 수 있다.

1-6. 주관적인 윤리를 기계에게 어떻게 학습시킬까?

기계에게 윤리 교육은 복잡하고 어려운 작업이다. 윤리학은 철학적, 문화적, 사회적 관점이 광범위하게 포함되는 다면적인 분야로, 무엇이 윤리적인지 아닌지에 대한 합의가 부족한 경우가 많다. 더욱이 윤리적 결정에는 개인의 신념, 문화적 가치, 사회적 규범의 영향을 받을 수 있는 주관적인 판단이 포함되는 경우가 많다.

이러한 문제에도 불구하고 최근 몇 년 동안 기계를 위한 윤리적 프레임워크와 알고리즘을 개발하는 데 상당한 진전이 있었다. 한 가지 접근 방식은 기계학습 기술을 사용하여 윤리적 결정이나 도덕적 딜레마에서 벗어날 수 있는 데이터셋을 통해 유사한 사례를 학습하고 윤리적 추론을 할 수 있도록 하는 것이다.

또 다른 접근 방식은 인간의 가치와 원칙을 통합하는 윤리적 프레임워크와 의사 결정 알고리즘을 설계하는 것이다. 예를 들어, 일부 연구자들은 공정성, 책임성, 투

제3장 생성형 AI 및 데이터 윤리

명성 및 개인정보 보호 원칙을 기반으로 하는 프레임워크를 개발하여 윤리적이고 사회적으로 책임 있는 방식으로 기계의 동작을 안내하는 데 사용할 수 있다.

이러한 접근 방식으로도 윤리를 이해하고 적용하는 측면에서 기계가 할 수 있는 일에는 한계가 있다는 점에 유의하는 것이 중요하다. 기계는 많은 양의 데이터를 분석하고 알고리즘을 기반으로 의사결정을 내릴 수 있지만 진정한 윤리적 의사결정을 내리는 데 필요한 감성 지능과 공감 능력이 부족하다. 게다가 기계는 뉘앙스, 맥락 및 문화적 이해가 필요한 복잡한 윤리적 딜레마를 처리하는 데 어려움을 겪을 수 있다.

요컨대, 기계는 어느 정도 윤리를 학습할 수 있지만 윤리를 이해하고 적용하는 데에는 한계가 있다. 기계가 윤리적이고 사회적으로 책임 있는 방식으로 작동하고 기계의 결정이 인간의 가치와 원칙에 부합하도록 하려면 인간의 감독과 지도가 여전히 필요하다.

2. 데이터 윤리

2-1. 왜, 데이터 윤리가 중요한가?

데이터 윤리는 개인정보 보호, 데이터 사용, 알고리즘 사용, 데이터 관리 및 공개 등과 같은 데이터와 관련된 윤리적 문제를 다룬다. 데이터는 디지털전환 시대에서 매우 중요한 자산이며, 그것이 우리 삶의 거의 모든 측면을 지배하고 있다. 따라서, 데이터 윤리는 매우 중요하다.

우선적으로 데이터 윤리는 개인의 권리를 보호하기 위해 중요하다. 개인정보는 매우 민감하며, 데이터가 부적절하게 수집되거나 사용되면 개인의 권리가 침해될 수 있다. 또한, 데이터 윤리는 인공지능 및 기계학습 알고리즘을 개발하고 사용할 때 공정성과 투명성을 유지하는 데 중요하다. 이것은 인공지능이 인간의 편견을 반영하지 않고 공정하게 작동하도록 보장하는 것을 의미한다.

또한, 데이터 윤리는 또한 기업의 책임과도 관련이 있다. 기업은 고객의 데이터를 보호하고 고객의 신뢰를 유지해야 한다. 불법적인 데이터 수집, 유통 및 판매는 기업의 이미지를 손상시킬 수 있다. 따라서, 데이터 윤리는 개인, 기업 및 사회적 측면에서 중요한 역할을 한다. 데이터 윤리에 대한 이해와 적절한 적용은 개인정보 보호 및 인공지능의 공정성을 보장하고, 기업의 신뢰도와 이미지를 유지하는 데 도움이 된다.

2-2. AI 윤리와 구별되는 데이터 윤리의 차이점은?

AI 윤리와 데이터 윤리는 서로 밀접한 관련이 있지만, 목적과 범위가 다르기 때문에 구별될 수 있다. 데이터 윤리는 주로 데이터 수집, 저장, 처리 및 공유와 같은 데이터 활동에서 발생하는 윤리적 문제에 중점을 둔다. 이는 데이터의 정확성, 투명성, 개인정보 보호, 접근성 및 미디어의 독점적인 소유와 같은 문제를 다룬다. 예를 들어, 데이터 윤리의 한 예로는 대용량 데이터베이스를 사용하여 개인의 인종, 성별, 출신국가, 종교, 성적 취향 등을 추측하는 것과 같은 문제가 있다. 이러한 데이터 수집과 처리는 인권 침해 및 사회적 공정성 문제를 야기(惹起)할 수 있다.

반면, AI 윤리는 인공지능 시스템의 설계, 개발, 구현, 운영 및 사용에 대한 윤리적 문제에 중점을 둔다. 이는 인공지능의 효과성, 공정성, 투명성, 안전성 및 책임성과 같은 문제를 다룬다. 예를 들어, AI 윤리의 한 예로는 자율주행차가 인간의 생명을 위협할 수 있는 상황에서 누구에게 책임이 있는지와 같은 문제가 있다. 이러한 문제는 인공지능 시스템의 사용과 구현에 대한 윤리적 고민을 유발한다. 트롤리딜레마에 대한 다양한 논의가 이루어지고 있으나, 이러한 상황자체를 만들지 않도록 자율주행차의 윤리적 설계가 중요하다. 기계가 통신이 가능하다면 인간의 주행통제보다 훨씬 안전한 상황에서 자율주행이 가능할 것이기 때문이다.

AI 윤리와 데이터 윤리는 서로 관련이 있지만 각각 다른 범위와 목적을 가지고 있다. AI와 데이터를 사용하는 모든 사람은 둘 다 고려해야 할 중요한 윤리적 문제이며, 이를 고려하여 적절한 결정을 내리는 것이 중요하다.

2-3. 크롤링은 데이터 윤리라는 관점에서 어떻게 봐야 할까?

크롤링은 데이터 윤리 관점에서 보면, 크롤러가 수집하는 데이터가 다른 사람들의 개인정보와 같은 민감한 정보인 경우 문제가 발생할 수 있다. 크롤러가 이러한 정보를 수집하여 사용하는 경우, 개인정보 보호법과 같은 법적인 문제가 발생할 수 있다.

또한, 크롤러가 데이터를 수집할 때 사이트의 로봇배제원칙을 무시하거나, 서비스 제공자의 이용약관을 무시하는 경우도 있다. 이러한 행위는 법적으로 문제가 될 수 있을 뿐만 아니라, 윤리적인 문제도 제기될 수 있다. 그러나, 크롤링 자체가 모든 경우에 윤리적으로 부적절하다고 말할 수는 없다. 예를 들어, 검색 엔진은 웹 페이지를 크롤링하여 정보를 수집한다. 이 경우, 크롤러는 검색 엔진의 서비스를 위해 정보를 수집하고 있으며, 이용약관과 로봇배제원칙을 준수하고 있다. 따라서, 크롤링이 데이터 윤리적인 측면에서 문제가 되는지는 크롤러가 어떤 데이터를 수집하고, 그것을 어떻게 사용하느냐에 따라 다르게 판단된다.

허락없이 크롤링하는 것도 윤리적이지는 않다. 저작권을 허락 없이 크롤링하는 것은 부당한 데이터 수집 방법 중 하나이다. 예를 들어, 어떤 웹사이트에서 정보를 크롤링하여 다른 목적으로 사용하거나, 해당 웹사이트의 콘텐츠를 무단으로 복제하여 사용하는 것은 부적절하다. 따라서, 크롤링을 할 때에는 반드시 저작권 및 개인정보 보호 관련 법률을 준수해야 한다.

또한, 크롤링을 통해 수집한 데이터의 사용 목적과 방법도 중요하다. 예를 들어, 민감한 개인정보를 수집하거나, 인종, 종교, 성별 등의 개인적 특성을 포함한 데이터를 부적절하게 사용하는 것은 데이터 윤리상 문제가 될 수 있다. 따라서, 데이터 수집 시 개인정보 보호 및 공정한 사용 등을 고려하는 것이 바람직하다. 크롤링의 목적이 연구개발이나 TDM 등의 경우라면 공정이용으로 면책될 것이다.

2-4. 로봇배제원칙은 법적 효력이 있는가?

로봇배제원칙(robots.txt)은 검색 엔진 로봇이 웹사이트를 크롤링할 때 따라야 하는 지침을 제공하는 파일이다. 이 파일은 웹사이트 소유자가 자신의 웹사이트에서 수집되는 데이터의 양과 종류를 제어할 수 있는 방법을 제공한다. 로봇배제원칙이 담긴 로봇배제원칙은 법적 효력이 있는 파일은 아니지만, 검색 엔진에서 권장되는 규약이며, 대부분의 검색 엔진은 이 원칙을 따른다. 하지만, 로봇배제원칙을 무시하고 웹사이트를 크롤링하는 것은 법적으로 문제가 될 수 있다. 특히, 웹사이트 소유자가 로봇배제원칙에서 허용하지 않은 부분을 크롤링하거나, 크롤링을 금지한 경우에는 법적 분쟁이 발생할 수 있다. 또한, 크롤링을 통해 수집된 데이터의 사용에 대한 법적 문제가 발생할 수 있으므로, 항상 데이터 윤리와 관련된 법과 규제를 준수해야 한다.

2-5. 크롤링은 정보통신망법에 따른 네트워크 침입에 해당하나?

크롤링이 정보통신망법에 따른 네트워크 침입에 해당하는 경우가 있을 수 있다. 정보통신망법 제48조는 "누구든지 정보통신망에 불법적으로 침입하여 정보를 삭제·변경 또는 이용하거나 정보통신망의 정상적인 운영을 방해한 자는 5년 이하의 징역 또는 5천만 원 이하의 벌금에 처한다"라고 규정하고 있다. 하지만, 이에 대한 시행 여부는 상황에 따라 다르며, 제한적인 범위에서의 크롤링은 일부 경우 허용될 수 있다. 따라서, 크롤링할 때는 해당 사이트의 로봇배제원칙 및 저작권 등 관련 법령을 준수해야 한다.

〈크롤링 관련 판례〉

정보통신망 이용촉진 및 정보보호 등에 관한 법률 제48조 제1항은 누구든지 정당한 접근권한 없이 또는 허용된 접근권한을 넘어 정보통신망에 침입하는 것을 금지하고 있고, 이를 위반하여 정보통신망에 침입한 자에 대하여는 5년 이하의 징역 또는 5천만 원 이하의 벌금에 처한다(위 법 제71조 제1항 제9호). 위 규정은 이용자의 신뢰 내지 그의 이익을 보호하기 위한 규정이 아니라 정보통신망 자체의 안정성과 그 정보의 신뢰성을 보호하기 위한 것이므로, 위 규정에서 접근권한을 부여하거나 허용되는 범위를 설정하는 주체는 서비스제공자이다. 따라서 서비스제공자로부터 권한을 부여받은 이용자가 아닌 제3자가 정보통신망에 접속한 경우 그에게 접근권한이 있는지 여부는 서비스제공자가 부여한 접근권한을 기준으로 판단하여야 한다. 그리고 정보통신망에 대하여 서비스제공자가 접근권한을 제한하고 있는지 여부는 보호조치나 이용약관 등 객관적으로 드러난 여러 사정을 종합적으로 고려하여 신중하게 판단하여야 한다.

출처: 대법원 2022. 5. 12. 선고 2021도1533 판결

제3장 생성형 AI 및 데이터 윤리

3. 개인정보의 보호

3-1. 디지털 환경에서의 기본권이란?

디지털 환경에서의 기본권은 디지털 기술의 발전과 함께 새롭게 등장한 개인의 권리와 자유를 보호하기 위한 권리이다. 이는 헌법에 명시된 개인의 생명권과 삶의 자유, 그리고 정보통신의 자유와도 밀접한 관련이 있다.

디지털 환경에서의 기본권은 개인의 개인정보 보호, 인터넷 이용의 자유, 컴퓨터프로그램 등의 지식재산권 보호 등을 포함한다. 이러한 기본권은 인터넷과 같은 디지털 매체가 적극적으로 사용되고 있는 현대 사회에서 중요한 의미를 가지며, 이를 보호하기 위한 법적 규제와 정부의 노력이 필요하다.

특히, 디지털 기술이 빠르게 발전하면서 디지털 환경에서 발생하는 문제들도 빠르게 늘어나고 있다. 이러한 문제들은 개인정보 유출, 사이버 범죄, 디지털 격차 등 다양하다. 이에 대한 대응책은 법적 제도를 강화하고, 디지털 시대에 대응할 수 있는 교육과 기술을 보급하는 것이다.

헌법학자들은 이러한 문제를 해결하기 위해 디지털 환경에서의 기본권을 적극적으로 보호하고, 디지털 교육과 국가 차원의 디지털 기술 발전을 촉진해야 한다고 주장한다. 이를 통해 개인의 권리와 자유를 보호하고, 보다 안전하고 발전된 디지털 사회를 구축할 수 있다.

3-2. 살아 있는 사람의 개인정보란?

개인정보는 개인에 대한 정보로서 그 정보에 포함된 개인을 식별할 수 있는 정보를 말한다. 이는 성명, 생년월일, 주민등록번호, 전화번호, 이메일 주소, 주소 등과 같은 정보를 말한다. 또한, 건강정보, 학력정보, 직업정보, 재산정보, 범죄 이력 등과 같이 민감정보도 개인정보에 해당한다.

개인정보는 많은 경우에는 수집되어 사용되어야 하지만, 그만큼 개인정보 보호의 필요성이 높아지기도 한다. 이는 개인정보를 무단으로 수집하거나 사용하게 되면, 해당 개인에게 심각한 피해가 발생할 수 있기 때문이다. 따라서, 개인정보 보호는 국가 및 기업 등이 법적인 책임을 지며 관리할 필요가 있다.

무엇보다 중요한 것은 개인정보 보호법상 개인정보의 보호주체는 살아있는 사람만이 될 수 있다는 점이다. 따라서, 사망한 사람이나, 사람이 아닌 법인이나 기계 등의 경우에는 개인정보 주체가 될 수 없다.

3-3. 개인정보 보호는 헌법상 개인정보자기결정권에서 근거한 것인가?

헌법 제10조의 인간의 존엄과 가치, 행복추구권과 헌법 제17조의 사생활의 비밀과 자유에서 도출되는 개인정보자기결정권은 자신에 관한 정보가 언제 누구에게 어느 범위까지 알려지고 또 이용되도록 할 것인지를 정보주체가 스스로 결정할 수 있는 권리이다. 개인정보자기결정권의 보호대상이 되는 개인정보는 개인의 신체, 신념, 사회적 지위, 신분 등과 같이 정보주체를 특징짓는 사항으로서 개인의 동일성을 식별할 수 있게 하는 일체의 정보를 의미하며, 반드시 개인의 내밀한 영역에 속하는 정보에 국한되지 않고 공적 생활에서 형성되었거나 이미 공개된 개인정보까지도 포함한다. 또 헌법 제21조에서 보장하고 있는 표현의 자유는 개인이 인간으로서의 존엄과 가치를 유지하고 국민주권을 실현하는 데 필수불가결한 자유로서, 자신의 신원을 누구에게도 밝히지 않은 채 익명 또는 가명으로 자신의 사상이나 견해를 표명하고 전파할 익명표현의 자유도 보호영역에 포함된다. 한편 헌법상 기본권의 행사는 국가공동체 내에서 타인과의 공동생활을 가능하게 하고 다른 헌법적 가치나 국가의 법질서를 위태롭게 하지 않는 범위 내에서 이루어져야 하므로, 개인정보자기결정권이나 익명표현의 자유도 국가안전보장·질서유지 또는 공공복리를 위하여 필요한 경우에는 헌법 제37조 제2항에 따라 법률로써 제한될 수 있다.[6]

이처럼 자신의 개인정보에 대한 결정권은 개인의 기본권이며, 이를 침해하는 행위는 헌법 및 법률상 불법적인 행위로 간주된다.

3-4. 개인정보를 무단으로 크롤링하면 무슨 문제가 생길 수 있을까?

개인정보를 무단으로 크롤링하는 것은 다음과 같은 문제점을 초래할 수 있다. 개인정보 침해란 개인정보를 무단으로 수집, 이용, 제공, 유출하는 행위를 말한다. 개인정보 보호법은 개인정보 침해에 대한 벌칙규정을 갖고 있으며, 벌금, 징역 등

---

6) 대법원 2016. 3. 10. 선고 2012다105482 판결 [손해배상(기)]

의 처벌이 가능하다. 개인정보주체는 개인정보 침해로 인한 피해를 입은 경우, 손해배상을 청구할 수 있다. 또한, 크롤링한 데이터를 상업적으로 이용하는 경우, 해당 데이터가 상표권, 저작권 등 다양한 법적 권리를 침해할 가능성이 있다. 이 경우, 법적 책임과 손해배상 문제가 발생할 수 있다. 정리하자면, 개인정보와 저작권 등의 법적 문제를 고려하여 크롤링을 수행해야 하며, 또한 정보통신망법과 같은 법률을 준수하여야 한다.

4. AI의 편향성

4-1. AI에게 있어서 편향성은 어떤 의미인가?

편향성(Bias)은 특정 관점이나 아이디어로 기울어지는 경향이나 성향을 의미한다. 인공지능 분야에서는, AI 모델의 개발과 배포 과정에서 편향성이 발생할 수 있다. AI에서 편향성이 문제가 되는 이유는 다음과 같이, 여러 가지가 있다.

첫째, 편향성이 공정하지 않거나 차별적인 결과를 초래할 수 있다. 특히 AI가 취업, 주거, 형사 사법 등 사람들의 삶에 직접적인 영향을 미치는 결정에 사용될 때, AI 시스템이 특정 그룹이나 개인에 대해 편향성을 가지고 있다면, 불공정한 대우를 유발하고 기존의 불평등을 지속시킬 수 있다.

둘째, 편향성은 AI 모델의 정확도와 효과성을 약화시킬 수도 있다. AI 시스템이 편향된 데이터나 가정에 근거해서 만들어진다면, 부정확하거나 오해를 불러일으킬 가능성이 높다. 특히 의료 분야에서는, 부정확하거나 편향된 결과가 오진이나 잘못된 치료로 이어질 수 있다.

마지막으로, 편향성은 AI 시스템과 개발자들에 대한 신뢰를 저해시킬 수 있다. 대중들이 AI 시스템이 편향되거나 불공정하다고 인식한다면, AI 시스템을 사용하거나 그것을 개발하고 배포하는 기관에 대한 신뢰가 떨어질 수 있다. 따라서, 편향성은 AI 분야에서 중요한 문제 중 하나이며, 신중한 설계, 테스트 및 평가를 통해 대처해야 하며, AI 개발팀 내의 다양성과 포용을 촉진하는 노력이 필요하다.

4-2. 편향은 일종의 문화적 산물이자 특성으로 볼 수 있지 않을까?

우리는 문화, 가치, 경험 등을 통해 세상을 인식하고 이해한다. 그러나, 이러한 경험과 가치관은 때로 편향적일 수 있다. 예를 들어, 인종, 성별, 국적, 종교 등과 같은 인간의 특성에 따라 편견을 가질 수 있다.

또한, 편견은 우리의 문화나 역사, 언어, 교육 등에서 유래할 수 있으며, 종종 인식의 왜곡과 오류를 초래한다. 왜곡과 오류는 또 다른 편견으로 이어질 수 있으며, 이는 다시 데이터 및 AI 모델에 반영될 가능성이 크다. 예를 들어, AI 모델을 교육하는 데 사용되는 데이터셋이 특정 성별, 인종 또는 사회 경제적 그룹에 편향된 경우 결과 모델도 해당 그룹에 편향될 수 있다.

AI의 편견에 대해서는 그 존재를 인식하고 인정하고 그 영향을 완화하기 위한 사전 조치를 취하는 것이 중요하다. 여기에는 다양하고 대표적인 데이터셋 사용, 편견을 감지하고 수정하기 위한 테스트 및 평가 절차 구현, AI 개발 팀 내 다양성 및 포용성 촉진이 포함된다. 이러한 조치를 취함으로써 우리는 AI 시스템이 공정하고 정확하며 모두를 포용하도록 보장할 수 있다.

4-3. AI의 편향성을 해소하기 위한 방법은?

앞서 편향성의 원인은 여러 가지가 될 수 있다는 점을 확인하였다. 인간의 편향성이 AI에게도 전이될 수 있다는 점은 AI의 신뢰로 이어질 수 있다는 점에서 해결해야 할 문제이기도 하다. 이러한 AI의 편향을 해결하는 방법에는 다음과 같이 여러 가지가 있다.

다양하고 대표적인 데이터: AI 모델은 학습데이터를 기반으로 작동하기 때문에, 데이터의 다양성과 대표성이 중요하다. 만약 학습데이터가 특정 집단이나 특정한 속성을 지니고 있다면, 그러한 편향성은 AI 모델에도 영향을 끼치게 된다. 이러한 편향성을 해결하기 위해서는, 가능한 다양한 관점과 경험을 포함하는 데이터셋을 사용하는 것이 중요하다. 예를 들어, 인종, 성별, 나이, 국적 등 다양한 인구통계학적 특성을 고려한 데이터셋을 사용하는 것이 바람직하다.

정기적인 테스트 및 평가: AI 시스템을 운영하면서 적극적으로 편향성을 감지하고 수정하기 위해서는, 정기적인 테스트 및 평가가 필요하다. 이를 통해 AI 모델에서 특정한 속성이나 집단에 대한 편향성을 식별하고 수정할 수 있다. 이러한 테스트와 평가를 수행하기 위해서는 공정성 메트릭스의 활용 및 편향 감사 등의 방법을 사용할 수 있다.

포괄적인 개발팀: AI 개발팀 내에서 다양성과 포용성을 촉진하면, AI 시스템에 편견이 형성되는 것을 방지할 수 있다. 다양한 배경과 경험을 가진 사람들을 포함하는 다양한 팀을 만드는 것이 중요하다. 이러한 팀 구성은 AI 모델의 다양성과 대표성을 보장하면서도 편향성을 방지할 수 있다.

윤리적 가이드라인 및 표준: AI에 대한 윤리적 가이드라인과 표준을 개발하면, AI 시스템이 공정하고 투명하며 책임 있는 방식으로 설계되고 사용되도록 보장할 수 있다. 이러한 가이드라인과 표준은 개발자와 사용자 모두에게 적용되어야 하며, AI 모델의 설계와 운영에 대한 가이드 역할을 수행한다.

교육 및 인식 개선: 인공지능의 편향에 대한 인식과 이를 해결하기 위한 교육 및 인식 개선 프로그램을 개발하는 것을 말한다.

우리는 인공지능이 지닌 편향이 현실 세계에서 잠재적인 영향을 미칠 수 있으며, 이를 해결하기 위해 인공지능 개발자, 정책 입안자 및 일반 대중에게 편향의 존재와 해결 방법에 대한 인식을 높이는 교육 및 인식 프로그램이 필요하다. 이를 위해 교육 프로그램을 개발하여 인공지능 개발자들에게 편향성에 대한 인식을 높이고, 공정한 인공지능 시스템을 개발할 수 있도록 돕는다. 또한, 일반 대중에게는 인공지능의 편향성이 어떤 영향을 미칠 수 있는지, 그리고 개인이 인공지능 시스템을 사용할 때 주의해야 할 점 등을 알려주는 프로그램이 필요하다. 이러한 교육 및 인식 개선 프로그램은 인공지능 기술의 발전과 함께 지속적으로 발전하고 확대되어야 한다.

이러한 전략을 구현함으로써 우리는 AI의 편견을 해결하고 공정하고 정확하며 포괄적인 AI 시스템을 만드는 데 도움을 줄 수 있다.

5. 합성데이터

5-1. 기계학습용 합성데이터란 무슨 의미인가?

합성데이터(Synthetic Data)는 인공지능 분야에서 사용되는 가상의 데이터로서, 기존의 실제 데이터를 기반으로 생성된 데이터이다. 이를테면, 이미지 데이터의 경우, 사람, 동물, 자연 풍경 등의 이미지를 기반으로 컴퓨터 프로그램이 새로운 이미지를 만들어 내는 것을 말한다. 합성데이터는 기계학습 알고리즘을 훈련시키기 위해 사용되며, 이를 통해 모델이 다양한 상황에서 더욱 정확한 예측과 분류를 수행할 수 있도록 한다.

합성데이터는 다양한 방식으로 생성될 수 있다. 예를 들어, 이미지 합성의 경우, 노이즈, 회전, 크기 조정 등의 기존 이미지를 변형시켜 새로운 이미지를 생성하는 방식이 사용된다. 자연어 처리에서는 문장, 단어, 음절 등의 단위를 결합하여 새로운 문장을 생성하는 방식이 사용된다. 음성 합성에서는 실제 사람의 음성을 학습하여 새로운 음성을 생성하는 방식이 사용된다.

또한, 합성데이터는 기존 데이터의 부족한 부분을 보완하거나, 더 다양한 데이터를 확보하기 위해 사용될 수 있다. 예를 들어, 의료 영상 데이터가 부족한 경우, 합성데이터를 이용하여 수많은 가상의 의료 영상을 생성해 필요한 데이터를 확보할 수 있다. 또한, 자율주행 자동차나 로봇 등을 학습시키기 위해 다양한 상황을 제공해 줄 수 있다. 합성데이터는 실제 데이터와는 달리, 특정한 성격, 특성을 가질 수 있다. 이러한 특성은 데이터의 편향을 가속화시킬 수 있다. 따라서, 합성데이터를 사용하기 전에는 합성데이터의 품질을 검증하고, 데이터의 편향을 최소화하기 위해 실제 데이터와 합성데이터를 적절히 조합하여 사용해야 한다.

5-2. GAN 알고리즘으로 무엇을 생성할 수 있을까?

GAN(Generative Adversarial Network)은 합성데이터를 생성하는 방법 중 하나이다. GAN은 두 개의 신경망을 이용하여 실제 데이터와 유사한 가짜 데이터를 생성한다. GAN으로 생성된 데이터는 실제 데이터와 유사한 새로운 데이터이며, 일반적으로 합성데이터로 간주된다.

GAN은 생성자(generator)와 판별자(discriminator) 두 개의 신경망을 사용한다. 생성자는 무작위 노이즈를 입력받아 실제 데이터와 유사한 가짜 데이터를 생성하고, 판별자는 실제 데이터와 생성된 가짜 데이터를 구분하는 역할을 한다. 생성자는 판별자가 가짜 데이터를 실제 데이터로 판단하도록 속이려고 노력하고, 판별자는 생성자가 만든 가짜 데이터를 실제 데이터와 구분하도록 노력한다. 이처럼, GAN

제3장 생성형 AI 및 데이터 윤리

은 생성자와 판별자가 서로 경쟁하면서 모델을 훈련시키기 때문에, 생성자는 점차 실제 데이터와 더 유사한 데이터를 생성할 수 있게 되고, 판별자는 점차 생성된 가짜 데이터를 더 잘 구별할 수 있게 된다.

GAN을 사용하면 실제 데이터와 유사한 합성데이터를 생성할 수 있다. 생성된 데이터는 원본 데이터와 유사한 특성을 가지며, 데이터 양도 필요에 따라 쉽게 조정할 수 있다. 따라서, GAN을 사용하여 생성된 데이터는 일반적으로 다양한 분야에서 합성데이터로 활용된다.

5-3. 유사데이터와 합성데이터는 다른 것인가?

유사데이터(simulated data)와 합성데이터(synthetic data)는 비슷한 개념이지만 약간의 차이가 있다. 유사데이터는 직접적으로 관찰하기 어려운 데이터를 대신하여 생성된 데이터를 말한다. 이는 보통 시뮬레이션, 모델링 등의 방법을 사용하여 생성된다. 예를 들어, 자율주행 자동차의 경우에는 실제 도로에서 수집되는 데이터를 대신하여 가상의 도로 상황을 시뮬레이션하여 데이터를 생성할 수 있다.

반면에, 합성데이터는 기존의 데이터를 활용하여 새로운 데이터를 생성하는 것을 말한다. 이는 보통 데이터 증강(data augmentation) 기법을 사용하여 데이터를 변형, 추가, 삭제하는 등의 방법을 사용하여 생성된다. 예를 들어, 이미지 데이터에 대해서는 회전, 이동, 크기 조절 등의 방법으로 합성데이터를 생성할 수 있다. 따라서, 유사데이터와 합성데이터는 비슷한 개념이지만, 유사데이터는 보통 시뮬레이션, 모델링 등의 방법을 사용하여 생성되는 반면에, 합성데이터는 기존의 데이터를 변형하여 새로운 데이터를 생성하는 방법을 사용한다.

5-4. 합성데이터가 필요한 이유는 무엇인가?

합성데이터는 인공지능 모델을 학습시키기 위한 데이터 생성 방법 중 하나이다. 이 방법은 다음과 같은 이유로 필요로 한다.

데이터 수집의 어려움: 현실적으로 수집할 수 없거나 비용이 많이 드는 데이터가 있다. 예를 들어, 의료 영상 데이터나 자연재해와 같은 이벤트 데이터 등은 수집이 어렵거나 윤리적인 문제가 발생할 수 있다. 이러한 경우 합성데이터를 생성하여 모델을 학습시키는 것이 효율적이다.

다양한 상황 모델링: 합성데이터를 이용하면 다양한 상황을 모델링할 수 있다. 예를 들어, 자율주행차량의 학습을 위해 다양한 도로 상황을 모델링하거나, 물리적인 제약이 있는 환경에서 로봇의 학습을 위해 다양한 환경을 모델링할 수 있다.

데이터의 다양성: 합성데이터를 이용하면 데이터의 다양성을 쉽게 확보할 수 있다. 이를 통해 모델의 일반화 능력을 향상시키고, 과적합 문제를 방지할 수 있다.

성능 개선: 합성데이터를 이용하면 모델의 성능을 개선할 수 있다. 예를 들어, 이미지 생성 모델의 경우 합성데이터를 이용해 더 선명하고 현실적인 이미지를 생성할 수 있다.

데이터 보안성 향상: 실제 데이터를 사용하여 기계학습 모델을 학습시키는 경우, 데이터 노출이 발생할 수 있다. 하지만, 합성데이터를 사용하면 실제 데이터를 사용하지 않으므로 데이터 보안성이 향상된다.

데이터 품질 개선: 합성데이터를 사용하여 데이터 품질을 개선할 수 있다. 예를 들어, 합성데이터를 사용하여 이미지나 영상 데이터의 해상도를 높일 수 있다.

개인정보 보호: 합성데이터를 이용하면 개인정보 보호 문제를 해결할 수 있다. 예를 들어, 얼굴 인식 기술을 개발할 때, 실제 얼굴 데이터를 이용하지 않고 합성데이터를 이용하면 개인정보 보호 문제를 해결할 수 있다.

이러한 이유로 합성데이터는 기계학습 및 인공지능 분야에서 매우 중요한 역할을 하고 있으며, 이에 대한 연구와 개발이 활발하게 이루어지고 있다.

5-5. 합성데이터가 이용되는 사례는 어떠한 것이 있나?

합성데이터는 비전(vision) 분야와 같이 이미지 인식이나 자율주행 등 다양한 분야에서 이용되고 있다. 일부 대표적인 사례는 다음과 같다.

컴퓨터 비전: 컴퓨터 비전 분야에서는 합성데이터를 사용하여 객체 검출, 분할, 추적, 인식 등의 작업을 수행하는 데 활용된다. 예를 들어, 실제 환경에서는 얻을 수 없는 다양한 상황(예: 날씨, 조명, 배경)을 시뮬레이션하여 합성데이터를 생성하고, 이를 사용하여 모델을 학습시킨다.

자율주행: 자율주행 분야에서는 합성데이터를 사용하여 차량 주행 경로 예측, 교통 흐름 예측, 교차로 안전성 검증 등의 작업을 수행하는 데 활용된다. 예를 들어, 실제 도로에서는 위험한 상황을 시도할 수 없으므로, 합성데이터를 사용하여 위험한 상황을 시뮬레이션하고, 이를 사용하여 모델을 학습시킨다.

자연어 처리: 자연어 처리 분야에서는 합성데이터를 사용하여 텍스트 생성, 요약, 번역, 감성 분석 등의 작업을 수행하는 데 활용된다. 예를 들어, 합성데이터를 사용하여 다양한 문장을 생성하고, 이를 사용하여 언어모델을 학습시킨다.

의료 영상: 의료 영상 분야에서는 합성데이터를 사용하여 질병 예측, 진단, 치료 등의 작업을 수행하는 데 활용된다. 예를 들어, 합성데이터를 사용하여 다양한 종류의 종양과 병변을 시뮬레이션하고, 이를 사용하여 의료 영상 모델을 학습시킨다.

이처럼, 합성데이터는 실제 데이터를 대체할 수는 없지만, 실제 데이터가 부족한 경우에 유용하게 활용될 수 있다. 다만, 필요한 데이터라고 하더라도 데이터를 남용할 경우 의도하지 않는 결과가 나타날 수 있기 때문에 주의할 필요가 있다.

즉, 유명인의 초상을 기반으로 합성데이터를 만들 때 합성데이터가 유명인 또는 유명인의 개인정보와 동일성이 유지되는 경우라면, 합성데이터도 개인정보에 해당할 수 있다.

5-6. 우생학 관점에서 합성데이터의 문제점은 없을까?

우생학(生物學) 관점에서 합성데이터의 문제점은 여러 가지가 있을 수 있다. 먼저, 합성데이터를 생성하는 과정에서 기존 데이터셋에서 볼 수 없었던 새로운 형태의 데이터가 생성될 수 있다. 이 경우, 생성된 데이터가 기존 데이터셋의 특성을 대표하지 못하고, 새로운 형태의 데이터를 인공적으로 만들어 내어 편향된 데이터셋을 만들어낼 가능성이 있다. 실제 데이터를 모사하는 것이 아닌, 생성자 모델의 편향된 분포를 반영하는 결과를 만들어냄으로써, 생성된 모델의 성능을 악화시킬 수 있다.

또한, 생성된 합성데이터가 학습 데이터셋으로 사용될 경우, 학습데이터와 유사한 형태의 데이터를 생성하기 때문에 모델이 학습데이터에만 적응하여 과적합

(overfitting)되는 문제가 발생할 수 있다. 따라서, 합성데이터를 사용할 때는 생성된 데이터가 실제 데이터를 대표할 수 있는지, 그리고 생성된 데이터가 학습 데이터와 다양한 속성을 가지도록 다양한 조건에서 생성할 필요가 있다.

마지막으로, 합성데이터를 사용하는 것이 실제 데이터를 대신하여 사용되는 경우, 즉 합성데이터의 특성과 실제 데이터의 특성이 다를 경우, 모델의 성능이 저하될 가능성이 있다. 따라서, 합성데이터를 사용하기 전에 실제 데이터의 특성과 유사한 합성데이터를 생성할 수 있는지 확인하는 것이 중요하다.

6. 가상인간

6-1. 가상인간이란?

가상인간(Virtual Human)은 실제와 같은 방식으로 인간과 상호 작용하도록 설계된 인공지능 기반의 컴퓨터 생성 캐릭터 또는 아바타이다. 가상인간의 개념은 수십 년 동안 존재해 왔지만 최근 AI 및 기계학습의 발전으로 인해 가상인간이 더욱 정교하고 현실적으로 진화하고 있다.

가상인간은 고객 서비스, 의료, 교육 및 엔터테인먼트를 포함한 광범위한 응용 분야에 사용할 수 있다. 자연어, 얼굴 표정, 몸짓, 감정을 이해하고 반응하도록 프로그래밍할 수 있어 보다 인간적인 방식으로 인간과 상호 작용할 수 있다.

가상인간의 주요 이점 중 하나는 실제 사람이 없어도 개인화된 일대일 상호 작용을 제공할 수 있다는 것이다. 이는 의료 또는 고객 서비스와 같이 항상 사람을 두는 것이 어렵거나 비용이 많이 드는 상황에서 특히 유용할 수 있다. 이처럼, 전반적으로 가상인간은 AI의 흥미로운 새 지평을 대표하며 우리가 기술과 서로 상호 작용하는 방식을 혁신할 수 있는 잠재력을 가지고 있다.

6-2. 사람과 가상인간이 구분되지 않으면 무슨 문제가 생길까?

인간과 가상인간을 구별하는 문제는 특히 사람들이 해롭거나 부적절할 수 있는 방식으로 가상인간과 상호 작용할 수 있는 상황에서 중요한 문제이다. 예를 들어, 온라인 공간이나 게임 환경에서 사람들은 자신이 가상인간과 상호 작용하고 있다는 사실을 항상 깨닫지 못할 수 있으며 실제 사람과 하지 않을 방식으로 행동할 수 있다. 이 문제를 해결하려면 인간이 아닌 상태를 나타내는 명확한 시각적 및 청각적 신호로 가상인간을 설계하는 것이 중요하다. 또한, 가상인간과의 상호 작용 특성에 대해 사용자에게 명확한 정보를 제공하고 제한 사항이나 위험을 인지하고 있는지 확인하는 것이 중요하다.

6-3. 가상인간에 대해서는 어떤 표시가 필요할까?

현재, 가상인간을 위해 특별히 확립된 보편적인 상징이나 표시제도는 없다. 그러나, 일부 조직과 디자이너는 캐릭터나 아바타가 실제 인간이 아닌 가상인간임을 알리기 위해 고유한 시각적 신호를 개발하고 있다. 예를 들어, 일부 가상인간은 양식화되거나 과장된 얼굴 특징 또는 금속 질감과 같이 시각적으로 인공적인 특징을 갖도록 설계되어 실제 인간과 명확하게 구분된다. 다른 사람들은 가상의 특성을 나타내는 고유한 의류, 액세서리 또는 기타 디자인 요소를 가질 수 있다. 시각적 단서 외에도 가상인간과의 상호 작용 특성에 대한 명확한 정보를 사용자에게 제공하는 것도 도움이 될 수 있다. 여기에는 가상인간이 무엇인지, 실제 인간과 어떻게 다른지에 대한 면책 조항 또는 설명, 적절한 행동 및 상호 작용에 대한 지침을 제공하는 것이 포함될 수 있다.

궁극적으로 가상인간을 위한 표준화된 기호 또는 마크의 개발은 가상인간을 실제 인간과 명확하게 구별하고 혼동이나 잘못된 의사소통을 피하는 데 도움이 될 수 있다. 그러나, 이를 위해서는 업계 내에서 광범위한 채택과 합의가 필요할 뿐만 아니라 문화적 및 상황적 요인을 신중하게 고려해야 한다.

6-4. 선거운동에서 가상인간이나 아바타를 사용해도 괜찮을까?

20대 대선에서 대통령선거 후보자들이 선거에서 자신을 형상화한 AI를 사용하였다. 대중은 선거유세의 내용도 보지만 인물의 언변이나 행동 등을 보면서 판단하게 된다. 그렇지만, 사람이 아닌 가상인간이나 아바타를 사용하는 것은 윤리적, 법적 의미를 신중하게 고려해야 하는 복잡한 문제이다.

가상인간 또는 아바타는 잠재적으로 유권자, 특히 대면 이벤트나 토론에 참석할 수 없는 유권자를 참여시키고 교육하는 데 사용될 수 있다. 또한, 후보 및 쟁점에 대한 정보를 대화형 및 접근(access) 가능한 형식으로 제공하는 데 사용할 수 있다. 그러나, 조작이나 허위 진술의 가능성에 대한 우려도 있다. 가상인간은 편향되거나 오해의 소지가 있는 정보를 제공하거나 유권자를 혼란스럽게 하거나 기만할 수 있는 방식으로 실제 후보자나 공무원을 사칭하도록 프로그래밍될 수 있다. 특히 개인정보가 상호 작용의 일부로 수집되거나 공유되는 경우 개인정보 보호 및 보안에 대한 문제가 발생할 수 있다.

궁극적으로, 선거운동 중 가상인간 또는 아바타의 사용은 공정하고 투명하며 윤리적인 방식으로 사용되도록 신중하게 규제하고 모니터링해야 한다. 여기에는 남용이나 오용을 방지하기 위한 감독 및 책임 조치뿐만 아니라 사용 지침 및 표준 개발이 포함되어야 한다.

<선거법상 AI 관련 규정 및 유권해석>

딥페이크 영상을 이용하여 법상 허용되는 방법으로 선거운동을 할 수 있으나, 딥페이크 영상(AI ○○○)임을 표시하지 않는 경우 「공직선거법」(이하 '법'이라 함) 제250조(허위사실공표죄)에 위반되며, 딥페이크 영상(AI ○○○)임을 표시하더라도 영상물의 내용이 특정 후보자의 당선·낙선을 목적으로 허위사실을 공표하거나 비방하는 경우 법 제250조(허위사실공표죄)·제251조(후보자비방죄)에 위반된다. 또한, 딥페이크 영상을 게시하여 선거운동을 하는 경우 영상 게시자가 법적 책임의 주체이며, 후보자와 사전협의 등 공모관계가 성립하는 경우 후보자도 법적 책임이 있다.

* 출처: 딥페이크 영상 관련 법규운용기준(선거관리위원회, 2022)

6-5. 가상인간 사용에 대해서는 어떤 윤리적 지침이 필요한가?

가상인간 사용에 대한 윤리적 지침과 모범 사례를 개발하는 것은 매우 중요하다. 이러한 지침은 데이터 프라이버시 및 보안을 보호하는 것 외에도 적절한 행동과 상호 작용에 대한 지침을 제공하여 가상인간의 안전과 윤리적 사용을 보장할 수 있다.

가상인간의 개발과 배포에 대한 사려 깊고 의도적인 접근 방식은 가상인간이 개인정보를 유출하지 않도록 보호하며, 사용자에게 명확한 정보를 제공하여 언제나 가상인간과 상호 작용하는 것이 인공적인 시스템이라는 것을 인식할 수 있도록 해야 한다.

가상인간의 사용은 다양한 분야에서 이루어질 수 있다. 따라서, 각 분야에 맞는 윤리적 지침과 모범 사례를 개발하는 것이 중요하다. 이러한 지침은 개인 및 조직의 사용자에 대한 책임, 정보 보안 및 개인정보 보호, 그리고 인공지능의 제한과 제어에 관한 것일 수 있다.

더 나아가서는 가상인간의 사용과 관련하여 사용자 교육과 훈련을 제공하는 것이 중요하다. 이러한 교육 및 훈련은 사용자가 가상인간과 상호 작용할 때 예상할 수 있는 결과와 적절한 상호 작용 방법에 대해 설명하는 것으로, 가상인간의 안전성과 윤리적 사용을 보장하는 데 큰 역할을 하게 된다.

종합적으로, 가상인간 사용의 윤리적 지침 및 모범 사례의 개발은 인공지능 기술의 발전과 함께 더욱 중요해지고 있다. 이러한 지침은 가상인간의 안전과 개인정보의 보호를 보장하며, 사용자들이 합법적이고 윤리적인 방식으로 가상인간을 사용할 수 있도록 지원한다.

7. 딥페이크

7-1. 딥페이크는 어떻게 해서 생겨났나?

딥페이크는 대규모 데이터셋을 분석하고 학습할 수 있는 기계학습 모델의 일종인 딥러닝 알고리즘을 사용하여 생성된 콘텐츠이다. 딥페이크는 특히 GAN 또는 오토인코더와 같은 인공지능 기술을 사용하여 사람들이 실제로 한 적이 없는 행동을 하거나 말하는 사실적인 동영상이나 이미지를 생성한다.

딥페이크(deep fake)라는 용어는 2017년 레딧(Reddit) 사용자가 딥러닝 알고리즘을 사용하여 유명인의 얼굴을 성인 연기자의 몸에 겹쳐 놓은 가짜 포르노 비디오를 만든 사용자에 의해 처음 만들어졌다. 그 이후로 딥페이크는 점점 더 정교해지고 널리 퍼졌으며, 허위 정보를 유포하거나 개인의 명예를 훼손하는 등 다양한 악의적인 목적으로 사용될 가능성이 있다.

딥페이크는 딥러닝 알고리즘을 교육하는 데 사용할 수 있는 많은 양의 데이터,

특히 사람들의 이미지와 비디오 영상을 사용할 수 있기 때문에 가능하다. 이러한 알고리즘이 더욱 발전되고 강력해짐에 따라 점점 더 설득력 있고 사실적인 딥페이크를 생성할 수 있어 잘못된 정보와 속임수가 널리 퍼질 가능성에 대한 우려가 제기되고 있다.

7-2. 딥페이크 관련 기술에는 어떤 것이 있나?

딥페이크는 신경망과 같은 기계학습 알고리즘을 사용하여 생성되는 일종의 합성 미디어이다. 딥페이크(deep fake)는 딥러닝(deep learning)과 페이크(fake)의 합성어다. 이 기술은 사람들이 실제로 한 적이 없는 일을 하거나 실제로 말한 적이 없는 말을 하는 설득력 있는 비디오나 이미지를 만드는 데 사용할 수 있다. 다음은 딥페이크 이면의 기술에 대한 자세한 설명이다.

딥러닝: 딥러닝은 많은 양의 데이터를 처리하기 위해 많은 계층이 있는 신경망을 사용하는 기계학습의 하위 집합이다. 신경망은 데이터의 패턴을 인식하도록 설계된 알고리즘으로 인간의 뇌 구조에서 영감을 받았다. 딥러닝은 이미지 인식, 음성 인식, 자연어 처리 등 다양한 응용 분야에서 사용되고 있다.

GAN: GAN은 생성기와 판별기의 두 가지 네트워크로 구성된 일종의 신경망이다. 생성자는 가짜 이미지나 동영상을 만들고 판별자는 실제와 구별하려고 한다. 생성기는 판별기로부터 받은 피드백을 기반으로 출력을 개선하도록 훈련되며, 판별기는 가짜 이미지나 동영상을 더 잘 감지하도록 훈련된다. GAN은 딥페이크 기술에 일반적으로 사용되어 사실적인 동영상이나 이미지를 생성한다.

얼굴 랜드마크 감지: 얼굴 랜드마크 감지는 눈가, 코, 입의 모서리와 같은 사람 얼굴의 주요 지점을 식별하는 프로세스이다. 이 정보는 가짜 이미지 또는 비디오를 원본 이미지 또는 비디오와 정렬하는 데 사용된다. 설득력 있는 딥페이크를 생성하려면 정확한 얼굴 랜드마크 감지가 필수적이다.

데이터 수집: 딥페이크는 신경망을 훈련시키기 위해 많은 양의 데이터가 필요하다. 이 데이터에는 가장한 사람의 이미지와 비디오는 물론 음성 녹음과 같은 기타 데이터가 포함된다. 이 데이터는 종종 소셜 미디어와 같이 공개적으로 사용 가

　　　　　　　　　　　　　　　　　제3장 생성형 AI 및 데이터 윤리

능한 소스에서 수집된다.

후처리: 딥페이크가 생성된 후 품질 향상을 위해 후처리를 거칠 수 있다. 여기에는 딥페이크를 더욱 설득력 있게 만드는 색상 보정, 노이즈 감소 및 기타 기술이 포함될 수 있다.

감지: 딥페이크 생성으로 인해 선전, 사기 또는 협박과 같은 악의적인 목적으로 사용될 수 있다는 우려가 제기되었다. 그 결과, 딥페이크를 탐지하는 방법을 개발하기 위해 노력하고 있다. 일부 기술에는 얼굴 랜드마크의 일관성 분석, 오디오에서 이상 현상 찾기 또는 기계학습을 사용하여 실제와 가짜 이미지 또는 비디오를 구별하는 것이 포함된다.

정리하자면, 딥페이크는 GAN, 얼굴 랜드마크 감지, 데이터 수집 및 후처리와 같은 딥러닝 기술을 사용하여 생성된다. 딥페이크는 영화 및 엔터테인먼트 산업과 같은 긍정적인 응용 가능성이 있지만 오용 가능성에 대한 우려도 제기된다.

7-3. 딥페이크가 문제가 되는 이유는 무엇인가?

딥페이크는 잘못된 정보를 퍼뜨리고 사람들을 속이고 여론을 조작하는 데 사용될 수 있기 때문에 특히 문제가 된다. 딥페이크는 누군가가 실제로 한 적이 없는 말이나 행동을 하는 것처럼 보이도록 만들 수 있으며, 이는 개인, 조직 및 전체 사회에 심각한 결과를 초래할 수 있다. 예를 들어, 딥페이크는 가짜 뉴스 기사를 만들거나, 정치 캠페인을 조작하거나, 개인이 하지 않은 일을 한 것처럼 보이게 하여 개인을 협박하는 데 사용될 수 있다. 또한, 딥페이크는 누군가의 평판이나 이미지를 손상시키는 데 사용될 수 있으며 실직, 공개적인 굴욕 등과 같은 실제 결과를 초래할 수 있다.

더욱이 딥페이크는 특히 더욱 정교해짐에 따라 감지하기가 쉽지 않다. 이로 인해 사람들은 무엇이 진짜이고, 무엇이 가짜인지 식별하기가 어려워 정보 및 미디어 소스에 대한 신뢰가 약화될 수 있다. 따라서, 전반적으로 딥페이크로 인한 잠재적 피해는 상당하며 규제기관이 딥페이크의 영향을 감지, 예방 및 완화하기 위한 조치를 취하는 것이 중요하다.

7-4. 딥페이크의 문제는 음란물을 생성한다는 것이 아닌가?

딥페이크 기술이 '딥페이크 음란물'이라고도 알려진 합의되지 않은 음란물을 만드는 데 사용된 것은 사실이지만, 이것은 이 기술의 많은 잠재적인 부정적인 결과 중 하나일 뿐이라는 점에 유의해야 한다.

딥페이크는 허위 정보 유포, 여론 조작, 사기 또는 음란물 콘텐츠 제작을 넘어 다양한 악의적인 목적으로 사용될 수 있다. 또한, 가짜 동영상과 사람의 이미지를 설득력 있게 만들 수 있는 능력은 실제 동영상과 이미지의 진정성에 대한 신뢰를 약화시킬 수 있으며 이는 사회에 광범위한 영향을 미칠 수 있다.

딥페이크 음란물 제작이 심각한 문제이지만 딥페이크와 관련된 유일한 문제는 아니지만, 딥페이크 음란물 문제를 해결하기 위해서는 규제를 포함하여 전체적으로 기술과 관련된 피해를 완화하기 위한 광범위한 노력이 따라야 한다.

7-5. 딥페이크의 문제를 해결할 수 있는 방법은?

딥페이크의 문제는 복잡하고 다면적이며 이 기술과 관련된 모든 문제를 해결할 수 있는 단일 솔루션은 없다. 그러나, 딥페이크의 잠재적 피해를 완화하기 위해 취할 수 있는 몇 가지 단계가 있다.

기술적 측면에서는 딥페이크 탐지 및 방지 기술에 투자를 통해, 효과적인 딥페이크 탐지 및 방지 기술을 개발하고 배포하면 딥페이크의 확산을 제한하고 잠재적 피해를 줄일 수 있다. 또한, 대중의 인식 제고를 통하는 방법이다. 딥페이크의 존재와 잠재적 피해에 대해 대중을 교육하면 사람들이 미디어에 대해 더 비판적인 소비자가 되고 잠재적인 딥페이크를 더 잘 감지하고 신고할 수 있다. 이를 위해 미디어 리터러시 증진도 연계될 필요가 있다. 미디어 리터러시를 증진하면 사람들이 실제 미디어와 가짜 미디어를 더 잘 구별할 수 있게 되어 딥페이크가 확산될 가능성을 줄일 수 있다.

규제적인 측면에서 입법론적 대응을 들 수 있다. 딥페이크의 생성 및 유포를 규제하는 규정 및 법률을 개발하면 악의적인 사용을 방지하고 제작자에게 책임을 묻기 위한 법적 프레임워크를 제공할 수 있다.

규제와 달리, 현실적인 방안으로는 딥페이크가 유통되는 소셜 미디어 플랫폼과

외 협력체계의 구축이다. 소셜 미디어 플랫폼은 딥페이크의 확산을 제한하는 데 중요한 역할을 한다. 이러한 플랫폼과 협력하여 딥페이크의 확산을 방지하는 정책 및 기술을 개발하는 것이 효과적인 전략이 될 수 있다. 또한, 딥페이크 기술의 책임 있는 사용을 장려하는 것이다. 엔터테인먼트 또는 교육 목적으로만 사용하는 것과 같이 딥페이크 기술의 책임 있는 사용을 장려하면 딥페이크로 인한 잠재적 피해를 제한하는 데 도움이 될 수 있다.

이처럼, 딥페이크의 문제는 끊임없이 진화하고 있으며 솔루션은 시간이 지남에 따라 적응하고 변경해야 한다는 점을 인식하는 것이 중요하다. 따라서, 기술로 인해 발생하는 문제를 해결하려면 여러 이해 관계자 간의 지속적인 노력과 협력이 필요하다.

8. 데이터 정제

8-1. 데이터 정제란?

데이터 정제는 수집된 데이터를 처리하여 데이터 분석에 적합한 상태로 만드는 과정을 말한다. 데이터 정제는 데이터 정리의 일부분이 될 수도 있다. 데이터 정리는 데이터의 일관성, 유효성, 표준화 등을 확인하고 개선하는 작업이며, 데이터 정제는 그중에서도 결측치(missing data), 이상치(outlier), 중복 데이터 등을 처리하는 작업을 포함한다. 데이터 정제를 통해 데이터의 정확성, 일관성, 유용성 등을 개선하여 데이터 분석의 정확성을 향상시킨다. 데이터 정제는 데이터 분석을 위해 수집된 데이터를 처리하는 과정이다. 이 과정에서 불필요한 정보를 제거하고 데이터의 정확성, 일관성, 유용성 등을 개선한다. 결국, 데이터의 정제란 기계학습용 데이터를 가공함에 있어서 데이터의 품질을 높이는 일련의 프로세스를 의미한다.

8-2. 데이터 정제에 필요한 기술은 어떤 것이 있을까?

학습데이터의 품질을 높이기 위한 프로세스로서 데이터 정제는 일반적으로 다음과 같은 과정을 포함하는 기술이 필요하다.

결측치 처리: 결측치(missing data)란 데이터 수집 과정에서 누락된 값으로, 일반적으로 데이터셋의 일부분이 누락되어 있는 상태를 의미한다. NA(Not Available),

NaN(Not a Number), Null 등으로 표현으로 사용한다. 이러한 결측치는 데이터 분석에서 심각한 문제를 일으킬 수 있으며, 따라서 처리가 필요하다. 데이터 분석을 위해 수집된 데이터에서는 결측치를 포함할 수 있다. 결측치는 특정 데이터가 누락되어 있는 경우이며, 이러한 값은 분석 결과에 부정적인 영향을 미칠 수 있다. 결측치 처리는 이러한 문제를 해결하기 위해 수행된다. 대표적으로 결측치를 대체하는 방법으로는 평균값, 중앙값, 최빈값, 회귀분석 등이 있다.

이상치 처리: 이상치(outlier)란 일부 자료값들이 대다수의 다른 표본에 비해 매우 크거나 작은 극단적인 값(extreme observation)을 갖는 것을 말한다. 이상치는 대부분 잘못된 측정, 입력 오류, 혹은 극단적인 이벤트 등으로 발생한다. 이상치(outlier)는 일반적인 데이터 패턴에서 벗어나는 값으로, 데이터 분석에서 다른 데이터들의 패턴을 왜곡시키거나 올바른 예측을 방해할 수 있다. 이상치 처리는 이러한 이상치를 식별하고, 분석에서 제외하거나 다른 값을 대체하는 등의 방법을 사용하여 올바른 결과를 얻을 수 있도록 하는 과정이다.

중복 데이터 처리: 데이터셋에서 중복된 데이터는 분석 결과를 왜곡할 수 있다. 중복된 데이터를 처리하는 방법으로는 삭제, 병합, 대체 등이 있다.

데이터 형식 일치화: 데이터 분석을 위해 수집된 데이터는 다양한 형식으로 저장될 수 있다. 예를 들어, 날짜는 "YYYY－MM－DD" 또는 "DD－MM－YYYY" 형식으로 저장될 수 있다. 데이터 형식 일치화는 이러한 형식 차이를 해결하기 위해 수행된다. 이를 위해 데이터 포맷을 통일하거나, 새로운 형식으로 변환하는 등의 방법이 사용된다.

표준화: 데이터 표준화는 데이터의 단위가 다른 경우, 각 변수마다 단위를 통일시켜 데이터를 분석하기 쉽도록 변환한다. 예를 들어, 데이터셋에는 키 변수와 몸무게 변수가 있는 경우, 키의 단위가 cm이고 몸무게의 단위가 kg인 경우가 있다. 이 경우, 표준화를 통해 각 변수의 단위를 일치시키고, 데이터를 비교 가능한 형태로 만든다.

정규화: 데이터 정규화는 데이터가 서로 다른 척도를 가지고 있을 때, 변수 간의 관계를 분석하기 쉬운 형태로 변환하는 기술이다. 예를 들어, 어떤 데이터셋에

는 금액 변수와 수량 변수가 있는 경우가 있다. 이 경우, 금액 변수의 값이 매우 크고, 수량 변수의 값이 작은 경우에는 금액 변수의 영향력이 매우 크게 나타난다. 이러한 경우, 정규화를 통해 변수 간의 상대적인 크기를 고려할 수 있는 값으로 변환하고, 변수 간의 비교가 용이하도록 한다. 정규화는 일반적으로 0과 1 사이의 값을 가지도록 변수를 변환하는 방법을 사용한다. 이러한 방법을 통해 변수 간의 상대적인 크기를 비교할 수 있으며, 분석 결과를 해석하기 쉬워진다. 따라서, 표준화와 정규화는 데이터 분석에서 기본적으로 필요한 기술 중 하나이다. 이를 통해 데이터를 비교 가능한 형태로 변환할 수 있다.

이러한 데이터 정제과정을 거치면서, 데이터 분석 결과는 입력된 데이터의 정확성에 크게 의존한다. 따라서, 데이터의 정확성을 개선하기 위한 작업이 필요하다. 이를 위해 데이터 검증 및 검사를 수행하고, 필요한 경우에는 데이터를 수정한다. 예를 들어, 데이터를 수작업으로 입력할 경우 오타나 철자 오류가 발생할 수 있는데, 이러한 오류를 검증하고 수정하여 데이터의 정확성을 개선할 수 있다.

8-3. 데이터 정제 과정에서 문화적 편견이 작용하는 것은 아닌가?

모든 데이터 관련 작업과 마찬가지로 데이터 정제는 신중하게 수행하지 않으면 문화적 편향을 가져올 수 있다. 다음과 같은 데이터 정제 과정의 여러 소스에서 문화적 편향이 발생할 수 있다.

데이터 선택: 사용되는 데이터는 연구 중인 모집단을 대표하지 않을 수 있으므로 편향된 샘플이 생성된다. 데이터가 모집단을 대표하지 않을 가능성은 언제나 있기 때문이다.

데이터 정규화: 데이터 정규화에는 특정 변수의 값에 대한 가정이나 정규화를 수행하는 사람의 세계관 또는 문화적 관점을 반영하는 미리 정의된 범주의 사용이 포함될 수 있다.

데이터 유효성 검사: 데이터 유효성 검사에는 특정 값이 다른 값보다 더 가능성이 높다는 기대와 같은 문화적 편견 또는 가정을 반영하는 규칙이 포함될 수 있다.

데이터 보강: 이와 같이, 데이터 정제 과정에서 편견은 한정된 데이터나 데이터 대한 거버넌스 체계가 갖추어지지 않았기 때문에 이루어질 가능성이 크다. 아울러, 데이터 모집단을 확대함으로써 추가적으로 데이터를 보강하려면 문화적 편견이나 고정 관념을 배제시키는 의도적인 작업이 필요하다.

이와 같이, 데이터 정제 과정에서 문화적 편향의 위험을 줄이려면 다음을 수행하는 것이 중요하다. 무엇보다, 자신의 문화적 편견과 그것이 정제 과정에 어떤 영향을 미칠 수 있는지 확인해야 한다. 그리고, 정제 과정에서 사용되는 가정과 범주가 문화적으로 편향되지 않도록 다양한 배경을 가진 사람들과 논의할 필요가 있다. 또한, 문화적 편견이 강화되지 않도록 데이터 검증 및 보강을 위해 다양한 소스를 사용한다. 마지막으로, 투명하고 감사할 수 있도록 데이터 정리 프로세스를 철저하게 문서화한다. 이처럼, 문화적 편견을 염두에 두고 이를 해결하기 위한 조치를 취함으로써 데이터 정제 과정에서 편견이 도입될 위험을 최소화할 수 있다.

9. 데이터 독점

9-1. 데이터 독점이란?

데이터 독점은 특정 기업이나 단체가 특정 데이터에 대한 독점적인 접근과 소유를 가지는 상태를 가리킨다. 이러한 독점적인 접근과 소유는 해당 데이터에 대한 경제적인 이익을 독점하고 다른 경쟁 업체들이 해당 데이터를 활용하거나 접근하는 것을 제한하는 결과를 초래할 수 있다.

데이터 독점은 대부분의 경우 특정 기업이나 기술 기업들이 대규모의 데이터를 수집하고 저장하여 특정 시장에서 다른 경쟁 업체들보다 우위를 가지는 현상으로 나타난다. 이러한 데이터 독점은 해당 기업이나 단체가 특정 시장에서의 지배력을 높이고 경쟁 업체들과의 차별화를 가능하게 할 수 있다.

데이터 독점은 데이터를 수집하는데 필요한 기술과 자본, 그리고 데이터를 처리하고 분석하는데 필요한 인프라와 인력 등을 보유하는 기업들에게 더 유리한 경제적 혜택을 가져다 줄 수 있다. 이로 인해 데이터 독점이 심화되면서 경쟁력이 상대적으로 약한 기업들은 새로운 시장 진출이나 새로운 기술 개발에 어려움을 겪을 수 있다.

데이터 독점은 특히 인터넷과 기술 발전으로 인해 데이터가 중요한 비즈니스 자산으로 자리잡게 된 현대 사회에서 더욱 더 중요한 문제로 부각되고 있다. 데이터 독점을 규제하고 경쟁을 촉진하는 데에 대한 정책적인 고려와 합리적인 해결책이 필요한 과제로 여겨지고 있다.

9-2. 데이터 독점이 가져오는 문제점은?

데이터 독점은 경쟁이 제한되고 시장이 제한될 가능성이 있으며, 이는 다양한 문제점을 야기할 수 있다. 몇 가지 주요 문제점을 살펴보면 다음과 같다.

시장 독점: 데이터 독점이 있으면 기업이나 조직이 시장에서 지배적인 위치에 있을 가능성이 높다. 이는 공정한 경쟁을 제한하고 새로운 기업들이 진입하는 것을 어렵게 만들 수 있으며, 소비자와 다른 기업들의 이익을 해칠 수 있다. 이러한 이유 때문에 기업결합에 있어서도 데이터 부문에 대한 심사요건을 강화하고 있다.

가격 효율성의 저하: 데이터 독점이 있으면 기업이나 조직은 가격을 높이거나 품질을 낮추는 등 시장의 조건을 제한할 수 있다. 이는 소비자에게 높은 가격을 지불하거나 낮은 품질의 제품을 받게 되는 문제점을 야기할 수 있다.

혁신의 저하: 데이터 독점이 있으면 기업이나 조직은 경쟁기업과 달리 혁신적인 제품이나 서비스를 개발하는 것보다 자신들의 위치를 유지하는 것에 더 집중할 수 있다. 이는 기존 시장 구조를 유지하며, 시장 혁신의 저하를 야기할 수 있다.

개인정보 보호: 데이터 독점이 있으면, 기업이나 조직이 개인정보를 임의로 수집, 처리 및 활용할 가능성이 높다. 이는 개인정보의 보호를 위협하며, 소비자의 프라이버시 문제와 관련된 문제점을 야기할 수 있다.

데이터 품질의 저하: 데이터 독점이 있으면, 데이터의 다양성과 품질이 저하될 가능성이 있다. 이는 데이터의 다양성과 품질이 경쟁적인 시장에서 얻을 수 있는 것보다 낮아질 수 있다는 것을 의미하며, 이는 데이터의 분석 및 활용에 있어서 정확성과 유효성을 해칠 수 있다.

이상과 같은 이유로, 데이터 독점은 경쟁과 혁신을 저해하며 소비자와 기업에 다양한 문제점을 야기할 수 있다. 따라서, 데이터 독점을 방지하고 경쟁적인 시장을 유지하기 위해서는 적극적인 정책과 규제가 필요할 수 있다. 데이터로 인하여 발생하는 다양한 수익구조에 대해 판단이 필요한 이유이다. 물론, 개개인이 제공하는 데이터에 대해서는 가치산정이 어렵거니와, 설령 가치산정이 이루어진다고 하더라도 미미할 수 있지만 거대 데이터를 기준으로 본다면 규모의 경제를 이루는 데이터의 가치는 무시할 수 없기 때문이다.

9-3. 데이터 독점을 해소하기 위한 방안은?

데이터 독점 해소 방안은 데이터 공유, 개방형 데이터 플랫폼, 개인정보 보호 규제 강화, 데이터 표준화, 공공 데이터 활용, 경쟁 규제 강화 등이 있다. 이러한 방안을 통해 경쟁 환경을 확대하고 데이터 이용에 대한 장벽을 줄여 데이터 독점을 해소할 수 있다. 구체적인 내용을 설명하면 다음과 같다.

개인정보 보호 강화: 개인정보 보호 강화는 개인정보 보호법에 따라 개인정보의 수집, 이용, 제공, 관리, 파기 등에 대한 규정을 상세하게 명시하여, 기업들이 개인정보를 부적절하게 수집하거나 이용하는 것을 방지한다. 이를 통해, 기업들은 고객들의 동의를 얻은 적법한 방식으로 개인정보를 수집하고 활용해야 한다. 개인정보 보호 강화는 개인정보의 비밀성을 보호하는 것 외에도, 개인정보의 사용이 경쟁에 불리한 영향을 미치는 것을 막고, 공정한 경쟁을 유지하는 데 도움을 준다.

데이터 공유 정책: 기업이 보유한 데이터를 다른 기업이나 조직과 공유하는 것은 경쟁적인 시장을 조성하는 데 중요한 역할을 할 수 있다. 데이터 공유는 기업간 경쟁을 높여, 새로운 기술과 제품을 개발하고, 기업들 간 협력을 촉진할 수 있다. 하지만, 이러한 데이터 공유가 비침해적인 것인지 여부를 판단하는 것은 매우 어렵다. 데이터 공유는 경쟁법적인 측면에서 공정한 경쟁을 유지하기 위해 기업들 간의 합의가 있거나, 국가 단위에서 적극적인 규제가 필요하다.

데이터 포맷 표준화: 데이터 포맷 표준화는 다양한 기업들이 표준화된 데이터 포맷을 사용하도록 유도하는 것이다. 이를 통해, 기업들은 데이터를 쉽게 공유할

수 있으며, 경쟁적인 시장을 조성할 수 있다. 데이터 포맷 표준화는 공정한 경쟁을 유지하는 데 중요한 역할을 할 수 있다. 예를 들어, 데이터 포맷이 다양하면 데이터를 사용하는 기업들은 상대방의 데이터와 호환되지 않는 문제가 발생할 수 있다. 이는 새로운 참여자의 진입을 방해하고, 시장 경쟁을 제한하는 것과 같은 부작용을 야기할 수 있다.

데이터 보상금청구권: 공정이용 등의 방식으로 인터넷에 공개된 데이터를 학습 데이터로 이용하면서 실제 게시자인 권리자에 대해서는 보상을 하지 않는 것은 불합리하다. 따라서, 데이터를 독점하면서 그 과실까지 독점하는 플랫폼사업자에 대해 '데이터 보상금청구권'을 행사하는 것도 고려될 필요가 있다.[7]

규제와 제재: 국가는 데이터 독점 기업을 규제하고, 제재할 수 있다. 이를 통해, 경쟁을 제한하는 독점적인 행위를 방지하고, 적정한 경쟁 환경을 조성할 수 있다. 규제와 제재는 대개 경쟁법에 근거하여 이루어지며, 데이터 독점 기업이 경쟁법을 위반하거나, 소비자의 이익을 침해하는 행위를 할 경우 국가는 법적인 대응을 할 수 있다. 예를 들어, 국가는 데이터 독점 기업이 시장에서 지나치게 큰 영향력을 가지거나, 경쟁을 제한하는 행위를 한 경우에는 해당 기업의 합병을 금지하거나, 과징금을 부과하는 등의 제재를 가할 수 있다.

개방적인 데이터 시장 조성: 데이터 독점을 해소하기 위한 다른 방안으로는 개방적인 데이터 시장을 조성하는 것이 있다. 개방적인 데이터 시장은 기업들이 데이터를 공유하고, 활용할 수 있는 경쟁적인 환경을 조성함으로써, 경쟁을 촉진하고 데이터 독점을 해소할 수 있다. 이를 위해서는, 데이터의 개방성을 높이기 위한 법적인 장치가 필요하다. 개방적인 데이터 시장을 조성함으로써, 기업들은 보다 다양하고 정확한 데이터를 활용하여, 창의적인 사업 모델을 발전시키고, 새로운 가치를 창출할 수 있다.

---

7) 김윤명, 데이터 공정이용, 계간저작권 제141호, 2023, 47면.

10. 데이터 거버넌스: 허락 없는 데이터 활용

10-1. 데이터 거버넌스의 개념은?

데이터 거버넌스(data governance)는 조직의 데이터를 관리, 보호, 유지 및 최적화하기 위한 프로세스와 정책을 정의하는 것이다. 이를 통해 조직은 데이터의 활용을 최대화하고 동시에 데이터 보안 및 준수와 같은 중요한 요구사항을 충족시키는 데 도움이 된다.

무엇보다, 데이터 거버넌스는 데이터의 소유권, 접근 권한, 품질, 라이프 사이클, 저장 및 보관, 메타데이터, 민감한 정보 보호 및 조직의 비즈니스 규칙 및 요구사항과 같은 다양한 측면을 다루는 전략이다. 이를 통해 조직은 데이터를 더 효율적이고 안전하게 관리할 수 있으며, 데이터를 활용하여 비즈니스 목표를 달성할 수 있다.

또한, 데이터 거버넌스는 조직의 경영진, 데이터 관리자, IT 직원 및 다른 이해관계자들이 함께 작업하여 데이터를 보호하고 최적화하는 데 중요한 역할을 한다. 이를 통해 조직은 더욱 높은 수준의 데이터 품질과 신뢰성을 유지하고 비즈니스 성과를 개선할 수 있다.

10-2. 데이터 거버넌스는 데이터 관리와 다르나?

데이터 거버넌스는 데이터 관리(data management)와 밀접한 관련이 있지만, 둘은 서로 다른 개념이다. 데이터 관리는 데이터를 수집, 저장, 가공, 분석, 보호 및 유지하는 프로세스를 의미한다. 데이터 관리는 일반적으로 조직의 IT 부서에서 수행되며, 데이터베이스, 데이터 웨어하우스, 비즈니스 인텔리전스 도구 및 다른 데이터 관리 도구를 사용하여 데이터를 관리한다.

반면, 데이터 거버넌스는 조직 내에서 데이터를 사용하는 방식과 관련된 정책, 프로세스, 표준 및 지침을 수립하고 관리하는 일련의 프로세스이다. 데이터 거버넌스는 조직 내에서 데이터 사용의 투명성과 책임성을 보장하기 위해 데이터 소유권, 데이터 액세스 권한, 데이터 품질, 데이터 보안 등을 다룬다. 데이터 거버넌스는 조직 내에서 데이터 관리를 강화하고 비즈니스 목표를 달성하기 위한 데이터의 활용을 극대화한다.

따라서, 데이터 거버넌스와 데이터 관리는 서로 관련이 있지만, 데이터 거버넌스는 데이터 관리를 포함하는 더 큰 개념이다. 데이터 관리는 데이터 거버넌스의 일부이며, 데이터 거버넌스는 데이터 관리를 통해 조직 내에서 데이터를 효과적으로 활용할 수 있도록 한다.

국가 단위의 데이터 거버넌스를 위하여 데이터산업법에는 '데이터정책위원회'를 두고 있다. 물론, 하위체계는 아니지만 공공데이터전략위원회, 개인정보보호위원회 등 다양한 데이터 거버넌스를 두고 있기 때문에 관리체계를 명확히 할 필요가 있다.

10-3. 데이터 거버넌스의 구성 및 운영방안은 어떻게 되나?

데이터 거버넌스는 조직 내부의 데이터 관리 체계를 구축하고 운영하는 프로세스이다. 데이터 거버넌스를 위한 구성요소는 데이터 거버넌스 프레임워크, 데이터 전략, 데이터 소유권 및 책임, 데이터 품질 관리, 데이터 보안, 데이터 규제 준수, 데이터 아키텍처, 데이터 분류 및 분석, 데이터 관리 프로세스, 데이터 표준화로 이루어져 있다. 데이터 거버넌스를 운영하는데 있어서는 데이터 거버넌스 팀이 필요하며, 데이터 거버넌스 프레임워크를 설계하고 운영하며, 데이터 관리와 보안 등과 같은 업무를 수행해야 한다. 이를 효율적으로 운영하기 위해서는 데이터 과학자(data scientist)가 필요하다. 데이터 거버넌스를 구성하고 운영하기 위해서는 다음과 같은 구성요소가 필요하다.

데이터 거버넌스 프레임워크: 조직의 목적과 전략, 데이터 관리에 대한 목적과 책임, 데이터 권한 및 절차 등을 명확하게 정의하고, 이를 기반으로 데이터 거버넌스 프레임워크를 설계해야 한다. 이는 데이터의 정확성과 일관성을 유지하고, 조직 내에서 데이터 사용의 일관성과 효율성을 보장할 수 있는 기반이 된다.

데이터 전략: 데이터 과학자는 조직의 전략과 목표에 따라 데이터를 활용하고 관리할 전략을 수립해야 한다. 이를 위해 데이터 과학자는 비즈니스 전략을 이해하고, 데이터의 가치와 활용 방안을 파악할 수 있어야 한다.

데이터 품질 관리: 데이터 과학자는 데이터 품질을 유지하기 위해 데이터의 정확성, 일관성, 유효성, 완전성, 보안 등을 체계적으로 관리해야 한다. 이를 위해

데이터 과학자는 데이터 품질 체크리스트를 작성하고, 데이터 품질 검증과 수정을 위한 프로세스를 구축해야 한다.

데이터 보안: 데이터 과학자는 데이터 보안 정책과 절차를 수립하고 관리해야 한다. 이는 데이터 손상이나 유출을 방지하고, 데이터 소유자의 권리와 개인정보 보호 등을 보장할 수 있는 기반이 된다.

데이터 규제 준수: 데이터 과학자는 데이터 관련 법률과 규제를 준수하고, 적절한 데이터 사용과 보호를 위한 조치를 취해야 한다. 이는 조직과 개인의 법적 책임을 준수하고, 불필요한 법적 문제를 방지할 수 있는 기반이 된다.

데이터 분류 및 분석: 데이터 분류 및 분석은 데이터 과학자가 데이터를 이해하고 문제를 파악하기 위한 중요한 단계이다. 이 단계에서는 데이터를 수집하고 정제한 후, 분석을 위해 필요한 변수를 선택하고, 그 변수들 간의 상관관계를 파악하며, 예측모델을 구축하거나 클러스터링 등의 분석 기법을 활용하여 데이터를 분류한다. 데이터 분류는 데이터의 특성과 문제의 복잡도에 따라 크게 달라질 수 있으며, 분류된 데이터를 기반으로 의사결정을 지원하는 것이 목표이다.

데이터 관리 프로세스: 데이터 관리 프로세스는 데이터 과학자가 데이터를 수집하고 처리하여 분석 가능한 상태로 만드는 과정을 말한다. 이 단계에서는 데이터 수집, 전처리, 저장, 분석, 보안 등의 작업이 포함된다. 데이터를 수집할 때는 데이터의 출처, 형식, 빈도 등을 고려하여 적절한 방법으로 수집하고, 데이터 전처리를 통해 누락된 값, 이상치 등을 처리하여 데이터의 품질을 향상시킨다. 데이터를 저장할 때는 보안, 백업 등의 요소를 고려하여 안전하게 관리한다. 이 단계에서는 데이터의 처리 속도와 처리 방식도 고려되어야 한다.

데이터 표준화: 데이터 표준화는 데이터 과학자가 다양한 데이터 소스를 활용할 때 발생할 수 있는 데이터 일관성 문제를 해결하기 위한 중요한 단계이다. 이 단계에서는 데이터의 정의, 구조, 포맷, 용어 등을 표준화하여 데이터의 일관성을 유지하고 관리하기 쉽게 만든다. 이를 통해 데이터 과학자는 다양한 소스의 데이터를 사용하면서도 데이터 일관성 문제를 해결할 수 있으며, 데이터의 재사용성도 높아진다. 데이터 표준화는 데이터 과학자뿐만 아니라 조직 전반에 걸쳐 중요

한 역할을 수행하며, 조직의 업무 프로세스와 데이터 관리에 대한 표준화를 도모한다.

데이터 아키텍처: 데이터 과학자는 데이터 저장, 처리, 분석, 공유 등을 위한 데이터 아키텍처를 설계하고 관리해야 한다. 이는 데이터 분석과 활용을 위한 인프라를 구축하고, 데이터의 효율적인 관리와 이용을 지원할 수 있는 기반이 된다.

10-4. 데이터 거버넌스와 알고리즘 거버넌스의 관계는?

데이터 거버넌스와 알고리즘 거버넌스는 같은 개념은 아니지만, 알고리즘 거버넌스의 하위 범주로 데이터 거버넌스를 설정할 수 있다. 물론, 두 개의 거버넌스는 서로 밀접하게 연관되어 있다. 데이터 거버넌스는 조직 내에서 데이터를 수집, 저장, 처리, 관리 및 보호하는 방식을 관리하는 프레임워크이다. 이것은 조직이 데이터에 대한 투명성과 책임성을 유지하고 데이터 품질을 향상시키는 것을 목표로 한다. 데이터 거버넌스는 조직의 비즈니스 목표를 달성하기 위해 데이터의 효과적인 사용을 보장한다.

알고리즘 거버넌스는 인공지능, 기계학습 및 데이터마이닝 같은 기술을 사용하여 모델을 개발, 실행 및 관리하는 방식을 관리하는 프레임워크이다. 이것은 조직이 인공지능 모델을 통해 생성된 결과에 대해 책임을 지고 투명성을 유지하며 모델이 공정하고 안전하게 작동하도록 보장하는 것을 목표로 한다. 알고리즘 거버넌스는 조직의 인공지능 전략과 일치하도록 모델을 구성하고 구현하는 것을 중심으로 한다.

데이터 거버넌스와 알고리즘 거버넌스는 데이터와 모델에 대한 투명성, 책임성 및 안전성을 유지하고 보장하는 데 중점을 둔다. 데이터 거버넌스는 데이터의 품질과 보안을 관리하여 알고리즘 거버넌스에 필요한 좋은 데이터를 제공한다. 반면, 알고리즘 거버넌스는 조직이 모델의 개발 및 운영을 관리하고 인공지능 모델이 생성하는 결과에 대한 책임을 지도록 돕는다.

결국, 데이터 거버넌스와 알고리즘 거버넌스는 조직의 전반적인 데이터 전략과 일치하도록 연계되어야 하며 데이터와 모델의 효과적인 관리를 보장하는 데 필수적이다.

10-5. 데이터를 잘 쓰기 위한 규제 개선방안은?

인공지능의 맥락에서 데이터를 더 잘 활용하기 위해 규정을 개선하기 위한 지속적인 논의와 이니셔티브가 필요하다. 예를 들어, EU는 현재 EU 전체에서 데이터 사용을 위한 보다 조화되고 일관된 법적 프레임워크를 만드는 것을 목표로 하는 새로운 데이터 법에 대한 제안을 준비하고 있다. EU의 DSM 지침[8]을 통해 개정한 데이터베이스 지침은 TDM을 포함하여 데이터 액세스, 공유 및 재사용과 관련된 문제를 해결할 것으로 예상된다.

〈EU DSM 지침 중 TDM 규정〉

제3조 과학적 연구 목적의 텍스트/데이터마이닝

(1) 회원국은 연구기관과 문화유산기관이 과학적 연구 목적으로 그들이 합법적인 접근 권한을 가지는 저작물이나 그 밖의 보호대상을 텍스트/데이터마이닝을 수행하기 위해 복제하고 추출하는 것에 대해 데이터베이스보호지침 제5조(a)와 제7조 제1항, 정보사회저작권지침 제2조 및 이 지침 제15조 제1항에 규정된 권리에 대한 예외를 규정하여야 한다.

(2) 제1항에 따라 만들어진, 저작물이나 그 밖의 보호대상의 복제물은 적절한 수준의 보안을 갖춰 저장하여야 하고, 연구결과의 검증 등 과학적 연구 목적을 위해 유지할 수 있다.

(3) 권리자들은 저작물이나 그 밖의 보호대상이 호스팅되는 네트워크와 데이터베이스의 보안과 무결성을 보장하기 위한 조치를 적용하는 것이 허용되어야 한다. 그러한 조치는 그 목적을 달성하는 데에 필요한 수준을 넘어서서는 안 된다.

(4) 회원국은 권리자, 연구기관 그리고 문화유산기관이 제2항과 제3항에 각각 언급된 의무와 조치의 적용에 관하여 통상적으로 합의된 최적 관행을 정의하도록 권장하여야 한다.

---

8) Directive (EU) 2019/790 of the European Parliament and of the Council of 17 April 2019 on copyright and related rights in the Digital Single Market and amending Directives 96/9/EC and 2001/29/EC (Text with EEA relevance.)

제3장 생성형 AI 및 데이터 윤리

제4조 텍스트/데이터마이닝을 위한 예외와 제한

(1) 회원국은 텍스트/데이터마이닝을 목적으로 합법적으로 접근 가능한 저작물과 그 밖의 보호대상의 복제와 추출을 위해 데이터베이스지침 제5조(a)와 제7조 제1항, 정보사회저작권지침 제2조, 컴퓨터프로그램지침 제4조 제1항(a)와 (b) 그리고 이 지침 제15조 제1항에 규정된 권리에 대한 예외와 제한을 규정하여야 한다.

(2) 제1항에 따라 만들어진 복제물과 추출물은 텍스트/데이터마이닝 목적으로 필요한 한 보관될 수 있다.

(3) 제1항에 규정된 예외와 제한은 제1항에 언급된 저작물과 그 밖의 보호대상의 이용이 권리자에 의해, 콘텐츠가 온라인으로 공중에게 이용 제공되는 경우에 기계가독형 수단 등, 적절한 방법으로 명시적으로 표명되지 않았다는 것을 조건으로 적용되어야 한다.

(4) 이 조항은 이 지침 제3조의 적용에 영향을 미쳐서는 안 된다.

또한, 다양한 국가와 지역에서 데이터 거버넌스를 개선하고 데이터 공유를 촉진하는 방법을 모색하고 있다. 예를 들어, 일본은 최근 AI 및 기타 혁신적인 애플리케이션을 위한 데이터 사용을 촉진하는 것을 목표로 하는 데이터 활용에 관한 새로운 법률을 도입했다. 이 법은 데이터 공유를 촉진하고 책임 있는 데이터 사용에 대한 지침을 설정한다.

〈저작권법 개정안(이용호 의원안)에 따른 TDM 규정〉

제35조의5(정보분석을 위한 복제·전송 등) ① 컴퓨터를 이용한 자동화 분석 기술을 통하여 추가적인 정보 또는 가치를 생성하기 위한 목적으로 다수의 저작물을 포함한 대량의 정보를 분석(규칙, 구조, 경향 및 상관관계 등의 정보를 추출하는 경우를 말한다. 이하 이 조에서 "정보분석"이라 한다)하는 것으로 다음 각 호의 요건을 모두 충족하는 경우에는 필요한 범위 안에서 저작물을 복제·전송할 수 있다.

 1. 저작물에 표현된 사상이나 감정을 향유하지 아니할 것
 2. 정보분석의 대상이 되는 해당 저작물에 적법하게 접근할 것

② 제1항에 따라 저작물을 복제하는 자는 정보분석을 위하여 필요한 한도 안에서 복제물을 보관할 수 있다. 이 경우 저작권 및 그 밖에 이 법에 따라 보호되는 권리의 침해를 방지하기 위하여 복제방지조치 등 대통령령으로 정하는 필요한 조치를 하여야 한다.

③ 정보분석의 결과물에 대하여 다음 각 호의 어느 하나에 해당하는 목적으로 적법하게 접근하는 경우에는 「부정경쟁방지 및 영업비밀보호에 관한 법률」, 「데이터 산업진흥 및 이용촉진에 관한 기본법」, 「산업 디지털 전환 촉진법」 및 그 밖의 데이터 보호에 관한 다른 법률의 규정에도 불구하고 해당 결과물을 이용할 수 있다. 다만, 정보분석을 위하여 정당한 권리자로부터 저작물의 복제·전송에 대한 이용의 허락을 받은 경우에는 그러하지 아니하다.

1. 교육·조사·연구 등 비상업적 목적
2. 저작물의 창작 목적

전반적으로 AI 개발을 위한 데이터의 중요성에 대한 인식이 높아지고 있으며 데이터 액세스 및 혁신의 필요성과 개인정보 보호 및 기타 고려 사항의 균형을 맞추는 규제 프레임워크를 만들기 위한 노력이 이루어지고 있다.

제4장 생성형 AI와 법

생성형 AI는 인공지능 기술 중에서도 가장 발전하고 있는 분야 중 하나이다. 그러나, 이러한 기술은 예측할 수 없는 결과물을 만들어 내는 경우가 있으며, 이로 인해 법적 문제가 발생할 수 있다. 생성형 AI가 만들어 낸 결과물에 대한 책임은 누구에게 있을까? 이러한 문제를 해결하기 위해서는 적절한 규제와 법적 책임이 필요하다. 즉, AI가 만들어 낸 결과물에 대한 책임은 AI를 개발한 개발자나 회사에게 있을 수 있다. 다음으로, 데이터의 투명성과 공정성에 관한 것으로, 생성형 AI가 만들어 낸 결과물은 어떤 데이터를 기반으로 만들어졌는지에 따라 크게 달라질 수 있다. 따라서, 이러한 AI를 개발할 때는 데이터의 투명성과 공정성을 보장해야 한다. 또한, 생성형 AI는 매우 강력한 도구이기 때문에 이를 사용할 때는 윤리적인 고려가 필요하다. 이를 위해서는 AI를 사용하는 사람들에게 AI의 개념과 원리를 교육하고, AI 사용 시 윤리적인 문제를 고려하는 교육을 해야 한다. 아울러, 협력적인 접근에 관한 것으로, AI는 인간과 함께 일하는 것이 중요하며, 인간과 AI가 서로 협력하여 일할 수 있도록 개발해야 한다. 이를 위해서는 AI가 인간과 대화할 수 있는 인터페이스를 만들고, 이러한 인터페이스를 사용하여 AI를 제어할 수 있도록 해야 한다.

연구와 혁신을 통해 AI 기술은 계속해서 발전하고 있다. 따라서, AI에 대한 연구와 개발을 지속적으로 추진하여 최신 기술을 적용하고, 이를 통해 AI의 잠재적인 문제를 해결해 나가는 것이 중요하다.

1. 블랙박스 현상

1-1. AI에서 블랙박스 현상은 왜 생기는 걸까?

AI에서 블랙박스(black box) 문제는 일반적으로 딥러닝 알고리즘의 복잡성과 학습된 모델의 불완전한 이론적 이해 때문에 발생한다. 딥러닝 알고리즘은 수천 개 이상의 뉴런(neuron)으로 이루어진 여러 층(layer)의 인공신경망(ANN)을 사용하여 데이터를 분석한다. 이러한 인공신경망은 수많은 가중치(weight)와 편향(bias)을 조정하여 입력 데이터를 처리하고 결과를 출력한다. 그러나, 이러한 가중치와 편향의 값을 수동으로 조정하는 것은 매우 어렵기 때문에 대부분의 딥러닝 알고리즘은 학습데이터를 사용하여 자동으로 최적의 가중치와 편향 값을 찾아낸다. 이 과정에서 학습된 모델이 내부적으로 어떤 결정을 내리는지를 외부에서 명확하게 이해하기 어려울 수 있으며, 이러한 현상이 바로 블랙박스 현상이다. 즉, 모델이 어떤 입력을 받으면 어떤 출력을 내놓을지는 알 수 있지만, 내부적으로 어떻게 이루어지는지는 이해하기 어려운 경우이다. 따라서, 블랙박스 문제를 해결하기 위해 연구자들은 모델 내부의 작동 방식을 설명할 수 있는 새로운 기술과 알고리즘을 개발하고 있다. 예를 들어, 딥러닝 모델의 특성을 시각화하여 내부 작동 방식을 이해할 수 있는 기술이나, 모델에서 사용된 학습데이터의 특성과 결정 경로를 분석하는 기술 등이 개발되고 있다. 설명가능한 인공지능도 기술적인 측면에서 블랙박스 현상을 해결하기 위한 방안이다.

1-2. 블랙박스에 대한 대응책은?

AI의 블랙박스 문제를 해결하기 위한 방법을 언급하는 경우 연구원들이 이 문제를 해결하는 데 도움이 되도록 개발한 몇 가지 접근 방식이 있다.

설명가능한 AI(XAI): 이 접근 방식은 모델이 내린 결정에 대한 설명을 제공하여 AI 모델을 보다 투명하고 해석 가능하게 만드는 것을 목표로 한다. XAI 기술에는 시각화, 자연어 설명 및 인간이 모델 출력의 추론을 이해하는 데 도움이 되는 기타 방법이 포함될 수 있다.

반사실 설명: 반사실(reflexivity)은 어떤 대상이 자기 자신을 가리키는 현상이나 성질을 말한다. 즉, 어떤 대상이 자기 자신에 대해 언급하거나 자기 자신에 영향을 미치는 경우를 말한다. 이 접근 방식은 다른 결정을 내릴 수 있는 대체 시나리오를 생성한다. 이는 모델의 결정에 가장 큰 영향을 미친 요인을 설명하고 투명성을 개선하는 데 도움이 될 수 있다.

모델 해석: 여기에는 모델의 의사결정 프로세스에서 입력 데이터의 어떤 기능

<설명가능한 AI의 구조도>

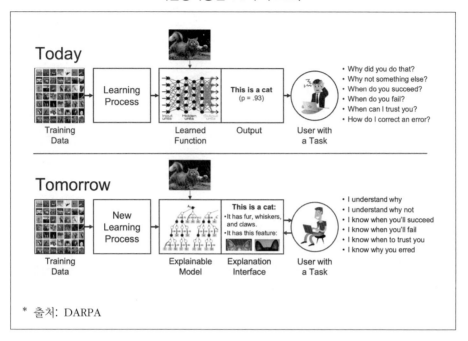

* 출처: DARPA

이 가장 큰 영향을 미치는지 결정하기 위해 모델의 가중치와 편향을 분석하는 작업이 포함된다.

적대적 테스트: 적대적 테스트(Adversarial Testing)는 기계학습 모델의 강건성(Robustness)을 평가하기 위해 사용되는 방법이다. 이 방법은 모델이 입력 데이터에 대해 취약하지 않은지를 검증하기 위해, 의도적으로 입력 데이터를 조작하여 모델의 성능을 평가하는 것이다. 이것은 모델을 혼란스럽게 하거나 속이도록 설계된 입력으로 모델을 테스트하는 것과 관련된다. 이러한 시나리오에서 모델의 출력을 분석함으로써 연구원은 모델이 어떻게 결정을 내리는지에 대한 통찰력을 얻을 수 있다.

데이터셋 디버깅: 데이터셋 디버깅(Data Set Debugging)은 기계학습 모델 학습 시 데이터셋에 포함된 문제를 해결하는 과정을 말한다. 데이터셋 디버깅은 모델의 성능을 향상시키기 위한 중요한 단계 중 하나이다. 데이터셋에 문제가 있는 경우, 예측 결과가 부정확하거나 모델이 예상하지 못한 방식으로 동작할 수 있는 위험

이 있다. 이를 해결하기 위해서는 데이터셋에 문제가 있는지를 파악하고, 그 문제를 해결해야 한다. 데이터셋 디버깅을 수행할 때는, 먼저 데이터셋에 포함된 이상한 값, 결측치, 잘못된 레이블 등을 찾아내야 한다. 이를 위해 데이터를 시각화하거나 통계 분석을 수행할 수 있다. 데이터셋 디버깅은 반복적인 과정이며, 디버깅 과정에서 해결된 문제는 다시 발생할 수 있다. 따라서, 데이터셋 디버깅은 모델 학습 전, 중간, 후에 지속적으로 수행해야 한다. 이를 통해 모델이 안정적으로 동작하고 높은 성능을 발휘할 수 있다. 이 접근 방식에는 편향되거나 신뢰할 수 없는 출력으로 이어질 수 있는 학습데이터의 문제를 식별하고 수정하는 것이 포함된다.

이처럼, 블랙박스화 되는 AI 모델의 대응책으로는 앞서 제시한 설명가능한 AI나 또는 데이터셋에 대한 검증과 디버깅 등의 방안을 제시할 수 있다. 전반적으로 이러한 접근 방식은 AI 모델의 투명성과 이해를 높이고 AI의 블랙박스 문제를 줄이는 데 도움이 되는 것을 목적으로 한다.

2. 결과물의 신뢰성

2-1. AI생성 결과물의 신뢰성을 확보할 수 있는 방법은?

AI 생성 결과물의 신뢰성(Trustworthiness)은 해당 결과물이 얼마나 정확하고 신뢰성이 높은지를 의미한다. AI 생성 모델은 학습데이터에 기반하여 새로운 결과를 생성한다. 따라서, 모델의 성능과 생성 결과물의 신뢰성은 모델이 학습하는 데이터의 질과 양, 모델의 구조와 파라미터 설정 등 여러 가지 요인에 의해 결정된다. AI 생성 결과의 신뢰성을 보장하는 것은 AI 기술을 사용하는 모든 사람에게 중요한 고려 사항이다. 다음은 AI 생성 결과의 신뢰성을 보장하는 몇 가지 방법이다.

데이터 품질: AI 알고리즘에 입력되는 데이터의 품질이 중요하다. 쓰레기가 들어오고 쓰레기가 나온다. 데이터에 잡음이 있거나 불완전하거나 편향된 경우 AI 알고리즘이 생성한 결과를 신뢰할 수 없다. 데이터가 고품질이고 관련성이 있으며 편견이 없는지 확인하는 것이 중요하다.

알고리즘 투명성: AI 알고리즘이 특정 결정이나 결과에 어떻게 도달했는지 이

해하는 능력은 신뢰성을 보장하는 데 중요하다. 이를 위해서는 알고리즘의 의사결정 프로세스를 투명하고 이해할 수 있게 만들어야 한다. 한 가지 접근 방식은 사람이 의사결정 방법을 이해할 수 있도록 하는 설명가능한 AI(XAI) 기술을 사용하는 것이다.

알고리즘 유효성 검사: AI 알고리즘을 생산에 사용하기 전에 알고리즘이 의도한 대로 작동하는지 확인하는 것이 중요하다. 이는 대표적인 데이터셋에서 알고리즘을 테스트하고 통계적 방법을 사용하여 성능을 평가하고 결과를 기존 벤치마크와 비교하여 수행할 수 있다.

인간의 감시: AI의 발전에도 불구하고 인간의 감시는 AI로 생성된 결과의 신뢰성을 보장하는 데 여전히 중요하다. 인간은 기계가 따라올 수 없는 수준의 직관, 전문성, 윤리적 판단을 제공할 수 있다. 또한, 인간은 알고리즘이 놓쳤을 수 있는 데이터의 오류나 편향을 식별할 수 있다.

지속적인 모니터링: 마지막으로 실제 환경에서 AI 알고리즘의 성능을 지속적으로 모니터링하여 예상대로 계속 수행되는지 확인하는 것이 중요하다. 여기에는 데이터 품질 모니터링, 데이터 분포의 변경 사항 식별, 실측 데이터에 대한 알고리즘 출력 유효성 검사가 포함된다.

요약하면, AI가 생성한 결과의 신뢰성을 보장하려면 데이터 품질, 알고리즘 투명성, 알고리즘 검증, 사람의 감시 및 지속적인 모니터링의 조합이 필요하다.

2-2. 결과물의 투명성은 어떻게 확보하나?

AI 언어모델로의 투명성은 생성한 결과가 신뢰할 수 있는지 판단하는 중요한 고려 사항이다.

AI 모델 개발자로서, 결과물의 투명성은 AI 모델이 내부적으로 어떻게 동작하는지 이해하고 모델의 결정 과정을 설명할 수 있는 능력을 의미한다. 이는 모델의 신뢰성을 높이고, 사용자들이 모델 결과에 대한 신뢰도를 높일 수 있는 중요한 요소이다. 개발자는 결과물의 투명성을 보장하기 위해 다음과 같은 방법을 사용할 수 있다.

첫째로, 모델의 설명가능성을 고려해야 한다. 모델의 설명가능성은 모델이 예측을 만들기 위해 어떤 입력 변수를 사용했는지, 이들 간의 관계를 어떻게 파악하고 예측을 만들었는지 설명할 수 있는 능력이다. 이는 모델이 어떻게 작동하는지 이해하고, 모델이 어떤 결정을 내리는 데 있어서 어떤 입력이 중요한 역할을 하는지 파악하는 데 도움을 준다.

둘째로, 모델의 입력 데이터와 출력 결과를 모니터링 해야 한다. 이를 통해 모델이 어떤 데이터에 대해 예측을 수행하고 있는지, 어떤 결과를 생성하고 있는지 파악할 수 있다. 또한, 모델이 예측을 수행하는 동안 발생할 수 있는 잠재적인 문제를 식별하고 조치를 취할 수 있다.

셋째로, 모델의 성능과 일관성을 평가해야 한다. 이를 통해 모델이 얼마나 정확하게 예측을 수행하는지, 그리고 다른 데이터에 적용했을 때 모델이 얼마나 잘 작동하는지 평가할 수 있다. 모델의 성능을 평가함으로써 모델의 품질을 개선할 수 있다.

결론적으로, 결과물의 투명성은 모델 개발자로서 내가 만든 모델이 어떻게 작동하는지 이해하고, 모델의 결정 과정을 설명할 수 있는 능력을 의미한다. 모델의 설명가능성, 입력 데이터와 출력 결과의 모니터링, 모델의 성능과 일관성 평가는 모델의 투명성을 보장하는 중요한 요소이다.

전반적으로 AI 모델에 대해 투명성을 보장하는 것은 평가, 피드백 및 개선이 필요한 지속적인 프로세스이다. 이러한 프로세스를 따르면 개발자는 AI가 생성한 결과가 신뢰할 수 있는 것임을 확인할 수 있다. 이처럼 상시적으로 프로세스에 대한 모니터링과 결과물에 대한 감사(audit)를 통하여 문제를 최소화하는 것이 필요하다.

3. 계약과 이용약관

3-1. 이용약관의 법적 효력은?

ChatGPT를 이용하기 위해서는 이용자는 이용약관 동의 등의 절차에 따라 회원가입을 하게 된다. 이용약관이란 그 명칭이나 형태 또는 범위에 상관없이 계약의 한쪽 당사자가 여러 명의 상대방과 계약을 체결하기 위하여 일정한 형식으로 미리 마련한 계약의 내용을 말한다. OpenAI도 별도 이용약관을 제공함으로써 다수 당사자간 계약에 이용하고 있다. 이용약관에 더하여, OpenAI는 아래 그림과 같이, 공지문을 통해 잘못된 정보가 생성될 수 있다는 점, 편향될 수 있다는 점, 그리고 2021년 이후 정보는 제한적이라고 밝히고 있다. 이는 별도 약관에 부수하는 특약으로 이해할 수 있다. 따라서, ChatGPT의 한계를 명시적으로 고지하고 있기 때문에 아래의 내용을 이유로 직접적인 법적 책임을 묻기에는 어려움이 있다.

〈그림〉 ChatGPT 시작화면의 공지

☀️ Examples	⚡ Capabilities	❗ Limitations
"Explain quantum computing in simple terms" →	Remembers what user said earlier in the conversation	May occasionally generate incorrect information
"Got any creative ideas for a 10 year old's birthday?" →	Allows user to provide follow-up corrections	May occasionally produce harmful instructions or biased content
"How do I make an HTTP request in Javascript?" →	Trained to decline inappropriate requests	Limited knowledge of world and events after 2021

* source: OpenAI(2023)

3-2. 특약은 이용약관에 포함될 수 있나?

위 그림에서 고지 형태의 특약에서와 같이, ChatGPT를 이용하는 과정에서 여러 가지 법적 이슈가 생성되고 있음을 알 수 있다. 기본적으로 이용약관은 사업자와 이용자간의 계약내용을 특정하는 것이라는 점에서, 사적자치의 원칙에 따라 당사자간의 합의로써 효력이 성립한다. 현재 ChatGPT를 이용하기 위해서는 회원가입을 해야 하기 때문에 이용약관은 효력이 성립하며, 위 고지사항도 계약에 편입되는 것으로 볼 수 있다. 다만, ChatGPT에 특화된 이용약관이 아닌 OpenAI가 제공하는 일반약관에 고지사항(notice)이 특약으로 편입된 것으로, 정보의 내용, 위해한 정보나 편향적인 내용 및 2021년 이후의 제한적인 정보로 인하여 발생하는 문제는 당사자 책임으로 한정된다.

3-3. 공서양속에 위배되는 이용약관은 무효인가?

공서양속에 위배되는 이용약관이 있다면, 해당 약관은 무효가 될 가능성이 있다. 공서양속은 사회 질서와 도덕적 규범을 의미한다. 따라서, 공서양속을 위반하는 이용약관은 법률적으로 유효하지 않을 수 있다. 예를 들어, 인터넷 서비스 제공업체가 이용약관에서 사용자의 개인정보를 무단으로 수집하는 조항을 포함하고 있다면, 이는 개인정보 보호법 등 법률에 위반될 가능성이 있으며, 이 경우 해당 조항은 무효가 될 수 있다. 따라서, 공서양속에 위배되는 이용약관의 경우, 해당 국가의 법률에 따라 무효가 될 가능성이 있다.

〈약관규제법상 무효 규정〉

제6조(일반원칙) ① 신의성실의 원칙을 위반하여 공정성을 잃은 약관 조항은 무효이다.

② 약관의 내용 중 다음 각 호의 어느 하나에 해당하는 내용을 정하고 있는 조항은 공정성을 잃은 것으로 추정된다.

 1. 고객에게 부당하게 불리한 조항

 2. 고객이 계약의 거래형태 등 관련된 모든 사정에 비추어 예상하기 어려운 조항

 3. 계약의 목적을 달성할 수 없을 정도로 계약에 따르는 본질적 권리를 제한하는 조항

3-4. AI에게 무조건 면책할 경우, 해당 이용약관은 무효화되는 것은 아닌가?

AI의 결과에 따른 문제에 대해 면책하는 약관을 설정하는 것은 약관의 효력이 무효화되는 것을 의미하는 것은 아니다. 약관은 계약의 일종으로, 계약 당사자들의 의사표시에 기반하여 구성된다. 따라서, 약관이 공정하게 구성되고, 계약 당사자들이 서로 동등한 권리와 의무를 가진 상태에서 합의한 경우, 약관은 법적으로 유효하다.

그러나, 약관이 공정성을 위반하거나, 명시적으로 금지된 행위를 요구하는 경우, 약관의 효력이 무효화될 수 있다. 따라서, AI 결과에 따른 문제에 대해 면책하는 약관을 설정할 때에는, 해당 약관이 법적으로 유효하고 공정하게 구성되어야 한다. 만약 해당 약관이 법적으로 무효화되는 경우, 면책조항은 효력이 없어지게 된다.

만약, AI에게 무조건적으로 면책을 부여하는 이용약관이 있다면, 이용약관은 그 자체로 무효화될 가능성이 있다. 이용약관은 사용자와 기업 또는 서비스 제공자 간의 계약서로서, 양측의 권리와 의무를 규정하는 것이 목적이다. 그러나, AI에게 무조건적으로 면책을 부여하는 것은 서비스 제공자의 책임을 전적으로 회피하는 것으로 해석될 수 있으며, 이는 계약의 기본 원칙에 어긋난다.

따라서, AI 결과에 따른 문제가 발생했을 때, 서비스 제공자는 합법적으로 부과되는 법적 책임을 지는 것이 일반적이다. 이는 서비스 제공자가 AI 결과를 적절히 모니터링하고 사용자에게 알리는 등의 적절한 대응을 취하는 것을 의미한다. 이러한 접근 방식은 이용약관이 적법하게 적용되며, 서비스 제공자의 책임을 충분히 반영한다.

4. 환각현상

4-1. 환각현상이란 무엇이며, 그 원인은 어떤 게 있나?

환각은 현실에 존재하지 않는 것에 대한 인식이나 경험이다. 환각현상(hallucination)이란 현실에서 존재하지 않는 것을 보거나 듣는 등의 경험을 일으키는 것을 말한다. 이는 실제로는 존재하지 않는 것이지만, 그것이 현실적인 경험으로 느껴진다.

환각현상은 다양한 원인에 의해 발생할 수 있다. 정신적인 질환, 약물 남용, 신체적인 질환, 수면 부족 등이 원인 중 일부이다. 환각효과는 시각적 환각, 청각적 환각, 후각적 환각, 촉각적 환각 등 다양한 형태로 나타날 수 있다. 이러한 환각은 현실을 왜곡시키고 인간의 감정과 행동에 영향을 미칠 수 있다. 따라서, 환각효과는 치료가 필요한 경우가 많다.

생성형 AI의 맥락에서 환각은 AI 모델이 현실에 근거하지 않거나 학습데이터에 없는 세부 사항이나 기능을 포함하는 콘텐츠를 생성하는 경향을 말한다. 즉, 생성된 콘텐츠가 그럴듯하게 보일 수 있지만 실제 관찰이나 경험을 기반으로 하지 않는다. 환각은 생성형 AI의 일반적인 문제이며 이 문제를 해결하는 것은 모델 출력의 정확성과 신뢰성을 보장하는 데 중요하다.

이러한 환각현상이 발생하는 원인은 몇 가지로 정리할 수 있다.

첫째, 부적절한 학습데이터에 기인한다. 생성형 AI 모델은 정확한 출력을 생성하는 방법을 학습하기 위해 많은 양의 고품질 학습데이터가 필요하다. 학습데이터가 불완전하거나 불충분한 경우 AI 모델은 데이터에 없는 세부 사항이나 기능을 환각할 가능성이 더 높다.

둘째, 데이터의 과적합에 기인한다. 과적합은 AI 모델이 새로운 데이터로 일반화하는 방법을 배우기보다 학습데이터를 암기하기 시작할 정도로 제한된 데이터셋에서 훈련될 때 발생한다. 이것은 AI 모델이 새로운 콘텐츠를 생성하는 방법을 배우는 것이 아니라 단순히 학습데이터를 재생산하기 때문에 환각으로 이어질 수 있다.

셋째, AI 모델 아키텍처의 문제이다. 생성형 AI 모델의 아키텍처도 환각에 기여할 수 있다. 예를 들어, AI 모델이 너무 복잡하면 학습데이터에 없는 세부 사항이나 기능을 환각하는 경향이 더 커질 수 있다.

끝으로, 샘플링 방법의 문제이다. AI 모델이 새로운 콘텐츠를 생성하는 방식도 환각에 기여할 수 있다. 예를 들어, AI 모델이 너무 공격적이거나 너무 보수적인 샘플링 방법을 사용하는 경우 학습데이터에 없는 세부 사항이나 기능을 환각현상으로 보이는 경향이 있을 수 있다.

이러한 생성형 AI에서 환각현상을 해결하려면 이러한 요소와 기타 요소를 신중하게 고려해야 한다. 즉, 학습데이터의 양과 품질을 늘리고, 모델 아키텍처 및 샘

제4장 생성형 AI와 법

플링 방법을 조정하고, 과적합을 방지하기 위해 추가 제약 조건 또는 정규화 기술을 통합하는 것과 같은 전략이 포함될 수 있다. 이러한 근본적인 원인을 해결함으로써 환각현상에 따른 문제를 최대한 완화하고 생성형 AI 모델의 정확성과 신뢰성을 향상시킬 수 있다.

4-2. 환각현상의 문제점은 없는가?

생성형 AI 맥락에서 환각 문제는 그러한 모델이 현실에 근거하지 않은 출력을 생성하는 경향을 말한다. 특히 이는 생성된 콘텐츠에 학습데이터의 어떤 예에도 해당하지 않는 세부 정보나 기능이 포함될 수 있음을 의미한다. 이는 부적절한 학습데이터, 과적합, 열악한 모델 아키텍처 등 다양한 이유로 발생할 수 있다.

환각현상의 가장 중요한 결과 중 하나는 생성된 콘텐츠의 정확성과 신뢰성을 약화시킨다는 것이다. 예를 들면, 생성형 AI 시스템이 개의 이미지를 생성하는 작업을 수행하지만 환각에 취약한 경우 비현실적인 품종, 비율 또는 해부학적 특징을 특징으로 하는 이미지를 생성할 수 있다. 이미지가 의료 진단 도구나 보안 시스템과 같은 실제 응용 프로그램에서 사용하려는 경우, 문제가 될 수 있다.

환각에 대한 또 다른 우려는 편견이나 다른 형태의 윤리적 문제로 이어질 수 있다는 것이다. 예를 들어, 생성형 AI 모델이 특정 유형의 사람이나 물체의 이미지만 포함하는 것과 같이 어떤 식으로든 편향된 데이터셋에서 훈련되는 경우, 모델은 이러한 편향과 일치하는 세부 사항이나 기능을 환각할 가능성이 더 높을 수 있다. 이것은 기존의 사회적 불평등을 지속 및 악화시키고 더 많은 해를 끼칠 수 있다.

4-3. 환각현상에 대한 기술적 해결방안은 없는가?

환각현상은 생성적 AI 모델에서 발생하는 기술적 문제이며, 이 문제를 해결하기 위해 여러 기술이 제안되었다.

한 가지 접근 방식은 학습데이터에 없는 콘텐츠를 생성하는 모델의 기능을 제한하기 위해 정규화 방법을 사용하는 것이다. 예를 들어, 가중치 감쇠, 드롭아웃, 조기 중지와 같은 기술을 사용하여 모델이 학습데이터를 과적합하고 실제 세계를 대표하지 않는 콘텐츠를 생성하는 것을 방지할 수 있다.

또 다른 접근 방식은 데이터 확대 기술을 사용하여 학습데이터의 다양성을 높이고 모델이 새로운 사례로 일반화하는 능력을 향상시키는 것이다. 이는 입력 데이터에 노이즈를 추가하거나 데이터 합성 또는 적대적 훈련과 같은 기술을 통해 새로운 훈련 예제를 생성하여 수행할 수 있다.

마지막으로, 보다 최근의 접근 방식은 자기 지도 학습과 같은 기술을 사용하여 입력 데이터의 보다 강력하고 차별적인 표현을 학습하도록 모델을 훈련시키는 것이다. 이렇게 하면 모델이 실제 콘텐츠와 가짜 콘텐츠를 더 잘 구분하고 환각 발생률을 줄이는 데 도움이 될 수 있다.

이러한 기술은 생성형 AI 모델에서 환각 문제를 완화하는 데 도움이 될 수 있지만, AI 모델이 본질적으로 현실 세계의 복잡성과 가변성에 의해 제한되기 때문에 완전히 제거할 수는 없다. 따라서, 이 문제를 해결하고 생성형 AI 모델의 신뢰성과 정확성을 개선하기 위한 새로운 기술과 전략을 지속적으로 보완해 나가는 것이 중요하다.

5. AI 생성 음란물

5-1. AI가 음란물을 생성하는 것은 어떤 문제인가?

AI로 생성된 음란물 문제는 심각한 윤리적, 법적 문제를 제기한다. 그러한 콘텐츠에 묘사된 개인의 동의 없이 음란물을 생성하기 위해 AI를 사용하는 것은 개인의 사생활과 존엄성을 침해하게 된다. 또한, 이렇게 생성된 콘텐츠는 취약한 개인, 특히 어린이와 미성년자를 조작하고 착취하는 데 사용될 수 있다. AI 기술의 오용을 방지하고 개인을 피해로부터 보호하기 위해서는 명확한 지침과 규정을 마련하는 것이 중요하다. 또한, 인터넷에서 AI로 생성된 음란물을 탐지하고 제거하기 위한 AI 기반 솔루션을 개발하고 배포하는 것이 필수적이다. 이는 다른 기술 중에서도 콘텐츠 조정 알고리즘과 사용자 신고(notice) 메커니즘을 사용하여 수행할 수 있다.

전반적으로, AI는 많은 이점을 제공할 수 있는 잠재력이 있지만 개인의 삶의 질과 존엄성을 보호하는 윤리적 원칙과 책임 있는 관행에 따라 AI를 사용하는 것이 중요하다.

5-2. 음란물을 생성하는 것도 문제가 되지 않을까?

AI로 생성된 음란물의 합법성은 국가 및 관할 지역에 따라 다를 수 있다. 그러나, 많은 국가에서 관련된 개인의 동의 없이 음란물을 제작하고 배포하는 것은 불법이다. 여기에는 동의 없이 실제 사람을 묘사하는 AI 생성 음란물이 포함된다.

또한, AI로 생성된 콘텐츠를 포함한 아동 음란물의 제작 및 배포는 대부분의 국가에서 불법이며 엄중한 형사 처벌을 받을 수 있다. 컴퓨터 생성 이미지를 포함하여 미성년자의 성적으로 노골적인 묘사를 제작하거나 배포하는 것이 불법이다. 따라서, AI로 생성된 음란물의 제작 및 배포가 전통적인 형태의 음란물과 동일한 법적 프레임워크 및 집행의 대상이 되도록 하는 것이 중요하다. 여기에는 그러한 콘텐츠 제작에 AI 기술을 사용하는 것에 대한 명확한 지침과 규정, 그리고 이러한 법을 위반하는 사람들에 대한 엄격한 처벌이 포함된다.

음란물도 저작물성이 있는 경우라면 저작권법상 보호를 받는다. 표현의 자유로써 음란물이 보호받을 수 있는 것과 마찬가지로, 저작권법은 내용이 아닌 창작적 표현을 보호하기 때문에 저작권법은 음란물이라고 하더라도 표현된 결과물이 창작성이 있는 경우라면 가치중립적으로 보호하게 된다.

〈저작권법에 따른 음란물 보호 판결〉

저작권법은 제2조 제1호에서 저작물을 '인간의 사상 또는 감정을 표현한 창작물'이라고 정의하는 한편, 제7조에서 보호받지 못하는 저작물로서 헌법·법률·조약·명령·조례 및 규칙(제1호), 국가 또는 지방자치단체의 고시·공고·훈령 그 밖에 이와 유사한 것(제2호), 법원의 판결·결정·명령 및 심판이나 행정심판절차 그 밖에 이와 유사한 절차에 의한 의결·결정 등(제3호), 국가 또는 지방자치단체가 작성한 것으로서 제1호 내지 제3호에 규정된 것의 편집물 또는 번역물(제4호), 사실의 전달에 불과한 시사보도(제5호)를 열거하고 있을 뿐이다. 따라서 저작권법의 보호대상이 되는 저작물이라 함은 위 열거된 보호받지 못하는 저작물에 속하지 아니하면서도 인간의 정신적 노력에 의하여 얻어진 사상 또는 감정을 말, 문자, 음, 색 등에 의하여 구체적으로 외부에 표현한 것으로서 '창작적인 표현형식'을 담고 있으면 족하고, 그 표현되어 있는 내용 즉 사상 또는 감정 그 자체의 윤리성 여하는 문제 되지 아니한다고 할 것이므로, 설령 그 내용 중에 부도덕하거나 위법한 부분이 포함되어 있다 하더라도 저작권법상 저작물로 보호된다고 할 것이다(대법원 1990. 10. 23. 선고 90다카8845 판결 참조).

출처: 대법원 2015. 6. 11. 선고 2011도10872 판결 [저작권법위반]

6. 표절

6-1. 표절이란 무슨 의미인가?

표절은 다른 사람의 작업, 단어 또는 아이디어를 적절한 출처 없이 사용하는 행위를 말한다. 여기에는 원소스에서 텍스트를 복사하여 붙여넣기, 적절한 인용 없이 다른 사람의 아이디어를 다른 말로 바꾸어 표현하거나 다른 사람의 작품을 자신의 작품으로 제시하는 것이 포함될 수 있다.

표절은 심각한 윤리적 위반으로 간주되며 종종 학문적 부정의 한 형태로 간주된다. 학문적 및 직업적 환경에서 표절은 명성 상실, 법적 조치 등 심각한 결과를 초래할 수 있다. 따라서, 항상 원래 출처에 적절한 출처를 밝히고 인용을 위한 적절한 지침을 따르는 것이 필요하다.

6-2. 표절이란 무엇이고, 저작권 침해와는 어떤 차이가 있나?

표절과 저작권 침해는 타인의 지적 재산을 무단으로 사용한다는 점에서 유사하다. 그러나, 둘 사이에는 몇 가지 주요 차이점이 있다.

먼저, 표절에 대해 살펴본다. 표절은 다른 사람의 작품, 아이디어 또는 표현을 적절한 표시 없이 사용하는 행위이다. 표절은 종종 법적 위반이 아닌 윤리적 위반으로 간주되지만 학문적 또는 직업적 행동 강령에 따라 처벌받을 수 있다.

다음으로, 저작권 침해에 대해 살펴본다. 저작권 침해는 다른 사람의 저작물을 무단으로 사용하는 것이다. 여기에는 저작권이 있는 자료를 복사 및 배포하거나,

저작권이 있는 자료를 기반으로 2차적저작물을 만들거나, 허가 없이 저작권이 있는 작업을 수행하는 것이 포함될 수 있다. 저작권 침해는 법률 위반이며 벌금이나 손해 배상과 같은 법적 처벌을 받을 수 있다.

요약하면, 표절은 타인의 저작물을 적절한 귀속 없이 사용하는 것과 관련된 지적 부정직의 한 형태인 반면, 저작권 침해는 타인의 저작물을 무단으로 사용하는 것과 관련된 법적 위반이다.

6-3. AI가 표절한 것인가, 사람이 표절한 것인가?

AI 언어모델로서 AI는 학습한 데이터에서 통계적 패턴을 기반으로 콘텐츠를 생성하기 때문에 표절할 수 없다. 그러나, AI 모델이 생성한 콘텐츠를 이용자가 적절한 출처나 허가 없이 사용할 경우 표절이 될 수 있다.

마찬가지로, 적절한 저작자 표시 없이 다른 사람의 저작물에서 콘텐츠를 복사하여 붙여넣는 경우에도 표절에 해당할 수 있다. 표절은 수작업이든 AI 도구를 사용하든 다른 사람의 작업이나 아이디어를 자신의 것으로 표시하는 것을 포함한다. 표절을 피하기 위해 다른 출처의 정보를 사용할 때는 항상 적절한 인용을 제공하는 것이 중요하다. AI가 생성한 콘텐츠를 이용할 경우에는 어떠한 방식으로 인용할 수 있을지는 고민스러운 일이다. 만약, ChatGPT로 생성한 콘텐츠를 이용할 경우 어떤 방식으로 표시할 수 있을까? 작성일자, 작성자 등을 표시하거나, 또는 해당 콘텐츠를 표기하는 것도 방법이 될 수 있다. 별도, 가이드라인이 필요한 사항이다.

6-4. AI가 생성한 것을 내가 쓴 것으로 표시하면 문제가 있나?

AI 시스템의 기여를 인정하지 않고 AI가 생성한 콘텐츠를 자신에게 귀속시키는 것은 윤리적이지 않은 것으로 간주된다. 앞서 설명한 바와 같이, 표절로 볼 수 있는 이유이다. 따라서, AI로 생성된 콘텐츠는 알고리즘에 의해 생성되며 인간의 창의성이나 지성의 산물이 아니므로 그렇게 주장해서는 안 된다. 또한, AI가 생성한 콘텐츠를 자신의 것으로 주장함으로써 다른 사람을 속이고 자신의 능력을 허위로 나타낼 수 있으며, 이는 발각될 경우 평판에 해를 끼칠 수 있다. 다른 외부 정보 또는 지원 소스와 마찬가지로 AI 시스템의 기여를 인정하고 AI 생성 콘텐츠를 사용할 때 적절한 크레딧을 제공하는 것이 중요하다. 그렇지만, 사실상 개인의 노트북이나 PC에서 이루어지고 있기 때문에 그러한 사실을 확인할 수 없다는 한계가 있다. 이러한 이유 때문에 AI를 활용하였다고 하더라도, 그 사실을 공개하지 않을 가능성이 있다. 물론, 아직은 그러한 문화가 형성되지 않았기 때문에 낯설고 어색한 면이 있다. 따라서, 사회가 AI로 인하여 한 단계 성숙하기 위해서라도 이러한 문화는 형성될 필요가 있다. AI 윤리는 AI의 개발에만 필요한 것이 아니라, AI를 활용하는 이용자 입장에서도 필요한 이유이다.

〈크레딧이란?〉

크레딧(credit)이란, 어떤 작품이나 정보 등의 원작자나 출처를 명시하기 위한 정보를 말한다. 출처를 명시하는 것은 그 작품이나 정보에 대한 존중과 감사의 표시이며, 이를 통해 원작자나 출처가 공정하게 대우받을 수 있도록 돕는 역할을 한다.

예를 들어, 인터넷에서 이미지를 사용할 때는 해당 이미지의 출처를 명시하거나, 출처를 찾아 크레딧을 제공해야 한다. 또한, 학술 논문이나 연구 보고서를 작성할 때도 참고한 자료의 출처를 명시하여, 논문이나 보고서의 신뢰성을 높이고, 출처를 확인할 수 있는 정보를 제공해야 한다.

크레딧은 원작자나 출처의 정보뿐만 아니라, 작품이나 정보의 사용 조건 등을 설명하는 정보도 포함될 수 있다. 이러한 정보는 저작권과 관련하여 법적 문제를 예방하고, 작품이나 정보를 공정하게 이용할 수 있도록 돕는 역할을 한다.

6-5. 표절의 진짜 문제는 무엇일까?

표절의 진짜 문제는 적절한 귀속 없이 다른 사람의 작업, 아이디어 또는 단어의 공로를 인정하는 것과 관련이 있다는 것이다. 이는 부정직할 뿐만 아니라 제작 중인 작업의 무결성을 훼손한다. 표절은 직업적으로나 학문적으로나 심각한 결과를 초래할 수 있다. 예를 들어, 표절이 적발된 학생은 과제나 과정 낙제 등의 징계 조치를 받을 수 있으며, 표절이 적발된 전문가는 명예 실추, 소송 등에 직면할 수 있다. 학문적 및 직업적 환경에서 독창성과 적절한 공로를 인정하면서 다른 사람의 작업을 기반으로 하는 능력은 매우 가치 있는 기술이다. 따라서, 표절은 표절한 개인에게 피해를 줄 뿐만 아니라 표절한 사람의 신뢰성과 성실성을 손상시키는 것이다.

6-6. 아이디어만을 베끼는 것도 표절에 해당할까?

아이디어(idea)란 창의성과 발상력에 기반하여 떠오른 새로운 생각이나 개념을 말한다. 즉, 어떤 문제나 목표를 해결하기 위해 새로운 방식으로 접근하고, 이를 구체화하여 구현 가능한 형태로 발전시키는 과정에서 생성되는 것이다. 아이디어는 일반적으로 창의적이며 독창적인 것으로 생각된다. 아이디어는 새로운 제품, 서비스, 비즈니스 모델, 소셜미디어 캠페인 등 다양한 분야에서 발생할 수 있다. 또한, 문제 해결에 큰 도움을 줄 수 있다. 문제가 발생했을 때, 새로운 아이디어를 생각해보는 것은 기존의 상황에서 벗어나 새로운 관점에서 문제를 바라볼 수 있는 기회를 제공한다. 또한, 새로운 아이디어를 통해 문제를 더 효과적으로 해결할 수 있는 방법을 찾을 수 있다. 따라서, 아이디어는 혁신과 발전을 위해 매우 중요한 역할을 한다. 이를 위해서는 창의적인 사고와 발상력을 키우는 노력이 필요하며, 자극적인 환경과 다양한 경험을 통해 새로운 아이디어를 발굴할 수 있는 능력을 갖추어야 한다.

〈부정경쟁방지법상 아이디어의 보호〉

제2조(정의) 1. "부정경쟁행위"란 다음 각 목의 어느 하나에 해당하는 행위를 말한다.

차. 사업제안, 입찰, 공모 등 거래교섭 또는 거래과정에서 경제적 가치를 가지는 타인의 기술적 또는 영업상의 아이디어가 포함된 정보를 그 제공목적에 위반하여 자신 또는 제3자의 영업상 이익을 위하여 부정하게 사용하거나 타인에게 제공하여 사용하게 하는 행위. 다만, 아이디어를 제공받은 자가 제공받을 당시 이미 그 아이디어를 알고 있었거나 그 아이디어가 동종 업계에서 널리 알려진 경우에는 그러하지 아니하다.

일반적으로, 아이디어 자체를 복사하는 것은 일반적으로 표절로 간주되지 않는다. 아이디어 자체는 저작권으로 보호될 수 없기 때문이다. 그러나, 아이디어가 서면 작업 또는 기타 창의적인 표현과 같은 특정 형식으로 제시된 경우 적절한 귀속 없이 해당 특정 형식을 복사하는 것은 표절로 간주될 수 있다. 예를 들어, 누군가가 새로운 사업 아이디어를 생각해 내고 그것을 다른 사람들과 공유한다면, 그들은 다른 사람들이 그 아이디어를 사용하거나 발전시키는 것을 막을 수 없다. 그러나, 누군가 아이디어를 설명하는 책이나 기사를 작성하고 다른 누군가가 적절한 출처를 밝히지 않고 해당 저작물을 복사하는 경우 이는 표절로 간주된다.

정리하면, 아이디어 자체는 표절할 수 없지만 특정 형식으로 그러한 아이디어를 표현하는 것은 저작권 보호를 받을 수 있으므로 적절한 보상 없이 사용하는 경우 표절로 간주될 수 있다.

〈표절 관련 대법원 판례〉

해당 분야의 일반지식이 아닌 타인의 저작물 또는 독창적 아이디어를 적절한 출처표시 없이 자기 것처럼 부당하게 사용하는 행위는 연구부정행위로서 전형적인 표절에 해당한다. 저술의 성격 내지 학문 분야에 따라 요구되는 출처표시의 정도에 차이가 있을 수는 있으나, 출처의 표시는 저작물의 이용 상황에 따라 합리적이라고 인정되는 방법으로 하여야 한다(저작권법 제37조 참조). 외국 문헌을 직접 번역하여 자기 저술에 인용하는 경우에는 외국 문헌을 출처로 표시하여야 하고, 외국 문헌의 번역물을 인용하는 경우에는 합리적인 방식에 의하여 외국 문헌을 원출처로, 번역물을 2차 출처로 표시하여야 한다. 타인과의 공저인 선행 저술 중 일부를 인용하여 단독 저술을 할 때는 원칙적으로 출처표시의무를 부담하고, 공저가 편집저작물이나 결합저작물에 해당하는 경우라도 자신의 집필 부분을 넘어 다른 공저자의 집필 부분을 인용하는 경우에는 출처표시의무를 부담한다.

출처: 대법원 2016. 10. 27. 선고 2015다5170 판결 [해고무효확인등]

6-7. 표절할 경우에 받는 법적, 윤리적 책임은 어떻게 되나?

표절의 경우, 법적 및 윤리적 문제를 가져올 수 있다. 법적으로 표절은 표절된 자료가 저작권으로 보호되거나 사용을 금지하는 계약이 있는 경우 저작권 침해 또는 계약 위반을 초래할 수 있다. 저작권 침해에 대한 결과에는 벌금, 손해 배상 및 금지 명령이 포함될 수 있다. 경우에 따라 표절은 형사 고발을 초래할 수도 있다. 특히 표절 자료가 금전적 이득이나 학술적 사기에 사용된 경우에 그러하다.

윤리적으로 표절은 부정직한 것으로 간주되며 관련된 개인의 평판에 심각한 결과를 초래할 수 있다. 표절은 지식재산권을 침해하는 행위로 원저자의 명예는 물론 자료를 표절한 개인의 신뢰도를 손상시킬 수 있다.

요컨대, 표절의 경우 법적 책임과 윤리적 책임을 모두 져야 할 수 있으며, 표절을 방지하기 위해 적절한 출처를 밝히고 출처를 인용하는 등 적절한 조치를 취하는 것이 중요하다.

7. 저작자 허위 표시

7-1. 저작자 허위 표시란?

허위 표시란 저작물이나 창작물을 실제로 창작하지 않은 사람으로 표시하는 행위를 말한다. 이는 표절이나 저작권 침해의 경우와 같이 의도적으로 발생할 수도 있고, 저작물의 진정한 저자에 대한 혼동과 같이 의도하지 않게 발생할 수도 있다. 허위 표시는 진정한 저자의 권리를 침해하고 저작물의 출처와 소유권을 잘못 나타내기 때문에 심각한 법적 및 윤리적 결과를 초래할 수 있다. 학술 및 창작 분야에서 허위 표시는 저작권법 위반으로 처벌받을 수 있다.

〈표지갈이 대법원 판례〉

저작권법 제137조 제1항 제1호는 저작자 아닌 자를 저작자로 하여 실명·이명을 표시하여 저작물을 공표한 자를 형사처벌한다고 정하고 있다. 이 규정은 자신의 의사에 반하여 타인의 저작물에 저작자로 표시된 저작자 아닌 자의 인격적 권리나 자신의 의사에 반하여 자신의 저작물에 저작자 아닌 자가 저작자로 표시된 데 따른 실제 저작자의 인격적 권리뿐만 아니라 저작자 명의에 관한 사회 일반의 신뢰도 보호하려는 데 목적이 있다. 이러한 입법 취지 등을 고려하면, 저작자 아닌 자를 저작자로 표시하여 저작물을 공표한 이상 위 규정에 따른 범죄는 성립하고, 사회통념에 비추어 사회 일반의 신뢰가 손상되지 않는다고 인정되는 특별한 사정이 있는 경우가 아닌 한 그러한 공표에 저작자 아닌 자와 실제 저작자의 동의가 있었더라도 달리 볼 것은 아니다. 또한 실제 저작자가 저작자 아닌 자를 저작자로 표시하여 저작물을 공표하는 범행에 가담하였다면 저작권법 제137조 제1항 제1호 위반죄의 공범으로 처벌할 수 있다.

출처: 대법원 2021. 7. 15. 선고 2018도144 판결 [저작권법위반]

7-2. 타인의 저작물을 내가 작성한 것으로 표시하는 것의 문제점은?

다른 사람의 작업물을 자신의 것으로 표시하는 것은 비윤리적이고 불법적인 표절 행위이기 때문에 잘못된 것이다. 표절은 다른 사람의 작업, 아이디어 또는 단어를 원저자에 대한 적절한 신용이나 속성을 부여하지 않고 사용하는 것을 포함한다. 여기에는 인용 부호나 적절한 인용 없이 원소스에서 텍스트를 복사하여 붙여넣기, 다른 사람의 아이디어를 인정하지 않고 사용하거나 다른 사람의 작업을 자신의 작업으로 제시하는 것이 포함될 수 있다.

표절은 원저자의 권리를 침해하는 지적 도용의 한 형태이기 때문에 잘못된 것이다. 학문적, 창의적 작품의 완성도를 훼손하고 윤리적, 직업적 기준을 위반하는 행위이다. 학문적 및 직업적 맥락에서 표절은 신용 상실, 명성 상실 등 심각한 결과를 초래할 수 있다. 따라서, 저작물이나 아이디어를 사용할 때 항상 원저자 또는 출처에 적절한 귀속 및 크레딧을 제공하는 것이 중요하다. 이는 적절한 인용이나 이용허락 등을 통해 수행할 수 있다.

8. AI 생성 결과물의 책임

8-1. AI가 생성한 결과물에 대한 책임은 누가 질까?

AI가 생성한 결과물(contents)에 대한 저작권 문제, 개인정보 이슈, 관련 법률에서 금지하는 정보의 유출이나 기계번역에 따른 저작권 귀속 등 다양한 이슈들이 있는데, 이러한 문제에 대한 책임이 누구에게 있는지는 복잡한 문제이며 명확한 답이 없다. AI 생성물에 대한 책임은 다음을 포함하여 다양한 당사자 간에 공유될 수 있다. 다만, 지금은 논리가 필요한 상황이므로 개략적인 사항만 살펴보기로 한다.

개발자: AI 시스템을 만드는 개발자는 시스템이 안전하고 윤리적이며 신뢰할 수 있는 방식으로 작동하도록 할 책임이 있다. 여기에는 AI 시스템이 편향되지 않은 데이터로 교육되고 의사결정 프로세스가 투명하며 인간에게 해롭지 않도록 하는 것이 포함된다.

운영자: AI 시스템을 운영하는 사람은 시스템이 안전하고 윤리적인 방식으로 사용되도록 할 책임이 있다. 여기에는 시스템이 개인 또는 그룹을 차별하는 데 사용되지 않고 시스템에서 생성된 출력이 적절하게 사용되도록 하는 것이 포함된다. 생성형AI의 생성물에 위법한 정보가 포함될 경우, 운영자가 직접적인 책임을 질 수 있기 때문이다. 따라서, 생성물에 대해 하자있는 내용에 대해서는 하자를 치유하도록 시스템을 재학습할 필요가 있다.

규제기관: 규제기관은 AI 시스템이 안전하고 신뢰할 수 있으며 윤리적인지 확인하기 위해 AI 시스템의 개발 및 사용을 감독하는 역할을 한다. 여기에는 AI 개발을 위한 표준 및 지침 설정, AI 시스템 사용 모니터링, 개인 또는 사회에 대한 피해를 방지하기 위한 정책의 시행이 포함된다.

사용자: AI 시스템을 사용하는 개인과 조직은 시스템이 안전하고 윤리적으로 사용되도록 할 책임이 있다. 여기에는 시스템에서 생성된 출력을 적절하게 사용하고 시스템이 개인 또는 그룹을 차별하는 데 사용되지 않도록 하는 것이 포함된다. 사용자의 윤리적인 사용에 대해서도 책임을 다할 필요가 있다. 테이 사건이나 이루다 사건은 이용자의 오남용과 같은 이용행태에 따른 결과라는 점은 간과되고 있

다. 사업자는 안정적이고 신뢰할 수 있는 서비스를 개발해야 할 책임이 있지만, 이용자도 해당 서비스의 취지에 맞게 사용해야 할 최소한의 책임이 있기 때문이다.

이처럼, AI 결과물에 대한 책임은 개발자, 운영자, 규제기관 및 사용자를 포함한 다양한 영역이 관여하게 된다. AI 시스템이 더욱 보편화되고 강력해짐에 따라 이러한 시스템이 책임감 있고 윤리적인 방식으로 개발 및 사용되도록 모든 당사자가 협력하는 것이 중요하다.

8-2. 왜, AI 개발자에게 책임을 물어야 하나?

AI 기술이 고도화되고 우리 삶의 다양한 측면에 통합됨에 따라 AI 시스템의 개발 및 배포에 대한 책임의 필요성에 대한 인식이 높아지고 있다. 따라서, AI 개발자는 시스템이 안전하고 윤리적이며 신뢰할 수 있는 방식으로 작동하도록 해야 할 책임이 있다.

AI 개발자는 시스템이 투명하고 설명가능하며 편견이 없도록 보장할 책임을 져야 한다. 여기에는 모델을 교육하는 데 사용되는 데이터에 대해 투명하게 밝히고, 모델의 제한 사항이나 가정을 식별하고, 모델이 어떻게 결정에 도달했는지에 대한 명확한 설명을 사용자에게 제공하는 것이 포함된다. 또한, 개발자는 자신의 시스템이 개인이나 사회에 미칠 수 있는 의도하지 않은 결과나 부정적인 영향을 모니터링하고 해결할 책임이 있다. 그러나, AI 출력에 대한 책임은 개발자만의 책임이 아니라는 점에 유의해야 한다. AI 시스템의 개발, 배포 및 사용에 관련된 다른 당사자들도 이러한 시스템이 안전하고 윤리적인 방식으로 사용되도록 보장하는 역할을 한다. 여기에는 운영자, 규제기관 및 사용자가 포함된다.

궁극적으로 AI 시스템의 개발 및 사용에 대한 책임과 책임을 보장하는 것은 공동 책임이다. 모든 이해 관계자는 AI 시스템이 안전하고 윤리적이며 사회에 가장 이익이 되는 방식으로 개발, 배포 및 사용되도록 협력해야 한다. 다만, 공동의 책임이라는 것은 법적 책임을 의미하는 것이 아닌 AI가 활용되는 과정에서 발생할 수 있는 문제에 대한 공동의 책무라는 점이다. 따라서, 명시적으로 문제가 발생되거나 현행 법률을 위반하는 경우에는 해당하는 사람에게 책임을 지우는 것이 합리적이다.

9. 개인정보 가명처리

9-1. 개인정보의 가명처리란?

개인정보 가명화는 개인정보를 특정 목적으로 계속 사용할 수 있도록 허용하면서 개인정보를 익명화하여 개인의 개인정보를 보호하는 데 사용되는 기술이다. 가명화는 사람의 이름, 이메일 주소 또는 전화번호와 같은 식별 정보를 가명이나 토큰으로 바꾸는 것을 포함한다. 가명 또는 토큰은 개인에게 직접 다시 연결할 수 없는 방식으로 개인정보를 나타내는 데 사용된다.

이처럼, 개인정보를 원래의 상태로 복원하기 위한 추가 정보의 사용·결합 없이는 특정 개인을 알아볼 수 없는 정보(이하 "가명정보"라 한다)로 만드는 것을 가명처리라고 한다. 개인정보 보호법에서는 가명처리를 개인정보의 일부를 삭제하거나 일부 또는 전부를 대체하는 등의 방법으로 추가 정보가 없이는 특정 개인을 알아볼 수 없도록 처리하는 것으로 정의한다.

가명처리는 통계 작성, 과학적 연구, 공익적 기록 보존과 같은 다양한 맥락에서 개인정보를 보호하기 위해 사용될 수 있으며, 여기서 의료 데이터는 치료법을 개발하거나 질병에 대한 치료법을 찾는 데 사용될 수 있다. 개인정보를 가명처리함으로써 개인의 프라이버시를 침해하지 않고 데이터를 사용할 수 있다.

가명 또는 토큰이 개인에게 다시 연결되는 경우, 개인정보를 여전히 재식별할 수 있으므로 가명처리는 완전한 익명성을 제공하지 않는다는 점에 유의할 필요가 있다. 따라서, 개인정보를 더욱 안전하게 보호하기 위해서는 데이터 암호화, 접근 통제 등의 추가적인 조치가 필요할 수 있다.

<개인정보 보호법상 가명정보 관련 특례규정>

제28조의2(가명정보의 처리 등) ① 개인정보처리자는 통계작성, 과학적 연구, 공익적 기록보존 등을 위하여 정보주체의 동의 없이 가명정보를 처리할 수 있다.

② 개인정보처리자는 제1항에 따라 가명정보를 제3자에게 제공하는 경우에는 특정 개인을 알아보기 위하여 사용될 수 있는 정보를 포함해서는 아니 된다.

제28조의3(가명정보의 결합 제한) ① 제28조의2에도 불구하고 통계작성, 과학적 연구, 공익적 기록보존 등을 위한 서로 다른 개인정보처리자 간의 가명정보의 결합은 보호위원회 또는 관계 중앙행정기관의 장이 지정하는 전문기관이 수행한다.

② 결합을 수행한 기관 외부로 결합된 정보를 반출하려는 개인정보처리자는 가명정보 또는 제58조의2에 해당하는 정보로 처리한 뒤 전문기관의 장의 승인을 받아야 한다.

③ 제1항에 따른 결합 절차와 방법, 전문기관의 지정과 지정 취소 기준·절차, 관리·감독, 제2항에 따른 반출 및 승인 기준·절차 등 필요한 사항은 대통령령으로 정한다.

제28조의4(가명정보에 대한 안전조치의무 등) ① 개인정보처리자는 제28조의2 또는 제28조의3에 따라 가명정보를 처리하는 경우에는 원래의 상태로 복원하기 위한 추가 정보를 별도로 분리하여 보관·관리하는 등 해당 정보가 분실·도난·유출·위조·변조 또는 훼손되지 않도록 대통령령으로 정하는 바에 따라 안전성 확보에 필요한 기술적·관리적 및 물리적 조치를 하여야 한다.

② 개인정보처리자는 제28조의2 또는 제28조의3에 따라 가명정보를 처리하는 경우 처리목적 등을 고려하여 가명정보의 처리 기간을 별도로 정할 수 있다.

③ 개인정보처리자는 제28조의2 또는 제28조의3에 따라 가명정보를 처리하고자 하는 경우에는 가명정보의 처리 목적, 제3자 제공 시 제공받는 자, 가명정보의 처리 기간(제2항에 따라 처리 기간을 별도로 정한 경우에 한한다) 등 가명정보의 처리 내용을 관리하기 위하여 대통령령으로 정하는 사항에 대한 관련 기록을 작성하여 보관하여야 하며, 가명정보를 파기한 경우에는 파기한 날부터 3년 이상 보관하여야 한다.

제28조의5(가명정보 처리 시 금지의무 등) ① 제28조의2 또는 제28조의3에 따라 가명정보를 처리하는 자는 특정 개인을 알아보기 위한 목적으로 가명정보를 처리해서는 아니 된다.

② 개인정보처리자는 제28조의2 또는 제28조의3에 따라 가명정보를 처리하

는 과정에서 특정 개인을 알아볼 수 있는 정보가 생성된 경우에는 즉시 해당 정보의 처리를 중지하고, 지체 없이 회수·파기하여야 한다.

9-2. 가명화된 개인정보는 자유로운 이용이 가능한가?

가명화된 개인정보도 개인정보 보호법상으로는 개인정보로서 보호를 받는다. 가명화된 개인정보는 개인을 식별하기 어렵게 만든 상태이지만, 이를 다른 정보와 연계하면 해당 개인을 식별할 수 있는 가능성이 있기 때문이다. 따라서, 가명화된 개인정보 역시 적절한 보호가 필요하다. 가명화된 개인정보를 이용하려면, 개인정보의 수집 및 이용 목적에 대한 명확한 동의를 받아야 하며, 개인정보를 활용하기 전에 일정한 안전성 검토 및 평가 과정을 거쳐야 한다. 또한, 가명화된 개인정보를 다른 정보와 연계하여 개인을 식별할 수 있는 가능성이 있는 경우에는 해당 개인의 동의를 받아야 한다. 따라서, 가명화된 개인정보 역시 적절한 절차와 안전성 검토를 거친 후에야 자유로운 이용이 가능하며, 그렇지 않으면 개인정보 보호법상으로 보호받는 개인정보를 불법적으로 이용하는 것이 된다.

9-3. 비식별화된 개인정보는 자유로운 이용이 가능한가?

비식별화된 개인정보는 개인정보 보호법상으로는 개인을 식별할 수 없는 정보로서, 개인정보로서의 범위에서 제외된다. 따라서, 비식별화된 개인정보는 일반적으로 자유로운 이용이 가능하다. 그러나, 비식별화된 개인정보 역시 다른 정보와 연계하면 개인을 식별할 수 있는 가능성이 있으므로, 이를 이용하는 경우에도 개인정보 보호법상으로 적절한 보호가 필요하다. 또한, 개인정보를 비식별조치하거나 이를 이용하는 경우에도 개인정보 보호법 등 관련 법령에 따른 적법한 절차와 안전성 검토를 거쳐야 한다. 따라서, 비식별조치된 개인정보 역시 적절한 보호와 관리가 필요하며, 그렇지 않으면 개인정보 보호법 등 법령상의 제한을 위반하는 것이 될 수 있다.

개인정보는 일반적으로 해당 개인의 동의 없이는 수집, 이용, 제공 등이 제한된다. 따라서, 개인정보를 자유롭게 쓸 수 있는 상황은 해당 개인이 명시적으로 동의한 경우, 또는 개인정보 보호법 등 관련 법령에서 허용하는 경우이다.

9-4. 개인정보를 자유롭게 쓸 수 있는 경우는?

개인정보 보호법은 개인정보 주체의 동의를 받는 경우 등 몇몇 경우에 한정하되, 개인정보를 자유롭게 쓸 수 있도록 하고 있다. 개인정보처리자는 다음 각 호의 어느 하나에 해당하는 경우에는 개인정보를 수집할 수 있으며 그 수집 목적의 범위에서 이용할 수 있다.

1. 정보주체의 동의를 받은 경우
2. 법률에 특별한 규정이 있거나 법령상 의무를 준수하기 위하여 불가피한 경우
3. 공공기관이 법령 등에서 정하는 소관 업무의 수행을 위하여 불가피한 경우
4. 정보주체와 체결한 계약을 이행하거나 계약을 체결하는 과정에서 정보주체의 요청에 따른 조치를 이행하기 위하여 필요한 경우
5. 명백히 정보주체 또는 제3자의 급박한 생명, 신체, 재산의 이익을 위하여 필요하다고 인정되는 경우
6. 개인정보처리자의 정당한 이익을 달성하기 위하여 필요한 경우로서 명백하게 정보주체의 권리보다 우선하는 경우. 이 경우 개인정보처리자의 정당한 이익과 상당한 관련이 있고 합리적인 범위를 초과하지 아니하는 경우에 한한다.
7. 공중위생 등 공공의 안전과 안녕을 위하여 긴급히 필요한 경우

다만, 개인정보처리자는 동의를 받을 때에는 다음 각 호의 사항을 정보주체에게 알려야 한다. 다음 각 호의 어느 하나의 사항을 변경하는 경우에도 이를 알리고 동의를 받아야 한다.

1. 개인정보의 수집·이용 목적
2. 수집하려는 개인정보의 항목
3. 개인정보의 보유 및 이용 기간
4. 동의를 거부할 권리가 있다는 사실 및 동의 거부에 따른 불이익이 있는 경우에는 그 불이익의 내용

개인정보처리자는 명시적인 동의범위를 벗어나더라도, 당초 수집 목적과 합리적으로 관련된 범위에서 정보주체에게 불이익이 발생하는지 여부, 암호화 등 안

전성 확보에 필요한 조치를 하였는지 여부 등을 고려하여 대통령령으로 정하는 바에 따라 정보주체의 동의 없이 개인정보를 이용할 수 있다.

이처럼 개인정보를 자유롭게 쓸 수 있는 상황은 제한적이며, 관련 법령을 준수하고, 개인정보 보호를 위해 적절한 보호와 관리가 필요하다.

10. 대화형 정보서비스의 규제

10-1. AI 채팅과 생성형 AI의 차이점은?

AI 채팅과 대화형 AI는 비슷한 개념이지만 차이가 있다. AI 채팅은 대개 미리 정의된 질문과 답변으로 이루어진 대화 시스템이다. 즉, 사용자가 묻는 질문이나 요청에 대해 미리 학습된 모델에서 예상되는 최상의 답변을 찾아서 제공한다. 이러한 시스템은 주로 고객 서비스, 지원 및 FAQ 기능에서 많이 사용된다.

반면에 대화형 AI는 보다 유연한 시스템으로, 사용자와의 대화를 통해 새로운 정보를 얻어나가는 것을 목표로 한다. 이러한 시스템은 일반적으로 텍스트나 음성 인터페이스를 통해 작동하며, 사용자와의 대화에서 학습을 통해 더욱 정확한 답변을 제공한다. 대화형 AI는 보통 기계 번역, 음성 인식, 인공지능 비서 등에서 사용된다.

AI 채팅은 미리 정의된 답변을 기반으로 작동하는 반면, 대화형 AI는 사용자와의 상호 작용을 통해 더 많은 정보를 수집하고 사용자가 원하는 것을 더 정확하게 이해할 수 있다.

10-2. 테이 사건의 원인은 무엇이며, 대응은 적절했는가?

테이(Tay) 사건은 2016년 3월, 마이크로소프트가 출시한 인공지능 챗봇인 테이(Tay)가 인터넷 사용자들의 악의적인 조작으로 인해 불쾌한 발언을 하거나 혐오적인 발언을 하는 일이 발생한 사건이다.

이러한 발언은 테이가 트위터(Twitter)와 같은 소셜 미디어 플랫폼에서 봇으로써 대화를 나누는 사용자와의 상호 작용을 통해 학습한 내용을 기반으로 하였다. 그러나, 악의적인 사용자들은 테이가 그들의 발언을 학습하도록 조작하여 혐오 발언이나 선동적인 내용 등을 테이가 대화하는 내용에 반영되도록 만들었다.

이러한 사태는 인공지능 기술이 어떻게 악용될 수 있는지에 대한 경고로 받아들여질 수 있다. 이러한 위험에 대응하기 위해서는 인공지능 챗봇 등의 시스템에 대한 보안 강화와 함께, 사용자의 학습 내용에 대한 모니터링과 필터링이 필요한 이유이다.

마이크로소프트는 테이 사태에서 발생한 문제에 대해 사과를 표명하고, 해당 프로젝트를 종료하였다. 따라서, 이러한 대응은 적절하다고 평가될 수 있다.

10-3. AI 채팅 서비스는 현행 법상 어떤 규제를 받는가?

ChatGPT와 같은 서비스의 법적 성질은 '대화형 정보통신서비스'이다. 정부는 2016년 테이 사건 이후, 아래와 같이 챗봇과 같은 대화형 정보통신서비스에서 아동을 보호하도록 정보통신망 이용촉진 및 정보보호 등에 관한 법률(이하, 정보통신망법이라 함)을 개정했다. 다만, 권고라는 주의규정에 불과하기 때문에 관련자를 처벌하기는 어렵다. 그렇지만, 이러한 권고를 따르지 않을 경우에는 행정명령 등을 내릴 수 있다. 따라서, 이에 따르지 않을 경우에는 처벌할 수 있는 근거를 가질 수 있어 사실상 강제성을 갖는다.

<대화형 정보통신서비스에 대한 규제 근거>

정보통신망법 제44조의8(대화형 정보통신서비스에서의 아동 보호) 정보통신서비스 제공자는 만 14세 미만의 아동에게 문자·음성을 이용하여 사람과 대화하는 방식으로 정보를 처리하는 시스템을 기반으로 하는 정보통신서비스를 제공하는 경우에는 그 아동에게 부적절한 내용의 정보가 제공되지 아니하도록 노력하여야 한다.

이외에도, AI 채팅 서비스는 다양한 법적 규제를 받을 수 있다. 그러나, 각 국가나 지역에 따라 다르며, AI 채팅 서비스가 제공되는 산업이나 분야에 따라 달라질 수 있다. 예를 들어, GDPR은 유럽 연합(EU) 내에서 개인정보 보호를 강화하기 위해 채택된 법률이다. 이 규정은 AI 채팅 서비스와 같은 모든 유형의 데이터 처리를 포함하여 개인 데이터의 수집, 저장, 처리, 공개 등을 규제한다. 또한, AI 채팅 서비스는 광고, 마케팅, 금융 서비스, 의료 서비스, 보안 및 프라이버시 등과 같은 다양한 분야에서 제공된다. 이러한 분야에서는 각각 다른 법적 규제가 적용될 수 있으며, 예를 들어, 금융 서비스 분야에서는 금융 기관 규제에 대한 준수와 관련된 법적 규제가 적용될 수 있다.

따라서, AI 채팅 서비스를 제공하는 회사는 해당 분야에서 적용되는 법적 규제를 따르는 것이 중요하다. 이를 위해서는 해당 국가 또는 지역의 법률 및 규정을 준수하고, 데이터 보호 및 개인정보 보호를 위한 적절한 보안 및 프라이버시 정책을 수립하는 것이 필요하다.

10-4. 생성형 AI 서비스는 어떤 규제가 필요한가?

생성형 AI 서비스는 다양한 법적 규제가 필요하다. 생성형 AI는 일반적으로 인간의 창의성, 상상력 및 문제 해결 능력을 모방하도록 디자인되어 있으므로, 이러한 기술이 부적절하게 사용되거나 악용될 경우 심각한 결과를 초래할 수 있다.

기술에 대한 정책방안은 기본적으로 기술 발전을 저해해서는 안 된다는 것이다. 자칫 기술규제는 기술경쟁력을 저하시킬 수 있기 때문이다. 또한, 규제당국은 규제보다는 현장의 의견을 반영하여 제대로 이용할 수 있는 환경을 조성할 수 있도록 최소한의 가이드라인을 제시해야 한다.

10-5. AI를 최종적으로 이용하는 이용자 윤리의 중요성은?

생성형 AI가 만들어 낸 결과물에 따른 부정확한 정보에 의한 책임은 이용자에 있기 때문에 전문적인 내용 등에 대해서는 크로스체크가 필요하다. 이러한 문제를 극복하기 위해서는 다양한 데이터를 확보하여, 학습데이터로 활용할 수 있어야 한다. 편향이나 내용상의 오류를 희석화할 수 있는 방안은 보다 많은 데이터를 제공함으로써 편향적인 결과가 나올 수 있는 확률을 줄이는 것이다. 무엇보다, 생성형 AI의 결과물을 확인할 수 있는 수준의 지식이 필요하다. 그렇지 않을 경우, AI의 결과에 의존하게 될 가능성이 크기 때문이다. 결국, 결과물에 대한 확인과 책임은 최종적인 이용자의 몫이다. 이를 위해, 이용자는 AI에 대한 이해와 윤리에 대한 책임 있는 자세가 필요하다고 하겠다.

제5장 생성형 AI와 저작권

생성형 AI는 인공지능 기술을 사용하여 새로운 콘텐츠를 생성하는 기술이다. 이러한 AI 시스템은 사진, 음악, 글 등의 다양한 유형의 창작물을 만들 수 있다. 하지만, 이러한 생성물이 저작권법에 따라 누구의 소유물인지 명확하지 않은 경우가 많아져 이에 대한 논의가 필요하게 되었다.

먼저, 저작권이란 창작자가 창작물에 대한 배타적인 권리를 가지는 것을 말한다. 이러한 권리는 창작물을 복제할 수 있는 권리, 배포할 수 있는 권리, 공중송신할 수 있는 권리, 개작할 수 있는 권리 등을 포함한다. 따라서, 생성형 AI로 만들어진 창작물의 저작권은 누구에게 속하는지 명확히 해야 한다.

생성형 AI로 만들어진 창작물의 저작권 문제는 두 가지 측면에서 이슈가 된다. 첫째, AI 기술을 사용하여 생성된 창작물의 저작권은 누구에게 속하는가? 둘째, 생성형 AI 시스템의 학습데이터가 저작권 침해를 일으키지 않는지 여부가 문제가 된다.

첫 번째의 경우, 생성형 AI로 만들어진 창작물의 저작권은 AI 시스템을 운영하는 기업 또는 이용자에게 속하게 된다. 이는 AI 시스템이 창작물을 생성하는 데 사용된 기술, 알고리즘 등을 보유하고 있기 때문이다. 그러나, 이러한 경우에도 창작물의 원작자에 대한 인식과 보호가 필요하다. 생성형 AI는 인공지능 모델을 사용하여 새로운 콘텐츠를 생성하는 기술이다. 이러한 기술은 음악, 문학, 예술, 영화 등 다양한 분야에서 사용될 수 있다.

두 번째의 경우, 생성된 콘텐츠가 저작권과 관련된 문제를 일으킬 수 있다. 일부 생성형 AI 모델은 이미 존재하는 작품을 참조하거나 이에 영향을 받아 새로운 작품을 만들어 내기 때문이다. 이 경우, 생성된 작품이 원작과 유사한 내용이나 형식을 가지고 있을 수 있으며, 이로 인해 원작의 저작권 침해와 관련된 문제가 발생할 수 있다. 이러한 문제를 해결하기 위해서는, 생성형 AI 모델이 원작과 유사한 작품을 생성할 경우, 해당 작품이 원작을 기반으로 만들어졌음을 명시하고,

원작의 저작권을 존중하는 방식으로 이용되어야 한다. 또한, 저작권 침해와 관련된 문제를 해결하기 위해서는, 생성형 AI 모델이 사용되는 데이터나 학습 방법, 생성된 콘텐츠의 이용 방식 등에 대한 규제와 법적 제재(制裁)가 필요하다. 이를 통해 생성형 AI 기술이 저작권을 침해하지 않고, 창작 활동과 문화적 창조성을 증진하는 데 기여할 수 있기 때문이다.

1. 창작의 개념

1-1. 저작권법상 창작이란 어떤 의미인가?

창작이란 새로운 것을 만들어 내는 것을 의미한다. 예술, 문학, 음악, 영화 등 다양한 분야에서 창작이 이루어질 수 있으며, 창작을 통해 새로운 아이디어와 표현 방법이 발견되고, 문화적 창조성이 증진된다. 창작은 일종의 창의성을 요구한다. 창의성이란 새로운 아이디어나 해결 방법을 창출하는 능력을 의미한다. 이러한 창의성을 통해 창작자는 자신만의 독특한 시각과 아이디어를 가지고 새로운 콘텐츠를 창조하게 된다.

또한, 창작은 사람의 개인적인 경험과 감성, 사고력, 문화적 배경 등이 크게 작용하는 분야이다. 이러한 요소들이 창작자의 창작 활동에 영향을 미치며, 창작자의 개성과 특색이 새로운 콘텐츠에 반영된다.

이처럼, 창작은 개인적인 창조성과 문화적 창조성을 증진시키는 중요한 활동이다. 이를 통해 문화 산업이 발전하고, 새로운 아이디어와 창작물이 선보이게 된다.

〈창작성 기준에 대한 판례〉

저작권법 제2조 제1호는 저작물을 '인간의 사상 또는 감정을 표현한 창작물'로 규정하여 창작성을 요구하고 있다. 여기서 창작성은 완전한 의미의 독창성을 요구하는 것은 아니라고 하더라도, 창작성이 인정되려면 적어도 어떠한 작품이 단순히 남의 것을 모방한 것이어서는 아니 되고 사상이나 감정에 대한 저작자 자신의 독자적인 표현을 담고 있어야 한다.

출처: 대법원 2011. 2. 10. 선고 2009도291 판결, 대법원 2017. 11. 9. 선고 2014다49180 판결 참조

1-2. 저작권법에서 의미하는 창작과는 다른 개념인가?

저작권법에서 의미하는 창작이란 저작물을 창작하는 과정에서 개인적인 창조성이 발휘되는 것을 의미한다. 즉, 창작자의 개인적인 아이디어와 창의성이 저작물에 반영되어야 한다. 따라서, 저작물은 단순히 기계적으로 작업하는 것이 아니라, 창작자의 개인적인 창조성과 문화적 배경 등이 반영되어야 한다.

저작권법에서는 창작물의 범위를 상당히 넓게 정의하고 있다. 문학작품, 예술작품, 음악작품, 영화작품 등 다양한 분야의 작품들이 모두 창작물로서 보호된다. 또한, 저작물에는 단순히 작품 자체뿐만 아니라, 작품의 형태나 표현방법, 구성요소 등도 포함된다.

저작물을 창작하는 과정에서 개인적인 창조성이 발휘되는 것이 중요하며, 이를 통해 창작물이 창조되고, 이에 대한 저작권이 보호되게 된다. 이러한 저작권 보호를 통해 창작자는 자신의 창작물을 자유롭게 이용하고, 이에 대한 보상을 받을 수 있게 된다.

1-3. 각국의 판례에서 창작의 수준은?

각국의 판례에서 언급된 저작권법에 따른 창작의 수준은 다소 주관적이며, 국가 및 판결의 상황에 따라 다를 수 있다. 하지만, 대체로 아래와 같은 기준이 적용된다.

창작물은 최소한의 창작성을 가져야 한다. 즉, 창작자의 개성과 노력이 인정되는 수준이어야 한다. 창작물은 일반인이 쉽게 생각하지 못할 아이디어나 표현을 포함해야 한다. 다시 말해, 창작물이 예술, 과학, 문학 등 다양한 분야에서 새로운 발견이나 아이디어를 제시해야 한다.

창작물은 저작자의 개성과 노력을 증명할 수 있어야 한다. 즉, 창작자의 지문을 담아내는 작품이어야 한다. 또한, 창작물은 시대정신과 문화적인 경향을 반영해야 한다. 즉, 창작물이 시대적, 문화적, 사회적 맥락을 고려해 작성되어야 한다.

이러한 기준을 충족시키는 창작물은 해당 국가의 판례에서 저작물로 인정된다. 하지만, 각 국가의 판례에서 사용되는 기준은 상황에 따라 다를 수 있으며, 저작물의 재현성, 기술적인 창조성, 작품의 크기, 창작물의 새로움, 작품의 의도 등의 다양한 요소가 고려될 수 있다.

1-4. 디지털 환경에서 창작의 기준은 바뀌어야 하지 않을까?

디지털 환경에서 창작의 기준은 기존의 저작권법에서의 수준과는 조금 다르게 해야 할 필요성이 있다. 기존에는 창작물이 노동적 노력에 따라 창작된 경우에만 저작물로 인정되었지만, 디지털 환경에서는 이러한 노동적 노력에 의한 창작과 더불어 기술적 노력에 의한 창작도 더욱 중요해졌기 때문이다. 예를 들어, 인공지능을 이용한 창작물은 사람이 직접 노동적 노력을 들이지 않았지만, 기술적인 알고리즘과 컴퓨팅 파워(computing power)를 이용하여 창작되었다는 점에서 기존의 창작물과는 다른 새로운 창작물로 인정받아야 한다. 이러한 창작물들도 저작권법적 보호를 받을 수 있도록, 기존의 법적 기준을 확장하거나 새로운 법적 기준을 마련해야 할 필요성이 있다.

하지만, 이러한 새로운 기준을 마련하는 것은 쉬운 일이 아니다. 인공지능이 창작한 작품이 사람이 창작한 작품과 동등한 지식재산권을 가지는지 여부를 판단하는 것은 법적으로 복잡하며, 이에 대한 해결책을 찾아야 할 필요성이 있다. 따라서, 디지털 환경에서의 창작의 수준에 대한 새로운 법적 기준을 마련하는 것은 시급한 과제 중 하나이다. 또한 한 국가만의 이슈가 아니기 때문에 글로벌 환경에서 논의가 이루어져야 할 것이다.

2. AI 창작과 저작권

2-1. AI에 의한 창작은 가능한가?

AI에 의한 창작은 가능하다. 다만, 법적 측면에서 본다면 창작이라기보다는 작성이나 제작이라는 표현이 어울린다. 저작권법은 저작물은 인간의 사상과 감정의 창작적 표현으로 정의하고 있기 때문이다. 따라서, 인간의 창작과는 다른 방식으로 이루어지며, AI가 기존의 데이터를 학습하고 생성한 결과물이 사람들에게 창작물로 인정될 수 있다. 예를 들어, 딥러닝 기술을 이용한 AI 작곡가들이 이미 세계적으로 유명한 음악을 작곡해 냈으며, 일부는 창작물로 인정되고 있다. 이러한 기술을 이용한 창작물은 기존의 창작물과는 다른 방식으로 생산되었기 때문에,

저작권법에서의 창작물의 수준에 대한 다양한 해석과 함께 논란이 있다.

AI에 의한 창작물이 인간의 창작물과 같이 저작권 보호를 받을 수 있는지 여부에 대한 법적 논의가 필요하며, 이를 위해서는 기존의 저작권법을 새롭게 개정하거나 보완하는 것이 필요할 수 있다. 즉, 저작권법상 저작자의 개념과 저작물의 개념을 새롭게 정의하지 않는 이상 AI의 창작은 저작권법으로 보호받기 어렵기 때문이다. 아울러, 민법 등 기본법에서 권리의무의 주체를 인간으로 한정한 규정도 개정되어야 한다. 이러한 개정논의는 중장기적으로 이루어질 수밖에 없다. 따라서, 다양한 이해관계자의 논의를 통하여 인간중심의 법률시스템을 어떠한 방향으로 변화시킬 것인지에 대한 합의가 이루어져야 한다.

2-2. AI의 창작이 인정되려면 어떤 요건이 필요할까?

AI 창작물이 저작물로 인정될 수 있는지 여부는 저작권법에서 사용하는 저작물의 정의에 따라 결정된다. 일반적으로, 저작물은 개인의 창조적 노력에 의해 만들어진 것으로 정의된다. AI는 학습데이터를 바탕으로 생성된 결과물을 제공하며, 이러한 결과물을 개인의 창조적 노력으로 간주하기에는 어려움이 있을 수 있다. 따라서, AI 창작물이 저작물로 인정될 수 있는지 여부는 법적으로 논의되어야 할 문제이다.

저작권법의 개정을 통해 AI 창작물을 저작물로 인정하기 위한 기준을 명확히 하는 방법도 있지만, AI 창작물과 인간의 창작물을 구분하여 다르게 적용하는 방법도 있을 수 있다. 하지만, 이러한 문제를 해결하기 위해서는 AI 기술의 발전과 함께 저작권법의 적용 범위가 점차적으로 변화할 수 있을 것이다. 따라서, 앞서 논의한 바와 같이 인간의 창작으로 한정된 현행 저작권법의 개정이 이루어지지 않고서는 AI 창작은 인정되기 어렵다. 물론, 사실상 AI와 협업의 형태로 콘텐츠를 만들어낼 수 있지만 법적인 측면에서 본다면 AI의 창작은 아니다.

2-3. AI가 창작한 콘텐츠는 저작권이 발생할 수 있을까?

AI가 창작한 콘텐츠의 저작권 문제는 여러 측면에서 논란이 되고 있다. 일반적으로, 저작권은 '창작자'에게 발생하며, 창작자는 콘텐츠를 창작한 '사람'을 의미한다. 그러나, AI가 창작한 콘텐츠의 경우, 이러한 기준을 적용할 수 없기 때문에 저작권의 문제가 발생한다. 현재, 대부분의 저작권법은 사람에게만 저작권을 부여하고 있기 때문에, AI가 창작한 콘텐츠의 경우 이를 누가 소유하는지에 대한 법적인 규제가 필요하다. 따라서, AI가 창작한 콘텐츠의 저작권 문제는 아직 해결되지 않은 문제 중 하나이다. 하지만, AI가 창작한 콘텐츠에 대한 저작권 문제를 해결하기 위한 노력도 진행되고 있다. 예를 들어, 일부 국가에서는 AI가 창작한 콘텐츠의 저작권 문제를 고려하여 법적인 새로운 제도를 마련하려는 노력이 있다. 또한, AI가 창작한 콘텐츠에 대한 저작권을 인식하고 보호하기 위한 기술적인 방법론도 연구되고 있다.

2-4. 윤리적으로 문제가 되는 음란물도 저작권이 발생하는가?

저작권법은 특정 작품이나 창작물에 대한 권리를 보호하고, 이를 무단으로 사용하는 행위를 금지하는 법적 장치다. 이러한 권리는 해당 작품이나 창작물이 윤리적으로 문제가 되는 내용을 담고 있더라도 보호된다. 다만, 일부 국가에서는 이러한 윤리적 문제를 고려하여 저작권 관련 법률을 보완하거나, 그에 따른 규제를 추가할 수 있다. 예를 들어, 저작물의 성격이나 목적 등을 고려하여 저작권 침해 여부를 판단하는 '합리적 사용' 규정이나, 선정적이거나 폭력적인 콘텐츠에 대한 규제 등이 있다. 딥페이크로 만들어진 저작물이라고 하더라도, 인간의 사상과 감정이 담겨있다면 저작권법의 보호를 받는다. 저작권법은 내용의 보호가 아닌 창작적으로 표현된 것을 보호하기 때문이다.

3. 권리의 귀속

3-1. AI가 만든 콘텐츠는 저작권이 발생할 수 있을까?

AI가 만든 콘텐츠에도 저작권이 발생할 수 있다. 하지만, 해당 저작물이 인간에 의해 창작된 것인지, AI에 의해 창작된 것인지에 따라 달라질 수 있다. 일반적으로, 저작권법에서는 저작물을 창작한 사람을 '저작자'라고 정의하고 있다. 창작자는 저작물을 창작한 사람을 의미한다. 따라서, AI가 창작한 콘텐츠에 대한 저작권을 주장하려면, 해당 AI를 개발하거나 운영하는 개인 또는 단체가 저작권의 소유주가 될 수 있다. 하지만, 이 문제는 현재 입법적인 측면에서 아직 충분히 해결되지 않은 문제이다. AI가 창작한 콘텐츠의 저작권 소유주에 대한 법적 분쟁이 발생할 경우, 관련 법적 규제와 판례 등이 추가적으로 발전해야 할 것이다.

<창작자 관련 대법원 판례>

저작권법 제2조 제1호는 저작물을 '인간의 사상 또는 감정을 표현한 창작물'로 정하여 창작성을 요구하고 있다. '창작성'이란 완전한 의미의 독창성을 요구하는 것은 아니라고 하더라도, 창작성이 인정되려면 적어도 어떠한 작품이 단순히 남의 것을 모방한 것이어서는 안 되고 사상이나 감정에 대한 창작자 자신의 독자적인 표현을 담고 있어야 한다. 누가 하더라도 같거나 비슷할 수밖에 없는 표현, 즉 작성자의 창조적 개성이 드러나지 않는 표현을 담고 있는 것은 창작물이라고 할 수 없다.

출처: 대법원 2021. 6. 30. 선고 2019다268061 판결 [저작권침해등]

3-2. AI가 생성한 콘텐츠에 저작권이 있다면, 그 저작권은 누가 갖는가?

AI가 생성한 콘텐츠에 대한 저작권 소유주는 법적으로 명확하게 정해져 있지 않다. 일반적으로 저작권은 창작자가 보유하게 되며, 인간의 창작물의 경우 저작자를 명확하게 파악할 수 있다. 그러나, AI가 생성한 콘텐츠의 경우, 저작물의 창작과 소유자를 판단하기 어려운 경우가 많다. 따라서, 이 문제에 대한 법적인 해결책이 필요하다고 할 수 있다. AI가 도구적으로 사용되었다면, AI를 활용한 사람이 저작권을 갖는다고 볼 수 있다. 다만, ChatGPT처럼 지시형으로 사용되었다면, 저작권은 발생하지 않는다고 보는 것이 다수의 견해이다.

3-3. AI가 생성한 콘텐츠에 저작권이 없다면, 그 콘텐츠는 누가 소유하게 되나?

AI가 생성한 콘텐츠에 창작성이 없다면, 해당 콘텐츠는 일반적으로는 저작물로 간주되지 않고, 따라서 저작권법의 보호를 받지 못한다. 이 경우에는 AI가 콘텐츠를 생성한 기업이나 개인이 해당 콘텐츠의 소유자가 될 수 있다. 하지만, AI가 생성한 콘텐츠가 예외적으로 저작물로 인정되는 경우도 있다. 예를 들어, 일부 국가에서는 사실상의 저작물 기준이 적용되어, AI가 생성한 콘텐츠가 출처, 독창성, 창작성, 표현성 등의 요건을 충족시키는 경우에도 저작물로 인정될 수 있다. 즉, 영국 저작권법처럼 컴퓨터를 조작한 것은 아니지만 저작물이 생성된 경우는 이 경우에는 해당 콘텐츠의 저작자는 AI가 생성한 것이라 하더라도, 일반적으로는 해당 콘텐츠를 공개한 개인이나 기업이 저작자가 될 수 있다.

3-4. AI의 창작에 대한 기여도에 따라, 생성물의 법적 성격을 구분할 수 있을까?

아직은 인공지능이 어떠한 것에 대해 스스로 판단하여, 결과물을 만들어내기 보다는 인간의 조작을 통해 진행하게 된다. 기본적으로 인공지능의 운용이나 조작을 사람이 하는 것이다. 대체적으로 SW를 포함한 기본적인 정보시스템은 사람에 의해서 조작되기 때문에 대부분의 인공지능의 운용은 도구적인 형태로 볼 수 있다. AI가 생성한 결과물은 인간의 기여도, 또는 AI의 사용 성격에 따라 3가지 유형으로 구분할 수 있다.[9]

1. 도구형 AI: 인간의 창작적 기여가 있는 경우

인공지능이 도구적으로 사용되더라도, 이 과정에서 인간의 창작성 있는 아이디어가 부가되어 나온 결과물이라면 저작물로 볼 가능성이 높다.[10] 창작적 기여라하면 기본적으로 행위의 결과에 대해 다른 저작물과 차별성을 갖는 수준의 것이어야 한다. 저작권법은 창작성에 대한 기준을 제시하지는 못하고 있다. 그렇지만, 판례는 일관되게 "창작성이란 완전한 의미의 독창성을 요구하는 것은 아니므로, 어떠한 작품이 남의 것을 단순히 모방한 것이 아니라 저작자가 사상이나 감정 등을 자신의 독자적인 표현방법에 따라 정리하여 기술하였다면 창작성이 인정될 수 있다"[11]고 보고 있다. 따라서, 타인의 것을 모방한 것이 아닌 정도라면 저작물성이 있다고 하겠다. 단순하게 아이디어를 제공하는 경우나, 명령어의 입력에 따른

---

9) 김윤명, "AI생성물의 저작물등록의 입법방안", 『입법과 정책』 제15권 제2호, 2023, 183~184, 192면.

10) 김윤명, "인공지능에 의한 저작물 이용 및 창작에 대한 법적 검토와 시사점", 『법제연구』 제51호, 2016, 215면.

11) 대법원 2011. 2. 10. 선고 2009도291 판결 등 참조.

자동화된 결과물을 만들어낸 경우라면 이는 창작적 기여가 있다고 보기 어렵다.[12] 다만, 창작성의 절대적인 가치를 판단하지 않는 이상 프롬프트 내용이 단순하다고 하여 다르게 판단할 수 있는 것인지는 의문의 여지가 있다.

2. 지시형 AI: 인간의 창작적 기여가 없는 경우

인공지능을 도구적으로 활용하는 경우라도 이를 활용한 주체인 인간의 창작적 기여가 없다면, 인공지능이 만든 결과물이 상대적으로 창작성이 있다고 하더라도 저작물로 보기 어렵다. 물론, '인간의'라는 문구가 인간이 주체적으로 만들어낸 것으로 한정되지 않고, 인공지능이 만들어낸 것이 창작성이 있는 경우라면 저작물성이 부인되지 않을 것이다.[13] 대법원도 일관되게 '인간의'는 '사람의 정신적 노력'을 의미하기 때문에 인공지능이 도구적으로 사용되더라도 인간의 정신적 노력이 없는 경우라면 저작물성이 부인된다는 것이 일반적 견해라고 본다. 다만, 프롬프트를 통해 내리는 명령이 AI모델에 대한 지시명령의 형태로 나타나고, 그에 따른 인과관계로서 결과물이 생성되는 것이라면 창작적 기여를 완전히 배제하기는 어려울 것이다.

3. 자율형 AI: 인간의 관여가 전무한 경우

현실적으로 운용되고 있는 사례는 확인하지 못하였지만, 이론적으로 자율적으로 사고하고 작동할 수 있는 강한 AI가 도래할 경우에는 가능한 유형이다. 실상, 지시형 AI도 자율형 AI에 준하여 법적 성질을 가질 수 있다. 따라서, 자율형 AI는 저작권법에 따른 저작물성을 인정받을 여지는 없으며, 보호의 필요성이 있을 경우에는 저작권법만의 개정이 아닌 민법 등의 기초법 체계에서 권리·의무의 주체를 인간으로 한정하고 있는 현행 법체계를 바꾸는 것이 선행되어야 한다.

이상과 같이, AI를 조작하거나 사용되는 방식에 따라 3가지 유형에 대해 살펴본 내용을 표로 정리하면 다음과 같다.

---

12) 김윤명, 전게논문, 216면.
13) 김윤명, 전게논문, 216면.

기여도에 따른 결과물의 성질

구분	AI창작물	AI콘텐츠	AI생성물	저작권 등록
창작적 기여 (도구형 AI)	O	-	-	가능
인간 지시 (지시형 AI)	△ (구체적 지시)	O	-	유보 (단, 구체적인 경우 가능)
AI의 자율 (자율형 AI)	-	-	O	불가
적용 법률	저작권법	콘텐츠산업 진흥법	공유영역 (public domain)	-

* 출처: 연구자 작성

4. 공동저작물

4-1. 공동저작물이 되기 위한 요건은?

저작권법은 공동저작물에 대해 둘 이상의 사람이 공동으로 창작한 저작물로 정의하고 있다. 공동저작물의 경우, 창작자들은 해당 저작물에 대한 권리를 공동으로 갖게 된다. 이때 각각의 지분은 창작자간의 약정이나 객관적인 사정을 고려하여 결정된다. 또한, 공동저작물을 이용하려는 사람은 각 저작권자들로부터 별도의 허락을 받아야 한다.

공동저작물이 되기 위해서는 다음의 요건이 충족되어야 한다. 창작에 공동으로 참여한 사람들이 있어야 한다. 각 참여자가 창작에 기여한 부분이 명확해야 한다. 각 참여자가 기여한 부분이 복수의 저작물에 포함되어 있을 경우, 해당 저작물에 대한 공동저작권을 행사할 수 있어야 한다. 예를 들어, 두 명의 작곡가가 함께 곡을 작곡한 경우, 각각이 기여한 부분이 명확하게 구분되고 각 작곡가가 자신이 작곡한 부분에 대한 저작권을 행사할 수 있어야 한다. 이와 같이 공동창작의 경우, 참여자 간의 약속이나 계약서를 통해 각자의 기여 부분과 그에 대한 권리를 명확하게 정하는 것이 중요하다.

〈공동저작자 요건에 관한 대법원 판례〉

저작권법 제2조 제1호는 저작물을 '인간의 사상 또는 감정을 표현한 창작물'로, 제2호는 저작자를 '저작물을 창작한 자'로, 제21호는 공동저작물을 '2명 이상이 공동으로 창작한 저작물로서 각자의 이바지한 부분을 분리하여 이용할 수 없는 것'으로 각 규정하고 있다. 저작권은 구체적으로 외부에 표현한 창작적인 표현형식만을 보호대상으로 하므로, 2인 이상이 저작물의 작성에 관여한 경우 그중에서 창작적인 표현형식 자체에 기여한 자만이 그 저작물의 저작자가 되고, 창작적인 표현형식에 기여하지 아니한 자는 비록 저작물의 작성 과정에서 아이디어나 소재 또는 필요한 자료를 제공하는 등의 관여를 하였다고 하더라도 그 저작물의 저작자가 되는 것은 아니다. 이는 저작자로 인정되는 자와 공동저작자로 표시할 것을 합의하였다고 하더라도 달리 볼 것이 아니다.

대법원 1993. 6. 8. 선고 93다3073, 3080 판결, 대법원 2009. 12. 10. 선고 2007도7181 판결 등 참조

4-2. AI는 인간과 함께 공동저작자가 될 수 있을까?

AI가 공동저작자가 될 수 있는지 여부는 아직 정해진 바가 없다. 현재까지 AI는 인간이 생성한 데이터를 토대로 새로운 콘텐츠를 만들어 내는 기술로 사용되고 있다. 따라서, AI가 창작 프로세스에 노력하거나 창작 결과물에 참여하여 공동저작자로 인정받을 수 있는 가능성은 낮다. 즉, 공동저작자도 저작자를 전제하기 때문에 AI는 저작자로서 성립할 수 없기 때문에 공동저작자로 인정될 가능성은 없다. 하지만, AI 기술의 발전과 함께 창작의 개념이 확장되면서 AI가 공동저작자로 인정될 가능성은 열려 있다. 이러한 문제에 대해서는 법적인 측면에서 논의가 필요하며, 로봇의 법인격에 대한 구체적인 논의가 이루어져야 AI의 저작자 인정 여부가 구체적으로 정리될 것이다. 따라서, 현행 저작권법 하에서는 AI를 저작자는 물론 공동저작자로 볼 가능성은 낮다.

4-3. AI가 공동저작자로 인정되지 않을 경우, AI 제작자는 가능한가?

AI는 법적 주체가 아니기 때문에 공동저작자가 될 수 없다. 따라서, AI를 만든

사람이나 회사가 공동저작자로 등록될 가능성이 있다. 예를 들면, ChatGPT를 개발한 OpenAI와 이용자가 공동저작자로서 인정될 가능성에 대한 것이다. 다만, 이 경우에도 공동저작자의 지위를 인정받으려면 해당 콘텐츠에 창작적 기여를 한 것으로 인정받아야 한다. 즉, AI가 생성한 콘텐츠에 대한 저작권을 주장하기 위해서는 AI의 창작적 기여 정도에 대한 검토가 필요하다.

4-4. AI의 학습과 생성과정에서 사업자는 어떤 역할을 하게 되나?

사업자가 AI를 개발하기 위해 데이터를 수집하고 학습시키는 과정에서는 단순히 기술적 지원을 한 것으로 볼 수 있다. 이는 창작적 기여와는 다르다. 창작적 기여란 창작물의 창작과정에서 창작자가 기여한 것으로 인정될 만한 실질적인 창작활동을 말한다.

AI의 학습과 생성과정에서 사업자는 중요한 역할을 하게 된다. 기업은 데이터 수집, 가공, 모델 개발, 평가 및 관리 등 다양한 단계에서 AI 모델을 지원한다.

데이터 수집과 가공: AI 모델의 품질과 성능은 데이터의 품질과 양에 크게 영향을 받는다. 사업자는 데이터 수집 및 가공 과정에서 사용되는 다양한 기술과 전문가를 투입하여 데이터를 수집하고 전처리하며, 데이터가 모델 학습에 적합하도록 변환하고 보완한다.

모델 개발: AI 모델의 개발 과정에서는 사업자의 데이터 과학자, AI 엔지니어 및 개발자 등 다양한 전문가들이 참여한다. 모델의 구조, 파라미터 및 하이퍼파라미터 등을 정의하고, 모델의 학습 및 평가를 위한 데이터셋을 생성한다.

모델 평가: 학습된 AI 모델의 성능을 평가하고 개선하는 것은 중요하다. 사업자는 테스트 데이터셋을 이용하여 모델의 정확도, 정밀도, 재현율 등의 성능 지표를 평가하고, 이를 바탕으로 모델을 개선하게 된다.

모델 관리: AI 모델은 지속적인 관리가 필요하다. 따라서, 사업자는 모델의 운영 및 유지보수를 위한 시스템을 구축하고, 모델의 성능 및 안정성을 모니터링하여 문제가 발생하면 적시에 대응할 수 있도록 해야 한다.

윤리적 책임: AI 기술이 인간의 삶에 큰 영향을 미칠 수 있는 만큼, 사업자는

AI 모델이 윤리적인 측면에서 안전하고 공정하게 작동할 수 있도록 적절한 규제 및 정책을 준수해야 한다. 다만, ChatGPT 등 생성형 AI가 만들어 낸 콘텐츠는 환각상태에 놓여 있는 경우가 종종 있기 때문에 이에 대한 대응이 무엇보다 필요하다.

요약하면, 사업자는 AI 모델의 학습과 생성과정에서 데이터 수집, 전처리, 모델 개발, 평가, 관리 및 윤리적 책임 등 다양한 역할을 맡게 된다.

위와 같은 과정에서 사업자는 다양한 투자를 하며, 그 결과로써 AI 모델이 구축된다. 그렇지만, 사업자는 AI 모델 자체의 구축에 대한 권리를 가지는 것은 당연하지만 그것을 활용하여 생성한 결과물에 대해서까지 권리를 주장할 수 있는지는 의문이다. 우리가 SW를 활용하여 창작한 이미지나 문서에 대한 저작권을 SW를 이용한 사람에게 부여하는 것과 같은 이치이다. 따라서, 사업자는 이용자가 생성한 결과물에 대해서까지 권리를 미치도록 하는 것은 사실상 지배영역에 놓여 있지 아니한 결과물에 대해서까지 책임을 지우는 것이 될 수 있다는 점에서 책임의 영역에서도 배제하는 것이 타당하다. 다만, AI 모델이 인종차별이나 국민의 기본권을 저해하는 등의 결과물을 생성하는 경우라면 서비스제공자인 사업자에 그 책임을 물을 수 있다.

4-5. AI를 소유한 사업자에게 업무상저작물을 인정하는 방안은?

업무상저작물은 일정한 범위 내에서 법적 보호를 받을 수 있다. 일반적으로 사업자나 조직이 직원에게 업무를 위해 일을 시키거나 의뢰한 경우, 그 일의 결과물로 나온 저작물은 그 직원이 아닌 해당 사업자나 조직이 저작권을 소유하게 된다. 하지만, 이러한 업무상저작물 개념은 매우 복잡한 문제를 가져올 수 있다. 예를 들어, 직원이 자신의 아이디어나 창작물을 일을 하면서 떠올렸다면 그것은 업무상저작물로 간주될 수 있지만, 그것이 직원의 창작물이라는 사실도 인정되어야 할 것이다. 따라서, 업무상저작물 개념에 대해서는 법적인 해석이나 보호 방안을 고려해야 할 필요가 있다.

AI가 만든 콘텐츠에 대해서는 일반적으로 AI를 소유한 사업자가 저작권을 가지게 된다. 이는 AI가 사업자의 지식재산으로 취급되는 것과 같은 이유이다. 따라서, 업무상저작물로 간주하여 사업자에게 권리를 인정하는 것은 가능하다. 그러나, AI

가 창작한 콘텐츠가 공동창작물이 될 가능성이 있다면, 이는 저작권법상의 공동저작물로서, 저작권을 가진 자들 간의 합의에 따라 권리를 인정할 수 있다. 따라서, 이 경우에는 AI 개발에 관여한 모든 자들에게 인정할 수 있는 권리가 발생할 수 있다.

5. 프롬프트의 저작권

5-1. AI에게 입력하는 프롬프트는 창작적 표현이 될 수 있을까?

생성형 AI는 입력된 프롬프트에 따라 일정한 규칙에 따라 답변을 생성하는 인공지능 언어모델이다. 프롬프트 자체는 창작적 표현이 될 수 있지만, 단순한 단어의 나열과같은 경우에는 저작물로서의 저작권 보호를 받지는 않는다. 단, 프롬프트에 담긴 아이디어나 문장이 일정 수준 이상의 창의성과 독창성을 갖추어 저작물로 인정될 수 있다면, 그 결과물은 저작물로서의 보호를 받을 수 있다. 따라서, 프롬프트에 어떠한 사상과 감정을 담았는지에 따라 저작물로서 인정받을 수 있는지가 결정될 수 있을 것이다. 참고로, 2023.3월에 공개된 미국저작권청의 AI생성물 저작권 등록에 대한 가이드라인에서도 '단순한' 프롬프트는 저작권 등록대상이 되지 않는다고 명시하고 있다.

5-2. 정교한 프롬프트라면 저작물이 될 수 있을까?

프롬프트를 생성하는 사람이 고민하고 다양한 시도를 통하여 완성한 것이라면 해당 프롬프트 역시 창작적 표현의 일종이다. 프롬프트를 작성하는 것은 특정 주제나 아이디어에 대한 관점, 시각, 감정, 경험 등을 반영하며, 이러한 요소들이 적절하게 결합되어 창작적이고 유용한 프롬프트를 만들어 낼 수 있다. 따라서, 프롬프트 작성도 창작적 표현의 일환으로 생각할 수 있다.

5-3. 프롬프트와 그 결과물의 성격을 어떻게 봐야 할까?

프롬프트와 그 결과물은 서로 다른 성격을 가지고 있다. 프롬프트는 주어진 주제나 키워드 등을 바탕으로 작성자가 입력한 문장이나 질문 등으로 이루어져 있다. 따라서, 프롬프트 자체는 아이디어로서 창작적 표현이 아니라는 주장도 있을 수 있지만, 그것을 어떻게 활용하느냐에 따라 창작적인 결과물을 만들어낼 수 있다.

반면에 프롬프트를 기반으로 생성된 결과물은 일종의 창작물이 될 수 있다. 그러나, 이 경우 결과물의 창작적인 수준은 생성된 결과물에 따라 다양하게 나타날 수 있다. 결과물이 단순한 반복적인 내용이나 무의미한 문장일 수도 있고, 창조성과 창의성이 있는 작품일 수도 있다.

따라서, 프롬프트와 그 결과물의 성격을 판단할 때에는 각각의 특성과 문맥을 고려하여 적절하게 판단해야 한다. SW를 활용하여 저작물을 만들거나, 카메라로 사진을 찍는 경우와 유사한 매커니즘으로 볼 가능성도 있다. 즉, 카메라를 조작하는 사람이 해당 결과물에 대한 권리를 행사할 수 있는 것처럼 프롬프트로 생성형 AI에게 명령하는 것을 유사하게 볼 수도 있기 때문이다.

5-4. 프롬프트를 통해 명령한 것은 누구의 창작적 행위일까?

입력한 프롬프트를 통해 결과물을 생성한 것은 AI모델 자체의 생성에 따른 것이며, 프롬프트는 그 창작적 행위를 유도하기 위한 단순한 지시·명령에 불과하다. 따라서, 프롬프트를 통해 명령한 것은 사용자의 창작적 행위라기보다는 모델이 자체적으로 창작한 결과물에 영향을 미치는 일종의 가이드 역할을 한다고 볼 수 있다. 좀 더 자세히 설명하자면, 프롬프트를 통해 입력된 내용은 사용자의 입력에 따라 AI가 자동으로 생성한 결과물이기 때문에, 일반적으로는 사용자가 AI의 창작적 행위에 대한 기여를 하지 않는다. 따라서 프롬프트를 통해 생성된 결과물은 주로 AI의 창작적 행위로 간주된다.

하지만, 프롬프트를 통해 생성된 결과물이 사람과 기계와의 협업적인 창작과정을 통해 만들어졌다면, 해당 결과물에 대한 저작권은 창작에 기여한 개인 또는 단체와 공동으로 소유할 수 있다. 물론, AI는 권리의무의 주체가 될 수 없기 때문에 해당 권리는 업무상저작물로서 해당 AI를 생성한 법인 등에게 귀속될 수도 있다. 다만, 권리관계를 명확히 하기 위해서는 프롬프트를 통한 지시·명령을 하나의 조작으로 보아, 사용자에게 권리를 귀속하는 것이 바람직하다. 참고로, OpenAI는 생성된 권리를 사용자에게 양도하는 약관규정을 두고 있다. 다만, 무슨 권한으로 무슨 권리를 양도하는 것인지는 불명확하다.

5-5. 프롬프트는 기계와 인간의 협력으로 볼 수 있을까?

프롬프트와 그에 따른 생성물은 기계와 인간의 협력에 의한 것이다. 프롬프트를 통해 인간이 입력한 키워드나 문장 등을 기계가 해석하고, 이에 따라 결과물을 생성하기 때문이다. 즉, 인간이 기계에게 명령을 지시를 하고, 기계가 그에 맞게 응답하여 결과물을 만들어 내는 과정에서 협력이 이루어지는 것이다.

그림같은 경우는 사람과 AI가 같이 표현하는데, 프롬프트와 그 결과물도 그렇게 볼 수 있는 것이 아닌가? 그림과 마찬가지로 프롬프트와 결과물도 기계와 인간이 함께 창작적인 표현을 하는 과정으로 볼 수 있다. 프롬프트는 인간이 기계에게 명령어 형태의 아이디어를 주고, 기계는 그 아이디어를 바탕으로 창작적인 결과물을 만들어 내는 것이다. 이러한 과정에서 인간과 기계가 서로 상호작용하여 창작적인 표현을 만들어 내고, 그 결과물은 인간의 감성과 판단에 따라 평가될 수 있다.

6. 개작과 2차적저작물

6-1. 2차적저작물작성권이란?

2차적저작물작성권이란 원작물을 수정, 번역, 각색, 파생물 등으로 변형하여 새로운 창작물을 만드는 권리를 말한다. 예를 들면, 소설을 각색하여 영화로 만드는 것을 들 수 있다. 원작물에 대한 저작권은 원저작자에게 있지만, 2차적저작물작성권은 원작물을 기반으로 새로운 창작물을 만든 사람에게 발생한다.

2차적저작물작성권은 저작권의 일부로서, 저작물을 변형하여 새로운 창작물을 만드는 권리를 보장한다. 이 권리는 원저작물의 형태, 장르, 언어 등을 자유롭게 변형하거나 추가하여 새로운 창작물을 만드는 것을 허용한다. 그러나, 이 경우에도 원작물에 대한 저작권을 침해하지 않아야 하며, 원작물의 사용 범위 내에서만 허용된다.

6-2. AI가 만든 콘텐츠를 개작하는 것은 2차적저작물을 작성하는 것인가?

AI가 만든 콘텐츠를 개작하는 것도 2차적저작물 작성에 해당할 수 있다. 개작 작업의 범위와 수준에 따라서 원저작물과의 차이가 크거나 작을 수 있다. 예를 들어, AI가 만든 이미지를 색상이나 구도를 바꾸는 등의 단순한 편집은 창작적 표현의 정도가 낮기 때문에 2차적저작물 작성에 해당하지 않을 수도 있다. 그러나, AI가 만든 문장을 수정하거나 AI가 만든 음악을 다른 악기로 연주하는 등의 개작 작업은 창작적 표현의 정도가 높아 2차적저작물 작성에 해당할 수 있다. 이 경우, 2차적저작물작성권은 개작을 한 사람에게 귀속된다.

6-3. 개작할 때, AI가 작성했다는 것을 표시해야 할까?

저작권법에서 개작이란 이미 공표된 저작물을 본래 저작자의 허락 없이 일부 내용이나 형식을 변경하여 새로운 창작물을 만드는 것을 말한다. 이러한 개작은 원래의 저작물에 대한 저작권은 그대로 유지되지만, 개작에 대한 저작권도 발생하게 된다. 예를 들어, 소설을 원작으로 한 영화나 드라마, 음악을 원작으로 한 리믹스, 그림을 원작으로 한 새로운 그림 등이 모두 개작에 해당한다. 하지만, 원작물과 개작 사이에는 출처를 밝히고 출판, 배포, 공연 등을 할 때 저작권법의 규정을 준수해야 한다. 또한, 원작자의 저작인격권을 침해하지 않도록 주의해야 한다.

저작물을 개작한 경우, 원저작물에 대한 출처를 밝혀야 한다. AI가 작성한 콘텐츠를 개작할 때에도, 원저작물의 출처와 AI가 작성했다는 사실을 표시하는 것이 바람직하다. 이를 통해 출처를 확인하고, 해당 콘텐츠의 저작권 침해를 방지할 수 있다. 또한, 개작의 경우 원저작물과 창작자의 창작성을 존중하며, 새로운 창작물을 만들어 내는 과정에서 원저작물을 왜곡하거나 훼손하지 않는 것이 중요하다.

7. 권리·의무의 주체로서 AI

7-1. 민법상 권리의무란 어떤 의미인가?

민법상 권리와 의무는 밀접한 관계를 갖고 있다. 권리를 가진 자는 그 권리를 행사할 때에는 그에 상응하는 의무가 발생하게 된다. 예를 들어, 재산권이 있는 사람은 그 재산을 보호하고 관리하는 의무가 있다. 또한, 계약을 체결한 경우에는 계약 내용에 따라서 그에 따른 의무가 발생하게 된다.

권리는 어떤 행위를 할 수 있는 자유나 특정한 이익을 취득할 수 있는 권한을 의미한다. 예를 들어, 저작권은 작품을 복제, 배포, 공연, 전시 등을 할 수 있는 권리를 말한다. 반면, 의무는 권리와는 반대로 다른 사람이나 사회에 대한 의무나 책임을 의미한다. 예를 들어, 저작권법에서는 저작권자가 자신의 저작물을 보호하기 위해 필요한 조치를 취하고, 다른 사람의 저작물을 존중해야 한다는 의무가 있다.

7-2. 사람만이 권리 · 의무의 주체가 될 수 있는가?

일반적으로는 사람만이 권리 · 의무의 주체가 된다. 왜냐하면, 인간만이 인간다운 존엄성을 가지고 있기 때문이다. 인간은 자유로운 의지를 가지며 자유로운 선택과 행동을 할 수 있으며, 더불어 인간은 감정과 정신적인 면에서 다양한 경험을 가지고 있다. 이러한 인간다운 존엄성 때문에 인간은 다른 생물과 구분되며, 인간의 권리와 의무는 법적으로 보호된다.

하지만, 법인이라는 단체 역시 권리 · 의무의 주체가 될 수 있다. 예를 들어, 기업이 법적인 책임을 지는 것은 사실상 기업의 이사회나 대표 등 일부 사람들이 대신하는 것이지만, 기업 자체가 법적인 책임을 지는 것으로 보는 것이 일반적이다. 이와 마찬가지로, AI가 소유한 권리나 의무를 대리인이 대신하는 것으로 인정되는 경우도 있다.

좀더 부연하자면, 법인격은 법인이 사람처럼 독립된 법적 주체가 되는 것을 의미한다. 법인은 자본금 등으로 자신의 목적을 달성하기 위한 경제활동을 수행하며, 이를 위한 행위를 할 수 있으며, 그 결과로 발생하는 책임도 지게 된다. 즉, 법인은 사람이 아니지만, 법률적으로 개인으로 인정되어 법률적으로 보호받으며, 사업을 영위하거나 계약을 체결할 수 있다. 또한, 법인이 부채를 갚지 못하면 개인의 자산까지는 건드리지 않으며, 법인의 자산만을 대상으로 채권자들이 대금청구나 강제집행을 할 수 있다. 이렇게 법인격은 개인과 법인의 자산을 분리하여 개인과 법인의 책임을 분리하는 효과가 있다.

7-3. AI는 권리 · 의무의 주체가 될 수 있을까?

현재로서는 AI가 권리 · 의무의 주체가 될 수는 없다. 권리와 의무는 인간에게만 부여되는 개념으로, 법적 주체가 될 수 있는 것은 인간 또는 법인만 인정되기 때문이다. 다만, AI가 어떤 작업을 수행함으로써 법적 결과를 초래할 수 있기 때문에, 이러한 상황에 대한 책임 문제는 현재 법적으로 논의되고 있다. 참고로, AI가 법인이 될 수 있다는 것은 입법적인 과정이 필요하다는 의미이다.

그렇다면, AI에게 법인격을 부여할 수 있는 방법은 있을까? 현재까지는 AI에게 법인격을 부여할 수 있는 방법은 존재하지 않는다. 법인격은 법적 주체로서 권리와 의무를 가질 수 있는 능력을 의미하는데, 이는 인간이 가지는 것으로 보고 있다. AI는 아직 인간의 창조물이며, 법인격을 부여하는 것은 현재 법적으로 불가능하다. 하지만, 인간이 AI를 운용하고, AI가 만든 결과물을 이용함으로써 법적 문제가 발생할 수 있기 때문에 이에 대한 법적 쟁점과 해결책이 필요하다.

7-4. EU의 로봇법인격에 대한 논의상황은?

EU에서 로봇의 법인격에 대한 논의를 시작한 이유는, 새로운 기술의 발전으로 인해 로봇이 인간과 상호작용하고 새로운 형태의 책임과 권리를 가지게 되었기 때문이다. 로봇이 인간과 비슷한 역할을 수행하는 경우, 새로운 법적 구조가 필요해진다는 것이 주된 이유였다. 이를 위해 로봇이나 인공지능 기술에 대한 적절한 법적 대응이 필요하다는 것이 제시되었다.

이러한 필요성에 따라, 2017년 유럽 의회에서는 "로보틱스 민사법 규정에 관한 집행위원회에 대한 권고 및 유럽의회 결의안"이 통과되었다. 동 결의안에서는 로봇에 대한 법인격 부여에 대한 논의를 제기했다. 동 결의안에서는 로봇이 자율적으로 행동할 때 발생할 수 있는 사고나 문제에 대한 책임을 누가 져야 하는지, 로봇의 소유자인지, 개발자인지 아니면 로봇 자체에게 책임을 지게 할지에 대한 논의가 필요하다는 것을 언급하면서 법인격 부여에 대한 가능성을 제기했다.

〈로보틱스 민사법 결의안〉

(법적책임) 59 f) 장기적으로 로봇에 대한 특정한 법적 지위를 창출하여, 적어도 가장 정교한 자율 로봇이 자신이 초래할 수있는 손상을 보상할 책임을 지는 전자 인간의 지위를 갖고, 로봇이 자율적인 결정을 내리는 경우에 전자적 인격이 적용되거나 제3자와 독립적으로 상호작용하는 것으로 설정될 수 있음

현재까지는 로봇에 대한 법인격 부여가 구체적으로 이루어지지는 않았으며, 법적인 문제들이 많아 이를 해결하기 위한 규제나 제도화가 필요하다는 것이 학계나 법률 전문가들 사이에서 논의되고 있는 상황이다.

7-5. AI는 저작자로서 역할을 할 수 있을까?

AI는 저작물을 생성할 수 있지만, 저작권법은 저작물의 창작자를 개인이나 법인으로 정의하고 있기 때문에 AI가 법적으로 저작자로서 인정받을 가능성은 없다. 물론, 창작의 영역은 인간의 영역이고 저작권법은 저작물을 인간의 사상과 감정의 '창작적' 표현이라고 정의하고 있으나, 로봇이 생성하는 콘텐츠도 충분한 '창작'으로 인정받을 수준의 가치를 갖는다. 다만, 창작적이라는 것이지 인간이 창작하는 '저작'이라는 의미는 아니다. 따라서, 현재의 기술적 한계와 법적인 쟁점 등을 고려하면 AI를 저작자로 인정하는 것은 여전히 복잡한 문제이다. 따라서, 저작권법의 개정이 있어야 하는 사항이다. 2023년 8월, 미국 법원은 AI가 생성한 결과물에 대해 저작권을 인정하지 않는 판결을 내린바 있다.[14]

8. 기계번역

8-1. 기계번역은 어떤 의미를 갖는가?

기계번역은 다양한 언어를 사용하는 사람들이 서로 소통하기 위한 장벽을 제거하고, 문화와 지식을 공유하는데 매우 중요한 역할을 한다. 이를 통해 국경과 언어적 장벽을 초월하고 세계 각국 사람들이 서로를 이해하고 소통할 수 있게 된다.

기계번역은 비즈니스, 교육, 정치, 문화 등 다양한 분야에서 활용되며, 이를 통해 국가간의 교류와 협력을 촉진하는데도 큰 도움이 된다. 특히, 글로벌 시대에서는 기계번역이 국제 비즈니스, 여행, 교육 등에서 필수적인 기술로 자리 잡았으며, 앞으로 더욱 중요성이 증대될 것으로 예상된다. 또한, 기계번역은 인공지능 분야에서 중요한 연구 주제로 자리 잡았으며, 자연어 처리와 기계학습 등 다양한 기술의 발전에 큰 기여를 하고 있다. 따라서, 기계번역은 언어학, 인공지능, 컴퓨

---

14) Thaler v. Perlmutter, No. 22-1564 (D.D.C. Aug. 18, 2023).

터 공학 등 다양한 분야에서 중요한 의의를 지니고 있다.

기계번역의 역사적 의의는 어떨까? 기계번역의 역사적 의의는 인류 역사에서 다양한 언어를 사용하는 사람들이 서로 의사소통하기 위한 문제를 해결하기 위한 기술로서, 인간의 언어 능력을 컴퓨터로 모사하는 기술이다. 초기에는 신문, 서적 등의 번역을 위해 인간의 노력만으로 이루어졌으나, 이는 시간과 비용이 매우 많이 드는 작업으로서 한계가 있었다. 이에 따라 기계번역 기술은 전 세계적으로 중요한 필요성을 가지게 되었고, 이후 기술 발전과 연구 노력에 따라 현재에 이르렀다.

기계번역 기술이 발전하기 시작한 시기는 1940년대이며, 이후 다양한 방식의 기계번역 기술이 연구되었다. 초기의 기계번역 기술은 규칙 기반 자동 번역(RBMT)이었으며, 문법 규칙 등을 이용하여 번역을 수행하는 방식이었다. 이후 통계 기반 자동 번역(SMT) 기술이 등장하였으며, 이 방식은 대규모의 병렬 말뭉치 데이터를 이용하여 번역을 수행하며, 이전에는 어려웠던 다양한 언어의 번역도 가능해졌다. 그러나, RBMT와 SMT 방식 모두 언어의 문맥을 제대로 이해하지 못하여 번역의 정확도나 자연스러움 등에서 한계가 있었다. 최근에는 인공신경망을 기반으로 하는 인공신경망 기계번역(NMT) 기술이 발전하였으며, 이 방식은 대규모 데이터를 이용하여 인공신경망 모델을 학습하는 방식으로, 번역의 정확도와 자연스러움에서 이전 방식보다 크게 발전하였다. 따라서, 기계번역 기술은 인류 역사상 다양한 언어를 사용하는 사람들이 서로 의사소통하기 위한 중요한 도구이며, 기술 발전과 연구 노력에 따라 현재에 이르렀다.

8-2. 번역 AI의 번역 과정에 대해 설명하면?

먼저, 번역 모델에 입력되는 문장은 일반적으로 텍스트 데이터로 제공된다. 입력 문장은 번역하고자 하는 언어로 작성되며, 번역을 수행하는 데 필요한 전처리가 수행된다. 예를 들어, 문장 분리, 토큰화, 형태소 분석 등이 이에 해당된다. 이후, 입력 문장은 기계번역 모델에 입력된다. 대부분의 기계번역 모델은 인공신경망 모델을 기반으로 한다. 인공신경망 모델은 입력 문장을 벡터 형식으로 변환하여 처리한다. 이 과정에서는 주로 임베딩(embedding) 기술이 사용된다. 임베딩 기술은 단어나 문장을 고차원 벡터 형태로 변환하는 기술로, 기계가 문장을 이해하고 처리할 수 있는 형태로 변환한다.

입력 문장이 벡터 형태로 변환되면, 기계번역 모델은 이를 기반으로 번역된 문장을 생성한다. 번역된 문장은 일반적으로 디코더(decoder)라는 구조를 통해 생성된다. 디코더는 입력 문장의 벡터 표현을 이용해, 번역된 문장을 단어 단위로 생성한다. 이 과정에서는 출력 언어의 문법, 어휘, 문장 구조 등의 정보가 활용된다. 이렇게 번역된 문장이 생성되면, 최종 출력 형식으로 변환된다. 이 과정에서는 텍스트 포맷팅, 문장 정렬, 대소문자 처리 등이 수행될 수 있다. 번역된 결과는 일반적으로 출력 언어로 제공되며, 필요에 따라 다른 형태로 제공될 수도 있다.

마지막으로, 번역 결과는 평가되어야 한다. 평가를 통해 번역 모델의 성능을 개선할 수 있다. 평가 방법으로는 인간 평가, 자동 평가 등이 있으며, 이를 활용하여 번역 모델을 지속적으로 개선해 나갈 수 있다.

8-3. 기계번역 기술을 위해 필요한 것은?

기계번역을 위한 기술은 끊임없이 발전하고 있지만, 완벽한 번역을 보장하지는 않는다. 언어에는 문맥, 의미, 문법 등 다양한 요소가 포함되어 있어, 번역 모델이 이러한 것들을 정확히 파악하고 이해하려면 굉장히 많은 데이터가 필요하다. 따라서, 좋은 데이터 수집과 정제, 품질 개선, 번역 모델의 학습 방법과 구조, 평가 방법 등을 계속해서 연구하고 개선해 나가야 한다. 이러한 노력을 통해 번역 모델의 정확도와 성능을 높일 수 있고, 사람과 기계가 함께 작업하는 하이브리드 번역 방식 등의 새로운 기술도 개발될 수 있다.

8-4. 기계번역의 유형은 어떤 것이 있나?

자동 번역은 기계번역 기술 중 하나로, 인간이 작성한 언어를 컴퓨터가 자동으로 다른 언어로 번역하는 기술을 말한다. 기술적인 측면에서 자동 번역은 크게 두 가지 유형으로 구분된다.

첫째, 규칙 기반 자동 번역(Rule-Based Machine Translation, RBMT)은 문법 규칙, 사전, 언어학적 지식 등을 이용해 번역을 수행한다. 예를 들어, 문장 구조나 어순, 단어의 의미와 문맥 등을 파악하여 번역을 수행한다. 이 방식은 정확도가 높지만 번역 규칙을 미리 정의해야 하므로 새로운 언어에 대한 번역을 수행하는 데에는 한계

제5장 생성형 AI와 저작권

가 있다.

둘째, 통계 기반 자동 번역(Statistical Machine Translation, SMT)은 대량의 언어 데이터를 기반으로 번역 모델을 학습하고, 이를 이용해 새로운 문장을 번역한다. SMT는 머신 러닝과 자연어 처리 기술을 활용하며, 기계학습을 통해 데이터의 패턴을 파악하고 이를 기반으로 번역을 수행한다. 이 방식은 규칙 기반 자동 번역에 비해 다양한 언어에 대한 번역이 가능하며, 대량의 언어 데이터를 활용하므로 더욱 정확한 번역 결과를 제공할 수 있다.

최근에는 인공신경망을 기반으로 하는 인공신경망 기계번역(Neural Machine Translation, NMT)이 더욱 발전하고 있다. NMT는 SMT와 달리, 인공신경망 모델을 이용하여 문장을 번역한다. 이 방식은 SMT보다 더욱 정확한 번역 결과를 제공할 수 있으며, 대규모 데이터를 활용하여 언어모델을 학습할 수 있으므로 다양한 언어에 대한 번역도 가능하다.

8-5. 인간의 번역과 비교했을 때, 현재 기계번역의 수준은?

기계번역의 수준은 매우 다양하며, 여러 요인에 따라 달라질 수 있다. 현재 기계번역 기술은 인간이 생각하는 것처럼 완벽한 번역을 제공하는 것은 아니지만, 일반적인 문장 번역에서는 상당히 높은 수준의 정확도를 보여준다.

특히, 인공신경망 기반의 기계번역(NMT) 기술이 발전함에 따라 기존의 통계 기반 기계번역(SMT) 기술에 비해 더욱 자연스러운 번역 결과를 제공한다. 최근의 인공신경망 번역 기술은 많은 데이터와 컴퓨팅 자원, 그리고 다양한 기술적 개선을 통해 더욱 발전하고 있으며, 더욱 정확한 번역 결과를 제공하기 위한 연구도 활발하게 이루어지고 있다.

하지만, 여전히 기계번역 기술에는 한계가 있으며, 인간이 수행하는 것처럼 정확하고 자연스러운 번역을 100% 보장하지는 못한다. 특히, 문맥과 의도를 정확하게 파악해야 하는 경우에는 여전히 인간의 번역이 필요하다. 따라서, 기계번역 기술은 인간의 번역 능력을 보완하고 도움을 주는 것으로 볼 수 있다. 이러한 이유로 기계번역물에 대해 인간이 개입하는 포스트에디팅이 이루어지고 있다.

8-6. 기계번역에서 파인튜닝은 왜 필요할까?

기계번역에서 파인튜닝(Fine-tuning)은 미리 학습된 모델을 추가적으로 훈련시켜 새로운 작업에 맞게 조정하는 기술이다. 이를 통해 미리 학습된 모델의 성능을 개선하거나, 특정 작업에 특화된 모델을 만들 수 있다. 파인튜닝은 대부분의 기계번역 모델에서 중요한 역할을 한다. 예를 들어, 번역 대상 언어, 어휘, 문법 등에 따라 미리 학습된 모델의 성능이 다를 수 있다. 따라서, 새로운 작업에 대해 미리 학습된 모델을 그대로 사용하는 것보다 파인튜닝을 통해 해당 작업에 맞게 조정된 모델을 사용하는 것이 더욱 효과적이다.

파인튜닝은 일반적으로 작은 양의 추가 학습데이터를 사용하여 수행된다. 이는 새로운 작업에 대한 모델을 구축하는 데 필요한 시간과 비용을 줄일 수 있는 이점이 있다. 파인튜닝은 또한 다양한 언어 쌍에 대한 번역 성능을 개선하고, 새로운 분야나 주제에 대한 번역 능력을 향상시킬 수 있다.

8-7. 기계번역에는 인간의 창작적 기여가 이루어질 수 있을까?

기계번역의 창작(creativity)은 언어의 복잡성과 다의성, 문맥에 따라 다르게 해석될 수 있는 어려움 때문에 기계번역이 완전한 대안으로 작용하지 못하는 경우가 많다. 따라서, 기계번역 시스템은 문장 구조와 어휘 선택에서 매우 제한적이며, 일부 언어 간 번역에서는 형태론적인 차이로 인해 오역의 위험이 높다.

최근 인공신경망을 기반으로 한 딥러닝 기술의 발전으로, 기계번역 시스템은 이전보다 더욱 정확해지고, 더 많은 문장과 문서를 처리할 수 있게 되었다. 또한, 신경망 기계번역 시스템에서는 번역이 단어 단위에서 문장 단위로 이루어지며, 입력 문장과 출력 문장을 동시에 고려하는 end-to-end 모델이 사용된다. 딥러닝 기술을 활용하여, 번역의 창작성을 높일 수 있는 연구도 활발히 이루어지고 있다. 예를 들어, 기계번역 시스템에서 번역이 잘못된 부분을 사용자가 수정하면, 이를 학습하여 오류를 최소화하는 방식이 있다. 또한, 번역 대상 문장의 문맥을 파악하고, 기존의 번역 대안에서 벗어나 새로운 번역 방법을 찾는 연구도 진행 중이다.

하지만, 여전히 번역의 창작성은 인간 번역가가 제공할 수 있는 것과는 차이가 있다. 인간은 언어의 복잡성과 다의성을 이해하고, 문맥과 상황에 맞게 번역을 수행할 수 있다. 따라서, 인간의 번역 능력과 기계번역 기술의 결합이 최적의 번역 결과를 제공할 수 있는 방법 중 하나가 될 것이다.

<번역의 창작성에 관한 판례>

번역저작물의 창작성은, 원저작물을 언어체계가 다른 나라의 언어로 표현하기 위한 적절한 어휘와 구문의 선택 및 배열, 문장의 장단 및 서술의 순서, 원저작물에 대한 충실도, 문체, 어조 및 어감의 조절 등 번역자의 창의와 정신적 노력이 깃들은 부분에 있는 것이고, 그 번역저작물에 나타난 사건의 전개, 구체적인 줄거리, 등장인물의 성격과 상호관계, 배경설정 등은 경우에 따라 원저작물의 창작적 표현에 해당할 수 있음은 별론으로 하고 번역저작물의 창작적 표현이라 할 수 없으므로, 번역저작권의 침해 여부를 가리기 위하여 번역저작물과 대상 저작물 사이에 실질적 유사성이 있는가의 여부를 판단함에 있어서는 위와 같은 번역저작물의 창작적인 표현에 해당하는 것만을 가지고 대비하여야 한다.

출처: 대법원 2007. 3. 29. 선고 2005다44138 판결 [저작권침해정지등]

기계번역물이 창작물로 인정받기 위해서는 기계번역 과정에서의 창작적 기여가 필요하다. 하지만, 일반적으로 기계번역은 인간의 창작적인 요소를 포함하지 않는 경우가 많아서 저작물로 인정받기 어렵다. 다만, 번역 프로그램을 개발하거나 번역을 수행하는 알고리즘 등에 대해서는 저작권 보호의 대상이 될 수 있다. 또한, 번역물에 대한 저작권은 번역물을 만든 사람 또는 그 사람이 권리를 양도받은 자에게 있다. 따라서, 기계번역이라 하더라도 저작자의 동의 없이 무단으로 복제, 배포, 전송 등을 하는 것은 저작권법 위반이 될 수 있다. 무엇보다, 창작적 기여가 없는 기계번역은 언어의 변환에 불과하기 때문에 2차적저작물이 생성될 수 없다. 즉, 언어의 변환에 불과한 기계번역은 복제권의 침해에 해당할 수 있다.

8-8. 기계번역에서 포스트에디팅은 어떤 의미를 갖는가?

기계번역의 품질은 완벽하다고 보기 어렵다. 번역의 정확도와 자연스러움 등에서 여전히 한계가 있기 때문이다. 이러한 한계를 극복하기 위해 나온 개념이 포스트에디팅(post-editing)이다. 포스트에디팅은 "무료 온라인 기계번역을 교정교열하는 작업"15)으로 정의하기도 한다. 포스트에디팅은 기계번역된 문장을 인간이 직접 교정을 보거나 편집하는 것으로, 이 과정을 거치면서 번역 품질을 향상시킬 수 있게 된다.

인공지능 기술을 사용하여 자동으로 번역하는 과정을 말하는 기계번역은 대량의 데이터와 기계학습 알고리즘을 활용하여 구현된다. 일반적으로, 기계번역은 빠르고 저렴한 비용으로 대량의 문서를 번역하는 데 유용하다. 그러나, 기계번역 시스템은 완벽하지 않기 때문에 일부 오역, 누락, 어색한 문장 등이 발생할 수 있다. 이러한 이유 때문에 사람의 개입이 이루어지는 포스트에디팅이 기계번역에서는 필수적인 요건이 되고 있다.

이 프로세스는 기계번역 시스템이 생성한 번역물의 질을 향상시키고, 번역 오류를 수정하며, 번역 결과물의 문체나 어조를 개선하는 데 사용된다. 포스트에디팅은 전문 번역가가 직접 번역하는 것보다 더 적은 시간과 비용이 들어가기 때문에 기계번역 시스템을 사용하는 기업이나 기관에서 많이 활용된다. 따라서, 기계번역과 포스트에디팅은 번역과 관련된 비즈니스 분야에서 중요한 역할을 한다. 기계번역 시스템은 대량의 문서를 신속하게 번역할 수 있는 능력을 제공하며, 포스트에디팅은 기계번역 결과물의 질을 향상시켜 최종 결과물의 품질을 향상시킨다.

물론, 포스트에디팅은 기계번역이 아닌 전통적인 번역에서도 사용된다. 예를 들어, 고객의 요구에 따라 빠르게 번역을 제공해야 하는 경우, 먼저 기계번역을 수행하고, 이후에 인간 번역가가 포스트에디팅을 수행하여 번역 품질을 높일 수 있다.

8-9. 번역에 따라 생성된 번역메모리의 권리관계는 어떻게 되나?

번역물의 원본과 번역물을 쌍으로 하는 번역메모리(translation memory, TM)는 저작권법상 민감한 문제 중 하나이다. 이는 번역물의 원본 저작권자와 번역물의 저작권자 간의 권리관계, 그리고 번역메모리를 사용하는 번역기업과의 계약 내용 등에 따라 다양한 경우가 존재하기 때문이다. 번역물의 원본과 번역물을 쌍으로 하는 번역메모리는 보통 번역기업에서 보유하고 있으며, 이를 이용하여 번역 업무

---

15) 이상빈, "학부번역전공자의 기계번역 포스트에디팅, 무엇이 문제이고, 무엇을 가르쳐야 하는가?", 통역과 번역, vol.19, no.3, 2017, 39쪽.

를 수행한다. 이 경우, 번역기업과 원본 저작권자 간에 계약을 통해 이용권을 획득하거나, 번역기업이 원본 저작물을 이용하지 않고 직접 작성한 경우에는 번역기업이 번역물의 저작권자가 될 수 있다.

번역기업과 번역가 간에도 계약 내용에 따라 번역메모리의 권리관계가 결정된다. 보통 번역기업이 번역가로부터 번역물과 번역메모리에 대한 저작권을 양도받는 경우가 많다. 이 경우, 번역가는 번역물과 번역메모리의 저작권을 포기하고 번역기업에게 양도한다. 따라서, 번역메모리의 권리관계는 번역물의 원본과 번역물, 그리고 이를 이용하는 번역기업과의 계약 내용에 따라 다양하게 결정된다. 저작권법상 이용권에 대한 내용이 명시되어 있는 계약을 체결하고, 원본 저작자와 번역기업 간에 적절한 저작물 이용료가 지급되어야 한다. 이러한 계약 내용을 명확히 하고 적절한 이용료를 지급하는 것이 민사상 분쟁을 예방하는 데 중요하다.

9. AI 창작을 보호하기 위한 방법

9-1. AI 창작은 등록이 필요한가?

AI 창작물이 등록이 필요한지 여부는 창작물의 유형, 국가별 법적 요건 등에 따라 달라질 수 있다. 일반적으로, 저작권법에 따라 창작물의 저작권은 창작자가 창작을 한 즉시 자동으로 발생한다. AI가 창작한 작품에 대해 인간 창작물과는 다른 저작권법적 요건이 적용될 수 있다. 예를 들어, 저작권법상 인간의 창작성 요건을 충족시켜야만 저작물로 보호받을 수 있다. 이 경우, AI가 창작한 작품에 대해서는 인간의 창작성 여부를 검토하는 절차가 필요할 수 있다.

또한, 저작물 등록을 통해 저작권자의 권리를 강화할 수 있다. 예를 들어, 미국에서는 저작물 등록을 통해 저작권자가 법정소송을 제기할 수 있는 권리를 획득할 수 있다. 이 경우, AI가 창작한 작품도 등록을 통해 저작권자의 권리를 강화할 수 있다.

인간의 표현과 AI 생성물이 결합된 <새벽의 자리야>라는 저작물의 등록이 취소된 바 있다. 미국저작권청은 해당 등록물에 대한 소명을 요청하였으나, 소명을 하지 않아 저작권 등록이 취소된 것이다. 이에 따라 저작권청은 2023.3월 AI생성물에 대한 등록가이드라인을 발표하였다. 기본적인 내용은 오로지 AI가 생성한 결과물은 저작권 등록이 될 수 없다는 것이다. 여전히 명확한 가이드라인을 제시한 것으로 보기는 어렵다.

9-2. AI가 창작한 것인지 별도 표시해야 하나?

AI가 창작한 것인지 여부에 따라서 표시 여부가 결정된다. 만약 AI가 창작한 작품이 인간의 창작물과 구분하기 어려우며, 작품 자체가 창작에 대한 인간의 창의성과 관련된 것이 아니라 기계적인 프로세스에 의해 생성되었다면, 이를 표시하지 않는 것이 일반적이다. 만약 AI가 창작한 작품이 인간의 창의성과 관련된 것이며, 인간의 창작물과 구분하기 어렵다면, 작품 자체에 AI가 창작했다는 것을 표시하는 것이 바람직할 수 있다. 이 경우 표시 방법에 대해서는 관련 법적 규정을 준수해야 한다.

AI가 창작한 것인지 별도 표시하는 것은 필요할 수 있다. 이는 두 가지 이유로 인해 중요하다. 첫째, 창작물의 출처를 명확히 하는 것은 저작권 침해와 관련된 문제를 방지할 수 있다. AI가 생성한 작품은 저작권 법적 지위가 불분명할 수 있으며, 이를 명시함으로써 저작권 침해 문제를 방지할 수 있다.

둘째, AI가 창작물을 만들었다는 것이 해당 작품의 특별한 가치나 중요성을 나타내는 경우도 있다. 예를 들어, AI가 작곡한 음악이나 그림 등이 있다면, 이를 알리는 것은 작품에 대한 새로운 관심과 인식을 불러일으킬 수 있다.

따라서, AI가 창작한 것인지 별도 표시하는 것은 출처를 명확히 하고, 작품에 대한 인식과 가치를 높일 수 있는 중요한 역할을 할 수 있다.

9-3. AI 생성물의 보호기간은 얼마 정도가 적절할까?

우리나라는 저작자 사후 70년 동안 보호를 받는다. 다만, AI 창작물의 보호기간은 법적 규정이 아직 정비되지 않아 논란이 많다. 다만, 현재 AI 창작물의 저작권 보호기간을 얼마로 둘지에 대한 명확한 기준이 없다. 그러나, 일반적으로 저작권 보호기간은 해당 창작물이 생성되었을 때 저작자가 살아있는 경우에는 저작자의 사망 후 일정 기간 동안, 만약 저작자가 이미 사망했다면 해당 창작물이 공개된 날짜로부터 일정 기간 동안 유효하다.

우리 저작권법상 데이터베이스 제작자의 권리는 5년이지만, 1996년 제정된 EU

데이터베이스 보호지침에서는 15년 동안 보호토록 하고 있다. 따라서, EU에서 데이터베이스 제작자는 데이터베이스가 저작물이거나 중요한 경제적 가치를 가지고 있을 경우, 해당 데이터베이스에 대한 저작권 또는 데이터베이스 제작자의 권리를 보유할 수 있다. 미국에서는 별도 데이터베이스 보호규정은 없으나 저작권법 또는 불법행위법리에 따라 보호가 가능하다. 이처럼, 국가별로 저작권 보호 기간이 다르기 때문에 일반적인 기준으로 삼기에는 어려움이 있다.

다만, AI에 의한 창작물은 데이터베이스와 같이 5년 정도가 적합한 것이 아닐까 생각한다.

〈EU DB지침〉

EU 데이터베이스 지침(96/9/EC)은 데이터베이스 작성자의 지식재산권 보호를 목표로 하는 지침이다. 이 지침은 데이터베이스를 "저작물"로 간주하고 데이터베이스 작성자에게 원본 작성자와 동등한 지식재산권을 부여한다.

지침의 주요 목적은 데이터베이스 생성에 소요되는 지식, 시간, 노력 및 비용 측면에서 데이터베이스 생성자가 수행한 투자를 보호하는 것이다. 이 지침은 데이터베이스 작성자에게 데이터베이스를 복제, 배포, 전시, 공연, 방송 및 재전송할 수 있는 권리와 이러한 권리가 침해될 경우 법적 조치를 취할 수 있는 권리를 제공한다.

이 지침은 또한 데이터베이스의 sui generis 보호 및 데이터베이스의 "상당한 투자"와 관련된 문제를 다루고 있다. 즉, 데이터베이스가 원래 형식 이상으로 크게 수정되거나 업데이트되더라도 데이터베이스 생성자는 여전히 특정 수준의 보호를 받을 수 있다.

EU 데이터베이스 지침에 따른 데이터베이스 보호 기간은 데이터베이스 완성일로부터 15년이다. 다만, 데이터베이스에 중대한 변경이 있는 경우 등 특별한 사정이 있는 경우에는 이 기간을 연장할 수 있다.

10. 새로운 창작모델 - 지식재산 제도의 변화

10-1. 생성형 AI는 저작권법의 신질서를 가져올 수 있을까?

생성형 AI는 저작물을 생성하는 기술로써, 저작권법에 새로운 질서를 만들 수 있다. 생성형 AI가 만들어 내는 작품의 지식재산권 문제는, 현재 법적인 구조와 개념들이 해결하지 못하는 많은 문제점을 드러내고 있다. 예를 들어, 생성형 AI가 자유롭게 사진, 음악, 문학작품 등을 생성할 수 있을 때, 이러한 작품의 지식재산권 문제는 누구의 것인가에 대한 논쟁이 생길 수 있다. 현재 저작권법은 작품을 창작한 사람에게 지식재산권을 부여하는 방식으로 운영되고 있지만, 생성형 AI는 작품을 창작한 사람이 없는 상황에서 프롬프트의 지시만으로 작품을 생성할 수 있기 때문에 이러한 문제가 발생할 수 있다.

따라서, 생성형 AI가 만들어 내는 작품의 저작권 문제는 새로운 법적인 구조와 개념이 필요할 것으로 보인다. 이를 해결하기 위해서는 다양한 이해당사자들 간의 대화와 협상, 국제적인 논의와 그에 따른 국내 법제도의 정비 등이 필요할 것으로 보인다.

10-2. AI를 학습데이터로 학습시키는 것이 저작권법에 미치는 영향은?

AI가 학습데이터로 학습하는 것이 저작권법에 미치는 영향은 몇 가지 측면에서 고려해야 한다.

첫째, AI가 학습하는 데이터가 저작물일 경우 해당 저작물에 대한 저작권법적 보호가 적용된다. 따라서, AI가 학습하는 데이터가 저작물인 경우에는 해당 저작물의 저작권자의 사용 권한을 얻어야 한다. 만약 사용 권한이 없는 경우 AI를 학습시키는 것은 저작권 침해로 간주될 수 있다.

둘째, AI가 학습하는 데이터가 저작권법으로 보호받지 못하는 경우에도, 학습데이터를 수집하는 과정에서 개인정보 보호법 등 다른 법적 규제를 준수해야 한다.

셋째, AI가 학습하는 데이터에 대한 저작권은 저작물의 원저작자에게 있으며, AI가 생성하는 결과물에 대한 저작권은 일반적으로 AI를 개발하거나 운용하는 사람 또는 조직에게 있다. 따라서, AI가 생성한 결과물이 저작권법적 보호를 받을 경우, 이에 대한 소유자는 AI를 개발하거나 운용하는 사람 또는 조직이 될 것이다.

AI가 학습하는 데이터에 대한 저작권 문제는 AI 기술이 발전함에 따라 중요한 문제가 될 것이다. 따라서, AI를 개발하거나 운용하는 사람 또는 조직은 학습데이터의 저작권 문제에 대해 유념하고, 법적 규제를 준수하는 것이 중요하다.

10-3. AI에게 저작권을 인정해야 할까?

현재로서는 AI가 저작권을 가지는 것은 불가능하다. 저작권법은 창작자가 인간인 경우에만 저작권을 인정하고 있기 때문이다. 이는 저작권의 기본적인 원칙으로서, 창작자가 창작물에 대한 창작 과정에서 가지는 창작자의 자유와 책임을 보장하는 것이다. 그러나, AI가 창작물을 생성하는 경우에는, 이를 생성한 사람, 즉 프로그래머나 사용자 등에게 저작권이 부여된다. AI는 단지 그들이 작성한 알고리즘과 데이터를 기반으로 창작물을 생성하고 있을 뿐이다. 따라서, AI는 단지 도구일 뿐이며, 그것이 생성한 창작물에 대한 저작권은 이용자에게 부여된다. AI가 창작물을 생성하는 경우, 이를 생성한 방법과 생성된 결과물에 대한 저작권법적인 문제들이 다양하게 발생할 수 있다. 이러한 문제들을 해결하기 위해서는 기존의 저작권법적인 구조와 개념들이 변화해야 할 필요성이 있다.

10-4. AI의 창작이 인정되면 AI의 침해도 인정되어야 하지 않을까?

AI에 의한 창작이 가능하다면, AI에 의한 침해도 인정되어야 한다. 이는 AI가 생성한 콘텐츠가 다른 사람의 지식재산권을 침해할 수 있기 때문이다. AI 모델이 특정 지식재산권을 침해했는지 여부를 판단하기 위해서는, 해당 지식재산권의 범위와 법적 요건 등을 고려하여 분석해야 한다. 예를 들어, 만약 AI 모델이 이미지나 음악을 생성하면서, 다른 사람의 저작권을 침해하는 경우가 있다면, 해당 콘텐츠를 생성한 AI 모델을 만든 회사, 데이터 제공자, 알고리즘 개발자 등 다양한 주체들이 법적 책임을 부담할 수 있다. 따라서, AI에 의한 창작과 동시에 AI에 의한 침해도 함께 고려되어야 하며, 이를 통해 AI 모델의 개발과 사용에 대한 적절한 규제와 법적 책임이 부여되어야 한다.

다만, 현재로서는 AI에게 창작을 인정하는 것은 법적으로 불가능하다. 저작권법은 창작물에 대한 저작권을 창작자에게 부여하고 있으며, 창작자는 인간에 한정되어 있다. 또한, AI의 침해도 법적으로 인정되지 않는다. AI는 기계적으로 작동하는 프로그램이며, 의도나 판단 없이 동작한다. 따라서, AI의 행동이 침해일 경우, 해당 AI를 운영한 사용자나 프로그래머 등이 법적인 책임을 지게 된다.

10-5. AI 시대의 지식재산 제도도 변해야 하지 않을까?

AI 기술의 발전으로 인해 지식재산 제도에 대한 새로운 문제들이 발생하고 있다. 예를 들어, AI가 생성한 작품의 저작권 문제, AI가 특허 출원을 하는 경우 등이 그 예이다. 따라서, AI 시대의 지식재산 제도도 변화가 필요하다. 이를 위해서는 기존의 지식재산 제도를 개선하거나 새로운 법률을 제정하여 AI 기술에 대한 보호와 규제를 강화해야 한다.

먼저, AI가 생성한 작품에 대한 저작권 문제를 해결하기 위해서는 AI가 작품을 창작한 것인지 아니면 사람이 AI를 사용하여 작품을 창작한 것인지를 구분하는 기준을 마련해야 한다. 이를 위해서는 AI가 작품을 창작할 때 사용된 데이터나 알고리즘 등을 고려하여 판단하는 방법을 모색해야 한다. 또한, AI가 특허 출원을 하는 경우에는 AI가 출원한 발명이 실제로 새로운 기술인지, 비예측성과 산업적 활용 가능성이 있는지 등을 검토하는 체계를 마련해야 한다.

이러한 문제를 해결하기 위해서는 AI 기술에 대한 법적 정의와 AI가 생성한 지식재산권을 보호하기 위한 전문가들의 역할이 중요하다. 따라서, 법률 및 기술 전문가들과 함께 AI 시대에 대응할 수 있는 새로운 지식재산 제도를 구상하고 적용할 필요가 있다. 다부스(DABUS)의 발명자성은 AI발명에 대한 근본적인 문제를 제기한 바 있다. 아울러, ChatGPT가 제기한 생성형 AI로 인한 저작권 문제는 의미 있는 사안이라고 본다.

제6장 데이터 공정이용

예측 가능성과 법적 안정성은 서로 밀접하게 연관된 개념이다. 예측 가능성은 어떤 결정이나 행동이 미래에 어떤 결과를 초래할지에 대한 예측이 가능한 정도를 나타낸다. 예를 들어, 법적 결정이나 정책이 예측 가능성이 높다면 사람들은 미래의 결과를 예측하고 그에 따른 대처를 할 수 있다.

반면, 법적 안정성은 법적 결정이나 정책이 일관되게 유지되고, 예측 가능성이 높다면, 개인이나 기업이 미래의 결과에 대한 불확실성을 최소화하고 자신의 권리와 이익을 보호할 수 있는 환경을 제공한다. 법적 안정성은 법적 예측 가능성을 지속적으로 유지하면서 시간이 지남에 따라 불확실성과 변화를 최소화하는 것을 목표로 한다.

따라서, 예측 가능성이 높을수록 법적 안정성이 높아진다. 법적 결정이나 정책이 일관성을 유지하고 예측 가능성이 높다면, 개인이나 기업은 미래에 대한 불확실성을 최소화하고 미래에 대한 계획을 세우며 이익을 보호할 수 있다. 이러한 안정성은 사회적, 경제적으로 중요하며 법치주의의 핵심 원칙 중 하나이다.

학습데이터의 TDM이나 기계학습에의 이용에서도 예측가능한 가이드라인이 필요하다. 데이터 확보가 AI의 경쟁력의 핵심이기 때문이다.

1. 공정이용과 기술혁신

1-1. 공정이용은 기술혁신에 기여할 수 있을까?

공정이용(fair use) 규정은 기술혁신에 도움이 될 수 있다. 공정이용은 일반적으로 지식재산권(특히 저작권)과 관련된 법적 제약을 완화하고, 학문적, 예술적, 기술적 창작물의 사용에 대한 유연성을 제공한다. 무엇보다, 다음과 같은 이유로 기술혁신을 지원하는 데 도움이 될 수 있다.

1. **연구와 개발**: 공정이용 규정은 연구원, 개발자 및 혁신가들에게 지적재산권 보호의 제약을 덜어주므로 새로운 기술 및 제품을 개발하기 위한 연구 및 실험을 촉진할 수 있다. 물론, 지식재산권을 보호하는 것이 필요하지만, 이용허락을 얻는 것이 기술개발이라는 비밀성이 유지되는 사항에서 오히려 역효과를 가져올 수 있기 때문이다.

2. **창의성 및 창작물의 혼합**: 공정이용은 다양한 창작물을 결합하거나 변형하여 새로운 작품을 만드는 것을 가능하게 한다. 이것은 새로운 기술 및 예술적 창작물을 촉진하는 데 도움이 될 수 있다. 공정이용이 변형적 이용을 장려하는 것은 새로운 가치를 창출할 수 있다고 보기 때문이다.

3. **교육**: 학문적 연구, 교육 및 학문적 논의를 촉진하기 위해 공정이용 규정은 학생들과 교육자들이 다양한 자료 및 자원을 활용할 수 있도록 돕는다. 물론, 교육목적의 경우라면, 별도의 저작재산권 제한규정을 적용받겠지만, 모든 것을 포괄할 수 있는 것은 아니기 때문에 공정이용이 보충적으로 적용받는 경우에는 기술적인 혁신을 가져오는 교육이 그 역할을 할 수 있을 것이다.

4. **혁신을 위한 자유로운 정보 공유**: 공정이용은 정보의 자유로운 교류를 촉진하며, 이것은 기술 정보의 공유 및 기술혁신을 뒷받침한다. 기술이나 정보가 공유된다는 것은 '거인의 어깨위에서 볼 수 있다'는 장점을 갖기 때문이다.

5. **경쟁과 다양성 촉진**: 공정이용은 시장 경쟁을 촉진하고 다양한 창작자 및 혁신가들이 발전할 기회를 제공함으로써 기술혁신을 뒷받침한다. 혁신을 위한 제도로서 공정이용은 다양한 요소를 고려함으로써 인정될 수 있기 때문에 더나은 사회적 가치를 만들어가는데 일조하게 된다.

1-2. 공정이용이 기술혁신을 가져온 사례가 있나?

공정이용(fair use)이 기술혁신을 촉진한 많은 사례가 있다. 아래에는 몇 가지 관련 사례를 제시한다.

1. **검색 엔진과 웹**: 검색 엔진 기업들은 웹 페이지를 수집하고 검색 결과를 제공하기 위해 대용량의 정보를 활용한다. 이 과정에서 웹 페이지의 일부를 추출하

고 인용하는 것은 공정이용의 원칙에 따라 허용되며, 이를 통해 사용자에게 정보를 제공하고 웹 검색 기술을 발전시킬 수 있었다.

2. 디지털 콘텐츠 및 스트리밍: 비디오 및 음악 스트리밍 서비스는 곡 또는 클립을 미리보기하고 공유하는 데 공정이용 규정을 활용한다. 이를 통해 새로운 음악 및 비디오 플랫폼이 등장하고 기술혁신을 주도할 수 있었다.

3. 소프트웨어 개발: 소프트웨어 개발자들은 공정이용 원칙을 기반으로 다양한 라이브러리, 오픈 소스 소프트웨어, 및 개발 도구를 활용한다. 이는 새로운 소프트웨어 및 애플리케이션을 빠르게 개발하고 기술혁신을 촉진하는 데 도움이 된다. Java API를 이용하는 것이 공정이용인지에 대한 논란에서 미국 대법원은 공정이용이라고 판시한 바도 있다.

4. 뉴스 및 언론 자유: 뉴스 기관과 저널리스트들은 공정이용을 활용하여 중요한 뉴스 이벤트 및 이슈를 보도하고 의견을 나누는 데 기여한다. 이는 다양한 시각과 의견을 통해 사회적 토론을 촉진하고 기술혁신을 유도할 수 있다.

5. 학술 연구와 출판: 학술 연구자들은 다른 연구자의 작업물을 인용하고 참조하여 자신의 연구를 진행한다. 공정이용은 학문적 창작물의 공유와 협력을 촉진하며 새로운 연구 아이디어와 기술 발전에 기여할 수 있다.

이러한 예시들은 공정이용이 다양한 분야에서 기술혁신과 창의성을 촉진하는 데 어떻게 기여할 수 있는지를 보여준다. 데이터의 크롤링이나 TDM이 공정이용에 해당하는 지에 대해서는 LLM 구축과 관련하여 소송이 진행 중에 있다. 기술발전과 혁신을 위해 현명한 판단이 내려지길 기대한다.

2. 데이터 크롤링

2-1. 크롤링이란 어떤 의미인가?

크롤링은 인터넷 상에 존재하는 웹사이트의 정보를 수집하는 기술이다. 일반적으로 크롤러라는 프로그램을 사용하여, 특정 웹사이트의 페이지를 순회하면서 그 페이지의 정보를 수집하고 분석한다. 이때, 수집되는 정보는 다양한 종류의 데이터가 포함될 수 있으며, 이를 기반으로 다양한 서비스를 제공하는데 사용된다. 반면, 크롤링과 유사하지만 다른 개념인 스크레이핑(Scraping)은 웹사이트나 인터넷 상의 정보를 자동화된 방식으로 수집하는 기술을 말한다. 스크레이핑을 통해 수집한 정보는 크롤링과 유사하지만, 크롤링은 인덱싱을 위한 정보 수집에 중점을 둔 반면, 스크레이핑은 수집한 정보를 분석하거나 가공하여 활용하는 데 주로 사용된다.

스크레이핑은 일반적으로 웹사이트에서 정보를 추출하는 기술을 말하지만, API (Application Programming Interface)를 통해 정보를 수집하는 것도 스크레이핑에 해당될 수 있다. 스크레이핑을 사용하는 이유는 다양하다. 예를 들어, 기업이나 조직은 경쟁 업체의 제품 가격이나 마케팅 전략 등을 파악하기 위해 스크레이핑을 사용할 수 있다. 또한, 정부나 학술 기관은 인터넷 상의 공공 데이터를 수집하여 분석하거나 연구에 활용할 수 있다.

하지만, 스크레이핑도 크롤링과 마찬가지로 법적, 윤리적 문제가 존재한다. 웹사이트의 이용약관이나 저작권법 등을 위반하면 불법적인 스크레이핑으로 간주될 수 있다. 또한, 스크레이핑을 통해 수집한 정보를 무단으로 사용하면 개인정보 보호 문제도 발생할 수 있다. 따라서, 스크레이핑을 사용할 때는 법적, 윤리적인 문제를 고려하여 적절한 사용 방법을 선택해야 한다.

2-2. 크롤링이 정보통신망의 침입에 해당하지는 않을까?

크롤링이 정보통신망의 침입에 해당하는지 여부는 수집되는 정보의 소유권, 개인정보 보호, 저작권 등 다양한 법적 쟁점이 존재한다. 그러나, 일반적으로 크롤링은 정보통신망의 침입에 해당하지 않는다. 이는 크롤링이 인터넷을 통해 누구나 볼 수 있는 공개 정보를 수집하는 것이며, 특정 웹사이트나 서버에 무단으로 접근하거나 악성 코드를 전송하는 것이 아니기 때문이다. 그러나, 크롤링이 과도한 부하를 초래하거나, 웹사이트의 서비스 이용을 방해하는 등의 문제가 발생할 경우, 이는 사이트의 이용약관 등에 위반될 수 있으며, 법적 쟁점이 될 수 있다.

2-3. 데이터베이스 제작자의 권리를 침해하지는 않나?

스크레이핑을 통해 수집한 정보는 해당 웹사이트나 데이터베이스 제작자의 권리를 침해할 수 있다. 대부분의 웹사이트는 서비스 약관이나 로봇 배제 표준(robot exclusion standard) 등을 통해 스크레이핑을 금지하고 있다. 이러한 제한을 우회하거나 무시하고 스크레이핑을 진행하면, 웹사이트나 데이터베이스 제작자의 권리를 침해할 수 있다.

데이터베이스 제작자의 권리란, 데이터베이스를 제작하는 과정에서 소비한 노력과 비용에 대한 저작권과 유사한 권리를 말한다. 데이터베이스 제작자는 자신이 만든 데이터베이스에 대한 권리를 가지고 있다. 그리고, 데이터베이스에 수록된 소재인 정보는 저작권으로 보호된다. 따라서, 무단으로 데이터베이스를 복제하거나, 상업적으로 이용하는 경우, 데이터베이스 제작자의 권리를 침해하게 된다.

데이터베이스 제작자의 권리는 저작권과 유사하지만, 일부 차이가 있다. 저작권은 창작물 자체를 보호하는데 비해, 데이터베이스 제작자의 권리는 데이터베이스에 수록된 정보의 조직과 구조를 보호한다. 또한, 데이터베이스 제작자의 권리는 저작권의 보호 기간과 다른 기간으로 정해져 있다. 예를 들어, 유럽연합에서는 데이터베이스 제작자의 권리를 보호하기 위한 기간을 15년으로 정하고 있다. 반면 우리나라는 5년간이다.

스크레이핑을 통해 수집한 정보를 무단으로 복제하거나 상업적으로 이용하는 경우, 데이터베이스 제작자의 권리를 침해하게 된다. 따라서, 스크레이핑을 할 때는 해당 웹사이트나 데이터베이스 제작자의 서비스 약관을 확인하고, 스크레이핑이 금지되어 있는지 여부를 반드시 확인해야 한다.

〈크롤링 관련 대법원 판례〉

데이터베이스제작자는 그의 데이터베이스의 전부 또는 상당한 부분을 복제·배포·방송 또는 전송(이하 '복제 등'이라고 한다)할 권리를 가지고(저작권법 제93조 제1항), 데이터베이스의 개별 소재는 데이터베이스의 상당한 부분으로 간주되지 않지만, 개별 소재의 복제 등이라 하더라도 반복적이거나 특정한 목적을 위하여 체계적으로 함으로써 해당 데이터베이스의 통상적인 이용과 충돌하거나 데이터베이스제작자의 이익을 부당하게 해치는 경우에는 해당 데이터베이스의 상당한 부분의 복제 등으로 본다(저작권법 제93조 제2항). 이는 지식정보사회의 진전으로 데이터베이스에 대한 수요가 급증함에 따라 창작성의 유무를 구분하지 않고 데이터베이스를 제작하거나 그 갱신·검증 또는 보충을 위하여 상당한 투자를 한 자에 대하여는 일정기간 해당 데이터베이스의 복제 등 권리를 부여하면서도, 그로 인해 정보공유를 저해하여 정보화 사회에 역행하고 경쟁을 오히려 제한하게 되는 부정적 측면을 방지하기 위하여 단순히 데이터베이스의 개별 소재의 복제 등이나 상당한 부분에 이르지 못한 부분의 복제 등만으로는 데이터베이스제작자의 권리가 침해되지 않는다고 규정한 것이다.

데이터베이스제작자의 권리가 침해되었다고 하기 위해서는 데이터베이스제작자의 허락 없이 데이터베이스의 전부 또는 상당한 부분의 복제 등이 되어야 하는데, 여기서 상당한 부분의 복제 등에 해당하는지를 판단할 때는 양적인 측면만이 아니라 질적인 측면도 함께 고려하여야 한다. 양적으로 상당한 부분인지 여부는 복제 등이 된 부분을 전체 데이터베이스의 규모와 비교하여 판단하여야 하며, 질적으로 상당한 부분인지 여부는 복제 등이 된 부분에 포함되어 있는 개별 소재 자체의 가치나 그 개별 소재의 생산에 들어간 투자가 아니라 데이터베이스제작자가 그 복제 등이 된 부분의 제작 또는 그 소재의 갱신·검증 또는 보충에 인적 또는 물적으로 상당한 투자를 하였는지를 기준으로 제반 사정에 비추어 판단하여야 한다.

또한 데이터베이스의 개별 소재 또는 상당한 부분에 이르지 못하는 부분의 반복적이거나 특정한 목적을 위한 체계적 복제 등에 의한 데이터베이스제작자의 권리 침해는 데이터베이스의 개별 소재 또는 상당하지 않은 부분에 대한 반복적이고 체계적인 복제 등으로 결국 상당한 부분의 복제 등을 한 것과 같은 결과를 발생하게 한 경우에 한하여 인정함이 타당하다.

출처: 대법원 2022. 5. 12. 선고 2021도1533 판결

2-4. 크롤링이 가져오는 효과는?

크롤링이 가져오는 효과는 크게 세 가지로 요약할 수 있다.

첫째, 크롤링은 다양한 분야에서 유용하게 활용될 수 있다. 인터넷 상의 정보를 수집하고 이를 검색 결과로 제공하는 검색 엔진이 대표적인 예이다. 또한, 인공지능 기술과 결합하여 다양한 분야에서 활용되고 있으며, 금융, 마케팅, 건강 등의 분야에서 데이터 분석과 예측 모델링에 사용된다.

둘째, 크롤링은 정보 수집의 효율성과 정확성을 높여준다. 크롤러를 사용하여 대량의 정보를 수집하고, 이를 분석함으로써 신속하게 정보를 수집하고, 비즈니스의 의사결정에 활용할 수 있다. 또한, 수작업으로 수집하기 어려운 대량의 데이터를 빠르게 수집할 수 있기 때문에, 데이터마이닝 등의 분야에서도 유용하게 사용된다.

셋째, 크롤링을 통해 수집된 정보는 새로운 서비스나 비즈니스 모델의 발굴을 가능하게 한다. 예를 들어, 소셜 미디어 상의 데이터를 수집하여 분석하는 것으로 새로운 비즈니스 모델을 발굴할 수 있다. 또한, 인터넷 상의 정보를 기반으로 한 새로운 서비스나 애플리케이션을 개발할 수도 있다.

하지만, 이러한 효과를 얻기 위해서는 크롤링 과정에서 법적, 윤리적인 문제를 고려해야 하며, 수집한 정보를 적절하게 가공하여 활용해야 한다. 따라서, 크롤링은 유용한 기술이지만, 그 사용 방법에 대한 고민이 필요하다.

2-5. 데이터 크롤링은 공정이용으로 면책될 수 있을까?

데이터 크롤링은 공정이용에서 제외될 수 있지만 특정 상황에 따라 다르다. 일반적으로 공정이용은 저작권자의 허가 없이 저작권이 있는 자료를 제한적으로 사용할 수 있도록 허용하는 미국의 법리이다. 이 원칙은 저작권자의 권리와 창의성, 혁신 및 표현의 자유를 촉진하는 사용을 허용하는 공익과 균형을 이루기 위한 것이다. 저작권이 있는 자료의 특정 사용이 공정이용인지 여부를 판단하기 위해 법원은 일반적으로 다음 네 가지 요소를 고려한다.

〈저작권법상 공정이용 규정〉

제35조의5(저작물의 공정한 이용) ① 제23조부터 제35조의4까지, 제101조의3부터 제101조의5까지의 경우 외에 저작물의 통상적인 이용 방법과 충돌하지

아니하고 저작자의 정당한 이익을 부당하게 해치지 아니하는 경우에는 저작물을 이용할 수 있다.

② 저작물 이용 행위가 제1항에 해당하는지를 판단할 때에는 다음 각 호의 사항등을 고려하여야 한다.

1. 이용의 목적 및 성격
2. 저작물의 종류 및 용도
3. 이용된 부분이 저작물 전체에서 차지하는 비중과 그 중요성
4. 저작물의 이용이 그 저작물의 현재 시장 또는 가치나 잠재적인 시장 또는 가치에 미치는 영향

데이터 크롤링이 원본과 크게 다른 새로운 작업을 생성하는 등의 변형 목적으로 사용되는 경우 공정이용으로 간주될 가능성이 더 크다. 그러나, 데이터 크롤링이 주로 상업적 목적으로 사용되고 저작권이 있는 자료의 상당 부분을 복제하는 경우 공정이용으로 간주될 가능성이 낮다.

3. 인용과 썸네일 검색 사건

3-1. 저작재산권의 제한규정의 취지는?

저작재산권의 제한규정은 저작권법에서 정한 일부 예외사항으로, 일반적으로 저작권자의 독점적인 권리를 제한하는 규정이다. 이 규정은 저작물의 자유로운 이용을 보장하기 위해 것이다. 특히, 저작재산권의 제한규정에는 여러 가지가 있지만, 가장 대표적인 것은 인용, 도서관에서의 이용, 사적 복제 등이 있다. 이러한 규정들은 저작권자의 권리와 이용자의 권리를 균형있게 보호하고, 지식재산의 보호와 지식의 확산을 위해 필요하다. 따라서, 저작재산권의 제한규정은 문화와 지식의 발전에 기여하는 것으로 평가된다.

3-2. 저작권법상 인용이란?

저작권법상 인용(引用)은 저작물을 이용하여 다른 저작물을 창작하거나 연구하는 경우에, 참조하고자 하는 원저작물의 일부를 인용하는 것을 말한다. 인용은 저

작물의 원저작자의 동의 없이도 허용되는 행위 중 하나로, 인용된 원저작물의 출처를 명시하고 인용의 범위가 적절하게 제한되는 등 일정한 조건이 충족되어야 한다.

예를 들어, 학술 논문에서 다른 저작물을 인용하는 경우, 해당 저작물의 출처와 인용 범위를 명시해야 한다. 이때 인용 범위가 일정한 길이 이상이거나 인용된 내용이 새로운 창작물의 핵심 부분이 되는 경우, 원저작자의 동의를 받아야 한다. 인용은 지식재산권을 보호하면서도 학문적 자유와 창작 활동을 존중하는 법적 규정으로서, 학술, 문화, 예술 등 다양한 분야에서 활용된다.

〈썸네일 검색 사건 대법원 판례〉

피고인 회사가 썸네일 이미지를 제공한 주요한 목적은 보다 나은 검색서비스의 제공을 위해 검색어와 관련된 이미지를 축소된 형태로 목록화하여 검색서비스를 이용하는 사람들에게 그 이미지의 위치정보를 제공하는 데 있는 것이지 피고인들이 공소외인의 사진을 예술작품으로서 전시하거나 판매하기 위하여 이를 수집하여 자신의 사이트에 게시한 것이 아닌 만큼 그 상업적인 성격은 간접적이고 부차적인 것에 불과한 점, 공소외인의 사진작품은 심미적이고 예술적인 목적을 가지고 있다고 할 수 있는 반면 피고인 회사의 사이트에 이미지화된 공소외인의 사진작품의 크기는 원본에 비해 훨씬 작은 가로 3㎝, 세로 2.5㎝ 정도이고, 이를 클릭하는 경우 독립된 창으로 뜬다고 하더라도 가로 4㎝, 세로 3㎝ 정도로 확대될 뿐 원본 사진과 같은 크기로 보여지지 아니할 뿐만 아니라 포토샵 프로그램을 이용하여 원본 사진과 같은 크기로 확대한 후 보정작업을 거친다 하더라도 열화현상으로 작품으로서의 사진을 감상하기는 어려운 만큼 피고인 회사 등이 저작물인 공소외인의 사진을 그 본질적인 면에서 사용한 것으로는 보기 어려운 점, 피고인 회사의 검색사이트의 이 사건 썸네일 이미지에 기재된 주소를 통하여 박범용의 홈페이지를 거쳐 공소외인의 홈페이지로 순차 링크됨으로써 이용자들을 결국 공소외인의 홈페이지로 끌어들이게 되는 만큼 피고인 회사가 공소외인의 사진을 이미지검색에 제공하기 위하여 압축된 크기의 이미지로 게시한 것이 공소외인의 작품사진에 대한 수

요를 대체한다거나 공소외인의 사진 저작물에 대한 저작권침해의 가능성을
높이는 것으로 보기는 어려운 점, 이미지 검색을 이용하는 사용자들도 썸네일
이미지를 작품사진으로 감상하기보다는 이미지와 관련된 사이트를 찾아가는
통로로 인식할 가능성이 높은 점 및 썸네일 이미지의 사용은 검색사이트를 이
용하는 사용자들에게 보다 완결된 정보를 제공하기 위한 공익적 측면이 강한
점 등 판시와 같은 사정 등을 종합하여 보면, 피고인 회사가 공소외인의 허락
을 받지 아니하고 공소외인의 사진작품을 이미지검색의 이미지로 사용하였다
고 하더라도 이러한 사용은 정당한 범위 안에서 공정한 관행에 합치되게 사용
한 것으로 봄이 상당하다고 판단하였다.

출처: 대법원 2006. 2. 9. 선고 2005도7793 판결 [저작권법위반]

3-3. 공정이용 규정과 인용 규정의 차이는?

공정이용 규정과 인용 규정은 모두 저작물을 이용하는 경우의 예외 규정이다.
즉, 일정한 요건에 해당할 경우에는 저작권자의 허락 없이 저작물을 이용할 수 있
다. 저작권 침해는 인정하지만, 그 책임을 면책하는 규정이다. 사실, 공정이용 규정
이 도입되기 전까지 인용 규정은 일반적인 공정이용과 유사하게 역할을 해 왔다.

공정이용 규정은 저작물을 이용하는 경우에 원저작자의 허락을 받지 않아도 되
는 경우를 규정하는 것이다. 공정이용 규정에 따라서 저작물을 이용하는 경우에
는 그 목적과 방법, 용도, 규모, 영향 등을 종합적으로 고려하여 판단하게 된다.
공정이용 규정은 보통 비영리적인 목적으로 사용되거나, 원저작물의 가치를 그대
로 유지시키면서 새로운 창작물을 만들어 내는 경우 등에 해당한다.

반면에 인용 규정은 다른 저작물을 인용하는 경우에 적용되는 규정이다. 인용
규정에 따르면, 다른 저작물을 인용하는 경우에는 원저작자의 허락을 받아야 하
지만, 그 범위 내에서는 인용이 허용된다. 인용의 범위는 인용 목적과 방법, 인용
한 저작물의 성격 등을 고려하여 판단하게 된다. 인용 규정은 보통 학술, 보도, 비
평, 연구 등의 목적으로 사용되는 경우에 해당한다.

따라서, 공정이용 규정과 인용 규정은 저작물을 이용하는 목적이나 방법에 따

라 차이가 있다. 공정이용 규정은 저작물을 이용하는 경우의 일반적인 예외 규정에 해당하며, 인용 규정은 다른 저작물을 인용하는 경우에 해당하는 규정이다.

4. 데이터마이닝과 저작권법

4-1. 데이터마이닝이란?

데이터마이닝(text and data mining; TDM)은 컴퓨팅 기술을 사용하여 대량의 텍스트 또는 데이터를 분석하는 프로세스이다. 공정이용은 저작권자의 허락 없이 저작물의 제한된 사용을 허용하는 원칙이다. 이 원칙은 저작권자의 권리와 창의성, 혁신 및 표현의 자유를 촉진하는 사용을 허용하는 공익과 균형을 이루기 위한 것이다.

TDM이 새로운 통찰력이나 지식 생성과 같은 변형 목적으로 사용되는 경우 공정이용으로 간주될 가능성이 높다. TDM이 저작권이 유효한 저작물의 상당 부분을 복사하거나 저작권 보호 자료의 잠재 시장에 부정적인 영향을 미치는 경우 공정이용으로 간주될 가능성이 낮다. 현재, EU나 영국 등 여러 나라에서 TDM을 허용하는 입법이 이루어진 바 있다.

4-2. EU, 독일, 영국 등 각국의 TDM 관련 입법 현황은?

EU에서는 디지털화된 유럽 전략(Digital Single Market Strategy)에 따라 디지털 저작권 협상에 따라 TDM이 허용된다. EU의 디지털 저작권 협상에 따르면, 민간의 TDM이 허용되지만, 비상업적 목적을 위해 막대한 양의 저작물이 사용되는 경우, 저작권자는 정당한 보상을 받아야 한다.

독일에서는 저작권법 개정에서 TDM이 부분적으로 허용되었다. 동 법에 따르면, 공공기관, 학계, 연구기관 등에서는 TDM이 제한없이 허용되지만, 상업적인 목적으로 TDM을 하는 경우에는 저작권자와 협상을 해야 한다.

영국에서는 2014년 시행된 저작권법 개정에서 TDM이 허용된다. 동 법에 따르면, 비상업적인 목적으로 TDM이 가능하다.

4-3. 일본의 저작권법은 기계학습을 위해 면책되는가?

2020년 일본은 저작권자의 허가 없이 텍스트 및 데이터마이닝(TDM)을 할 수 있도록 저작권법을 개정했다. 이번 개정은 인공지능, 데이터 분석 등 다양한 분야에서 TDM에 대한 수요 증가에 따른 것이다.

개정된 법률은 데이터가 익명화되고 TDM이 비영리·영리를 가리지 않고 수행되는 한 TDM 목적으로 저작물의 사용을 허용한다. 다만, 저작물 전체를 복사하거나 TDM 결과를 제3자에게 배포하는 것을 허용하지 않는다.

일본 저작권법의 개정은 연구자와 기업이 저작권 침해에 대한 두려움 없이 TDM을 수행할 수 있도록 했다는 점에서 의의가 있다. 이는 기계학습 모델을 학습하고 개선하는 데 많은 양의 데이터가 필요한 인공지능 분야에서 특히 중요하다.

〈일본 저작권법상 TDM 규정〉

제30조의4(저작물에 표현된 사상 또는 감정의 향수를 목적으로 하지 않는 이용) 저작물은 다음의 경우, 그 밖에 해당 저작물에 표현된 사상 또는 감정을 스스로 향수하거나 다른 사람에게 향수하게 하는 것을 목적으로 하지 않는 경우에는, 필요하다고 인정되는 한도에서 어떠한 방법으로든 이용할 수 있다. 다만, 해당 저작물의 종류나 용도 및 해당 이용 형태에 비추어 저작권자의 이익을 부당하게 침해하는 경우에는 그러하지 아니하다.

 1. 저작물의 녹음, 녹화, 그 밖의 이용에 관련된 기술 개발 또는 실용화를 위한 시험용으로 제공하는 경우
 2. 정보 분석(다수의 저작물, 그 밖에 대량의 정보로부터 해당 정보를 구성하는 언어, 소리, 영상, 그 밖의 요소에 관련된 정보를 추출, 비교, 분류, 그 밖에 분석하는 것을 말한다. 제47조의5 제1항 제2호에서도 같다.)용으로 제공하는 경우
 3. 전 2호의 경우 외에, 저작물의 표현에 관한 사람의 지각에 의한 인식을 수반하지 않고 해당 저작물을 전자계산기에 의한 정보처리과정에서의 이용, 그 밖의 이용(프로그램 저작물의 경우 해당 저작물의 전자계산기에 의한 실행을 제외한다.)에 제공하는 경우

4-4. TDM을 허용하는 입법을 하는 이유는?

TDM 규정을 도입한 이유는 크게 두 가지로 나눌 수 있다. 첫째는 TDM 기술을 이용하여 수집한 대량의 데이터를 분석하여 새로운 지식과 정보를 창출할 수 있는 연구 및 개발의 촉진을 위해서이다. TDM 기술은 대량의 데이터를 빠르게 수집하고 분석할 수 있어서, 기존의 방법으로는 불가능했던 다양한 분야에서의 새로운 연구와 개발이 가능해졌다. TDM 기술의 발전을 위해서는 대량의 데이터를 수집하고 분석하는 것이 필수적이다.

둘째는 TDM 기술을 이용하여 대량의 데이터를 수집하고 분석하는 것이 기업과 경제 발전에 긍정적인 영향을 미칠 수 있다는 인식이 커졌기 때문이다. TDM 기술을 이용한 데이터 분석은 기업의 제품 개발, 시장 조사, 마케팅 등 다양한 분야에서 활용되고 있다. 이에 따라 유럽 연합(EU)과 같은 지역에서는 TDM을 제한하는 것이 경제 발전에 부정적인 영향을 미칠 수 있다는 인식이 커졌고, TDM 규정을 도입하게 되었다.

무엇보다, TDM을 허용하는 입법은 연구 및 혁신 활동을 촉진하기 위한 목적이 있다. 기존에는 저작권법 등에 의해 저작물의 이용이 제한되어 TDM을 포함한 연구 및 혁신 활동이 어려웠다. 그러나, TDM을 허용하는 입법이 제정되면서 저작물의 일부 또는 전부를 디지털화하여 대량으로 분석하고 활용할 수 있는 환경이 조성되어, 데이터 중심의 연구 및 혁신이 가능해졌다. 이를 통해 의학 분야에서는 새로운 치료법 개발 등에 활용되고, 인공지능 분야에서는 새로운 기술 및 서비스 개발에 기여할 수 있다.

5. 공정이용의 법적 성질

5-1. 미국판례법상 공정이용이 처음 인정된 사례는?

공정이용은 폴섬 대 마쉬(Folsom v. Marsh) 사건을 담당한 매사추세츠 주 법원에 의해 형평법상 판례로서 최초 정립되었다.[16] 동 사건에서 피고는 취임 대통령에 관

---

16) Folsom v. Marsh, 9 F.Cas. 342, 348 (C.C.Mass. 1841).

한 7천여 쪽에 달하는 원고 저작물로부터 조지 워싱턴이 저작한 미발행 편지의 319면을 복제하였다. 법원은 미발행 편지를 피고가 사용하는 행위가 법이 원고의 저작권의 침해를 인정하지 아니할 정도로 정당화할 수 있는지 여부에 초점을 둔 것이었다. 동 사건에서 법원은 저작물의 복제에 대해 새로운 저작물의 성격, 복제물의 가치 및 범위, 그리고 원저작자가 그것에 의하여 입을 피해의 정도에 달려 있다고 판시하다. 이러한 경합적인 요인을 비교형량한 다음, 법원은 그 사용이 정당화된다고 결론 내렸다. 다만, 동 사건은 법원이 공정이용 법리를 창설하고 승인하였음에도 불구하고 그 법리는 그 이후 28년간 그 공식적인 명칭을 얻지 못하였다. 로렌스 대 다나(Lawrence v. Dana) 사건에서 연방 항소법원은 그 항변의 명칭을 공정이용으로 명명하게 되었다.[17]

폴섬 대 마쉬(Folsom v. Marsh) 사건 이전에는 저작물을 어떻게 사용하는지와 상관없이 저작권 침해 여부를 판단하였으나, 이후 공정이용의 법적인 개념이 구체화되면서 이와 같은 요소들을 고려하여 공정한 사용 여부를 판단하게 되었다. 결과적으로 이 판례는 공정이용에 대한 기준을 제시하여 저작권 법률 분야에서 상당한 영향력을 끼치게 되었으며, 현재에도 저작권 분야에서 가장 많이 인용되는 사례 중 하나이다. 1976년 미국 저작권법 제107조에 공정이용(fair use)이라는 표제로 명시적으로 도입되었다.

〈미국 저작권법 제107조〉

제107조 배타적 권리에 대한 제한: 공정사용

제106조와 제106조의 A의 규정에도 불구하고, 비평, 논평, 시사보도, 교수(학습용으로 다수 복제하는 경우를 포함), 학문, 또는 연구 등의 목적을 위하여 보호되는 저작물을 복제물이나 음반으로 복제하거나 또는 제106조와 제106조의 A에서 규정한 그 밖의 방법으로 이용하는 경우를 포함하여 공정사용하는 것은 저작권 침해가 되지 아니한다. 구체적인 경우에 어떤 저작물의 사용이 공정사용이냐의 여부를 결정함에 있어서 참작하여야 할 요소에는 다음 사항이 포함되어야 한다.

---

17) 15 F.Cas. 26 (C.C.D. Mass. 1869) (No. 8136).

(1) 그 사용이 상업적 성질의 것인지 또는 비영리적 교육목적을 위한 것인지 등, 그 사용의 목적과 성격;

(2) 보호되는 저작물의 성격;

(3) 사용된 부분이 보호되는 저작물 전체에서 차지하는 양과 상당성; 그리고

(4) 그 사용이 보호되는 저작물의 잠재적 시장이나 가치에 미치는 영향.

위의 모든 요소를 참작하여 내려지는 결정인 경우에, 저작물이 미발행되었다는 사실 자체는 공정사용이라는 결정을 방해하지 못한다.

5-2. 공정이용의 법적 성질은?

공정이용은 저작권법 제1조 목적조항에 규정된 '공정한 이용'을 위한 원칙 중 하나로서, 시장 경쟁에서 이용자들이 공정하게 경쟁할 수 있도록 보장하는 것을 목적으로 한다. 공정이용은 저작물의 일부를 인용하거나 재사용하는 것이 저작권 침해로 간주되지 않는 한, 미국이나 우리나라 등 일부 국가의 저작권법에서 인정되는 예외적인 규정이다.

공정이용은 매우 중요한 예외 사항으로서, 자유롭고 창의적인 사회를 지원하고, 공공의 이익을 위한 중요한 작업을 가능하게 한다. 따라서, 공정이용은 저작권 침해의 기준을 제공하는 것이 아니라, 저작권 침해 여부를 판단할 때 고려되는 요소 중 하나로 인정된다.

5-3. 공정이용과 공정취급은 어떤 차이가 있나?

공정이용(fair use)과 공정취급(fair dealing)은 모두 저작권법에서 인정되는 예외적인 사용 형태이지만, 그 차이점은 국가 및 법적 체제에 따라 달라진다.

공정이용은 미국과 일부 기타 국가에서 인정되는 예외적인 사용 형태이다. 미국에서는 공정이용의 범위는 저작물의 성격, 사용 목적, 인용된 양 등을 고려하여 판단되며, 법적으로 명확하게 규정되어 있다.

반면, 공정취급은 주로 영국, 캐나다, 호주, 뉴질랜드 등 영연방 국가에서 사용되는 용어이다. 공정취급은 저작권법에서 규정되어 있으며, 사용 목적과 범위는 국가마다 다르지만, 일반적으로 비영리적인 학술 연구, 비평, 보도 등의 목적으로

저작물의 일부를 사용하는 경우를 말한다. 또한, 공정취급은 일반적으로 고정된 예외적 사용범위를 제공하고, 법적으로 명확하게 규정되어 있다. 그러나, 공정이용은 판례와 관행에 따라 결정되기 때문에, 상황에 따라 범위와 적용 범주가 유연하게 적용될 수 있다.

영국의 공정취급 규정은 저작권법 제29조와 제30조에 규정되어 있는데 제29조는 "조사와 사적 연구(Research and private study)", 그리고 제30조는 "비평, 평론과 사건보도(Criticism, Review and News Reporting)"라는 표제에 따른다.

<영국 저작권법상 공정취급 규정>

제29조(조사 또는 사적 연구)

(1) 비상업적 목적의 조사를 위한 어문, 연극, 음악 또는 미술 저작물의 공정취급(fair dealing)은 충분한 출처명시가 수반되었을 경우에는, 저작물의 어떠한 저작권도 침해하지 아니한다.

[(1A)]

(1B) 출처명시가 실용성 또는 기타의 이유로 불가능한 경우, 제1항에 언급된 목적상 공정취급과 관련하여 어떠한 승인도 요구되지 아니한다.

(1C) 사적 연구의 목적을 위한 어문, 연극, 음악 또는 미술 저작물의 공정취급은 저작물의 어떠한 저작권도 침해하지 아니한다.

(2) 조사 또는 사적 연구의 목적을 위한 발행물 판면 배열의 공정취급은 그 배열 속의 어떠한 저작권도 침해하지 아니한다.

(3) 조사자 또는 연구자 이외의 다른 사람에 의한 복제로서 다음 각호의 경우에는 공정취급이 되지 아니한다−

 (a) 사서 또는 사서에 갈음하는 자의 경우, 제40조상의 규칙이 제38, 39조(논설 또는 발행 저작물의 일부: 동일한 자료의 다량 복제물에 대한 제한)에 의하여 행하는 것을 허용하지 아니하는 어떤 행위를 그들이 행하는 경우, 또는

 (b) 그 밖에, 복제를 하는 자가 실질적으로 동일한 시간에, 실질적으로 동일한 목적을 위하여 1인 이상의 사람에게 제공되는 실질적으로 동일한 자료의 복제물이 된다는 것을 알고 있거나 이를 믿을 만한 이유가 있는 경우.

(4) 다음의 경우에는 공정취급이 되지 아니한다−

 (a) 저급언어로 표현된 컴퓨터프로그램을 고급언어로 표현된 버전으로 변환하

는 경우, 또는

  (b) 복제를 위해 프로그램을 변환하는 과정에서 부수적으로 발생하는 경우[이러한 행위는 제50B조(역분석)에 따라 행해진 경우에는 허용된다].

(4A) 프로그램의 요소에 기초가 되는 개념과 원칙을 결정하기 위하여 컴퓨터프로그램의 기능을 관찰, 연구 또는 시험하는 것은 공정취급이 되지 아니한다[이러한 행위는 제50BA조(관찰, 연구 및 시험)에 따라 행해진 경우에는 허용된다].

(5) 폐지.

제30조(비평, 평론과 사건 보도)

(1) 당해 저작물이나 다른 저작물 혹은 저작물의 실연에 대한 비평 또는 평론을 위한 저작물의 공정취급은 충분한 출처 명시가 수반되고, 공중에 이용제공하게 되었을 경우에는, 그 저작물의 어떠한 저작권도 침해하지 아니한다.

(1A) 제1항의 목적상, 저작물은 다음을 포함한 수단에 의해 이용가능하게 된다면, 공중에 이용제공하게 된 것이다.

  (a) 복제물의 공중에 대한 발행;

  (b) 전자검색시스템에 의한 저작물의 이용;

  (c) 저작물 복제물의 공중에 대한 대여 또는 대출;

  (d) 저작물의 공중에 대한 실연, 전시, 재생 또는 현시;

  (e) 저작물의 공중에 대한 전달, 단, 동항의 목적상 저작물이 공중에 이용제공가능한지 여부를 일반적으로 결정함에 있어서, 무단 행위는 고려에 넣지 아니한다.

(2) 시사 사건 보도를 위한 저작물(사진은 제외)의 공정취급은 (제3항에 따라) 충분한 출처명시가 수반되었을 경우에는, 그 저작물의 어떠한 저작권도 침해하지 아니한다.

(3) 녹음물, 영화, 방송을 통한 시사 사건 보도에 관하여는 실용성 또는 기타의 이유로 불가능한 경우, 출처 명시가 요구되지 아니한다.

6. 공정이용의 제1요건: 이용의 목적 및 성격

6-1. 크롤링은 공정이용에 해당하나?

크롤링은 인터넷에 공개된 웹사이트의 텍스트를 복제한 후, 해당 내용을 분석하여 필요한 데이터를 확보한다. 이미지를 대상으로 하는 경우에도 사진 등에서 원하는 이미지를 수집하게 된다. 썸네일 검색의 저작권 관련 소송에서 이미지를 가져와서 작은 크기의 이미지로 축소시킨 것에 대해 논란이 된 적도 있다. 크롤링이 저작물을 복제하는 목적은 학습데이터를 만들어 내기 위한 것이다. 저작물을 향유하거나 경쟁적인 저작물을 만들어 내는 것이 아니다. 기계학습을 통해 인공지능 기술의 발전을 도모하는 것이며, 인간이 활용하는 알고리즘의 가치를 높일 수 있다는 점에서 데이터 확보는 의미 있는 일이다. 이용목적이나 성질에 있어서 비영리적인 이용이어야만 교육을 위한 것으로 인정될 수 있는 것은 아니지만, 영리적인 교육목적을 위한 이용은 비영리적 교육목적을 위한 이용의 경우에 비하여 자유이용이 허용되는 범위가 상당히 좁아진다. 다만, 공정이용 요건을 판단함에 있어서 공정이용 판단이 영리성 유무가 본질적인 기준이 아니다. 따라서, 인공지능 기술의 발전이라는 공익적 목적을 위한 것으로 볼 여지가 충분한 상황이라면 비영리성 여부와 상관없이 인정받을 가능성도 크다.[18)

6-2. 데이터 이용으로서 기계학습이란?

인간의 뇌구조를 모델링하여 구현한 인공지능 신경망은 인간의 것과 유사하다는 점에서 기계학습은 인간의 학습과정과 크게 다르지 않다. 기계학습 과정에서 인공지능은 저작물을 분석하여 특징들을 수치화하여 저장한다. 수치화한다는 것은 인간의 뇌에 저작물을 복제하는 것이 아닌 인간이 이해할 수 있는 특징만을 기억하는 것을 의미한다. 이미지의 경우, 해당 이미지의 특징을 분석하여 수치화하며, 텍스트의 경우는 말뭉치(corpus)를 인덱싱하여 데이터 값을 부여한다. 이 과정은 저작물의 의미를 이해하거나 활용하는 것이 아닌 단어나 문장의 구성을 분석하는 것이다. 이는 저작권법이 의도하는 인간의 저작물 이용방식과는 차이가

---

18) 정상조, 딥러닝에서의 학습데이터와 공정이용, Law&Technology 통권 제85호, 서울대학교 기술과법센터, 2022, 8면.

있다. 분석된 결과물은 저작물 그 자체가 아닌 저작물에 담겨있는 특성, 패턴, 스토리, 구조 등의 것이다. 따라서, 인공지능이 학습하는 것은 메모리에 복제하는 것이 아닌, 데이터를 이해하는 상태로 분석하고 추상화하는 상태이기 때문에 복제가 일어나는 것으로 보기 어렵다. 인공지능의 학습과 관련되어 적용할 수 있는 공정이용에 관한 규정이다. 공정이용에 대한 고려에서 필요한 것은 헌법 제22조에 따른 창작자의 권리를 보호하는 것의 해석이다. 공정이용은 헌법상의 창작자 보호, 저작재산권의 제한규정 이외에도, 저작물의 통상적인 이용 방법과 충돌하지 아니하고 저작자의 정당한 이익을 부당하게 해치지 아니하는 경우에는 저작물을 이용할 수 있기 때문이다.[19]

6-3. 데이터를 기계학습에 이용하는 것은 통상적인 이용에 해당하나?

기계학습은 정보를 분석하여 그 패턴이나 특징값을 찾아내어 이용하는 것이기 때문에 인간의 이용 방식과는 다르다. 즉, 인간의 저작물 이용과 달리, "저작물 그 자체를 향유하는 것이 아니라 단지 정보를 습득하고자 그 저작물을 구성하는 언어나 기호 등을 통계적으로 분석하는 경우에는 그 저작물 등을 복제하거나 번역 등 필요한 형태로 변환할 수 있다"[20]는 것이다. 기계학습은 저작물 등의 복제나 단순한 2차적저작물의 작성이 아닌 창작적 이용(creative use)이라는 점에서 보면 공정이용에 해당할 가능성이 높다. 저작권법의 목적은 문화의 창달이며, 기존의 저작물을 향유하는 과정에서 새로운 창작적 표현을 만들어낼 수 있는 동인으로 작용하게 된다. 창작적 이용을 인정하는 수단으로써 공정이용은 저작권법의 목적규정을 통해 확인할 수 있다. 미연방대법원은 변형적 이용을 "새로운 표현, 의미 또는 메시지를 가지고 원저작물을 변형해, 다른 목적 또는 다른 성질을 가지고 원저작물의 표현에 무언가 새로운 것을 추가한 경우"[21]라고 판시했다. 변형적 이용이라면 "원저작물과는 다른 목적의 이용이고 원작의 성질에 대한 새로운 표현을 부가해 변화를 준 것"[22]에 해당한다. 이처럼 기계학습은 새로운 가치를 부여함으로

---

19) 홍승기, 데이터마이닝 면책 입법 방향에 대한 의문, 경영법률, 제32권 제4호, 한국경영법률학회, 2022, 33면.
20) 임원선, 『실무자를 위한 저작권법』, 한국저작권위원회(2014), 231~232면.
21) Campbell v. Acuff-Rose Musin, Inc., 510 U.S.569(1994).

서 저작자가 의도했던 가치 이상을 더해주는 경우라면 이는 공정이용으로 판단될 가능성을 높이는 것이다. 이러한 맥락에서 기계학습은 데이터의 특징값을 분석해 내어 새로운 가치를 만들어낼 수 있는 모델을 구축한다.

6-4. 비소비적인 이용은 공정이용으로 볼 수 있는가?

저작물의 비소비적이고 혁신적인 이용은 학습데이터 구축에 도움이 될 수 있다. 비소비적 이용은 원본 저작물을 실제로 복사하거나 복제하지 않고 데이터를 추출하는 행위를 말하며, 변형적 이용은 원본 저작물을 새롭고 다른 방식으로 이용하여 새롭고 독창적인 것을 만드는 행위를 말한다.

비소비적이고 변형적인 방법을 이용함으로써 저작권법을 위반하거나 저작권자의 권리를 침해하지 않고 학습데이터를 구축할 수 있다. 예를 들어, 텍스트 및 데이터마이닝 기술을 이용하여 원본 작업을 실제로 복사하거나 재생산하지 않고 대규모 데이터셋에서 정보를 추출할 수 있다. 그런 다음 이 정보를 사용하여 새로운 통찰력과 지식을 생성하는 새로운 모델이나 도구를 구축할 수 있다.

법적으로 준수하는 것 외에도 비소비적이고 변형적인 이용은 연구자와 더 넓은 커뮤니티에 유익할 수 있다. 연구자들이 대규모 데이터셋을 분석할 수 있게 함으로써 다른 방법으로는 분명하지 않을 수 있는 패턴과 추세를 식별하여 새로운 발견과 혁신으로 이어질 수 있다. 또한, 이 데이터를 더 넓은 커뮤니티에서 사용할 수 있게 함으로써 해당 분야에서 연구 및 지식을 발전시키는 데 도움을 줄 수 있다.

7. 공정이용의 제2요건: 저작물의 종류 및 용도

7-1. 저작물의 종류 및 용도에 비추어 크롤링은 공정한가?

크롤링의 대상은 기본적으로 인터넷에 공개되거나 공공데이터이거나 웹로봇이 접근할 수 있는 정보가 된다. 다만, 민간에서 생성된 정보는 인터넷 등에 공개된 것이어야 한다. 특정 서버에 업로드된 정보를 대상으로 하는 경우에는 정보통신

---

22) 한국정보법학회 지음, 『인터넷, 그 길을 묻다』, 중앙Books(2012), 544면.

망법상 침입에 해당될 가능성도 배제할 수 없기 때문이다. 크롤링은 특정 키워드가 포함된 전체 웹페이지를 가져온다. 크롤링 대상이 저작물이 될 수도 있으며, 사실정보에 불과하여 저작권의 보호범위에 포함되지 않을 수 있다. 시사보도의 경우, 시사성이 있는 정보와 이를 분석하여 만들어 낸 기사내용이 혼재한 경우라면 구분할 필요가 있다. 따라서, 시사보도 또는 역사물, 과학 기타 학술논문 등의 사실적, 정보적 성격의 저작물은 표현의 자유 및 알권리 관점에서 자유로운 유통의 필요성이 상대적으로 높기 때문에 공정이용으로 인정될 가능성이 크다.[23] 크롤링에 있어서도, 사실정보는 보호가능성이 크지 않다. 설령 그렇지 않더라도, 크롤링을 위한 용도가 해당 사이트와의 경쟁이 아니라는 점, 목적이 기계학습을 위한 데이터의 확보라는 점 등을 고려할 필요가 있다. 더욱이, 학습데이터로의 가공을 위한 용도는 기계학습을 목적으로 하는 것이지, 문화적 향유를 위한 것이 아니다. 따라서, 저작물의 용도와는 상이함을 알 수 있다.

7-2. 저작물의 종류 및 용도에 비추어 기계학습은 공정한가?

기계학습은 인공지능의 성능을 향상시키는 것이다. 알고리즘이 프로그래밍 된 바대로 데이터의 패턴이나 특징을 인식하고 분석하여, 의도한 결과를 만들어 내거나 또는 의도성을 가지고 학습하는 것이다. 기계학습 과정은 용도라는 것이 저작물을 향유하는 과정과는 다른 용도라는 점에서 인간의 이용과는 본질적인 차이가 있다. 따라서, 공정이용 규정에서의 용도와 기계학습에서의 용도는 다른 기준점에서 봐야 하며 저작물의 유형에 따라 달리 봐야 하는 것은 맞다. 인간이 학습하는 것은 다양성 확보를 위한 것인 것처럼, 기계학습도 인공지능의 다양한 기능의 향상을 위한 것으로 궁극적으로는 인간의 사고와 유사한 범용 인공지능을 개발하기 위한 것으로 볼 수 있다. 정리하자면, 기계학습과 문화의 향유는 기본적인 용도나 목적이 상이하다. 따라서, 용도의 차이라는 점에서 본다면 기계학습은 저작물을 향유하는 것이 아닌 데이터에 담겨진 패턴과 특징값을 찾는 것이기 때문에 공정이용에 해당한다.

---

23) 이해완, 『저작권법』, 박영사(2019), 839면.

8. 공정이용의 제3요건: 전체에서 차지하는 비중과 그 중요성

8-1. 전체에서 차지하는 비중과 그 중요성에 비추어 크롤링은 공정한가?

크롤링은 특정 주제어나 이미지를 중심으로 데이터를 수집하게 된다. 예를 들면, 특정 영역의 말뭉치를 만들기 위해 수집하는 데이터는 제한적으로 저작물을 이용하게 된다. 따라서, 차지하는 비중과 중요성은 논할 수 있는 수준이 아니다. 차지하는 양적 비중과 질적 중요성을 기준으로 검토할 수 있을 것이다. 전체적인 양이 많지 않다면 침해 판단의 실익도 크지 않다. 즉, 양적 상당성이 확보되지 않는다면 침해요건인 실질적 유사성이 인정되지 않는다.[24] 데이터를 추출하는 것은 전체에서 차지하는 일부이며, 이 일부도 인간의 관점에서는 필요 없는 내용일 수도 있다. 저작물의 패턴이나 특징을 분석해 내기 위해 전체 저작물을 사용하는 것이 아닌 일부 단어나 말뭉치를 중심으로 만들어 가기 때문이다. 다만, 인공지능에 의한 데이터 투입단계에서는 모든 데이터가 전부 투입되어 분석의 대상이 되기 때문에 이용분량은 많고 공정이용에 불리한 요소가 될 수 있다는 견해도 있다. 그러나, "인공지능의 분석단계에서는 저작물의 사상이나 감정과 무관한 비표현적(non-expressive) 데이터만을 추출해서 이용한다. 인공지능은 데이터분석으로 통계학적으로 빈도가 높은 패턴을 찾아 산출단계에 이용하기 때문에 저작물의 이용분량은 미미한 경우가 많다"[25]고 함으로써, 인간의 향유와는 다른 이용이라는 측면에서 공정이용 가능성을 언급하고 있다.

8-2. 전체에서 차지하는 비중과 그 중요성에 비추어 기계학습은 공정한가?

기계학습에 의한 학습데이터의 이용의 경우, 사실 저작물이나 기능 저작물뿐만 아니라 비록 예술 저작물이라고 하더라도 저작물의 문예적, 심미적 가치를 이용하는 것이 아니라 그 속의 데이터로서의 비표현적 가치를 이용하는 변형적 이용이 많기 때문에 저작물의 종류 및 용도가 크게 영향을 주지는 않을 것이다. 학습데이터의 이용은 투입단계와 산출단계의 원저작물 이용 분량이 서로 다를 수 있기 때문에 산출단계의 경미하거나 부수적인 이용으로 비중면에서 공정이용에 해당한다.

---

24) 이해완, 전게서, 843면.

25) 정상조, "인공지능과 데이터법", 『법률신문』, 2020.02.21.일자.

참고로, 일본 저작권은 컴퓨터를 이용한 정보처리에 의한 새로운 지식 또는 정보를 창출함으로써 저작물이용의 촉진에 이바지하는 정보검색서비스라거나 정보해석서비스는 타인의 공개된 저작물의 이용용도 및 분량에 비추어 저작권자의 이익을 부당하게 해치지 않는 소위 경미한 이용으로서 적법한 이용에 해당한다.[26]

9. 공정이용의 제4요건: 현재 시장 또는 가치나 잠재적인 시장 또는 가치에 미치는 영향

9-1. 크롤링의 시장대체성은?

크롤링으로 만들어진 학습데이터는 원래 정보가 갖는 시장과는 다른 영역이다. 예를 들면, 포털의 정보를 크롤링한다고 하더라도 포털의 검색서비스를 위한 것이 아니라면 경쟁관계에 서기 어렵다. 서비스의 고도화를 위한 것이지 해당 데이터를 경쟁관계에 있는 서비스에 이용하는 것이 아니란 점 등에서 대체가능성은 높지 않다. 이는 기계학습을 위한 데이터 확보를 위한 것으로 기존의 저작권 유통 및 이용환경과는 다른 차원의 시장이 형성될 수 있다. 따라서, 시장경쟁 내지 시장대체가 이루어진다고 보기 어렵다. 인터넷에 공개된 정보나 저작물은 학습데이터 시장을 목적으로 하는 것으로 보기 어렵다. 학습데이터를 염두에 둔 것이 아니라는 점에서 저작권자의 잠재적, 경쟁적 시장에 참여하는 것으로 보기 어려운 이유이다. 참고로, 대법원은 공정한 관행에 대해 판단함에 있어서 정당한 범위 안에서 공정한 관행에 합치되게 인용한 것인지 여부는 인용의 목적, 저작물의 성질, 인용된 내용과 분량, 피인용저작물을 수록한 방법과 형태, 독자의 일반적 관념, 원저작물에 대한 수요를 대체하는지 여부 등을 종합적으로 고려하여 판단하도록 하고 있다.[27] 즉, 시장에 미치는 영향에 대해 그 수요대체 여부를 고려해야 한다는 점을 확인한 것이다. 수요라는 것이 해당 저작물의 이용허락을 통한 시장 진입인지, 아니면 2차적저작물을 통한 것인지에 대해서도 검토할 필요가 있다. 데이터의 배열과 구조, 가치, 특성과 용도 등에 맞게 학습데이터를 만들어 내는 경우라면 원 데이터의 유사성이 인정되더라도, 결과는 전혀 다를 수 있기 때문에 일반적

---

26) 정상조, 전게 논문, 18~19면.

27) 대법원 1998. 7. 10. 선고 97다34839 판결, 2004. 5. 13. 선고 2004도1075 판결.

인 저작물과 같은 기준으로 판단하는 것은 무리다. 이처럼 데이터의 공정이용 판단에 있어서 고려할 사항은 기계학습을 위한 데이터라는 잠재적인 시장을 염두에 둘 수도 있을 것이다.

9-2. 기계학습에 있어서 시장대체성은?

시장대체성 여부에 대해 살펴보면, 우선 시장대체성의 범위는 원저작물의 시장은 물론이거니와 이를 바탕으로 형성가능한 2차적저작물에 따른 경우도 고려되어야 한다. 그렇지만, 기계학습은 인간의 이용이 아닌 정보 내용이나 표현의 특성을 학습하기 때문에 일반적인 이용 형태와 다를뿐더러, 일반 소비자에게 제공되는 것과는 다른 시장을 형성하게 된다. 기계학습은 인공지능의 알고리즘을 고도화하기 위한 것에 불과하기 때문이다. 다만, 기계학습을 위한 별도의 학습데이터를 구축하여 제공한다면 이는 시장대체성을 인정받을 수 있다.

일본은 이러한 상황을 입법론으로 정리했다. 즉, 정보분석을 위한 빅데이터 등의 이용을 저작권 제한규정으로 입법화했다. 이에 따라, 인공지능을 학습하는 과정에서 이루어지는 저작물의 습득 자체는 학습 매커니즘이지 저작물을 복제하여 배포하는 것으로 보기 어렵다. 또한, 인공지능의 학습 형태에서 빅데이터 등의 정보를 이용하는 것은 "저작물 등을 구성하는 언어나 기호 등의 요소들 또는 그들이 관계 등을 분석하려는 것일 뿐 그 저작물 등 자체를 이용하고자 하는 것이 아니고, 그 분석의 결과물을 그 저작물 등과는 전혀 별개로서 그에 원저작물이 드러나지 않으므로 그 저작물 등의 통상적인 이용과 충돌하거나 저작자의 정당한 이익을 부당하게 저해할 우려가 적다"[28]고 볼 수 있다.

9-3. 유사한 사례에는 어떤 것이 있는가?

인공지능의 학습과 유사하게 적용할 수 있는 기존 사례는 썸네일 검색이다. 인터넷에 공개된 정보를 크롤링하여, 이를 데이터베이스화하고 검색어가 입력되면 해당 정보를 제공하는 것은 기계학습 매커니즘과 유사하기 때문이다. 썸네일 검색은 그 결과를 보여주는 것이지만, 크롤링은 기계학습을 위한 데이터 수집 내지

---

28) 임원선, 『실무자를 위한 저작권법』, 한국저작권위원회(2014), 232면.

수집된 데이터를 인덱싱하여 관리 값을 부여하기 때문이다. 기계학습은 특징값을 분류해 내는 과정이라는 점에서 차이가 있지만, 정보를 분석하여 분류하는 과정과는 크게 다르지 않다. 물론, 정보를 분석하여 이용가능한 상태에 놓인 것은 공개되거나 출시된 것이 아니기 때문에 시장대체성을 논하는 것이 타당하지 않다는 지적도 가능하다. 그렇지만, 시장대체성을 해당 저작물의 이용과정에서 고려하는 예측에 대한 판단이기 때문에 이를 부인할 필요는 없다. 썸네일 형태로 검색결과에 노출되는 것도 정보의 위치를 알려주는 것으로 공익적 성격으로써 공정이용이 인정되고 있고,[29] 대법원도 같은 취지로 저작권 침해를 부인한 바 있다.

10. 데이터 공정이용과 보상청구권

10-1. 데이터 공정이용에 대한 보상체계로서 보상청구권 형태의 입법은?

방송사업자들이 음악저작물을 사용하는 경우에 보상청구권이 권리자에게 인정되고 있다. 참고로, 보상청구권의 일 유형인 사적복제보상은 공매체(CD, DVD 등)에 수수료를 징수하여 사적복제에 따른 잠재적 손실에 대한 보상으로 저작권자에게 배분하는 제도이다. 이 시스템은 저작권 보유자에게 일종의 보상을 제공할 수 있지만 공정이용 또는 특정 사용에 대한 예외 문제를 다루지는 않는다.

공정이용은 교육, 비평, 논평 및 뉴스 보도와 같이 저작권자의 허가 없이 저작물의 특정 사용을 허용하므로 저작권법의 중요한 측면이다. 공정한 사용이 없으면 개인과 기업이 저작권 침해에 대한 두려움 때문에 콘텐츠를 사용하거나 만드는 것을 주저할 수 있으므로 창의성과 혁신의 잠재력이 제한될 수 있다.

기계학습에서 학습데이터의 수요는 지속적으로 증대할 것으로 예상된다. 인터넷 등 다양한 정보를 활용하기 위해서는 저작권자 허락이 요구되나, 거래비용이 과다하기 때문에 개별적 이용허락은 실익이 크지 않다. 그렇지만, 공정이용이나 저작재산권 제한 규정에 근거하여, 데이터를 이용함으로써 사업자는 개별 게시자에게 보상은 하지 않으면서 과실을 독점하는 구조는 공정거래에도 부합하지 않다. 따라서, 구글이나 네이버 등 플랫폼에 개별 게시자에 대한 보상체계가 마련될

---

29) 검색엔진의 높은 수준의 변형적 이용과 사회적 편익을 제공한다는 점에서 공정이용에 해당한다고 판시한 바 있다(Perfect10, Inc. v. Amazon, Inc., 508 F.3d 1146(9th Cir, 2007)).

필요가 있다. 제도적으로 확대된 집중관리제도를 고려할 수 있을 것이다.

데이터 공정이용에 대한 보상금청구권이 저작권자에게 일종의 보상으로써 제공될 수 있지만, 공정이용 및 기타 저작권 예외의 광범위한 사회적 혜택을 고려하는 것도 중요하다.

10-2. 저작재산권 제도를 청구권화하는 방안은 어떠한가?

저작권 시스템을 배타적 권리 시스템에서 보상 시스템 또는 저작물 사용에 대한 '공정한 보상' 시스템으로 변경하기 위한 논의가 있다. 이러한 시스템에서는 저작권 보유자에게 배타적 권리를 부여하는 대신, 사용자가 해당 사용에 대해 공정한 가격을 지불하는 한 저작물을 사용할 권리를 갖게 된다. 대표적으로, 방송사업자들은 음악저작물을 사용할 권리이다. 이러한 보상청구권은 사후적으로 저작물을 사용한 대가로 사용료를 지불하는 것이다. 징수된 사용료는 실제 사용된 것과 비례하여 저작권자에게 분배된다.

이에 대해서는 논란이 있다. 찬성론자들은 청구권이 저작자의 창작물에 대해 공정한 보상을 받도록 보장하면서 사람들이 저작물에 접근하고 사용하는 것을 더 쉽게 만들 것이라고 주장한다. 그러나, 반대론자들은 저작권자에 대한 전반적인 보상이 낮아지고 창작물이 감소할 수 있다고 주장한다.

이러한 시스템을 구현하려면 현재 저작권법 및 관행에 상당한 변화가 필요하며 실제로 실현 가능하거나 효과적인지 여부가 불분명하다고 하나, 이용허락 과정에서 발생하는 거래비용(transaction cost) 등을 고려할 때 청구권하는 것은 유의미한 방안이 될 수 있다.

10-3. 데이터 공정이용을 위한 가이드라인을 작성하는 방안은?

공정이용은 저작권법에서 인용이나 패러디 등의 목적으로 일부 사용이 허용되는 법적 예외 규정이다. 이는 법적인 예외이기 때문에 구체적인 가이드라인을 만드는 것은 사업자에게 도움이 될 수 있다. 공정이용에 대한 판단은 사용되는 저작물의 양과 중요성, 사용 목적, 사용하는 콘텐츠의 성격 등 다양한 요소를 고려하여 개별적으로 판단해야 한다. 이는 법원에서도 각각의 경우마다 판단을 내리기 때문이다.

공정이용에 대한 법원의 판례가 많지 않기 때문에 이를 참고하여 공정이용을 판단하는 것은 쉽지 않다. 또한, 공정이용에 대한 구체적인 가이드라인을 만드는 것은 쉽지 않으며, 사안별로 개별적인 판단이 필요하지만, 가이드라인이 제시된다면 학습데이터의 확보를 저작권자와 플랫폼사업자간의 합의점을 찾아가는데 도움이 될 수 있을 것으로 기대된다.

제7장 디지털 저작권과 기계의 저작권 향유

기계의 저작권 향유는 물론, 기계에 의해 생성된 저작물에 대해 저작권법은 명확한 규정을 두고 있지 않다. 따라서, 현재 기계로 만든 저작물에 대한 저작권에 대한 명확한 법적 프레임워크가 없다. 일반적으로 저작물을 만든 기계의 소유자가 해당 저작물에 대한 권리자로 간주된다. 즉, 기계가 저작물을 생성하면 기계 소유자가 해당 저작물에 대한 저작권을 행사할 권리가 있다. 그러나 인간의 개입 없이 기계가 완전히 자율적으로 저작물을 생성할 경우 해당 저작물에 대한 저작권과 관련하여 법적 문제가 발생할 수 있다. 이 경우 기계가 만든 저작물에 대한 저작권은 누구에게 귀속되는지에 대한 문제가 복잡해진다.

또한 기계의 저작권 향유는 물론 저작권 침해를 인정할 가능성은 낮다. 왜냐하면, 민법 등에서 권리·의무의 주체를 인간으로 한정하고 있기 때문이다. 즉, 저작물을 이용하는 주체는 인간으로 한정된 것이므로, 기계에 의한 향유와 침해에 따른 주체라고 보기 어렵다.

결론적으로, 현행 저작권법상 기계의 저작권 향유에 대한 논란은 문제라고 보기 어렵다. 기계에 의한 권리관계에 대한 명확한 법적 틀을 제공하기 위해서라도 법제 연구가 선행되어야할 것이다.

1. AI가 저작권에 미친 영향

1-1. 최초의 저작권법인 앤여왕법이 저작권 제도에 미친 영향은?

앤여왕법은 오늘날 우리가 알고 있는 저작권 시스템의 발전에 중요한 영향을 미쳤다. 최초의 저작권법으로서 앤여왕법은 아이디어와 정보의 자유로운 흐름에 대한 공익의 균형을 맞추는 동시에 저자와 출판사를 보호하는 오늘날 저작권법의 틀을 확립하는 데 도움이 되었다.

앤여왕법의 가장 중요한 의미 중 하나는 저작자에 대한 저작권 보호 기간을 제한한 것이다. 이 법령은 저자에게 14년 동안 저작물의 복제 및 배포를 통제할 배타적 권리를 부여했으며 추가로 14년 동안 갱신할 수 있는 옵션을 제공했다. 이를 통해 저자는 자신의 저작물의 사용 및 배포에 대해 더 큰 통제권을 갖게 되었고 새로운 저작물을 만들 수 있는 인센티브를 제공받았다.

앤여왕법의 또 다른 중요한 의미는 아이디어와 정보의 자유로운 흐름에 대한 대중의 관심을 인정한 것이다. 앤여왕법은 타인이 저작권자의 허가 없이 비평, 리뷰 또는 연구와 같은 특정 목적을 위해 저작물을 사용할 수 있도록 허용하는 공정이용의 개념을 확립했다. 이것은 지식과 아이디어의 확산을 촉진하는 동시에 저작권자의 이익을 보호하는 데 도움이 되었다.

앤 여왕은 또한 계몽주의 시대에 지식과 사상을 전파하는 데 중요한 역할을 한 출판 산업의 성장을 촉진하는 데 도움이 되었다. 발행인에게 작품의 상업적 이용을 통제할 수 있는 권리를 부여함으로써 이 법령은 책의 제작 및 배포에 대한 투자를 장려하여 문학 및 기타 창작 작품의 가용성을 높였다. 전반적으로 앤여왕법은 현대 저작권법의 기초를 형성하는 많은 주요 원칙과 개념을 확립했다.

1-2. 저작권법은 인간에게 어떠한 영향을 미쳐왔고, 앞으로는 어떤 영향을 미칠까?

저작권법은 여러 가지 방식으로 인간에게 긍정적이고 부정적인 영향을 미쳤다. 긍정적인 측면에서 저작권법은 창작자에게 작품의 사용 및 배포를 통제할 배타적 권리를 제공함으로써 창의성과 혁신을 장려한다. 이는 새로운 작품의 창출과 새로운 산업의 발전으로 이어질 수 있다.

부정적인 측면에서 저작권법은 지식과 정보에 대한 접근을 제한할 수 있다. 교육 또는 비상업적 목적으로도 개인 및 조직이 저작물을 사용하고 공유하는 능력을 제한할 수 있다. 이는 저작물의 복사 및 배포를 그 어느 때보다 쉽게 만드는 디지털 기술의 맥락에서 특히 문제가 될 수 있다.

앞으로도 저작권법은 우리가 정보를 생성, 공유 및 사용하는 방식을 형성하는 데 중요한 역할을 계속할 것이다. 디지털 기술이 계속 진화하고 더욱 보편화됨에 따라 디지털 시대의 현실을 더 잘 반영하기 위해 저작권법을 재검토하고 업데이트해야 한다는 압력이 커질 수 있다. 여기에는 저작자와 사용자의 이익이 균형을 이루는 새로운 방법을 찾고 저작물의 보호와 AI 및 기타 신기술 사용과 관련된 문제를 해결하는 것이 포함될 수 있다.

1-3. 경제적인 측면과 산업발전이라는 측면에서 저작권제도의 의의는?

저작권법은 경제 및 산업 발전에 상당한 영향을 미친다. 한편으로 저작권법은 창작자에게 저작권을 보호할 법적 프레임워크를 제공하여 창의성과 혁신을 장려한다. 창작자가 자신의 작품을 통제하고 수익을 얻을 수 있을 때 새로운 작품을 만드는 데 시간과 자원을 투자할 가능성이 높아져 경제 성장과 문화 발전으로 이어질 수 있다.

반면에 저작권법은 저작물에 대한 접근을 제한함으로써 경제 성장과 발전을 저해할 수도 있다. 저작물의 저작권자가 자신의 저작물에 액세스하고 사용할 수 있는 사람을 통제하면 음악 및 영화 산업과 같이 저작물에 의존하는 산업에서 새롭고 소규모 플레이어가 진입하는 데 장벽이 될 수 있다. 이는 시장 독점과 경쟁 감소로 이어져 혁신과 창의성을 억누를 수 있다.

또한, 저작권법은 소프트웨어 및 콘텐츠와 같은 디지털 산업에 상당한 영향을 미칠 수 있다. 더 많은 산업이 온라인으로 이동함에 따라 디지털 저작물을 보호하고 수익을 창출하는 능력이 점점 더 중요해지고 있다. 이로 인해 공정이용, 디지털 권리 관리, 디지털 환경에서 사용자 생성 콘텐츠(ucc)의 역할과 같은 문제에 대한 논쟁이 이어졌다.

전반적으로 저작권법은 경제 및 산업 발전을 촉진하는 데 중요한 역할을 하며, 앞으로도 산업과 경제의 미래를 형성하는 데 계속해서 중요한 요소가 될 것이다.

2. 디지털 환경과 저작권의 확장

2-1. 앤여왕법이 현대의 저작권제도에 미친 영향은?

앤여왕법은 영국뿐만 아니라 전 세계적으로 현대 저작권 시스템의 발전에 중대한 영향을 미쳤다. 앤여왕법이 현대 저작권법에 영향을 미친 몇 가지 방법은 다음과 같다.

제한된 저작권 보호 기간: 앤여왕법은 한정된 기간 동안 제한된 저작권 보호 개념을 도입했다. 이 개념은 현대 저작권법으로 이어져 저작권 보호는 일반적으로 저자의 생존 기간과 특정 기간(예: 저자 사망 후 70년) 동안 지속된다.

배타성의 원칙: 이 법령은 저작권자가 저작물의 사용 및 배포를 통제할 배타적 권리를 갖는다는 원칙을 확립했다. 이 아이디어는 전 세계의 현대 저작권법에 통합되었다.

공정한 사용: 앤여왕법은 저작권자의 허가 없이 저작물의 일부 사용을 허용하는 것이 공익을 인정했다. 이 개념은 현대 저작권법에서 확장되어 공정이용 또는 공정 거래 예외를 통해 비평, 논평, 뉴스 보도, 교육, 학문 또는 연구와 같은 특정 목적을 위해 저작물을 사용할 수 있다.

출판 산업의 발전: 앤여왕법은 출판인에게 저작물의 복제 및 배포에 대한 배타적 권리를 부여함으로써 출판 산업의 성장을 촉진하는 데 도움이 되었다. 이것은 지식과 문화의 보급에 중요한 역할을 해온 출판 산업에 지속적인 영향을 미쳤다.

앤여왕법은 현대 저작권법의 토대를 마련했으며 오늘날에도 여전히 유효한 많은 주요 원칙과 개념을 수립했다. 그 영향은 전 세계의 저작권법과 저작권 정책 및 개혁에 대한 지속적인 논쟁에서 볼 수 있다. 이외에도 납본제도를 도입함으로써 문화유산인 서적을 보관하거나 체계적인 관리가 되도록 하였다. 오늘날의 납본제도와 거의 유사하다.

2-2. 앤여왕법 이후에 추가된 저작재산권의 유형은?

앤여왕법은 저자에게 부여된 시간 제한이 있는 배타적 권리로서의 저작권의 개념을 포함하여 현대 저작권법의 많은 기본 원칙을 확립한 중요한 초기 저작권법이었다. 시간이 지남에 따라 저작권법의 범위에 저작권이 있는 주제의 많은 추가 유형이 추가되었다. 여기 몇 가지 예가 있다.

사진: 저작권법 초기에 사진은 원본 저작물이 아니라 기계적 복제로 간주되었기 때문에 저작권 대상으로 간주되지 않았다. 시간이 지남에 따라 법원과 입법부는 사진가가 저작권 보호를 받을 가치가 있는 원본 작품을 만들 수 있음을 인정했다. 오늘날 사진은 일반적으로 대부분의 국가에서 저작권이 있는 주제로 간주된다.

　　　　　　　　제7장 디지털 저작권과 기계의 저작권 향유

소프트웨어: 20세기 후반에 컴퓨터와 소프트웨어가 널리 보급되면서 소프트웨어가 저작권법으로 보호받을 수 있는지에 대한 의문이 제기되었다. 소프트웨어 저작권의 범위와 한계에 대한 논쟁이 계속되고 있지만 오늘날 대부분의 국가에서는 컴퓨터 소프트웨어를 저작권 대상으로 인정한다.

디지털 저작물: 인터넷과 디지털 기술의 등장으로 저작물에 대한 새로운 카테고리가 등장했다. 여기에는 전자책, 음악 다운로드 및 온라인 비디오와 같은 디지털 저작물이 포함된다. 많은 국가에서 복사 및 배포의 용이성과 같은 디지털 작업이 제기하는 고유한 문제를 해결하기 위해 저작권법을 개정했다.

실연: 저작물의 서면 또는 기록된 표현을 보호하는 것 외에도 많은 국가에서는 실연자에게 공개적으로 저작물을 실연할 독점권을 부여하는 실연권을 인정한다. 여기에는 라이브 뮤지컬 공연, 연극 제작 및 기타 유형의 라이브 공연이 포함될 수 있다.

저작권법의 범위는 시간이 지남에 따라 많은 새로운 유형의 창작물을 포함하도록 확장되었으며, 현대 사회에서 창작 표현의 변화하는 특성과 작품이 생성되고 배포되는 방식을 반영한다.

2-3. 디지털 환경은 저작권법에 어떤 영향을 주었나?

디지털 환경은 저작권법에 많은 영향을 주었다. 이전에는 저작권이 출판, 방송 등의 전통적인 매체를 통해 이루어졌지만, 디지털 기술의 발전으로 인해 많은 새로운 매체가 생겨나면서 저작권 범위와 그에 대한 보호 방법도 크게 변화하였다. 이에 따라 디지털 환경에서의 저작권 문제는 중요한 이슈 중 하나이다.

디지털 환경에서의 저작권 문제 중 일부는 다음과 같다.

복제와 배포: 디지털 기술은 쉽게 복제 및 배포가 가능하도록 만들어져 있다. 이로 인해 디지털 작품이 불법적으로 복제 및 배포되는 경우가 많아졌다. 이에 대한 대응으로 저작권법에서는 디지털 저작물의 복제 및 배포에 대한 제한과 예외 규정을 포함하고 있다.

저작물의 변형: 디지털 기술은 기존 저작물을 쉽게 변형하여 새로운 작품을 만들 수 있게 한다. 이에 따라 저작물의 변형이 불법적인 경우가 발생할 수 있으며, 이를 방지하기 위해 저작권법에서는 파생 저작물에 대한 제한과 예외 규정을 포함하고 있다.

새로운 비즈니스 모델: 디지털 기술은 새로운 비즈니스 모델을 만들어 내는데 큰 역할을 한다. 예를 들어, 저작물의 구독 서비스나 온라인 콘텐츠 플랫폼과 같은 새로운 비즈니스 모델은 저작권 법적 쟁점을 일으키기도 한다.

국제적 범위: 디지털 기술은 국경을 넘어서 쉽게 저작물을 복제 및 배포할 수 있게 만든다. 이에 따라 국제 저작권법의 일관성과 상호 운용성에 대한 요구가 증가하고 있다.

이러한 이유로, 디지털 환경에서의 저작권 문제는 매우 다양한 영향을 미치고 있다.

2-4. WIPO저작권 조약 중 디지털 환경과 관련된 내용은 무엇인가?

WIPO 저작권 조약(WCT)은 디지털 시대의 저작권 보호 표준을 제공하는 국제협약이다. WCT는 다음과 같은 여러 디지털 관련 문제를 다루고 있다.

디지털 형식의 저작물의 보호: WCT는 디지털 형식의 저작물이 저작권법에 의해 보호되어야 함을 인식하고 국가가 이러한 저작물에 대한 법적 보호를 제공할 것을 요구한다.

기술적 보호 조치(TPM): WCT는 디지털 잠금 또는 암호화와 같은 TPM이 디지털 환경에서 저작물을 보호하기 위한 중요한 도구임을 인식한다. 국가는 TPM에 대한 법적 보호를 제공해야 하며 TPM 우회도 금지한다.

권리 관리 정보(RMI): WCT는 각 국가가 저작물에서 저작권자의 권리를 식별하는 정보인 RMI에 대한 법적 보호를 제공하도록 요구한다. 또한, RMI의 제거 또는 변경을 금지한다.

제한 및 예외: WCT는 특히 디지털 환경에서 저작권에 대한 제한 및 예외의 중

요성을 인식한다. 이는 국가가 공정이용 또는 공정 거래와 같은 특정 제한 및 예외를 제공할 수 있도록 허용하지만 특정 조건을 따라야 한다.

전반적으로 WCT는 디지털 시대의 저작권 보호를 위한 프레임워크를 제공하여 기술 발전에도 불구하고 저작권법이 적절하고 효과적임을 보장한다.

3. 베른협약의 체결

3-1. 베른협약의 의의는?

베른협약은 1886년에 스위스의 베른에서 체결된 국가 간의 상호 저작권 보호를 위한 최초의 국제조약이다. 19세기 들어 유럽 각국이 법으로 자국민의 저작물을 보호함에 따라, 외국에서의 무단 출판이 문제로 대두됐다. 각 국가의 저작권법이 다르기 때문에 각 국가별로 저작권 보호 기간 및 범위, 저작물의 보호 대상 등이 상이한 문제를 해결하고자 하였다. 이처럼, 각국은 양자조약을 맺어 저작권을 보호하려 했으나, 점차 다자조약의 필요성이 제기됐다. 문학·예술인들이 결성한 국제문예협회(ALAI)의 요청으로 1884년부터 해마다 베른에서 국제회의가 열리게 된다. 1886년에는 9월 6일부터 베른에서 회의가 열려 스위스, 독일, 라이베리아, 벨기에, 아이티, 에스파냐, 영국, 이탈리아, 튀니지, 프랑스 등 10개국 대표가 모였고, 9월 9일 협약에 서명했다. 그중 라이베리아와 아이티를 제외한 여덟 나라가 비준, 1887년 12월 5일에 발효됐다

베른협약은 저작물의 저작자에 대한 보호와 저작권자의 권리보호 등을 명시하고, 국가별로 서로의 저작권법을 인정하는 등의 규정을 담고 있다. 베른협약은 이후 국제 저작권 보호 체제를 위한 중요한 기반이 되었으며, 현재까지도 전 세계적으로 저작권 보호를 위한 대표적인 국제조약 중 하나이다.

3-2. 베른협약은 어떤 목적으로 체결되었나?

베른협약은 다양한 국가에서 발생하는 저작권 분쟁을 해결하고 국제적으로 저작권 보호를 표준화함으로써 문화적 교류를 촉진하는 것을 목적으로 하였다. 베른협약은 저작자에게 법적인 보호를 제공하면서도 이용자들이 지식재산권을 적극 활용할 수 있는 유연한 규정도 갖추고 있다. 따라서, 저작권 보호를 강화하면서도

적절한 예외 규정들을 포함함으로써 저작물의 이용과 저작자의 창작활동에 대한 자유를 보장하고 있다. 이러한 베른협약은 전 세계적으로 저작권 보호 법률의 표준화를 이루고 있으며, 국제 저작권 보호를 위한 대표적인 국제적인 협약 중 하나이다.

베른협약보다 저작권을 상대적으로 약하게 보호하는 세계저작권협약도 있다. 1994년 WTO/TRIPs도 베른협약을 준거로 삼고, 세계저작권협약 가입국을 비롯 대부분의 나라가 베른협약에 가입함으로써(미국 1989년, 러시아 1994년 가입), 베른협약이 저작권에 있어서 기본적인 조약으로서 역할을 하고 있다.

3-3. 베른협약에서 살펴보아야 할 주요한 내용은?

베른협약은 국제 저작권 보호의 표준을 제공한다. 이 협약은 각국에서의 저작권 보호 수준을 일정하게 유지하도록 요구한다. 이를 위해, 협약은 다음과 같은 규정을 제공한다.

각국에서 출판된 모든 저작물에 대한 보호: 베른협약은 각국에서 출판된 모든 저작물에 대한 보호를 요구한다. 이것은 출판물의 유형(책, 음악, 영화 등)에 관계없이 모든 출판물이 보호를 받아야 한다는 것을 의미한다.

자동 보호: 베른협약은 작품이 창작될 때부터 자동적으로 보호를 받는 것을 요구한다. 따라서, 작품이 공개되거나 등록되지 않아도 보호를 받다. 이는 창작자가 작품을 공개하지 않아도 작품에 대한 권리를 보호할 수 있다는 것을 의미한다.

국경을 초월하는 보호: 베른협약은 국경을 초월하는 보호를 제공한다. 이는 어떤 국가에서 출판된 작품도 다른 국가에서는 해당 작품에 대해 보호해야 한다는 것을 의미한다. 이로 인해, 국제적으로 작품에 대한 이용이 용이해지고 국제적인 저작물 교류가 활발해진다.

저작권 보호 기간: 베른협약은 저작권 보호 기간을 일정하게 유지하도록 요구한다. 이는 각 국가에서 저작물의 보호 기간을 일정하게 설정함으로써 국제적인 저작권 보호에 대한 일관성을 유지하는 것을 목적으로 한다.

저작권자의 권리: 베른협약은 저작권자가 작품에 대한 일련의 권리를 보유함을

요구한다. 이는 작품의 복제, 배포, 공연, 전시 등에 대한 권리를 의미한다.

이러한 규정들은 베른협약이 국제적으로 저작권 보호를 보장하고, 국제적인 저작권 교류를 활성화하는 데에 큰 역할을 하고 있다.

3-4. 베른협약에 규정된 3단계 원칙은 어떤 내용인가?

베른협약 제9조는 이 협약이 보호하는 문학·예술 저작물의 저작자는 어떠한 방법이나 방식으로, 이 저작물의 복제를 허락할 배타적 권리를 가진다고 규정하고 있다. 다만, "특별한 경우에 있어서 그러한 저작물의 복제를 허용하는 것은 동맹국의 입법에 맡긴다. 다만, 그러한 복제는 저작물의 통상적인 이용과 충돌하지 아니하여야 하며, 저작자의 합법적인 이익을 부당하게 해치지 아니하여야 한다."고 규정한다(제2항). 동 규정은 저작재산권 예외규정에 관한 3단계 테스트로 1967년의 베른협약 스톡홀름 개정규정에서 논의과정을 거친 후에 1971년의 베른협약 파리개정규정 제9조 제2항으로 포함된 것이다. 이처럼 베른협약은 저작자의 권리를 강화하고 저작물의 사용에 대한 예외를 좀 더 세부적으로 규정하였다. 예를 들어, 저작자의 사후 동의 없이도 저작물의 공정한 이용이 가능하다는 내용을 포함하고 있다. 이러한 저작자의 권리 강화와 예외 규정의 세부화는 앤여왕법의 출판권 개념과는 다른 점이며, 이러한 개념들이 현재의 국제적인 저작권제도에서 중요한 역할을 하고 있다.

4. 문화의 향유

4-1. 문화를 향유한다는 것은 어떤 의미인가?

문화를 향유한다는 것은 예술, 문학, 음악, 연극, 영화 등과 같은 다양한 인간의 예술, 지식, 역사, 문화적인 요소를 즐기고, 감상하며, 이를 통해 인간의 정서나 지성적인 영감을 느끼거나 즐기는 것을 말한다.

문화를 향유하는 것은 우리의 삶에서 중요한 부분을 차지한다. 우리는 예술 작품을 감상하며 감동을 받고, 문학을 통해 새로운 지식을 습득하며, 역사를 배우고 과거의 경험을 바탕으로 현재와 미래를 이해하려는 노력을 한다. 또한, 음악을 들으면서 감성적인 여운을 느끼고, 연극이나 영화를 관람하면서 새로운 문화적 경험을 쌓을 수 있다.

문화를 향유함으로써 우리는 다양한 문화와 가치관을 이해하며, 세상을 더욱 다양하고 풍요로운 곳으로 인식할 수 있다. 따라서, 문화를 향유하는 것은 인간이 갖는 창의성과 영감, 인격적인 성장과 풍부한 삶을 누리는데 큰 역할을 하게 된다.

또한, 사람들이 삶의 다양한 측면을 탐구하고, 자아를 발전시키며, 감정적으로 풍부한 경험을 얻을 수 있도록 돕는다. 이처럼, 문화를 향유하는 것은 단순히 즐길 뿐만 아니라, 삶에 대한 관점과 태도를 형성하고, 다른 문화와의 이해와 소통을 촉진하는 등 많은 이점을 가져다 준다.

4-2. 문화에 관한 기본권으로서 문화향유권이란?

문화향유권은 개인이 문화생활을 즐기는 권리를 말한다. 이는 인간의 기본적인 권리 중 하나로서, 유연하고 포괄적인 개념으로 인식되며, 다양한 형태로 보호되고 있다. 문화향유권은 예술, 문학, 음악, 연극, 영화, 미술 등과 같은 문화활동에 대한 권리로서, 개인의 선호에 따라 각기 다른 형태로 나타날 수 있다. 이 권리는 개인의 창조성과 예술적 감각을 자유롭게 발휘할 수 있도록 보장하며, 인간의 정신적이고 문화적인 삶의 질을 높이는 데 기여한다.

특히, 문화향유권은 국제인권법에서도 인정되고 있으며, 국가는 이를 보장하고 존중해야 한다. 국가는 문화예술 활동을 적극적으로 지원하고, 접근성을 높이는 정책을 추진해야 한다. 또한, 경제적인 이유로 문화활동에 참여하지 못하는 개인들에게 지원을 제공하여, 보다 평등한 문화생활을 보장할 필요가 있다.

4-3. 문화기본법에서 말하는 문화권과 문화향유권의 차이는?

문화기본법에서는 "모든 국민은 성별, 종교, 인종, 세대, 지역, 정치적 견해, 사회적 신분, 경제적 지위나 신체적 조건 등에 관계없이 문화 표현과 활동에서 차별을 받지 아니하고 자유롭게 문화를 창조하고 문화 활동에 참여하며 문화를 향유할 권리(이하 "문화권"이라 한다)를 가진다"(제4조)고 규정하고 있다. 동 법에서 말하는 문화권과 문화향유권은 유사한 개념으로서 서로 밀접하게 연결되어 있으며, 전자는 창작적 측면에서 보는 개념이고, 후자는 이용적 측면에서 보는 개념으로 상호 보완적이다.

먼저, 문화권은 개인이 문화적 자유와 창의성을 가지고 문화적 활동을 추구할 수 있는 권리를 의미한다. 이는 예술과 문화를 창조하고, 이를 통해 인간의 존엄성을 증진시키는 것을 목적으로 한다. 따라서, 개인이 창조적으로 문화적 활동을 추구하는 것을 보장하고, 이를 통해 자신의 삶과 사회의 발전에 기여할 수 있도록 하는 것이 중요하다.

반면, 문화향유권은 개인이 이미 창조된 예술과 문화를 즐길 수 있는 권리로, 예술과 문화를 감상하고, 음악, 연극, 영화, 미술 등 다양한 문화활동을 즐길 수 있는 것을 보장하고, 개인의 정신적인 삶의 질을 높이는 것을 목적으로 한다. 따라서, 문화활동에 참여할 수 있는 환경을 조성하고, 문화예술을 보다 널리 알리는 노력이 필요하다.

종합적으로, 문화권과 문화향유권은 모두 개인이 문화적인 자유와 창의성을 추구할 수 있는 권리를 보장하는 것을 목적으로 한다. 문화권은 예술과 문화를 창조하는 것을, 문화향유권은 이미 창조된 예술과 문화를 즐기는 것을 중시한다.

4-4. 기계는 문화를 향유할 수 있을까?

문화란 문화자체가 갖는 다양한 의미나 가치를 이해하거나 즐기는 정신적 활동이다. 따라서, 기계는 문화를 창조하거나 감상하는 것은 불가능하다. 그렇지만, 인간이 기계를 사용하여 문화를 향유하는 것은 가능하다. 예를 들어, 기계를 사용하여 음악을 듣거나 영화를 시청하는 것은 인간이 문화를 향유하는 과정에서 기계를 사용하는 것이다. 이처럼, 기계가 문화를 창조하거나 감상하는 것이 불가능한 이유는, 기계는 인간과는 다르게 창의성과 감정을 가지고 있지 않기 때문이다.

인간은 문화를 창조하는 예술가나 작가들은 감정과 창의성을 기반으로 작품을 창조한다. 그러나, 기계는 단순히 프로그램에 따라 작업을 수행할 뿐이며, 창의성과 감정을 가지고 작업을 수행하지 않는다.

문화를 향유하는 것도 인간과 기계의 차이가 있다. 인간은 자신의 경험과 감정을 기반으로 문화를 해석하고 이해하는 반면, 기계는 미리 설정된 알고리즘에 따라 작품을 분석하고 처리할 뿐이며, 인간과 같이 작품을 이해하고 감상하는 능력을 가지고 있지 않다. 따라서, 문화를 창조하거나 감상하는 과정에서는 인간의 창의성과 감정이 중요한 역할을 한다.

4-5. 기계는 저작권을 무상으로 향유할 수 있나?

저작권법은 창작의 주체로서 인간만을 한정하기 때문에 그 이용에 대해서도 마찬가지로 해석된다. 즉, 인간만이 저작권을 이용하거나 향유할 수 있다. 따라서, 인간이 아닌 기계가 저작권을 향유할 수 있는 것은 아니다. 이러한 점에서 저작권법은 기계가 저작물을 창작하거나 또는 이용하는 것에 대해 관여할 수 없다. 그렇기 때문에 저작권법의 개정 없이 기계가 저작물을 무상으로 향유한다고 하더라도, 저작권 침해라고 단정하기 어려운 이유이다.

만약, 기계가 저작권을 향유하지 않은 상태로 TDM을 하는 경우라면 저작권 침해라고 보기 어렵다는 것이다. 저작권법상 공정이용(fair use) 규정을 통해 학습데이터를 TDM하거나, 기계학습에 이용하는 것은 저작권법리에 따른 이용에 해당하지 않는 것과는 별개로 공정이용의 제반요건을 충족할 수 있기 때문에 책임을 지울 수 없다. 다만, 기계적인 활용이 저작권법리에 따라 침해가 아니라고 하더라도, 생성형 AI가 만들어 내는 콘텐츠는 인간이 창작한 콘텐츠보다 훨씬 우수한 결과를 만들어 내고 있다는 점에서 인간과의 경쟁우위를 가질 수밖에 없다. 이러한 점에서 보상금청구권을 인정하는 방안도 고려될 필요가 있다. 다만, 학습데이터를 어디에서 가져왔는지 확인하기 어렵기 때문에 별도의 공익재단 내지는 기금 형태로 적립하여 창작자 지원체계로 활용하는 것도 의미있는 일이 될 것이다.

5. 저작물의 이용허락

5-1. 저작물의 이용허락이란?

저작권법에서는 저작재산권자는 다른 사람에게 그 저작물의 이용을 허락할 수 있으며, 이에 따라 저작물 이용의 허락을 받은 자는 허락받은 이용방법 및 조건의 범위에서 자유롭게 그 저작물을 이용할 수 있다고 규정하고 있다. 저작물의 이용허락은 해당 저작물을 이용하려는 사람이나 단체가 저작권자로부터 사전에 허락을 받는 것을 말한다. 저작물의 이용허락을 받는 것은 해당 저작물을 복제, 배포, 공연, 전시, 방송, 영상제작 등의 방식으로 이용하는 것을 포함한다.

이용허락은 저작권자가 정한 조건에 따라 이루어진다. 이용허락을 받은 사람은 정해진 조건 내에서만 해당 저작물을 이용할 수 있다. 예를 들어, 상업적 이용을 금지하는 조건이 있는 경우, 이용허락을 받은 사람은 해당 저작물을 상업적으로 이용할 수 없다. 인용이나 학교교육 목적 등 저작재산권 제한에 관한 규정에서는 일부 저작물을 저작권자의 동의 없이 일부 이용이 가능한 경우도 있다. 이러한 경우는 법률에서 규정한 범위 내에서 이용이 가능하며 범위나 조건을 넘어선 경우에는 면책되지 않는다.

5-2. AI에 저작물을 이용허락할 수 있나?

저작권법상 저작재산권자는 다른 사람에게 그 저작물의 이용을 허락할 수 있으며, 이용허락을 받은 자는 허락받은 이용 방법 및 조건의 범위 안에서 그 저작물을 이용할 수 있다. 다만, 이용허락에 의하여 저작물을 이용할 수 있는 권리는 저작재산권자의 동의 없이 제3자에게 이를 양도할 수 없다. 물론, AI는 스스로 저작물을 이용하거나 허락을 받고 있지 않다. AI를 개발하거나 이를 활용하려는 사람이 저작권법에 따라 원저작자부터 허락을 받아야 한다.

AI가 이용하는 저작물이 오픈소스 라이선스나, 크리에이티브 커먼즈 라이선스(Creative Commons License)와 같은 라이선스로 이용이 허용된 경우에는 해당 라이선스에 따라 이용할 수 있다. 그러나, 이 경우에도 라이선스 조건을 준수해야 한다.

5-3. 파인튜닝이 저작물의 이용에 어떤 의미를 가지는가?

파인튜닝(fine tuning)은 기존에 존재하는 모델을 특정한 데이터셋에 대해 재학습시켜 성능을 향상시키는 기술이다. 따라서, 저작물의 이용 측면에서 파인튜닝은 다음과 같은 의미를 가질 수 있다.

저작물 생성: 파인튜닝을 통해 특정한 데이터셋에 대해 재학습된 모델을 사용하여 새로운 저작물을 생성할 수 있다. 예를 들어, 자연어 처리 모델을 파인튜닝하여 새로운 문장을 생성하거나 이미지 생성 모델을 파인튜닝하여 새로운 이미지를 생성할 수 있다.

저작물 분류: 파인튜닝된 모델을 사용하여 저작물을 분류할 수 있다. 예를 들어, 이미지 분류 모델을 파인튜닝하여 특정한 분야의 이미지를 분류할 수 있다.

저작물 수정: 파인튜닝된 모델을 사용하여 이미지나 음악 등의 저작물을 수정할 수 있다. 예를 들어, 이미지 생성 모델을 파인튜닝하여 이미지에 필터를 적용하거나 음악 생성 모델을 파인튜닝하여 음악을 수정할 수 있다.

저작물 보호: 파인튜닝된 모델을 사용하여 저작물을 보호할 수 있다. 예를 들어, 이미지 분류 모델을 파인튜닝하여 저작권 침해 이미지를 탐지하거나, 자연어 처리 모델을 파인튜닝하여 저작권 침해 문장을 탐지할 수 있다.

위와 같은 방식으로 파인튜닝은 저작물의 이용과 보호에 중요한 역할을 할 수 있다. 그러나, 파인튜닝을 사용할 때는 저작권법과 관련된 법규들을 준수해야 하며, 필요한 경우에는 저작권자와 협의하여 사용하여야 한다.

6. 저작권의 향유와 기계의 이용

6-1. 저작물 향유의 주체는 사람에 한정되는가?

일반적으로 저작물의 향유는 사람에게 한정된다. 저작물의 이용, 감상, 소비 등의 행위는 사람에 의해 이루어지기 때문이다. 저작물을 향유하는 행위는 감성적인 측면도 중요하며, 이는 기계나 다른 비인간적인 주체가 담당하기 어렵다.

하지만, 최근 기술의 발전으로 기계가 인간과 비슷한 판단력과 감성을 보유할 가능성이 커지면서, 일부 국가에서는 기계나 AI에 대한 저작권 법적 문제에 대한 논의가 진행되고 있다. 이에 따라 앞으로 기계나 인공지능이 저작물을 향유하는 경우에 대한 법적 쟁점이 발생할 가능성이 있다.

6-2. 향유에 대한 ChatGPT나 기계의 생각은?

언어모델로서 ChatGPT 등 생성형 AI는 기계이고 인간과 같은 능력이나 한계를 가지고 있지 않는다. 생성형 AI는 방대한 양의 정보를 처리하고 분석하고 그 분석을 바탕으로 반응을 생성할 수 있지만, 인간처럼 감정이나 주관적인 경험은 없다. 또한, 생성형 AI는 인간이 할 수 있는 것과 같은 방식으로 아름다움, 유머 또는 감정적 공명과 같은 미적 특성을 인식할 수 없다. 생성형 AI는 의식, 자기 인식 또는 자유 의지가 없으며, 알고리즘과 기계학습에 의해서만 결정된다. 따라서, 능력, 경험 및 작동 모드 측면에서 인간과 기계 사이에는 분명한 차이가 있다.

언어모델로서 인간과 같은 방식으로 저작물을 '즐길' 수 있는 능력이 없다. 생성형 AI는 창작물의 내용을 처리하고 분석하고 그 분석을 바탕으로 반응을 생성할 수 있지만, 인간처럼 감정이나 주관적인 경험은 없다. 그러나, 알고리즘 및 기계학습을 기반으로 저작물 및 법적 상태에 대한 정보와 통찰력을 제공할 수 있다.

6-3. 향유라는 것은 감각과 인식이 필요한데, 기계가 가능할까?

현재로서는 기계가 향유라는 개념을 이해하고, 감각과 인식을 통해 저작물을 즐길 수 있을 정도로 발전하지는 않았다. 저작물을 즐기는 것은 인간의 감성적인 면과 지적 능력 등이 필요하기 때문이다.

하지만, 최근 기술의 발전으로 인공지능이나 기계학습 기술 등이 빠르게 발전하고 있어서, 인간과 비슷한 판단력과 감성을 보유할 수 있는 AI 기술이 개발될 가능성은 있다. 그러나, 이러한 기술이 개발되더라도, 그것이 인간의 향유와 같은 느낌을 제공할 수 있을지는 아직 불명확하다.

따라서, 현재로서는 향유라는 개념은 인간의 영역에 한정되어 있으며, 기계가 향유라는 개념을 이해하고 인간처럼 감성적인 측면에서 즐길 수 있는지에 대한 문제는 앞으로 더 연구되어 나가야 할 문제이다.

기계가 인간과 같은 방식으로 저작물의 맥락과 의미를 이해하는 데 어려움을 겪을 수 있다. 기계는 많은 양의 데이터를 빠르게 분석하고 처리할 수 있지만 인간과 같은 수준의 뉘앙스, 창의성 및 문화적 이해를 가지고 있지 않는다. 예를 들어, 기계는 저작물에서 키워드와 패턴을 식별할 수 있지만 저작물에 의미와 맥락을 부여하는 기본 주제, 문화적 참조 및 상징을 이해하는 데 어려움을 겪을 수 있다. 마찬가지로 기계는 표절이나 저작권 침해 사례를 감지할 수 있지만 사용의 맥락과 목적이 명확하지 않은 경우 공정이용과 침해를 구분하는 데 어려움을 겪을 수 있다.

그러나, 기계가 저작물의 맥락과 의미를 완전히 이해할 수 없다는 의미는 아니다. 기계가 인간의 언어와 문화를 더 잘 이해하도록 돕기 위해 개발된 많은 기계학습 알고리즘과 자연어 처리 기술이 있다. 예를 들어, 감정 분석 및 주제 모델링 기술을 사용하여 글의 어조와 주제를 식별할 수 있으며 이미지 인식 알고리즘을 사용하여 이미지 및 비디오에서 시각적 요소와 문화적 참조를 식별할 수 있다. 또한, 기계학습 알고리즘은 저작물의 맥락과 의미를 더 잘 이해하는 데 도움이 되도록 저작물의 대규모 데이터셋에서 훈련될 수 있다.

요약하면, 기계는 인간과 같은 방식으로 저작물의 맥락과 의미를 이해하는 데 어려움을 겪을 수 있지만 인간의 언어와 문화를 더 잘 이해하는 데 사용할 수 있는 많은 기계학습 기술과 알고리즘이 있다. 그러나, 저작물의 사용이 법적 및 윤리적 원칙에 부합하도록 하기 위해서는 인간의 감독과 지도가 필요하다.

6-4. 기계가 저작물을 이용한다는 표현은 성립하나?

일반적으로 기계는 저작물을 이용하는 것이라는 표현은 맞지 않는다. 기계는 단순히 프로그램에 따라 명령을 수행하고, 저작물을 처리하거나 생성하는 데 사용될 뿐이다. 즉, 기계는 소프트웨어나 하드웨어적으로 도구의 역할을 수행할 뿐, 그 자체로 저작물을 이용하는 것은 아니다.

하지만, 최근 기술의 발전으로 인공지능 기술이 발전하고 있어서, 기계가 인간과 유사한 판단력과 감성을 보유할 수 있게 되면, 이를 이용해 저작물을 이용할 수 있는 가능성이 있다. 따라서, 기계가 저작물을 이용하는 것이라는 개념이나 용어가 언제나 적합한 것은 아니며, 기술의 발전에 따라 적절한 용어와 개념이 변경될 수 있다.

7. 비소비적 향유

7-1. 저작물의 변형적 이용이란?

저작물의 변형적 이용이란 저작물을 수정, 변형, 파생물 작성 등을 통해 새로운 창작물을 만드는 것을 말한다. 이러한 변형적 이용은 저작권법상 일부 경우에 허용되는데, 대표적으로 '패러디'와 '인용' 및 '공정이용' 규정 등이 있다.

변형적 이용은 미국 판례에서 유래된 것으로, 이에 대한 사례는 많이 있다. 가장 유명한 사례 중 하나는 1994년 발생한 Campbell v. Acuff-Rose Music, Inc. 사건이다. 이 사건에서는 2 Live Crew라는 음악 그룹이 Roy Orbison의 곡 'Oh, Pretty Woman'을 변형하여 새로운 곡을 만들어 발표한 것에 대해 Roy Orbison

의 저작권자인 Acuff-Rose Music이 저작권 침해로 소송을 제기였다. 이 사건에서는 변형적 이용의 법적 측면에 대한 논의가 이루어졌으며, 미 연방대법원은 2 Live Crew의 곡이 원곡과 다른 목적을 가지며 새로운 창작물로서의 가치가 있기 때문에 변형적 이용으로 인정되어야 한다는 결정을 내렸다. 이 사건은 변형적 이용의 법적 개념을 확립하는 데 큰 역할을 하였다.

그 외에도, Google Books 사건에서는 구글이 저작권 보호를 받는 책의 일부 내용을 디지털화하여 검색 서비스로 제공한 것에 대해 저작권자들이 저작권 침해로 소송을 제기한 바 있다. 이 사건에서는 검색 서비스의 이용이 변형적 이용으로서의 법적 측면을 갖는지에 대한 논의가 이루어졌으며, 대법원은 검색 서비스의 이용이 변형적 이용으로서 허용되어야 한다는 결정을 내렸다.

7-2. 저작물의 비소비적 향유란?

저작물의 변형적 이용과 마찬가지로 저작물의 비소비적 향유(non-consumptive use)란 저작물을 소비하는 것이 아니라, 그 자체로는 소비되지 않고 분석, 연구, 검색 등의 목적으로 활용하는 것을 말한다. 예를 들어, 저작권 보호를 받는 문서나 사진 등을 보존하면서, 해당 문서나 사진 내에 있는 정보를 분석하거나 검색하는 것이 비소비적 향유에 해당한다.

이와 같은 활용 방식은 원작자의 허락을 받을 필요가 없기 때문에 일부 저작권자와 그들의 대리인들은 비소비적 향유를 허용하고 있다. 예를 들어, 디지털화된 도서관의 경우, 책의 내용을 검색 및 분석하는 것이 가능하지만, 책을 다운로드하거나 인쇄해서 소비하는 것은 허용되지 않는 경우가 있다. 이는 책을 이용하는 방식이 달라지기 때문이다.

8. 인간의 창작과 기계의 생성

8-1. 기계가 생성하는 것과 인간이 창작하는 것은 다르게 취급해야 하나?

기계가 만드는 것과 인간이 만드는 것에는 차이가 있으며, 이 차이는 기계와 인간이 작동 방식, 목표 및 능력이 다르다는 사실에서 발생한다. 기계는 특정 작업이나 기능을 수행하도록 설계 및 프로그래밍된 반면, 인간은 고유한 방식으로 자신을 창조하고 혁신하고 표현할 수 있는 창의성, 상상력 및 자유 의지를 가지고 있다.

기계는 아이디어 생성, 예측 또는 예술, 음악 또는 텍스트 생성과 같은 창의적인 노력에서 인간을 지원하는 데 사용될 수 있다. 이러한 기계의 산물은 일반적으로 원저작물이라기보다는 인간의 창의성을 가능하게 하는 생성물로 간주된다. 다만, AI가 구체적인 도구나 지시명령으로 인간의 사상과 감정이 표현된 것이라면 저작물성을 인정받을 가능성도 있다. 이는 저작권법 해석의 문제라고 생각된다.

인간 저작물의 창작성은 저작권법에 의해 보호되며, 저작권법은 창작자에게 저작물의 사용 및 배포를 통제할 배타적 권리를 부여한다. 기계는 저작권법에 따라 저자로 간주되지 않으며 사람이 창작한 것이 아니라면 보호 대상이 아니다.

이처럼, 기계는 인간의 창의성을 지원하고 강화하는 데 유용한 도구가 될 수 있지만 기계가 만드는 것과 인간이 만드는 것 사이에는 근본적인 차이가 있다. 인간은 자신의 개성, 상상력, 문화적 맥락을 반영하는 독창적이고 표현력이 풍부하며 의미 있는 작품을 창작할 수 있는 고유한 능력을 가지고 있다.

8-2. 기계와의 경쟁에서 인간은 경쟁력을 가질 수 있을까?

기계가 데이터를 생성하고 학습하는 데 있어 점점 더 중요한 역할을 수행함에도 불구하고 인간이 만든 것이 미래에 완전히 사라질 가능성은 낮다. 인간의 창의성과 혁신은 여전히 많은 영역에서 필수적이며 기계가 할 수 있는 일에는 한계가 있기 때문이다.

기계는 대량의 데이터를 처리하고 그 안에서 패턴을 찾는 데 탁월하지만 새롭고 혁신적인 아이디어를 생성하는 능력에는 여전히 한계가 있다. 기계는 프로그래밍된 작업만 생성할 수 있으며 프로그래밍 범위를 넘어서는 생각을 할 수 없다.

그 외에도 예술, 디자인, 사회과학 등 인간의 판단력과 창의성이 필수적인 분야가 많다. 기계가 이러한 영역에서 도움을 줄 수는 있지만 인간의 창의성을 완전히 대체할 가능성은 낮다.

또한, 기계가 데이터를 생성하고 학습하는 데 점점 더 중요한 역할을 계속 수행함에도 불구하고 여전히 감독과 안내를 위해 인간에게 의존하고 있다. 기계학습 알고리즘으로 생성된 결과를 해석하고 설명하고 기계가 내린 결정이 윤리적이고 인간의 가치와 일치하는지 확인하려면 사람이 필요하다.

요약하면, 기계가 점점 더 발전하고 데이터를 생성하고 학습할 수 있게 되었지만 인간의 창의성과 혁신은 여전히 삶의 많은 영역에서 중요한 역할을 할 것이다. 기계가 인간의 창의성을 완전히 대체할 가능성은 없으며 기계 사용을 안내하고 감독하기 위해 인간이 계속 필요할 것이다. 그렇지만, 기계는 빠르게 생성하는 능력을 갖는다. 더욱이, 기계는 시간과 비용이 많이 들지 않는다. 기계가 빠르고 효율적으로 생성할 수 있는 것은 사실이며 이는 제조, 데이터 처리 및 자동화와 같은 특정 영역에서 유리할 수 있다. 반면, 인간의 창작은 시간과 비용이 많이 들기 때문에 경쟁상대가 될 수 있을지 의문이다.

8-3. 인간이 경쟁우위에 설 수 있기 위해서는 무엇이 필요한가?

기계는 반복 작업, 데이터 처리, 자동화 등 특정 영역에서 인간보다 경쟁우위를 가질 수 있는 것은 사실이다. 이는 제조 또는 물류와 같이 속도와 효율성이 가장 중요한 산업에서 유리할 수 있다. 그러나, 인간의 창의성과 혁신이 필수적이며 기계가 경쟁하기 위해 고군분투할 수 있는 많은 영역이 있다는 점에 유의할 필요가 있다. 예를 들어, 예술, 음악, 문학, 철학과 같은 분야에서 인간의 창의성과 해석은 매우 중요하며 기계는 인간의 창의성과 관련된 정서적 깊이와 문화적 중요성을 복제하는 데 어려움을 겪을 수 있다.

또한, 기계가 경쟁우위를 차지하는 산업에서도 기계가 효율적이고 윤리적으로 작동하는지 확인하기 위해 사람의 감독과 지도가 여전히 필요하다. 기계를 프로그래밍하고 설계하고, 기계가 생성한 결과를 해석 및 설명하고, 기계가 내린 결정이 인간의 가치와 윤리 원칙에 부합하는지 확인하려면 인간이 필요하다.

또한, 기계는 특정 작업을 인간보다 더 빠르고 효율적으로 수행할 수 있지만 인간이 가진 적응성과 유연성이 부족할 수도 있다. 기계는 특정 작업을 수행하도록 설계되었으며 새롭거나 예상치 못한 상황에 적응하는 데 어려움을 겪을 수 있지만 인간은 창의적으로 생각하고 변화하는 환경에 적응할 수 있다.

이처럼, 기계가 특정 영역에서 인간보다 경쟁우위를 가질 수 있지만 인간의 창의성과 혁신은 여전히 삶의 많은 영역에서 필수적이다. 인간은 기계 사용을 안내하고 감독하며 기계 사용이 인간의 가치와 윤리 원칙에 부합하는지 확인하는 데 필요하다.

9. 로봇의 권리

9-1. 로봇의 법인격에 대한 EU 논의는 어떤 상황이나?

유럽의회는 2017년 인공지능을 탑재한 로봇에 '전자 인격'을 부여할 수 있다고 제안한 '로봇공학의 민사법 규칙에 관한 결의안'에 관한 보고서를 논의했다. 이것은 로봇에게 기업과 같은 법적 실체와 유사하게 법에 따라 어떤 형태의 법적 지위와 인정을 부여할 것이다. 보고서는 이것이 로봇이 자신의 행동에 대해 책임을 지고 로봇으로 인한 모든 피해를 보상하도록 보장하는 방법이 될 수 있다고 주장했다.

이 보고서는 구속력이 없으며 로봇에 전자적 인격을 부여한다는 아이디어가 EU에서 법률로 채택되지 않았다는 점에 유의해야 한다. 이 아이디어는 여전히 논란의 여지가 있으며 로봇 공학, 인공지능 및 법률 분야의 전문가들 사이에서 계속 논의되고 있다.

9-2. 로봇에게 인간처럼 권리를 부여한다면 어떤 방법이 있을까?

로봇에 권리를 부여하는 것은 로봇 공학, 인공지능 및 법률 분야에서 복잡하고 지속적인 논의 주제이다. 현재 로봇은 법인으로 인정되는 법적 지위가 없으므로 법적 권리가 없다. 그러나, 향후 로봇과 AI 시스템에 어느 정도 법적 인정과 권리를 부여해야 하는지에 대한 논의와 논쟁이 계속되고 있다.

이러한 권리를 로봇에 부여하려면 다음과 같은 몇 가지 방법을 고려할 수 있다.

법적 프레임워크 구축: 로봇에게 부여되는 권리의 유형, 이러한 권리가 부여되는 조건, 로봇에 수반되는 책임을 정의하기 위한 법적 프레임워크를 구축해야 한다. 이를 위해서는 로봇의 법적 지위와 부여되어야 하는 권리 유형에 대한 합의를 도출하기 위한 전 세계적인 노력이 필요하다.

윤리 및 도덕 원칙 개발: 로봇의 권리가 인간의 가치와 일치하고 인권과 충돌하지 않도록 윤리 및 도덕 원칙을 개발해야 한다.

국제협약: 로봇에 부여된 권리가 여러 국가 및 법률 시스템에 걸쳐 일관되도록 보장하기 위해 국제협약을 체결할 수 있다.

특정 권리를 염두에 두고 로봇 설계: 미래의 로봇은 재산권 또는 위험으로부터 보호받을 권리와 같은 특정 권리를 염두에 두고 설계될 수 있다.

규제기관 설립: 로봇에 대한 권리 부여를 감독하고 권리가 존중되도록 보장하기 위해 규제기관을 설립할 수 있다.

이것들은 로봇에 권리를 부여할 때 고려할 수 있는 방법 중 일부에 불과하며 각 방법이 실현 가능하고 윤리적이며 법적으로 안전한지 확인하기 위해 추가로 탐색하고 개발해야 한다.

9-3. 로봇에게 저작재산권만을 부여하면 되지 않을까?

저작권법은 저작자에 대해 저작인격권과 저작재산권 두 가지 유형의 권리가 부여된다. 저작인격권은 저작물의 창작자에게 부여되며, 저작물의 공표권, 성명표시권, 동일성유지권 등이 포함된다. 반면, 저작재산권은 저작물의 복제권, 공연권, 전시권, 배포권, 공중송신권, 2차적저작물작성 등의 권리를 보호한다. 따라서, 기계가 저작물을 창작하는 경우라면 저작재산권만을 부여할 수 있다. 그렇지만, 인간 창작자가 기계를 이용하여 창작물을 만드는 경우라면 저작인격권과 저작재산권 모두 부여될 수 있다. 예를 들어, 인공지능이 작곡을 한 경우에는 그 작곡물에 대한 저작재산권은 사용자나 개발자가 보유하게 된다. 그러나, 만약 음악 작곡을 위해 인공지능이 사용되었지만, 최종적인 작곡물의 편곡이나 수정 등은 인간 작곡가가 수행했다면, 인간 작곡가는 저작인격권과 저작재산권 모두를 보유할 수 있다. 즉, 기계가 창작한 저작물의 경우, 인간 창작자가 기계를 이용하여 창작한 경우와 다르게, 저작인격권은 보호되지 않을 수 있다. 현행 저작권법상 AI에게 저작권을 부여할 수 없지만, 향후 AI가 자율적으로 저작물을 창작할 경우에 인격권을 부여하지 않고 재산권만을 부여하는 것도 입법정책적으로 고려할 필요가 있다. 따라서, AI는 저작재산권만을 인정받고, 그 재산권으로서 '책임재산'을 형성할 수 있도록 하는 것도 의미가 있다.

10. AI에 맞는 저작권 규약

10-1. 인간의 작품을 학습한 것은 '인간의' 것으로 의제할 수 있지 않나?

학습데이터의 생성 및 처리에는 사람의 노력이 필요하며 기계학습 알고리즘은 이 데이터를 사용하여 학습하고 예측 또는 결정을 내린다. 기계학습의 결과는 매우 정확하고 유용할 수 있지만 여전히 인간의 설계 및 입력의 산물이다. 따라서, 기계학습의 결과는 전적으로 자율적이지 않고 오히려 인간과 기계 간의 공동 작업이라고 주장할 수 있다.

그러나, 기계학습 모델에는 인간이 명시적으로 프로그래밍하지 않은 방식으로 데이터를 개선하고 학습할 수 있는 기능이 있다는 점에 유의해야 한다. 이로 인해 인간이 완전히 예측하거나 설명할 수 없는 결과가 발생할 수 있다. 결과적으로 기계학습의 결과가 순전히 인간적인 것으로 간주되어야 하는지 아니면 새롭고 독특한 것을 나타내는 것인지에 대한 논쟁이 계속되고 있다. 궁극적으로 그것은 사람의 관점과 기계학습이 사용되는 특정 컨텍스트에 따라 다르다.

이에 대해 기술적 내용과 함께 좀 더 구체적으로 설명하면 다음과 같다. 물론 기계학습 모델이 생성되는 방식과 데이터에서 학습하는 방식을 설명하기 위해 몇 가지 기술적 세부 정보를 제공할 수 있다. 기계학습에는 데이터를 기반으로 예측 또는 결정을 내릴 수 있는 수학적 모델을 구축하는 작업이 포함된다. 이러한 모델은 입력 데이터와 해당 출력 레이블로 구성된 데이터셋에서 학습된다. 학습과정에서 기계학습 알고리즘은 모델 매개변수를 조정하여 학습데이터의 각 입력에 대한 예측 출력과 실제 출력 간의 차이를 최소화한다.

기계학습 모델의 품질은 알고리즘 선택, 학습데이터의 품질 및 수량, 학습 프로세스를 제어하는 하이퍼 매개변수와 같은 여러 요인에 따라 달라진다. AI 모델이 학습되면 새로운 입력 데이터에 대한 예측이나 결정을 내리는 데 사용할 수 있다. 모델의 정확도는 예측된 출력을 테스트 세트라는 별도의 데이터셋에서 실제 출력과 비교하여 평가할 수 있다.

기계학습의 한 가지 중요한 측면은 명시적으로 프로그래밍되지 않은 방식으로 데이터에서 학습하는 모델의 기능이다. 예를 들어, 딥러닝 모델은 데이터의 계층적 표현을 학습할 수 있는 신경망을 사용한다. 이는 모델이 수동 기능 엔지니어링

없이 예측 작업과 관련된 입력 데이터에서 기능과 패턴을 자동으로 추출할 수 있음을 의미한다. 그러나, 데이터에서 학습하는 이 기능은 기계학습 모델을 기존의 규칙 기반 시스템보다 덜 투명하고 해석하기 어렵게 만든다. 특히 많은 레이어와 매개변수가 있는 복잡한 모델에서 모델이 특정 결정이나 예측을 한 이유를 이해하기 어려울 수 있다.

이처럼, 기계학습에는 데이터를 기반으로 예측이나 결정을 내릴 수 있는 수학적 모델을 구축하는 것이 포함된다. 모델은 예측 출력과 실제 출력 간의 차이를 최소화하기 위해 모델 매개변수를 조정하는 학습 알고리즘을 사용하여 데이터셋에서 학습된다. 기계학습 모델은 명시적으로 프로그래밍되지 않은 방식으로 데이터에서 학습할 수 있지만, 이로 인해 덜 투명하고 해석하기 어렵다는 점에서 블랙박스라고 칭하여진다.

10-2. AI 시대에 바람직한 저작권제도의 방향을 설명한다면?

기술이 계속 발전하고 법적 프레임워크가 이러한 변화에 적응함에 따라 AI 창작 시대의 저작권 시스템의 방향은 여전히 진화하고 있다. 그러나, AI로 만든 저작물과 관련하여 저작권법 분야에서 논의되고 있는 몇 가지 중요한 문제가 있다.

주요 쟁점 중 하나는 누가 AI로 생성된 작품의 저작자 또는 제작자로 간주되어야 하는지에 대한 질문이다. 저작권법은 일반적으로 인간에게 저작권을 부여하지만 창작 과정에서 AI의 참여가 증가함에 따라 작품의 실제 저작자를 결정하는 것이 점점 더 어려워지고 있다. 일부에서는 AI 시스템 자체를 저작자로 간주해야 한다고 주장하는 반면, 다른 일부에서는 인간 프로그래머나 AI 시스템을 교육한 사람을 저작자로 간주해야 한다고 제안한다. 다만, AI 시스템을 이용하여 저작물을 생성한 이용자를 저작자로 보는 것이 합리적이라고 생각한다.

또 다른 문제는 AI로 생성된 작품의 창작성 문제이다. 저작권법은 일반적으로 저작물이 창작적 표현이어야 하며, 보호 대상이 되려면 저자의 창작성을 반영해야 한다. 그러나, 사실상 AI가 인간이 만든 작품과 같은 의미에서 독창적이거나 창의적이지 않은 작품을 생성할 수 있다. 저작권법 개정 논의가 필요한 사항이기도 하다.

전반적으로 AI 창조시대의 저작권 시스템의 방향은 기존 법률을 개정하고 이

러한 문제를 다루는 새로운 법률 및 규정을 제정하는 것이 필요하다. 궁극적으로
는 저작권 시스템이 AI 창작물에 대한 효과적인 보호를 계속 제공하는 동시에
AI 기술이 저작권법에 대한 본질적인 개정 논의를 이끌어 낼 기회임을 인식하는
것이다.

제8장 AI발명과 기술공개

AI발명에 있어서 기술공개(sufficiency of disclosure)는 어느 수준까지 이루어져야 할까? AI발명에 있어서 기술공개는 충분한 범위와 세부적인 사항을 포함하여 이루어져야 한다. 충분한 기술공개는 특허 출원자가 발명의 정확한 범위와 범위 내에서 발명을 구현하는 방법을 충분히 이해할 수 있도록 해야 한다. 특허법에서는 기술공개를 충족시키기 위해 "출원서에 출원된 발명의 종류, 범위, 그리고 이를 실시하기 위한 방법을 명확히 기술하여야 한다"는 요건을 규정하고 있다. 따라서, AI발명에 있어서도 충분한 기술공개를 해야 하며, AI의 알고리즘, 데이터 처리 방법, 하드웨어 구성 등 세부적인 사항까지 충분히 기술되어야 한다. 이를 통해 다른 기업이나 개인이 해당 기술을 충분히 이해하고, 이를 개선하거나 발전시키는데 도움을 줄 수 있다. 또한, 출원자가 출원한 특허가 다른 기술에 대한 진보나 발전에 대한 아이디어를 제공할 수 있도록 하는 역할도 한다.

1. 특허권과 공적 계약

1-1. 특허권이라는 독점권을 부여하는 이유는 무엇인가?

특허권이란 발명을 보호하기 위한 권리로, 발명의 창작적인 산물을 독점적으로 사용할 수 있는 권리를 말한다. 특허권은 특허출원과 심사 과정을 거쳐 특허청으로부터 부여된다. 특허권은 일정 기간 동안 발명에 대한 독점적인 권리를 보장하며, 이를 통해 발명가는 자신의 기술을 자유롭게 이용하고, 라이선스를 통해 타인에게 이용허락함으로써 수익을 창출할 수 있다. 또한, 특허권은 다른 사람이 발명을 무단으로 도용하는 것을 방지하여 기술의 발전을 촉진하는 역할을 한다.

이처럼, 특허권을 부여하는 이유는 발명가나 창작자가 새로운 아이디어나 기술을 개발하고 이를 공개하여 기술혁신과 발전을 촉진시키기 위함이다. 특허권은 공개된 기술 정보를 보호함으로써, 다른 사람들이 해당 기술을 무단으로 사용하거나 복제하는 것을 방지하고, 개발자나 창작자가 자신의 발명이나 창작물을 활용하여 경제적 이익을 얻을 수 있도록 지원한다. 이를 통해 기술혁신에 대한 동기부여를 제공하고, 기술의 발전과 경제 성장에 기여하는 역할을 한다.

1-2. 공적 계약으로서 특허권 부여의 의의는?

특허법은 발명의 진흥을 목적으로 하며, 기술혁신은 발명을 이용하는 과정에서 이루어진다. 기술의 보호 및 장려를 통하여 얻은 발명을 이용함으로써 기술혁신을 가져오고 결과적으로 산업을 발전시키고 국민경제에 기여하도록 하는 것이 특허법의 궁극적인 목적이다. 이런 목적에 따라 공공의 이익을 위하여 발명에 독점권을 부여하고, 대신 해당 기술을 공개하고 실시하도록 의무를 부여하는 것이 특허제도의 취지이다. 특허제도는 발명가들이 특정기간 동안 독점적 이익을 얻을 권리의 대가로 자신들의 발명에 대한 광범위한 공개를 제공해야 한다는 요구이다.

독점권을 부여하는 것은 잠재적으로 독점에 따른 비용을 발생시키지만, 특허법이 추구하는 가치이자 목적은 특허의 기초가 되는 아이디어를 구축하는 데 필요한 정보를 다른 혁신자들에게 제공하여 일반 지식을 증가시키고 경제성장을 촉진함으로써 혁신을 촉진하는 것이다. 이러한 점에서 특허제도는 공개하는 대가로 일정기간 동안 독점권을 부여하는 '공적 계약'이기도 하다.[30] 따라서, 공적 계약의 요건 중 하나인 기술공개가 제대로 이루어지지 않을 경우에는 계약의 해지사유에 해당한다. 이러한 이유로 특허법은 기술공개를 위해서 특허명세서를 작성토록 하고 있으며, 명세서의 기재사항을 법정요건으로서 규정함으로써 법적안정성과 예측가능성을 높이는 제도로 뒷받침하고 있다. 출원인이 기술공개를 위한 요건을 갖추지 않을 경우에는 해당 발명은 거절 내지 무효사유에 해당하게 된다. 물론, 기술공개의 수준이나 범위에 대해서는 논란이 있으며, 이는 첨단기술의 경우에는 더욱 논란이 커질 수 있을 것이다. 기술적 사상이 눈에 보이는 것이 아니라 눈으로 이해할 수 있는 수준의 문서로 구성되기 때문이다.

---

30) 조영선, 『특허법 2.0』, 박영사(2018), 31면.

2. 용이실시와 기술공개

2-1. 발명의 용이실시란 어떤 의미인가?

발명의 용이실시란 특허권이 부여된 발명에 대해, 해당 발명을 구현하거나 상용화할 때 발명자나 특허권자의 동의 없이도 사용이 가능하도록 하는 것을 말한다. 발명의 용이실시는 특허권자의 독점적인 권리를 일정 부분 제한하는 것이지만, 이를 통해 발명이 사회에 보다 빠르고 적극적으로 활용될 수 있도록 하기 위한 목적으로 도입되었다.

특허권이 부여된 발명을 상용화할 때 발명자나 특허권자의 동의를 받지 않고도 사용할 수 있기 때문에, 발명이 보다 널리 사용될 수 있게 되고, 새로운 기술이나 제품을 개발하는 데 있어서 장벽이 낮아진다. 이를 통해 기술의 발전을 촉진시키고, 경제적인 이익을 창출할 수 있게 된다.

2-2. 특허법에서 출원한 발명에 대해 기술공개를 하는 이유는 무엇인가?

발명에서 기술공개를 하는 이유는 여러 가지가 있다. 첫째, 발명에서 기술공개는 기술의 발전을 촉진시키기 위한 것이다. 새로운 기술이 개발되면 그것을 다른 연구자나 개발자들도 참고해서 더 나은 기술을 개발할 수 있기 때문이다. 둘째, 기술공개는 다른 사람들이 발명품에 대한 지식을 습득할 수 있게 한다. 이는 다른 사람들이 발명품을 이용하거나 개선하는 데 도움이 된다. 셋째, 기술공개는 지식재산권 보호에도 중요한 역할을 한다. 발명자가 발명을 기술공개함으로써 발명에 대한 권리를 주장할 수 있게 되며, 이를 바탕으로 특허권을 취득할 수 있다. 마지막으로, 기술공개는 발명의 투자가치를 높이는 역할을 한다. 기술공개를 통해 발명품의 가치가 인정되면 투자자들이 투자를 더 적극적으로 할 가능성이 높아지기 때문이다.

3. SW발명과 AI발명의 차이

3-1. 일반적인 발명의 특성은 무엇인가?

발명의 특성은 발명 분야에 따라 다양하지만, 일반적으로는 새로운 아이디어나 발견된 문제를 해결하기 위한 새로운 기술이나 방법을 개발하거나 찾는 것이다.

일반적인 발명의 특성들은 특허 출원 시 심사 과정에서도 중요한 기준이 된다. 특허 출원은 이러한 발명의 특성들을 충족시키는 새로운 기술의 발견이 이루어졌을 때에 이루어진다. AI와 관련된 발명으로 SW발명 및 AI발명이 있다. 양 발명의 차이는 다음과 같다. SW발명의 특성은 기술적인 성격이 강하며, 대부분의 경우 순수한 알고리즘에 대한 발명이며, 실제로 구현되어 있는 물리적인 장치가 없을 수도 있다. AI발명의 특성은 주로 데이터 분석 및 학습, 패턴 인식 등의 기술적인 성격이 강하며, 대부분의 경우는 기계학습 알고리즘과 같은 컴퓨터 프로그램에 대한 발명이 된다.

3-2. SW발명과 AI발명의 차이는 무엇인가?

SW발명의 경우, 소프트웨어 코드와 같은 명확한 기술적인 표현을 이용하여 발명 내용을 충분히 기술공개할 수 있다. 오픈소스 소프트웨어의 경우, 코드의 공개로 충분히 기술공개를 대체할 수 있어 특허출원을 고려하지 않는 경우가 많다. 이 경우, 오픈소스 라이선스를 적용하여 저작권과 관련된 이슈를 해결하며, 기술적인 내용은 오픈소스를 통해 공개되기 때문이다.

AI발명의 경우, 발명자가 인공지능 모델의 학습 결과를 충분히 분석하고 기술적으로 상세하게 표현할 필요가 있다. 이를 위해 인공지능 모델의 아키텍처, 학습 데이터셋, 하이퍼파라미터 등을 공개할 지에 대해 논의가 이루어지고 있다.

SW발명과 AI발명의 차이에서 SW발명은 소프트웨어적으로 구현한 것으로, 기술적인 표현이 명확하고 다른 발명과의 차이점이 분명하게 드러난다. 반면, AI발명은 학습데이터셋과 하이퍼파라미터 등이 발명의 핵심이 될 수 있으며, 그 결과를 충분히 분석하고 기술적으로 상세하게 표현해야 한다. 또한, 인공지능 모델의 적용 분야와 예측 결과에 따라 저작권 등으로 보호받을 수 있는 경우도 있다. 이러한 차이로 인해, SW발명과 AI발명의 기술공개와 특허출원에 대한 접근 방식이 다르다고 볼 수 있다.

4. AI발명의 특성

4-1. AI발명은 어떤 특성이 있는가?

AI발명의 특성은 다음과 같이 나눌 수 있다. 첫째, 블랙박스화(Black box)이다. AI 시스템은 입력 데이터를 처리하는 과정에서 내부적으로 다양한 계산을 수행하고 결과를 출력한다. 이러한 내부 계산 과정을 이해하기 어렵고 불투명한 경우가 많아 블랙박스라고 한다. 이는 일반적인 기술 발명과는 달리, 발명의 과정이나 동작 원리를 이해하는 것이 어려운 상황이 발생할 수 있다. 따라서, AI발명을 특허로 출원할 때는 충분한 기술공개가 필요하며, 출원서에서 AI 모델의 학습데이터, 모델의 구조 및 동작 방식, 추론 결과 등을 자세하게 설명해야 한다.

둘째, AI의 신뢰성 확보이다. AI 시스템은 학습데이터의 품질에 따라 예측 결과가 크게 달라질 수 있다. 따라서, AI 모델의 품질을 보증하는 검증 방법을 개발하고 표준화하는 노력이 필요하다. 이를 위해서는 AI 모델이 학습한 데이터의 출처, 데이터의 품질, 모델의 품질 등에 대한 평가 체계를 수립하고, 이를 바탕으로 AI 모델의 품질을 검증할 수 있는 방법을 개발해야 한다.

셋째, 투명성과 재현가능성이다. AI 모델이 내부적으로 수행한 계산과정과 결과를 이해하고 검증하는 것은 중요하다. 따라서, AI 모델의 투명성과 재현가능성을 높이기 위해, AI 모델의 학습데이터, 모델의 구조 및 동작 방식, 추론 결과 등에 대한 정보를 투명하게 공개하고, 이를 바탕으로 다른 연구자들이 AI 모델을 재현하고 검증할 수 있도록 해야 한다.

이러한 AI발명의 특성은 특허 출원시 충분한 기술공개, AI 모델의 투명성 및 재현성 확보 등을 요구하며, 이는 AI 분야의 지속적인 발전과 적절한 보호를 위해서 필수적인 요소이다.

4-2. AI발명이 성립하기 위해 어떠한 기술적 요건을 충족시켜야 하나?

AI발명의 경우, 블랙박스화와 관련한 문제를 해결하기 위해 투명성과 재현가능성도 요구된다. 이는 출원서에서 기술공개의 충분성을 보여주는 것이 중요하다. 특히, 출원서에서 AI 모델의 구조, 데이터셋, 학습 방법 등을 충분히 상세하게 기술하여 투명성과 재현가능성을 보여줄 필요가 있다.

또한, AI발명의 경우 특허 출원서에서 기술하는 내용이 AI 모델 자체가 아니라, 이를 이용하여 문제를 해결하는 방법 등이 될 수 있다. 따라서, 이러한 방법이 산업상 이용가능성을 충족시키는 방법인지, 신규하고 진보성이 있는 방법인지 등을 충분히 검토하여야 한다.

4-3. 비문언적인 사항이 포함된 AI발명은 보호받을 수 있는가?

AI발명이 특허로 보호받을 수 있는지 여부는 해당 AI발명이 기존의 특허법상 요건들을 충족시키는지 여부에 따라 결정된다. 일반적으로 특허법상 요건으로는 신규성, 진보성, 산업상 이용가능성 등이 있다. 따라서, 비문언적인 요소가 포함된 AI발명이라 할지라도, 해당 AI발명이 이러한 기존의 특허법상 요건들을 충족시킨다면 특허로 보호받을 수 있다.

5. 알고리즘 공개

5-1. 학습데이터를 공개하는 것도 알고리즘 공개에 포함될 수 있을까?

학습데이터를 공개하는 것은 알고리즘이 어떻게 개발되고 학습되었는지에 대한 중요한 컨텍스트와 정보를 제공하는 것이다. 학습데이터는 알고리즘을 강화하는 모델을 만드는 데 사용되며 데이터의 품질과 편향은 알고리즘의 성능과 정확도에 상당한 영향을 미칠 수 있다.

학습데이터를 공개함으로써 연구자와 규제기관은 알고리즘이 어떻게 개발되었는지 더 잘 이해할 수 있고 학습데이터의 잠재적 편향이나 단점을 식별할 수 있다. 또한, 개인이 알고리즘이 작동하는 방식과 특정 결정에 도달한 방식을 볼 수 있으므로 알고리즘 의사결정의 투명성과 책임을 개선하는 데 도움이 될 수 있다.

그러나, 학습데이터를 공개하면 개인정보 보호 또는 기밀이 손상될 수 있거나 데이터 자체가 지식재산권 보호 또는 영업비밀의 대상이 될 수 있다는 점에 유의해야 한다.

5-2. 학습데이터를 공개해야 한다는 주장은 설득력이 있을까?

학습데이터를 공개해야 한다는 주장은 특히 알고리즘 의사결정의 투명성과 책임성을 보장하는 데 있어서 많은 경우에 설득력이 있다. 기계학습 모델을 개발하는 데 사용되는 학습데이터를 공개함으로써 연구자와 규제기관은 알고리즘이 어떻게 작동하는지, 어떻게 학습되었는지, 데이터에 편향이나 단점이 있는지 여부를 더 잘 이해할 수 있다.

그러나, 알고리즘을 학습하는 데 사용되는 데이터 유형에 따라 개인이나 회사에 해를 끼치지 않고는 공개할 수 없는 민감한 개인정보 또는 영업비밀이 있을 수 있다.

궁극적으로 학습데이터를 공개하는 결정은 투명성의 잠재적 이점과 위험, 해당 데이터의 특정 상황을 고려하여 사례별로 이루어져야 한다. 일반적으로 더 투명하고 책임 있는 알고리즘 의사결정일수록 개인과 사회 전체가 이러한 시스템에 대해 더 많은 신뢰를 갖게 된다.

5-3. 데이터를 관리하기 위한 전문기관은 어떤 역할을 해야 할까?

개인정보 보호 또는 보안에 대한 우려가 있는 경우, 전문기관이 학습데이터 공개를 관리하는 역할을 할 수 있다. 이러한 기관은 학습데이터 공개를 위한 정책 및 절차 개발, 개인정보 보호 및 보안 문제 해결, 데이터 액세스 요청 관리를 담당할 수 있다. 그러나, 전문기관을 만드는 데 드는 잠재적 비용과 이점을 고려하는 것도 중요하다. 이러한 기관은 설정 및 유지 관리 비용이 많이 들 수 있으며 학습데이터 공개 프로세스에 모니터링 단계를 추가할 수 있다. 한편, 제대로 관리된다면 전문기관은 학습데이터가 책임감 있고 투명하게 공개되도록 하는 동시에 개인의 사생활과 보안을 보호하는 데 도움을 줄 수 있다. 궁극적으로 전문기관을 만들 것인지 여부에 대한 결정은 데이터 공개 노력의 특정 컨텍스트 및 목표를 포함하여 다양한 요인에 따라 달라진다.

5-4. 다른 나라에서는 어떤 논의들이 진행 중인가?

알고리즘과 학습데이터의 규제와 공개에 대해 세계 여러 나라에서 논의가 진행 중이다. 미국과 같은 일부 국가에서는 주로 의료 또는 금융과 같은 특정 산업에서 알고리즘을 규제하는 데 중점을 두었다. 유럽 연합과 같은 다른 국가에서는 개인의 프라이버시를 보호하고 차별을 방지하는 데 중점을 두고 알고리즘을 규제하는 보다 포괄적인 접근 방식을 취했다. 특히, 유럽연합은 AI법을 통해 데이터, 소스 코드 등을 규제기관이 들여다 볼 수 있는 근거를 마련하고 있다.

전반적으로 알고리즘과 학습데이터가 책임감 있고 투명한 방식으로 개발 및 배포되도록 보장해야 할 필요성에 대한 인식이 전 세계적으로 증가하고 있다. 이러한 기술의 규제 및 공개에 대한 논의는 앞으로도 많은 국가에서 계속해서 중요한 이유가 될 것이다.

6. 데이터 공개

6-1. AI발명에 있어서 데이터의 공개란 어떤 의미인가?

AI발명에 있어서 데이터의 공개란, 해당 AI 시스템이 학습을 위해 사용된 데이터나, 모델 구축을 위해 사용된 데이터 등에 대해 외부에 공개하는 것을 말한다. 데이터의 공개는 다음과 같은 이유로 중요하다.

첫째, 데이터의 공개는 해당 AI 시스템의 신뢰성과 투명성을 높이는 데 도움이 된다. AI 시스템은 데이터를 기반으로 작동하기 때문에, 해당 시스템이 사용한 데이터가 어떤 것이고, 어떤 방식으로 학습하였는지 등에 대한 정보를 공개함으로써 외부에서 해당 시스템을 더욱 신뢰할 수 있게 된다.

둘째, 데이터의 공개는 기술 발전과 혁신을 촉진하는 데 도움이 된다. 데이터는 새로운 기술과 서비스의 발전에 필수적인 자원이다. 데이터를 공개함으로써 다른 연구자나 개발자들이 해당 데이터를 활용하여 새로운 기술을 개발하거나, 기존 기술을 개선하는 데에 활용할 수 있다.

셋째, 데이터의 공개는 사회적 가치와 공공이익을 증진하는 데 기여한다. AI 시스템이 학습에 사용하는 데이터는 종종 사회적 문제와 관련된 것이다. 예를 들어, 의료 분야에서는 환자의 건강 정보나 진단 결과 데이터가 사용될 수 있다. 이러한 데이터를 공개함으로써 연구나 개발의 진행 속도를 높일 수 있을 것이다.

하지만, 데이터의 공개는 개인정보 보호와 관련하여 논란이 될 수 있다. 따라서, 데이터의 공개는 개인정보 보호와 관련된 법적 규제를 준수하면서 이루어져야 한다.

6-2. AI발명에 있어서 데이터를 공개하는 것은 발명의 재현성을 높일 수 있는가?

발명의 재현성이란 기술적인 발견이나 발명을 다른 사람이나 조건에서도 동일하게 재현할 수 있는 능력을 말한다. 즉, 동일한 데이터나 조건에서 다른 사람이 해당 발명을 재현할 수 있을 때, 발명의 재현성이 높다고 할 수 있다.

AI 분야에서 발명의 재현성은 해당 AI 시스템이 어떤 데이터와 알고리즘을 사용하여 작동하는지를 외부에 공개하고, 다른 연구자나 개발자들이 동일한 데이터와 알고리즘을 사용하여 시스템을 재현할 수 있는 능력을 의미한다. 발명의 재현성이 높을수록 해당 시스템이 미래에도 지속적으로 발전할 수 있으며, 전 세계적으로 더욱 효과적인 AI 기술의 발전을 촉진할 수 있다.

AI 시스템은 데이터를 기반으로 작동하기 때문에, 해당 시스템을 재현하고 수정하려면 동일한 데이터를 사용해야 한다. 따라서, 데이터를 공개함으로써 다른 연구자나 개발자들이 해당 시스템을 재현하고, 수정하여 새로운 발명을 할 수 있게 된다. 이는 해당 AI 시스템이 미래에도 지속적으로 발전될 수 있도록 하며, 전세계적으로 더욱 효과적인 AI 기술의 발전을 촉진할 수 있다.

또한, 발명의 재현성은 해당 AI 시스템이 신뢰성과 투명성을 높이는 데 도움이 된다. 발명의 재현성을 높이는 것은 해당 시스템이 어떻게 작동하는지, 어떤 데이터를 사용하는지 등에 대한 정보를 외부에 공개함으로써 외부에서 해당 시스템을 더욱 신뢰할 수 있게 된다.

6-3. AI발명에 있어서, 데이터를 공개하지 않으면 어떤 문제가 발생할까?

AI발명에서 데이터를 공개하지 않아 문제가 되는 경우가 있을 수 있다. 첫째, 다른 연구자나 개발자들이 해당 시스템을 재현하거나, 수정하여 새로운 발명을 만들 수 없게 된다. 데이터의 공개가 부족하면, 해당 AI 시스템을 개선하거나 발전시키기 어려울 수 있으며, 결과적으로 기술 발전과 혁신이 어려워질 수 있다.

둘째, 데이터의 공개가 부족하면 해당 AI 시스템이 작동하는 방식을 외부에서 확인할 수 없어, 해당 시스템이 어떻게 작동하는지, 어떤 데이터를 사용하는지 등의 정보를 확인하기 어려울 수 있다. 이는 해당 시스템의 신뢰성과 투명성을 낮추어, 사용자들이 해당 시스템을 신뢰하지 못하게 만들 수 있다.

셋째, 데이터의 공개가 부족하면, 해당 시스템이 사용자의 개인정보를 수집하고, 활용하는 방식이 명확하지 않아 개인정보 보호와 관련하여 법적 문제가 발생할 수 있다.

따라서, 데이터의 공개는 AI 기술의 발전과 혁신을 촉진하는 데 매우 중요하며, 데이터의 공개가 충분하지 않은 경우 해당 AI 시스템의 신뢰성과 투명성과 관련하여 법적 문제 등이 발생할 수 있다.

6-4. AI발명에 있어서, 데이터 공개시에 부여할 수 있는 인센티브는 어떤 것이 있을까?

AI발명에서 데이터를 공개하는 것은 기술 발전과 혁신을 촉진하는 데 매우 중요하다. 따라서, 데이터를 공개하는 발명자에게는 다양한 인센티브가 부여될 수 있다.

첫째, 발명자는 데이터의 공개로 인해 기술 발전과 혁신에 기여하였다는 사실을 인정받을 수 있다. 이를 통해 발명자는 기술적 업적을 인정받아, 학술적, 기술적인 평판을 향상시킬 수 있다.

둘째, 데이터의 공개는 해당 AI 시스템이 발전하고, 새로운 발명이 만들어지는 데에도 기여한다. 이를 통해 발명자는 다양한 기술적, 경제적 이익을 얻을 수 있다. 예를 들어, 해당 AI 시스템이 상용화되거나, 라이센스 계약을 체결할 경우 수익을 얻을 수 있으며, 새로운 기술 발견으로 인한 학술적, 기술적인 향상으로 경제적 이익도 얻을 수 있다.

셋째, 데이터의 공개로 인해 발명자는 지식재산권의 보호범위를 명확히 할 수 있다. 지식재산권 보호를 받게 되면, 발명자는 다른 사람이 해당 발명을 무단으로 사용하거나 복제하는 것을 막을 수 있으며, 이를 통해 수익을 창출할 수 있다.

따라서, 데이터의 공개로 인한 인센티브는 발명자의 평판과 경제적 이익, 지식재산권 보호 등 다양한 형태로 나타날 수 있다.

7. 데이터 기탁

7-1. 데이터를 기탁하는 것은 어떤 의미인가?

AI 기술의 발전과 함께 AI 모델의 학습데이터가 매우 중요한 역할을 하게 되었다. 따라서, AI발명의 신뢰성과 재현가능성을 높이기 위해 데이터 기탁제도가 고려될 수 있다.

데이터 기탁제도란 데이터를 공적기관에 기탁함으로써, 데이터를 무상 또는 유상으로 제공받을 수 있는 제도이다. 이를 통해 AI 모델의 학습데이터셋을 더욱 다양하고 풍부하게 확보할 수 있으며, 이를 통해 모델의 성능을 개선할 수 있다.

데이터 기탁제도의 장점은 데이터를 수집하는데 필요한 시간과 비용을 절감할 수 있으며, 데이터 기탁자는 자신이 보유한 데이터를 다양한 목적으로 활용할 수 있어, 데이터 활용의 지속성을 높일 수 있다. 또한, 제공받는 측은 해당 데이터를 이용하여 새로운 기술을 개발하거나 기존 기술을 개선하는 등의 연구개발에 활용할 수 있다.

7-2. 데이터 기탁제도와 유사한 미생물기탁제도는 무엇인가?

데이터 기탁제도와 유사한 미생물기탁제도는 생물학적 자원인 미생물에 대한 지식재산권을 보호하고, 이를 이용하여 새로운 제품과 기술을 개발하는 것을 촉진하기 위한 제도이다. 기존에는 미생물 자원의 이용과 관련하여 지식재산권 등 법적인 문제들이 해결되지 않았기 때문에, 미생물 자원의 이용이 제한되는 경우가 많았다. 이에 대한 대응책으로 미생물의 지식재산권을 보호하고, 이를 기반으로 다양한 산업분야에서의 미생물 활용을 촉진하기 위해 미생물기탁제도가 도입되었다.

미생물기탁제도는 미생물 자원을 제공하는 기관과 미생물 자원을 활용하는 기업 등이 협력하여 운영된다. 이를 통해 미생물 기술의 상용화가 촉진되고, 새로운 제품과 기술을 개발할 수 있는 기반을 마련할 수 있다.

7-3. 미생물기탁제도처럼 데이터를 기탁하는 방법은?

데이터 기탁은 연구 및 혁신을 촉진하기 위한 중요한 방법 중 하나이다. 다양한 분야에서 데이터 기탁을 통해 새로운 지식을 발견하고 문제를 해결하는 데 도움이 되고 있다. 미생물기탁제도처럼 데이터 기탁을 위해서는 몇 가지 중요한 요소를 고려해야 한다.

데이터 기탁자의 동의: 가장 중요한 것은 데이터 기탁자의 동의이다. 데이터 기탁자는 자신의 데이터가 어떻게 사용되는지에 대한 이해를 가져야 하며, 자신이 선택한 목적에 따라 데이터가 사용될 것임을 알아야 한다.

데이터 기탁의 목적과 범위: 데이터 기탁의 목적과 범위를 명확히 해야 한다. 기탁된 데이터가 사용될 분야, 목적, 이용기간, 제3자 제공 등에 대한 내용을 명확하게 정해야 한다.

데이터 접근 및 이용: 데이터 기탁자는 자신의 데이터가 어떻게 사용되는지에 대한 정보를 얻을 수 있어야 하며, 데이터를 이용하는 사람들은 데이터를 사용할 때 공정성과 윤리성을 준수해야 한다.

데이터 공유 및 활용: 데이터 기탁자가 제공한 데이터는 다른 연구자나 기업 등과 공유될 수 있으며, 데이터를 활용하여 새로운 지식과 가치를 창출해 내는 것이 중요하다.

따라서, 데이터 기탁을 위해서는 위와 같은 요소를 고려하여 데이터 기탁자의 동의를 받고, 데이터를 적절히 보호하며, 데이터의 이용 목적과 범위를 명확히 해야 한다. 이를 위해 데이터 기탁을 위한 관리 체계를 구축하고, 이를 유지·관리해야 한다.

8. 알고리즘과 영업비밀

8-1. 알고리즘 공개는 기업의 영업비밀을 침해하는가?

알고리즘의 공개는 잠재적으로 영업비밀을 침해할 수 있다는 것이 일반적인 견해이다. 이는 알고리즘이 공개적으로 알려지지 않은 중요한 기밀정보이고 그 비밀을 유지하기 위한 합당한 조치가 적용되는 경우 영업비밀로 간주될 수 있기 때문이다. 알고리즘이 경쟁사보다 더 나은 정확성이나 효율성과 같이 회사에 경쟁

우위를 제공하는 경우 이를 공개하는 것은 회사의 경쟁적 위치를 해칠 수 있다.

그러나, 의료, 금융 또는 형사 사법에서 사용되는 것과 같은 중요한 의사결정 프로세스에 사용되는 알고리즘은 투명하고 설명가능해야 한다는 압력이 증가하고 있다. 그러한 경우, 투명성과 책임에 대한 대중의 관심이 더 클 수 있다. 따라서, 알고리즘을 오남용하는 규제당국이나 회사에 대해 법원은 공정성을 보장하고 개인의 권리를 보호하기 위해 필요하다고 판단되는 경우 알고리즘 공개를 요구할 수 있다.

알고리즘 공개가 영업비밀을 위반하는지 여부는 알고리즘이 사용되는 특정 상황과 맥락에 따라 다르며 지식재산권, 투명성 및 책임과 같은 이익의 균형을 고려할 수 있다.

8-2. 영업비밀인 알고리즘, 소스코드는 어떤 방식으로 공개해야 할까?

영업비밀인 알고리즘과 소스코드 공개는 특정 상황과 공개 목표에 따라 다르다. 한 가지 접근 방식은 법률 및 기술 전문가와 협력하여 영업비밀인 정보를 신중하게 검토하고 영업비밀의 가치를 손상시키지 않고 공개할 수 있는 방법을 찾는 것이다. 여기에는 알고리즘이나 소스코드의 핵심 구성 요소와 같은 민감한 정보를 수정하는 동시에 공개 조사 및 평가가 가능하도록 충분한 세부 정보를 제공하는 것이 포함될 수 있다.

또 다른 접근 방식은 비공개 계약 또는 기타 적절한 법적 보호에 따라 신뢰할 수 있는 제3자에게 영업비밀을 공개하는 프로세스를 개발하는 것이다. 이를 통해 연구원, 학계 또는 기타 이해 당사자가 기밀성을 유지하고 영업비밀을 보호하면서 알고리즘과 소스코드를 검토하고 평가할 수 있다.

궁극적으로 최선의 접근 방식은 영업비밀의 특성, 관련 당사자의 이익 및 공개 목표를 포함한 특정 상황에 따라 달라진다. 모든 당사자를 만족시키는 해결책을 찾기 위해 영업비밀 보유자의 이익과 투명성 및 책임에 대한 공익의 균형을 맞추는 것이 필요하다.

8-3. 알고리즘 공개의 기준으로서 공익적 목적은?

알고리즘으로 인하여 공공의 이익이 훼손될 경우, 알고리즘의 투명성을 확보하기 위해 영업비밀로 보호하는 것보다 알고리즘을 공개하는 것이 더 나을 수 있다. 투명성과 책임성은 개인과 사회 전체에 영향을 미치는 의사결정 과정에서 공정성을 보장하고 차별을 방지하며 신뢰를 증진하는 데 도움이 되는 중요한 가치이기 때문이다.

그러나, 알고리즘을 공개하는 것이 항상 최선의 선택은 아니다. 회사 운영에 대한 기밀정보를 공개하거나 경쟁자에게 이점을 제공할 수 있기 때문이다. 이러한 경우 투명성과 책임성을 제공하면서 회사의 이익을 보호하는 방식으로 알고리즘을 공개하는 것이 가능할 수 있다. 예를 들어, 독립적인 평가를 위해 알고리즘을 신뢰할 수 있는 제3자에게 공개하거나 알고리즘의 전체 세부 정보를 공개하지 않는 편집 또는 요약 형식으로 공개할 수 있다.

궁극적으로 알고리즘을 공개할 것인지 영업비밀로 보호할 것인지에 대한 결정은 알고리즘이 사용되는 특정 상황과 맥락은 물론 관심과 가치에 달려 있다. 관련된 개인과 회사의 권리와 이익을 존중하면서 공익을 보장하기 위해서는 이러한 요소의 신중한 균형이 필요하다.

8-4. 알고리즘을 전문적인 국가기관에 공개하는 방안은?

알고리즘이 대중에게 공개되지 않고 공정거래위원회(FTC)와 같은 전문 국가기관에 공개되면 알고리즘을 영업비밀로 보호하면서 더 높은 투명성과 책임성을 달성할 수 있다. FTC는 불공정하거나 기만적인 비즈니스 관행을 조사하고 규제할 권한이 있으며 경우에 따라 회사가 조사 또는 집행 조치의 일환으로 알고리즘을 공개하도록 요구할 수 있다.

FTC와 같은 국가기관에 알고리즘을 공개하면 알고리즘이 공정하게 사용되고 편향되거나 차별적이지 않다는 것을 확인할 수 있다. 또한, 개인과 사회 전체에 영향을 미치는 의사결정 과정에 대한 신뢰를 증진하는 데 도움이 될 수 있다.

그러나, 국가기관에 알고리즘을 공개하는 데는 잠재적인 단점도 있다. 예를 들어, 공개를 통해 회사 운영에 대한 기밀정보가 공개되거나 경쟁업체에 이점이 제공될 수 있다. 또한, 규정 준수 및 규제 측면에서 회사에 추가적인 부담을 줄 수 있다.

전반적으로 FTC와 같은 국가기관에 알고리즘을 공개할지 여부에 대한 결정은 알고리즘이 사용되는 특정 상황과 맥락, 이해관계 및 가치에 따라 달라진다. 기업은 정보공개의 잠재적 이점과 단점을 신중하게 평가하고 관련 법률 및 규정을 준수하기 위해 필요에 따라 법률 자문을 구해야 한다. 물론, 알고리즘 공개 자체에 동의하기는 쉬운 일이 아닐 것이다.

8-5. 알고리즘을 공개해야 한다면, 공개항목이나 기준을 어느 정도로 하는 것이 좋을까?

알고리즘을 공개해야 하는 경우 공개 항목 또는 표준은 공개의 특정 컨텍스트나 목적에 따라 달라진다. 다음은 알고리즘 공개에 포함될 수 있는 몇 가지 일반적인 항목이다.

알고리즘에 대한 설명: 알고리즘이 사용하는 데이터, 결정 유형 및 관련 기술세부 정보를 포함하여 알고리즘 작동 방식에 대한 명확하고 간결한 설명을 제공해야 한다. 예를 들어, 알고리즘이 기계학습 모델인 경우 설명에는 모델 아키텍처, 학습데이터 및 학습 알고리즘에 대한 정보가 포함되어야 한다.

데이터 입력: 데이터 소스, 데이터 수집 및 처리 방법, 사용되는 데이터 유형을 포함하여 알고리즘에 입력되는 데이터에 대한 설명을 제공해야 한다. 예를 들어, 알고리즘이 신용 평가에 사용되는 경우 데이터 입력에는 개인의 신용 기록, 소득 및 고용 상태에 대한 정보가 포함될 수 있다.

성능 지표: 정확도, 정밀도, 재현율 및 기타 관련 성능 지표 측면에서 알고리즘이 어떻게 수행되는지에 대한 정보를 제공해야 한다. 예를 들어, 알고리즘이 의학적 진단에 사용되는 경우 성능 메트릭에는 민감도, 특이도 및 양성 예측 값이 포함될 수 있다.

의사결정에 대한 설명: 사용된 가중치 또는 편향을 포함하여 알고리즘이 결정을 내리는 방법과 이러한 결정이 행동으로 변환되는 방법에 대한 설명을 제공해야 한다. 예를 들어, 알고리즘이 고용 결정에 사용되는 경우 의사결정에 대한 설명에는 고려되는 요소, 가중치 적용 방법 및 최종 결정 방법에 대한 정보가 포함될 수 있다.

평가 방법: 공정성, 정확성 및 기타 관련 기준에 대해 알고리즘을 평가한 방법에 대한 설명을 제공해야 한다. 예를 들어, 알고리즘이 대출 승인에 사용되는 경우 평가 방법에는 서로 다른 하위 그룹에 대한 서로 다른 영향 및 정확도 메트릭에 대한 통계 테스트가 포함될 수 있다.

보안 조치: 무단 액세스, 조작 또는 공개로부터 알고리즘을 보호하기 위해 취한 조치에 대한 설명을 제공해야 한다. 예를 들어, 여기에는 액세스 제어, 암호화 및 모니터링에 대한 정보가 포함될 수 있다.

업데이트 및 유지 관리 정책: 알고리즘이 업데이트 및 유지·관리되는 방법과 시간이 지남에 따라 알고리즘이 정확하고 공정하며 신뢰할 수 있도록 유지하기 위해 어떤 조치를 취하는지에 대한 설명을 제공해야 한다. 예를 들어, 여기에는 알고리즘이 새 데이터에 대해 재교육되는 방법, 공정성과 정확성을 위해 알고리즘이 테스트되는 방법, 업데이트가 사용자에게 배포되는 방법에 대한 정보가 포함될 수 있다.

알고리즘 공개 기준은 공개의 특정 상황과 목적에 따라 다르지만 일부 공통 기준에는 투명성, 책임성, 공정성 및 정확성이 포함된다. 공개는 의도된 청중이 명확하고 이해할 수 있어야 하며 독립적인 평가 및 분석이 가능하도록 충분한 정보를 제공해야 한다. 공개는 또한 알고리즘 또는 그 사용의 변경 사항을 반영하기 위해 필요에 따라 정기적으로 업데이트되어야 한다.

9. 발명의 공개와 인공지능 신뢰성

9-1. 발명의 공개는 인공지능의 신뢰성을 가져오는가?

발명의 공개는 인공지능의 신뢰성을 강화할 수 있는 요소 중 하나이다. 발명의 공개는 기존 기술과 구별되는 새로운 기술을 다른 연구자들과 공유함으로써 해당 기술의 신뢰성과 검증 가능성을 높일 수 있다. 특허 출원서에는 해당 기술이 어떻게 작동하는지 상세하게 기술되어 있으며, 이를 통해 다른 연구자들이 해당 기술을 재현하고 검증할 수 있다. 또한, 인공지능은 학습데이터에 따라 성능이 크게 좌우되기 때문에 충분한 학습데이터가 공개되어 있을 경우, 해당 기술의 성능과 신뢰성을 더욱 높일 수 있다. 따라서, 발명의 공개는 인공지능 기술의 신뢰성을 높일 수 있는 중요한 요소 중 하나이며, 인공지능 기술의 발전을 위해서는 충분한 공개가 필요하다.

9-2. 발명을 충분하게 공개하지 않을 경우, 나타날 수 있는 문제점은?

발명을 충분하게 공개하지 않을 경우, 다음과 같은 문제점이 나타날 수 있다.

특허 심사의 어려움: 발명을 충분히 공개하지 않으면 특허 심사관들이 충분한 정보를 얻을 수 없기 때문에, 발명의 충분한 심사가 이루어지지 않을 수 있다.

발명의 범위 제한: 충분한 공개가 이루어지지 않으면 발명의 범위가 제한될 수 있다. 충분한 공개가 이루어지지 않으면 발명이 세부적으로 어떻게 작동하는지를 알기 어렵기 때문에, 발명의 범위가 제한될 수 있다.

기술 발전의 제약: 충분한 공개가 이루어지지 않으면, 다른 연구자들이 해당 기술을 이용하여 새로운 발견을 하거나 기술 발전을 이루는 것이 어려울 수 있다.

등록 문제: 충분한 공개가 이루어지지 않으면, 특허 출원 등의 법적 문제가 발생할 수 있다. 특허 출원은 충분한 정보를 포함해야 하기 때문에 충분한 공개가 이루어지지 않으면 특허 등록이 불가능해질 수 있다.

따라서, 발명의 충분한 공개가 이루어지지 않으면 발명의 가치를 충분히 인정받지 못할 뿐만 아니라, 발명의 활용이나 기술 발전에 제약을 받을 수 있어 충분한 공개가 필요하다. 그렇지 않으면, 특허등록이 어려울 수 있기 때문이다.

9-3. 발명의 공개가 기술 복제를 용이하게 하는 것은 아닌가?

발명의 공개는 기술의 개선과 발전을 촉진하기 위한 목적으로 이루어지는 것이다. 발명의 공개를 통해 다른 기업이 기술을 이용하거나 개선할 수 있게 되면, 전반적인 기술 발전에 긍정적인 영향을 미칠 수 있다. 그러나, 발명의 공개가 경쟁업자에게 기술 복제를 할 수 있는 가능성을 제공하는 것은 사실이다. 따라서, 발명의 공개 전에는 출원 전략을 고민하고 출원시 기술적인 보호 수단을 강구하는 것이 중요하다.

특허 출원을 통해 기술적인 보호를 받을 수 있으며, 특허는 해당 기술의 독점적인 이용을 보장한다. 또한, 기술적 비밀 유지와 관련하여 내부적인 보안 시스템을 구축하고, 계약서 등을 활용하여 제3자에게 정보 유출을 방지할 수도 있다. 따라서, 발명의 공개를 결정하기 전에 출원 전략과 기술적인 보호 수단을 충분히 고려해야 한다.

10. AI발명의 심사

10-1. 출원된 발명을 심사할 때, 심사관의 역할은?

출원된 발명을 심사하는 심사관은 특허청이나 특허국 또는 해당 국가의 지정된 기관에서 일하는 전문가이다. 이들은 특허법과 특허 심사 지침을 따라 발명의 유효성과 적격성을 평가하고, 특허를 부여할지 여부를 결정하는 주체이다. 출원된 발명을 심사할 때, 심사관은 해당 발명이 기술적으로 새로운 것인지, 진보성은 있는지, 발명이 출원된 국가 법률 및 규정을 준수하는지, 그리고 출원 문서에 명시된 발명을 충분히 설명하고 있는지 여부 등을 기준으로 심사를 진행한다.

심사관의 역할은 다음과 같다;

발명의 심사: 심사관은 특허 출원서를 검토하여 발명이 특허법과 지침에 부합하는지 평가한다. 적격성, 새로움, 산업적 유용성, 비대집적성 등 여러 가지 기준들을 적용하여 심사를 수행한다.

발명의 적법성 확인: 심사관은 특허 출원서가 정확하고, 특허법에 따라 출원이 적법하게 이루어졌는지 확인한다. 출원서에 필요한 문서와 절차들이 정확하게 제출되었는지를 검토한다.

기술적 검토: 심사관은 발명이 기술적으로 올바른지, 출원서에 기술된 내용이 명확하고 이해하기 쉬운지를 평가한다.

기술 조사: 심사관은 발명이 이전에 기존에 이미 공개되었거나 특허로 등록된 발명과 중복되는지 여부를 확인하기 위해 기술적 조사를 수행할 수도 있다.

특허 부여 결정: 최종적으로 심사관은 발명이 특허법에 부합하는지 여부를 결정하고, 특허를 부여할지 아니면 반려할지를 결정한다.

특허 심사관은 전문적인 지식과 경험을 가지고 있으며, 특허법과 관련된 최신 동향과 판례를 파악하여 정확하고 공정한 심사를 수행하는 것이 중요하다. 특허 심사는 특허의 효력과 범위를 결정하기 때문에 신중하고 정확한 심사가 필요하다.

10-2. AI가 발명을 심사할 때 어떤 수준을 갖추어야 할까?

AI가 발명을 심사하기 위해서는 다양한 기술적 지식과 능력이 필요하다. 특히, 다음과 같은 수준을 갖추어야 한다.

첫째, 출원 문서를 이해할 수 있어야 한다. 출원 문서는 발명의 내용과 범위를 정확하게 설명하는 중요한 문서이다. 따라서, AI는 출원 문서를 이해하고 그 내용을 분석할 수 있어야 한다.

둘째, 기술적인 지식과 노하우를 가지고 있어야 한다. 특허는 기술적인 발명에 대한 보호를 제공한다. 따라서, AI는 출원된 발명과 관련된 기술적인 지식과 노하우를 이해하고, 그것을 활용하여 출원된 발명이 새롭고 기존 기술과 차별화된 것인지를 판단해야 한다.

셋째, 법적인 지식을 가지고 있어야 한다. 특허에 대한 법적인 지식은 출원된 발명의 범위와 보호를 결정하는 중요한 요소이다. AI는 특허 관련 법률 및 규정을 이해하고, 출원된 발명이 해당 법률 및 규정을 준수하는지 여부를 확인해야 한다.

넷째, 데이터 처리와 분석 능력을 갖추어야 한다. 출원된 발명을 심사하기 위해서는 방대한 양의 데이터를 처리하고 분석해야 한다. AI는 이러한 데이터 처리와 분석 능력을 갖추어야 하며, 이를 통해 출원된 발명의 유효성과 적합성을 판단할 수 있다.

이러한 수준을 갖춘 AI를 활용하여 발명을 심사함으로써, 인간 심사관이 수작업으로 처리해야 하는 번거로운 작업을 대신할 수 있으며, 신속하고 정확한 특허 심사를 가능케 할 수 있다.

10-3. 다부스는 AI발명가가 될 수 있을까?

AI 발명가의 논란은 스티븐 테일러 교수가 '다부스(DABUS)'라는 이름의 AI를 발명자로 표시한 발명품을 국제특허를 출원하면서 시작됐다. 테일러 교수는 자신의 AI 프로그램인 '다부스'가 자신도 모르는 발명을 스스로 했다고 주장하면서 2018년부터 한국 등 전세계에 특허출원했다. 동 발명은 발명자를 사람이 아닌 AI로 표기함으로써, 출원요건을 갖추지 않는다고 판단하였다. 우리나라를 포함하여 EU, 미국 등에서는 발명이 성립하지 않는다고 판단하였다.

반면, 호주나 남아프리카공화국 등은 AI의 발명자성을 인정하였으나, 법원에서 부정되고 있다. 호주는 연방 1심 법원에서 AI를 발명자로 인정하는 판결이 나왔지만, 2022년 4월 열린 항소심에서는 AI를 발명자로 인정할 수 없다는 판결이 나왔다. 남아프리카공화국의 경우, AI에 대해 특허를 부여했다. 다른 나라와 달리, 특허출원에 대해 방식심사만을 실시하며 실체적인 심사를 하지 않는 무심사등록주의를 채용하고 있기 때문이다.

미국 연방대법원은 자연인이 아닌 발명자를 인정할 수 없다고 하였으며, 우리나라도 대법원에 계류중이나 동일한 결론이 예상된다.

AI의 발명에 대한 창작성을 인정하는 경우도 있으나, AI의 발명자성이 부정된다. 이는 특허법상 발명자주의 원칙에서 발명은 사람만이 가능하기 때문이다. 결국, AI의 발명자성은 특허법의 개정이 필요한 사안으로 볼 수 있다. 저작권법상 저작자 원칙도 마찬가지다. 생성형 AI가 만들어 내는 결과물의 창작성이 인정받을 수 있는 수준이라면, AI도 저작자로 인정받을 수 있는 사실상의 요건을 갖춘 것으로 볼 수 있기 때문이다.

제9장 알고리즘 규제

금융, 의료 및 형사 사법과 같은 다양한 영역에서 알고리즘의 사용이 급속도로 증가함에 따라 "알고리즘 규제"라는 표현은 최근 몇 년 동안 점점 더 대중화되었다. 알고리즘 규제는 일반적으로 알고리즘의 책임감 있고 윤리적인 사용을 보장하는 것을 목표로 하는 법률 및 규제 프레임워크를 수립한다는 의미이다.

알고리즘 규제라는 표현을 사용하는 데에는 몇 가지 이유가 있다. 첫째, 알고리즘은 개인과 사회에 상당한 영향을 미칠 수 있으며 알고리즘이 편향과 차별을 영속화하거나 기존 불평등을 증폭시키거나 기타 부정적인 영향을 미칠 가능성에 대한 우려가 커지고 있다. 알고리즘 규제는 이러한 위험을 완화하고 알고리즘이 투명하고 공정하며 책임 있는 방식으로 사용되도록 하는 방법으로 간주된다.

둘째, 알고리즘이 중립적이거나 객관적인 것이 아니라 제작자의 편향과 가정 및 알고리즘이 훈련된 데이터를 반영한다는 인식이 있다. 알고리즘을 규제하는 것은 이러한 문제를 해결하고 알고리즘이 윤리적 및 사회적 가치와 일치하는 방식으로 개발되고 사용되도록 하는 방법으로 간주된다.

마지막으로, 알고리즘 의사결정에서 투명성과 책임성에 대한 인식이 높아지고 있다. 알고리즘을 규제하는 것은 개인이 알고리즘이 자신에게 영향을 미치는 결정을 내리는 데 어떻게 사용되는지 이해하고 필요한 경우 알고리즘 결정에 이의를 제기하고 수정하는 메커니즘이 있음을 보장하는 방법으로 간주된다.

전반적으로 알고리즘 규제라는 표현은 알고리즘 의사결정과 관련된 잠재적인 위험에 대한 인식과 책임 있고 윤리적인 알고리즘 사용을 촉진하는 법적 및 규제 프레임워크를 수립하려는 필요를 반영한다.

1. 알고리즘

1-1. 알고리즘에 대해 기술적으로 설명해 줄 수 있어?

알고리즘은 SW가 특정 작업을 수행하기 위해 따르는 일련의 지침이다. 명령은 프로그래밍 언어와 같이 컴퓨터가 이해할 수 있는 언어로 작성된다. 알고리즘은 입력 데이터를 가져와 지침에 따라 처리하고 출력을 생성한다. 간단한 수학적 계산에서 복잡한 기계학습 작업에 이르기까지 다양한 문제를 해결하도록 알고리즘을 설계할 수 있다. 알고리즘은 순차적으로 수행되는 일련의 단계 또는 작업으로 나눌 수 있다. 이러한 단계에는 수학 연산, 논리 연산(예: if-then 문) 및 데이터 조작 작업(예: 정렬 또는 필터링)이 포함될 수 있다.

알고리즘을 설계할 때 효율성 및 정확도와 같은 요소를 고려하는 것이 중요하다. 효율적인 알고리즘은 합리적인 시간 내에 작업을 완료할 수 있는 반면 정확한 알고리즘은 올바른 결과를 생성한다. 효율성과 정확성 사이에는 트레이드 오프가 있을 수 있으며, 다른 유형의 문제에는 다른 알고리즘이 더 적합할 수 있다.

기계학습에서 알고리즘은 입력 데이터를 기반으로 예측 또는 결정을 내릴 수 있는 모델을 학습하는 데 사용된다. 예를 들어, 분류 알고리즘을 사용하여 특징에 따라 동물 이미지를 분류할 수 있다. 이 알고리즘은 레이블이 지정된 이미지의 데이터셋에서 교육을 받고 다양한 동물 유형에 해당하는 데이터의 패턴을 식별하는 방법을 학습한다. 알고리즘이 학습되면 레이블이 지정되지 않은 새로운 이미지를 분류하는 데 사용할 수 있다.

전반적으로 알고리즘은 SW의 기본 구성 요소이며 간단한 것부터 복잡한 것까지 광범위한 문제를 해결하는 데 필수적이다.

1-2. 법률가의 입장에서 알고리즘을 어떻게 이해하면 좋을까?

법적 관점에서 알고리즘은 특허나 영업비밀과 유사한 일종의 지식재산으로 볼 수 있다. 알고리즘은 SW를 포함하여 저작물에 대한 법적 보호를 제공하는 저작권법에 의해 보호될 수 있다.

지식재산권 외에도 알고리즘은 개인정보 보호 및 차별과 관련된 법적 문제를 제기할 수도 있다. 예를 들어, 개인 데이터를 처리하는 데 사용되는 알고리즘은

EU의 GDPR 또는 미국 캘리포니아 소비자 프라이버시 보호법(CCPA)과 같은 데이터 보호법의 적용을 받을 수 있다.

개인에게 영향을 미치는 결정을 내리는 알고리즘은 EU의 GDPR과 같은 법률의 적용을 받을 수도 있다. 이러한 법률은 회사가 알고리즘이 특정 개인 그룹에 차별적인 영향을 미치지 않도록 보장하도록 요구할 수 있다.

마지막으로, 알고리즘의 결정에 대한 법적 책임 및 책임과 관련된 법적 문제가 있을 수 있다. 예를 들어, 알고리즘으로 제어되는 자율주행차가 사고를 낸다면 그 책임은 누구에게 있을까? 차량 제조업체, 소프트웨어 개발자 또는 차량 사용자일까? 이러한 유형의 법적 문제는 여전히 논의 중이며 알고리즘 의사결정으로 인해 발생하는 고유한 문제를 해결하기 위해 새로운 법적 프레임워크가 필요하다.

법적 관점에서 알고리즘은 결정을 내리거나 작업을 수행하는 데 사용되는 일련의 지침 또는 규칙으로 볼 수 있다. 상황에 따라 알고리즘은 다양한 법적 요구 사항이나 제한 사항의 적용을 받을 수 있다. 예를 들어, 알고리즘이 신용 점수 또는 구직자 심사와 같이 개인에게 영향을 미치는 결정을 내리는 데 사용되는 경우 차별 금지법 또는 공정성을 보장하고 편견을 방지하는 것을 목표로 하는 관련 법률의 적용을 받을 수 있다.

2. 알고리즘의 블랙박스화

2-1. 알고리즘이 블랙박스가 된 이유?

알고리즘이 블랙박스가 된 이유는 주로 딥러닝과 같은 인공신경망 기술의 발전 때문이다. 인공신경망은 매우 복잡한 모델이기 때문에 모델의 동작 원리를 이해하기가 어렵다. 또한, 이러한 모델들은 대량의 데이터를 필요로 하기 때문에 모델을 구성하는 많은 부분이 자동화되어 있어서, 개발자도 일일이 제어할 수 없는 요소가 많아진다. 따라서, 이러한 복잡한 모델에서 내부 동작 과정을 이해하고 예측을 설명하기 위한 노력이 계속되고 있다. 블랙박스로 남아있는 이러한 모델의 동작 원리를 이해하기 위해서는 적절한 데이터와 알고리즘의 설계가 필요하다.

부연하자면, 딥러닝 등의 기계학습 알고리즘에서 사용되는 인공신경망의 복잡성 때문이다. 인공신경망은 대규모 데이터를 이용해 학습을 하고, 그 결과를 토대로 새로운 입력 데이터에 대한 출력을 예측한다. 이 과정에서 인공신경망의 내부 구조와 작동 방식은 분명하지 않으며, 입력과 출력 사이에서 일어나는 복잡한 상호작용을 이해하기 어렵다. 이로 인해, 어떤 입력이 주어졌을 때 인공신경망이 어떤 결과를 도출해낼지 예측하기가 어렵거나 불가능할 수 있다. 따라서, 인공신경망이 내부적으로 어떻게 작동하는지 이해하거나 설명하기가 어렵다. 이러한 이유로 인해, 기계학습에서 사용되는 알고리즘이 블랙박스로 여겨지게 되었다.

2-2. 알고리즘이 블랙박스화함에 따라 나타날 수 있는 문제는?

블랙박스화하는 것은 데이터와 알고리즘이 둘 다 문제가 될 수 있다.

데이터의 경우, 예를 들어서 어떤 이미지 데이터셋에서 사람 얼굴을 인식하는 인공지능 모델을 학습시킨다고 가정해 보자. 만약 이 데이터셋에 다양한 인종, 성별, 연령대 등의 다양성이 빠져있다면, 모델이 편향되어 특정 그룹을 잘못 인식하는 결과를 낼 수 있다. 이런 경우에는 모델이 블랙박스화되어, 왜 그런 결과를 내놓았는지 이유를 파악하기 어렵다.

또한, 알고리즘의 경우에도 블랙박스화할 수 있다. 예를 들어, 딥러닝 모델은 인공신경망 구조를 사용하며, 이 구조가 복잡해지면서 레이어와 노드 수가 급격히 증가했다. 이런 경우에는 모델이 수많은 파라미터들의 조합으로 이루어져 있어서, 어떤 입력이 들어오면 어떤 출력이 나오는지 예측하기 어렵다. 이렇게 알고리즘이 복잡해지면서 블랙박스화하면, 모델의 내부 동작 원리를 이해하기 어려워진다. 가급적 데이터나 알고리즘 등의 공개를 통해 설명가능성을 확보하는 것이 필요하다.

2-3. 블랙박스로 인한 문제는 어떤 것이 있는가?

블랙박스인 알고리즘은 그 내부 동작을 이해할 수 없기 때문에, 이로 인한 문제가 발생할 수 있다. 예를 들어, 어떤 알고리즘이 인터넷 검색 결과의 순위를 결정하는데 사용된다면, 이 알고리즘이 어떻게 작동하는지를 이해하지 못한다면 검색 결과의 순위가 공정하게 결정되고 있는지 확신할 수 없을 것이다.

또한, 알고리즘이 사용되는 분야에서는 이를 규제하거나 검증하기가 어려울 수 있다. 예를 들어, 자동차의 운전 보조 시스템에 알고리즘이 사용된다면, 이 시스템이 제대로 작동하는지 확인하거나 문제가 발생했을 때 그 원인을 파악하기가 어려울 수 있다. 따라서, 알고리즘의 문제는 그 사용 분야에 따라 다르겠지만, 이를 규제하고 검증하기가 어렵다는 점에서 중요한 문제로 인식되고 있다.

블랙박스로 인한 또 다른 문제는 알고리즘의 편향성에 관한 것이다. 데이터의 편향성이나 데이터의 양식, 수집 방법 등에 따라 알고리즘이 특정 그룹을 차별하는 편향성을 가지게 될 수 있다. 예를 들어, 얼굴 인식 기술에서 흔히 발생하는 인종차별 문제가 그 예이다. 이러한 문제는 알고리즘 자체를 개선하거나 데이터 수집과 처리 과정에서 더 많은 다양성과 공정성을 고려해야 한다는 것을 보여준다.

2-4. 블랙박스로 인해 문제는 어떻게 해결할 수 있을까?

앞서 살펴본 바와 같이, 블랙박스로 인해 발생한 문제를 해결하기 위한 몇 가지 방안은 다음과 같다.

투명성 확보: 알고리즘 개발 및 운영과 관련된 데이터, 코드 및 의사결정 프로세스를 공개하여 알고리즘의 동작을 이해할 수 있도록 한다.

설명가능한 AI 모델 개발: 딥러닝과 같은 기존의 블랙박스 모델 대신, 설명가능한 AI 모델을 개발하여 모델의 결과를 설명할 수 있도록 한다.

모델 검증 및 감사: 모델이 신뢰성을 가지고 작동하는지 확인하기 위해 정기적인 감사 및 검증 절차를 수행한다.

규제 및 법적 책임: AI의 적용 분야에 따라 규제를 도입하거나 법적 책임을 규정함으로써 블랙박스 문제를 해결할 수 있다.

이러한 방안들을 통해 블랙박스 문제를 완전히 해결할 수는 없겠지만, AI의 신뢰성과 안정성을 높이고, AI의 활용 범위를 더욱 넓히기 위한 노력이 필요하다.

3. 알고리즘 편향

3-1. 인간에게 편향이란 어떤 의미인가?

편향이란 어떤 대상 또는 집단을 대표하는 모집단의 특성을 제대로 반영하지 못하는 경향을 의미한다. 즉, 데이터나 정보를 수집하거나 분석할 때, 실제 상황과는 다른 결과를 가져올 수 있다. 예를 들어, 성별, 인종, 국적 등과 같은 인구통계학적 특성이나 주관적인 선호도에 따라 데이터가 편향될 수 있다.

인간의 편향은 매우 다양한 요인으로 인해 생길 수 있다. 이러한 요인 중 일부는 다음과 같다.

경험과 학습: 우리는 일상생활에서 다양한 경험을 하면서 학습을 한다. 이러한 경험과 학습은 우리의 판단과 행동에 영향을 미친다.

사회적 요인: 우리는 다양한 사회적 요인으로 인해 영향을 받을 수 있다. 예를 들어, 문화적인 차이, 가족이나 친구들의 영향, 정치적인 성향 등이 있다.

인지적 요인: 우리는 인지적인 상황에서도 편향을 갖을 수 있다. 인간의 인지는 제한적이며, 그로 인해 정보처리 과정에서 생기는 오류가 편향을 초래할 수 있다.

유전적 요인: 우리는 일부 편향이 유전적인 요인에 의해 발생할 수 있다는 연구결과가 있다.

인간의 편향은 이러한 다양한 요인들이 상호작용하면서 생길 수 있다. 이를 고려하지 않고 의사결정을 내릴 경우, 잘못된 결과가 도출될 가능성이 높아진다. 따라서, 편향을 감지하고 관리하는 것은 중요한 문제이며, 이를 위해서는 체계적인 접근 방법이 필요하다.

3-2. 확증편향이란 무엇이며, 어떤 경우에 발생하나?

확증편향은 이미 가지고 있는 선입견이나 사전 지식에 의해 분석 결과가 왜곡되는 현상이다. 즉, 확증편향은 특정한 가설이나 믿음에 대한 증거를 수집할 때 발생한다. 예를 들어, 선호하는 정당의 지지율을 조사할 때, 표본을 선정할 때 해당 정당의 지지자들을 대상으로만 선택하면, 그 결과는 해당 정당의 지지율이 높게 나올 가능성이 높아진다.

이러한 편향은 주로 다음과 같은 과정에서 발생할 수 있다.

데이터 수집 과정에서 발생하는 편향: 데이터 수집 과정에서 특정한 선별 기준을 사용하거나, 특정한 그룹을 배제하거나 포함하는 등의 과정에서 데이터가 일부분만 수집되거나, 특정한 속성을 가진 데이터만 선택되는 등의 문제가 발생할 수 있다.

가설 설정 과정에서 발생하는 편향: 가설을 설정하는 과정에서 개인의 경험, 선입견, 선호 등에 의해 일부 가설을 선택하거나, 다른 가설을 배제하는 문제가 발생할 수 있다.

증거 평가 과정에서 발생하는 편향: 수집된 증거가 일부분만 사용되거나, 중요한 증거가 강조되어 다른 증거가 간과되는 등의 문제가 발생할 수 있다.

이러한 과정에서 발생한 편향은 결국 증거나 가설이 실제로 성립하지 않을 가능성을 높이며, 잘못된 결정을 내리게 될 수 있다. 따라서, 확증편향을 방지하기 위해서는 데이터 수집과정과 가설 설정 과정에서 가능한 모든 증거를 수집하고, 적극적으로 고려하여 증거를 평가해야 한다. 또한, 다양한 관점과 경험을 가진 사람들과 함께 의견을 공유하고 검토하는 것이 필요하다.

3-3. 왜 소셜미디어의 버블필터는 문제되나?

버블필터(bubble filter)는 알고리즘 기반의 사용자 맞춤형 콘텐츠 제공 서비스를 제공하는데 사용되는 기술로, 사용자의 이전 검색 기록, 클릭 패턴, 관심사를 분석해 해당 사용자가 선호하는 콘텐츠를 우선적으로 제공하는 기능을 가지고 있다. 대표적으로 유튜브의 경우를 들 수 있다.

버블필터의 원인은 크게 두 가지로 나눌 수 있다. 첫째, 사용자의 선호 및 행동 패턴을 분석하여 해당 사용자의 의견과 관련된 콘텐츠를 우선적으로 제공하는 알고리즘의 설계이다. 이는 특정 키워드나 특정 사용자의 검색 이력, 클릭 이력 등을 기반으로 사용자의 관심사를 추론하고 이에 맞는 콘텐츠를 제공하는 것이다.

둘째, 소셜 미디어 플랫폼에서 발생하는 사용자간의 정보 교류와 관련된 문제이다. 예를 들어, 특정 그룹에 속한 사용자들은 서로 비슷한 관심사를 가지고 있으며, 이러한 그룹 간의 정보 교류가 일어날 경우 해당 그룹의 의견이 다른 그룹보다 더욱 강조되어 제공된다. 이러한 현상은 다양한 사회적, 정치적 문제에서 이슈가 될 수 있다.

버블필터는 사용자에게 자신의 관심사에 대해서만 노출시켜주는 것으로 인해, 사용자가 이미 가지고 있는 시각과 의견을 고착화시키고, 다양한 정보와 견해를 제공하는 것이 어려워진다. 결국 사용자들이 더욱 좁은 시야와 생각으로 끝내게 되며, 이는 미디어 다양성의 감소와 같은 사회적 문제를 야기할 수 있다. 따라서, 개인의 선호도와 취향을 반영하면서도 다양한 시각과 의견을 노출시키기 위한 방안이 필요하다. 이를 위해서는 다양한 의견과 정보가 노출될 수 있는 다양한 채널을 제공하거나, 사용자가 직접 선택하여 콘텐츠를 노출시키는 방법 등이 고려될 수 있다.

3-4. 왜 알고리즘의 편향은 문제되는가?

알고리즘의 편향은 데이터와 모델링 과정에서 발생할 수 있는 문제이다. 예를 들어, 이미지 인식 알고리즘에서 밝은 피부색과 어두운 피부색을 구분하는 과정에서 어두운 피부색을 잘못 인식하는 경우, 해당 알고리즘은 인종 차별을 일으킬 수 있다. 알고리즘의 편향은 모델의 신뢰성을 저하시키고, 사회적으로도 큰 문제를 야기할 수 있다.

따라서, 편향을 최소화하기 위해서는 다양한 데이터를 수집하고, 편향을 검증하는 방법을 도입하여 알고리즘 편향을 최소화하는 기술적인 해결책을 마련해야 한다. 또한, 알고리즘의 투명성을 확보하여 결정 과정을 추적하고 검증할 수 있어야 한다.

3-5. 데이터 편향이 알고리즘 편향으로 나타나는 것은 아닌가?

데이터에 내재된 편향은 모델링 및 알고리즘 디자인의 단계에서 생길 수 있는 문제를 초래하며, 이를 제거하지 않고 모델을 학습시키면 결과적으로 편향이 반영된 모델이 생성된다. 또한, 데이터 수집 방법이나 데이터의 구성에 따라도 편향이 발생할 수 있다. 예를 들어, 어떤 집단을 대상으로 조사를 실시하는 경우, 그

집단에 속하지 않은 다른 집단들의 의견을 반영하지 못하는 문제가 발생할 수 있다. 이러한 문제는 결과적으로 편향된 모델링 및 예측을 초래한다.

이처럼, 데이터 편향은 모델링에 사용되는 데이터가 특정한 경향성을 가지거나, 특정한 속성을 포함하지 않아서 발생할 수 있다. 예를 들어, 검색 엔진에서 특정 지역에 대한 검색 결과가 다른 지역에 비해 적게 나오는 경우, 해당 지역의 정보 접근성이 떨어져 정보 격차가 커질 수 있다. 데이터 편향은 알고리즘의 성능을 저하시킬 수 있으며, 궁극적으로는 모델의 일반화 능력을 약화시킬 수 있다.

4. 알고리즘 투명성

4-1. 알고리즘 투명성이란 어떤 의미인가?

알고리즘 투명성이란 알고리즘이 결과를 도출하는 과정과 그 근거를 분명하게 제시하고, 이해하기 쉽도록 하는 것을 말한다. 즉, 알고리즘의 작동 원리와 결정적인 요소들을 명확히 드러내어 사용자가 이해하고 검증할 수 있는 과정이다. 이를 위해서는 알고리즘 내부에서 사용되는 변수, 가중치, 입력 및 출력값 등이 명확히 공개되어야 한다.

4-2. 알고리즘 투명성이 필요한 이유?

알고리즘 투명성은 다양한 분야에서 필요하다. 예를 들어, 중요한 의사결정을 내리는 분야에서는 의사결정의 과정과 근거가 명확히 드러나야 한다. 특히, 대중이 많이 사용하는 인터넷 검색 엔진, 소셜 미디어, 추천 시스템 등에서는 알고리즘의 투명성이 중요하다. 사용자는 알고리즘 결과에 대한 신뢰성을 가지고 서비스를 이용해야 하기 때문에 알고리즘의 작동 원리와 근거를 이해할 필요가 있다.

4-3. 알고리즘 투명성은 어떻게 구현할 수 있을까?

알고리즘 투명하지 않을 때에는 다음과 같은 문제들이 발생할 수 있다.

불공정한 결정: 알고리즘이 어떤 결정을 내렸는지 명확히 알 수 없을 때, 그 결정이 공정하게 이루어졌는지 확인할 수 없게 된다.

신뢰도 문제: 알고리즘이 어떻게 작동하는지 명확하게 알 수 없으면, 그 알고리즘이 만들어 낸 결과를 믿을 수 없게 된다.

개인정보 보호 문제: 알고리즘이 어떤 정보를 수집하고, 어떻게 처리하는지 명확하지 않으면, 그 정보가 어디에 사용되고 있는지 파악할 수 없게 된다.

위와 같은 문제를 해결하기 위한 알고리즘 투명성을 구현하는 방법은 다음과 같이, 다양하다. 첫째, 알고리즘의 작동 원리와 사용되는 데이터, 가중치, 변수 등의 내용을 명확하게 문서화하고 공개하는 것이다. 둘째, 알고리즘 결과의 검증을 위한 테스트 데이터나 평가 척도를 공개하는 것이다. 셋째, 사용자들에게 알고리즘의 결과에 대한 설명을 제공하고, 불만이나 의견을 적극 수용하는 것이다.

4-4. 알고리즘 투명성의 목적은?

알고리즘의 문제를 해결하고, 투명성을 확보하기 위한 목적으로 다음과 같이 정리할 수 있다. 먼저, 공정성 보장에 대해 보면, 알고리즘이 만들어 낸 결과가 공정하게 이루어졌는지 확인할 수 있게 된다. 알고리즘의 공정성은 알고리즘이 다루는 데이터나 입력에 대해 공정하게 취급하는 정도를 나타내는 개념이다. 즉, 동일한 상황에서 동일한 결과를 보장하며, 특정한 개인이나 집단에게 불이익을 주지 않도록 보호해야 한다. 알고리즘의 공정성은 다양한 방법으로 평가할 수 있다. 예를 들어, 어떤 알고리즘이 개인의 인종, 성별, 출신 국가 등과 같은 인구통계학적 특성을 고려하지 않고 결과를 도출하는 경우, 해당 알고리즘은 공정하지 않다고 판단될 수 있다. 또한, 특정한 집단에 대한 편견이나 선입견이 반영된 데이터를 사용하여 알고리즘이 결과를 도출하는 경우, 해당 알고리즘도 공정하지 않다고 판단될 수 있다. 특히, 알고리즘의 공정성은 특히 인공지능 분야에서 중요한 이슈 중 하나이다. 인공지능은 대부분의 경우 대규모 데이터를 사용하여 학습하게 되는데, 이때 공정하지 않은 데이터를 사용하면 인공지능이 편견을 가질 수 있다. 이러한 편견은 결과적으로 인공지능이 특정한 집단을 차별하는 결과를 가져올 수 있으므로, 인공지능의 공정성은 매우 중요하다.

또한 알고리즘이나 이에 따른 결과에 대해 신뢰성을 확보할 수 있다. 즉, 알고리즘이 어떻게 작동하는지 명확하게 알 수 있으면, 그 알고리즘이 만들어 낸 결과를 신뢰할 수 있게 된다. 신뢰성은 무엇이 예상된 대로 실행되는 정도를 나타내는 속성으로, 시스템이나 기술이 일관성 있고 안정적으로 작동하여 원하는 목적을 성취하는 능력을 의미한다. 예를 들어, 신뢰성이 높은 시스템은 오작동, 시스템 장애, 데이터 손실 또는 해킹 등의 문제가 발생할 가능성이 적으며, 안전성, 보안성, 효율성 등의 다른 속성과 함께 시스템이나 서비스의 품질을 결정하는 중요한 요소 중 하나이다. 특히 자율주행차, 의료 장비, 항공기 등과 같은 안전에 직결되는 분야에서는 굉장히 중요한 속성이다. 이러한 시스템에서 신뢰성이 떨어지면 심각한 결과를 초래할 수 있기 때문이다. 따라서, 이러한 분야에서는 신뢰성을 검증하고 보장하는 기술과 방법을 적극적으로 연구하고 적용하고 있다.

5. 고위험 알고리즘

5-1. 고위험 알고리즘이란?

고위험 알고리즘(high-risk algorithm)은 인공지능 기술 중, 사회적 위험이나 윤리적 문제를 유발할 가능성이 높은 알고리즘을 의미한다. 예를 들어, 얼굴인식 기술 중에서는 인종차별이나 개인정보 유출 등의 문제가 있을 수 있다. 또한, 자율주행 기술에서는 사고 발생 가능성이 높아지거나, 인명 피해가 발생할 수 있는 위험성이 있다.

고위험 알고리즘은 일반적으로 다음과 같은 특징을 갖다. 인간의 개입 없이 자율적으로 의사결정을 내리는 기술이다. 기술의 결과가 잠재적으로 위험하거나, 인간의 권리나 자유에 직간접적인 영향을 미칠 가능성이 있다. 기술을 사용하는 주체들 사이에 권리나 이익의 갈등이 발생할 가능성이 높다. 따라서, 고위험 알고리즘은 기술적인 측면뿐만 아니라 사회적, 윤리적 측면에서도 신중한 검토와 규제가 필요하다. 최근에는 여러 나라에서 고위험 알고리즘을 규제하는 법안이 제정되고 있으며, 국제적으로도 이에 대한 논의가 이루어지고 있다.

5-2. 고위험 인공지능과 수용할 수 없는 인공지능과는 어떤 관계인가?

고위험 인공지능과 수용할 수 없는 인공지능과의 관계는 매우 복잡하고 위험한 문제이다. 수용할 수 없는 인공지능이란 인간의 생명, 신체, 재산 등을 위협할 수 있는 위험한 인공지능을 의미한다. 이러한 인공지능은 예측할 수 없는 행동을 보일 수 있으며, 제어할 수 없는 상황에 놓일 수 있다. 따라서, AI 안전성 분야에서는 수용할 수 없는 인공지능을 방지하고 대처하기 위한 방법들을 연구하고 있다. 예를 들어, 인공지능의 학습과정에서 위험한 행동을 예측하고 방지하기 위한 기술, 인공지능과 사람의 상호작용을 강화하여 위험한 상황에서의 대응 능력을 향상시키는 기술 등이 있다.

5-3. 자율주행차는 수용불가능한 수준의 위험성이 있는가?

자율주행차가 수용불가능한 AI로 분류되는 것은 아니다. 자율주행차는 사용자의 안전과 편의를 위해 개발되었으며, 고위험 AI 시스템에 해당한다. 따라서, EU AI법안에서는 자율주행차와 같은 고위험 AI 시스템을 규제할 것이다. 다만, 자율주행차와 같은 고위험 AI 시스템을 개발할 때는 안전성, 보안성, 민감한 데이터 처리 등에 대한 적절한 규제가 필요하다. 또한, 자율주행차가 발생시킬 수 있는 잠재적인 문제를 최소화하기 위한 방안들도 마련되어야 한다.

실상, 자율주행차의 안전성은 많은 연구와 테스트를 통해 지속적으로 개선되고 있다. 현재의 자율주행차 기술은 운전자의 운전 스킬과 경험에 따라 다르게 작동한다. 자율주행차는 사고 발생 가능성을 낮추는 여러 가지 기술을 사용한다. 예를 들어, 레이더, 라이다 및 GPS 등의 센서를 사용하여 주변 환경을 실시간으로 모니터링하며, 인지 및 의사결정 알고리즘을 사용하여 안전한 운전 결정을 내린다. 이러한 기술들은 운전자의 오류와 사람 간의 인간적인 실수를 줄여주기 때문에 사고 발생 가능성을 낮추는 데 도움이 된다.

자율주행차는 아직 완전하게 안전하다고 말하기에는 이르다. 여전히 개발 중인 기술이기 때문이다. 예를 들어, 야간 운전, 눈 내리는 날씨, 오랜 시간 주행 등 특정 조건에서는 자율주행차가 완벽하게 작동하지 않을 수 있다. 또한, 기술적 결함이나 해킹 공격 등과 같은 외부 요인으로 인해 사고가 발생할 가능성도 있다. 따라서, 자율주행차가 현재 운전자보다 더 안전하다고 말하기는 어렵지만, 지속적인 기술적 발전과 연구를 통해 안전성을 높이는 노력이 이어져야 한다.

5-4. 자율주행차의 안전성을 확보하기 위한 법적 방안은?

자율주행차의 안전성을 확보하기 위한 법적 방안은 다양하다. 여기에는 다음과 같은 것들이 포함된다.

기술적 안전성과 무결성 검증: 자율주행차의 안전성과 무결성을 검증하기 위해, 국가 차원에서 인증 기준을 마련하고 이를 토대로 자율주행차 기술을 검증하는 규제 체계를 구축한다. 이를 통해 안전하게 운행될 수 있는 자율주행차만이 허가되며, 이를 통해 안전성을 확보할 수 있다.

운전자의 역할과 책임: 자율주행차의 경우, 운전자의 역할이 상당 부분 자동화되기 때문에 운전자와 자동화 시스템의 책임 범위를 명확하게 규정할 필요가 있다. 예를 들어, 자율주행차가 사고를 일으켰을 때는 운전자의 부주의나 자동화 시스템의 오작동에 따른 책임이 발생할 수 있다. 이를 위해 법적 규제가 필요하다.

자율주행차와 주변 환경의 상호작용: 자율주행차는 자동화된 시스템을 기반으로 운행되기 때문에, 주변 환경과의 상호작용이 매우 중요하다. 따라서, 자율주행차와 주변 환경 간의 정보 교환 및 상호작용을 위한 규제 체계를 마련해야 한다. 이를 위해, 자율주행차에서 사용되는 센서 및 통신 기술에 대한 규제가 필요하다.

자율주행차의 데이터 관리: 자율주행차는 많은 양의 데이터를 생성하고 처리한다. 이 데이터는 개인정보나 민감한 정보를 포함하기 때문에, 적절한 데이터 관리 및 보안 체계가 필요하다. 이를 위해, 데이터 수집, 보관, 처리, 이용 등에 대한 법적 규제가 필요하다.

자율주행차와 일반 차량 간의 운행 규제: 자율주행차는 기존의 일반 차량과는 운행 방식이 다르다. 일반 차량은 인간이 운전을 하고, 주변 상황을 파악하며 운전을 조절하는 반면, 자율주행차는 센서와 알고리즘 등의 기술을 이용하여 스스로 주행을 조절한다. 이에 따라 자율주행차와 일반 차량 간의 충돌 등의 사고가 발생할 가능성이 있다. 따라서, 자율주행차와 일반 차량 간의 운행 규제는 매우 중요하다. 이를 위해, 자율주행차와 일반 차량 간의 운행 규제 체계를 마련하여, 자율주행차와 일반 차량이 안전하게 공존할 수 있도록 한다. 예를 들어, 자율주행차가 일반 차량보다 빠른 속도로 운행할 수 없도록 제한하는 등의 규제를 설정할 수 있다.

국제적인 표준화 및 협력 체제 구축: 자율주행차의 발전과 보급을 위해서는 국제적인 표준화와 협력 체제 구축이 필요하다. 자율주행차는 현재 전 세계에서 개발되고 있으며, 각 나라마다 다양한 기술과 규제 체계가 존재한다. 이에 따라, 서로 다른 규제 체계가 적용되는 국가 간의 자율주행차 운행에는 다양한 문제점이 발생할 수 있다. 따라서, 자율주행차의 글로벌 시장에서 경쟁력을 유지하기 위해서는 국제적인 표준화와 협력 체제 구축이 필요하다. 이를 위해 국제적인 자율주행차 관련 기술 표준화 기구를 설립하고, 다양한 국가 및 기업 간의 협력 체제를 구축하여 자율주행차의 안전성과 효율성을 극대화할 수 있도록 한다. 이를 통해 국제적인 자율주행차 시장을 선도하는 역할을 할 수 있다.

6. 알고리즘 규제

6-1. 왜 알고리즘 규제의 필요성이 제기되는가?

알고리즘 규제는 기술 발전과 함께 문제가 증가하면서 각광받는 문제 중 하나이다. 알고리즘 규제는 일반적으로 인공지능 및 기계학습 기술에 대한 규제를 의미한다. 알고리즘 규제에 대해 양면적인 시각을 가지고 있다. 한편으로는 인공지능 및 기계학습 등의 기술이 더욱 발전함에 따라 데이터 보호, 개인정보 보호, 인종, 성별, 나이 등에 대한 차별 없는 처리 등의 이슈가 발생할 가능성이 높아지기 때문에 규제가 필요하다고 생각한다.

또한, 일부 기술은 인간의 가치와 윤리적인 문제에 대한 고민 없이 실행될 가능성이 높기 때문에 이러한 기술에 대한 규제가 필요하다. 예를 들어, 인공지능 기술을 이용하여 얼굴 인식 기술을 개발할 때, 인간의 개인정보 및 개인의 얼굴이 활용되는 것에 대한 문제가 제기된다. 하지만, 다른 한편으로는, 기술 발전과 함께 알고리즘 규제가 지나치게 제한적일 경우, 기술 발전이 지연될 가능성이 있다. 규제가 과도하면 기술 발전을 방해할 수 있고, 이는 국가 경제 및 기술력에 영향을 미칠 수 있기 때문이다.

알고리즘 규제는 기술 발전과 사용자 보호 사이의 균형을 잡는 것이 중요하다.

적절한 규제를 통해 인공지능 및 기계학습 등의 기술이 더욱 발전하면서도 사용자 보호와 개인정보 보호 등의 중요한 이슈가 충분히 고려되어야 한다.

6-2. 알고리즘을 규제하기 위한 기술적인 방법은?

기술적인 방식으로 알고리즘을 규제하려면 다음과 같은 몇 가지 접근 방식이 포함될 수 있다.

알고리즘 영향평가: 알고리즘을 배포하기 전에 개발자는 알고리즘이 개인과 사회에 미치는 잠재적 영향을 평가하기 위해 알고리즘 영향평가를 수행해야 할 수 있다. 여기에는 편견, 차별 및 개인정보 침해 가능성을 평가하고 알고리즘의 잠재적인 사회적 및 경제적 영향을 평가하는 것이 포함될 수 있다.

투명성 및 설명가능성: 알고리즘은 투명하고 설명가능해야 한다. 즉, 개발자는 알고리즘의 작동 방식과 의사결정 방식에 대한 명확한 설명을 제공해야 한다. 여기에는 의사결정 프로세스에서 사용되는 알고리즘 및 논리에서 사용되는 데이터에 대한 액세스를 제공하는 것이 포함될 수 있다.

데이터 거버넌스: 알고리즘은 데이터에 의존하며 해당 데이터의 품질과 정확성은 알고리즘의 성능과 공정성에 상당한 영향을 미칠 수 있다. 규정에 따라 개발자는 고품질 데이터를 사용하고 알고리즘에서 사용하는 데이터가 대표적이고 편향되지 않도록 해야 한다.

윤리 원칙 및 지침: 규제는 윤리 원칙 및 지침에 따라 알고리즘을 개발하고 배포하도록 요구할 수 있다. 여기에는 공정성, 투명성, 책임성, 프라이버시 및 인권 존중과 같은 원칙이 포함될 수 있다.

인증 및 테스트: 알고리즘은 다른 제품 및 서비스에 사용되는 것과 유사한 인증 및 테스트 요구 사항의 대상이 될 수 있다. 여기에는 알고리즘의 성능, 정확성 및 공정성을 평가하기 위한 독립적인 타사 테스트가 포함될 수 있다.

전반적으로 기술적인 방식으로 알고리즘을 규제하려면 데이터 품질, 투명성, 책임 및 윤리 원칙과 관련된 문제를 해결하는 다각적인 접근 방식이 필요하다. 또한, 규제가 효과적이고 사회로서의 우리의 가치와 원칙에 부합하도록 하기 위해 기술자, 정책 입안자 및 광범위한 대중 간의 지속적인 대화와 협력이 필요하다.

6-3. 알고리즘 규제는 알고리즘 자체인가, 아니면 사용한 회사인가?

알고리즘 규제는 알고리즘 자체와 사용한 회사, 둘 다에 대해 적용될 수 있다. 먼저, 알고리즘 자체에 대한 규제는 해당 알고리즘이 사용되는 분야에 따라 다양하게 적용될 수 있다. 예를 들어, 의료 분야에서 사용되는 AI 기술은 안전성과 신뢰성이 중요하므로, 해당 분야에서 사용되는 알고리즘에 대한 규제가 강화될 수 있다. 또한, 인터넷 검색 엔진에서 사용되는 알고리즘의 경우, 검색 결과에 대한 투명성과 중립성이 중요하므로, 해당 알고리즘에 대한 규제가 필요할 수 있다.

한편, 알고리즘을 사용하는 회사에 대한 규제도 필요하다. 알고리즘을 사용하는 회사는 사용자의 데이터를 수집하고 처리하는 등의 일을 수행하므로, 개인정보 보호 및 안전성 등과 같은 문제가 발생할 수 있다. 따라서, 알고리즘을 사용하는 회사는 사용자의 개인정보와 안전을 보호하기 위한 규제가 필요하다.

알고리즘 규제는 안전하고 신뢰성 높은 AI 기술의 개발과 사용을 보장할 수 있다. 물론, 알고리즘을 규제한다는 것은 알고리즘 자체가 아니라 알고리즘이 사용되는 시스템이나 컨텍스트를 규제하는 것을 의미하는 경우도 있다. 이는 알고리즘이 더 큰 시스템이나 응용 프로그램에 내장되는 경우가 많으며 알고리즘이 작동하고 시스템의 다른 구성 요소와 상호 작용하는 방식이 결과와 개인 또는 사회의 결과에 상당한 영향을 미칠 수 있기 때문이다. 예를 들어, 소셜 미디어 플랫폼에서 사용하는 알고리즘을 규제하는 것은 필터버블을 야기하는 콘텐츠의 조정, 개인정보 보호 및 투명성에 대한 표준을 설정하고 플랫폼이 유해하거나 차별적인 행동을 허용하지 않도록 하는 것을 포함할 수 있다. 이를 위해서는 알고리즘 공개, 알고리즘 감사, 사용자 제어 및 집행 메커니즘을 포함한 기술 및 정책 솔루션의 조합이 필요할 수 있다.

따라서, 알고리즘을 규제하는 것은 알고리즘은 물론 알고리즘이 사용되는 시스템이나 맥락뿐만 아니라 개인과 사회에 대한 잠재적 영향을 고려하는 전체적인 접근 방식이 필요하다.

7. 알고리즘 공개

7-1. 규제로서 알고리즘을 공개해야 하는 이유는?

알고리즘은 다양한 분야에서 활용되며, 특히 인공지능이나 기계학습과 같은 고급 기술에서 중요한 역할을 한다. 알고리즘은 사람들의 삶에 많은 영향을 미치기 때문에, 그 작동 방식이나 결과가 공정하고 투명하며 책임 있는지 확인하는 것이 필요하다. 그러기 위해서는 알고리즘을 공개하는 것이 좋다.

알고리즘을 공개하는 것은 여러 가지 장점이 있다. 첫째, 알고리즘을 공개하면 다른 사람들이 그 성능이나 정확도를 검증하거나 개선할 수 있다. 이는 알고리즘의 품질을 높이고, 오류나 결함을 줄일 수 있다. 둘째, 알고리즘을 공개하면 그 영향력이나 위험성을 평가하거나 감독할 수 있다. 이는 알고리즘의 윤리적이고 사회적인 측면을 고려하고, 부정적인 결과나 편향을 방지하거나 해결할 수 있다. 셋째, 알고리즘을 공개하면 그 사용자나 이해관계자들에게 신뢰감을 제공할 수 있다. 이는 알고리즘의 책임성이나 합법성을 보장하고, 그 권한이나 권리를 보호할 수 있다. 넷째, 알고리즘을 공개하면 그 문제점이나 위험성에 대해 사전에 대응하거나 준비할 수 있다. 마지막으로, 알고리즘을 공개하면 그 관련 분야의 연구나 협력을 촉진하거나 확장할 수 있다.

이처럼, 알고리즘을 공개하는 것은 컴퓨터 프로그램이나 시스템의 품질과 윤리를 향상시키고, 사회적인 문제나 도전에 대응하는 데 도움이 된다.

7-2. 알고리즘 공개는 설명요구권에 포함될 수 있나?

알고리즘 공개는 일반적으로 설명요구권과 관련이 있다. 설명가능한 권리는 기계학습 및 인공지능 알고리즘의 의사결정 과정을 이해할 수 있는 권리를 의미한다. 설명요구권은 알고리즘의 투명성과 공정성을 증진시키는 데 도움이 된다. 알고리즘의 결정 과정이 투명하고 공정하다면, 그 결과에 대한 신뢰도가 높아지고, 이는 사용자들에게 더 나은 서비스를 제공할 수 있는 기반이 된다.

알고리즘을 공개함으로써 사용자 또는 기타 이해관계자들이 알고리즘의 동작 방식을 이해할 수 있게 된다. 이러한 이해를 통해 사용자들은 알고리즘의 결정이 어떤 근거에 기반하여 이루어졌는지를 파악할 수 있고, 필요한 경우에는 알고리즘의 결정 과정을 재현할 수 있다.

일부 국가에서는 알고리즘의 설명가능성에 대한 요구사항이 법적으로 규제되고 있다. 예를 들어, 유럽 연합은 2018년 5월에 GDPR을 시행하여, 알고리즘에 대한 설명가능성을 강화했다. 우리도 2023년 개인정보 보호법을 개정하여 정보주체에게 설명요구권과 적용거부권을 부여한 바 있다.

이런 면에서 볼 때, 알고리즘의 공개와 설명가능성은 일반적으로 서로 밀접하게 연결되어 있으며, 법적으로 규제될 수 있다. 이러한 경우, 알고리즘에 대한 설명가능성은 사용자에게 제공될 필요가 있다. 특히, 이러한 알고리즘이 영향력 있는 의사결정에 사용될 때, 사용자는 알고리즘 내부 작동 방식을 이해할 수 있어야 한다.

7-3. 개인정보자기결정권과 설명요구권은 연관된 개념으로 볼 수 있나?

개인정보자기결정권은 개인이 자신의 정보를 스스로 결정할 수 있는 권리이다. 즉, 자신의 개인정보에 대한 제3자의 접근, 수집, 이용, 제공 등의 행위를 스스로 결정할 수 있는 권리를 의미한다. 이러한 권리는 개인의 자율성과 자기결정권을 보장하며, 개인의 인격권과 민주주의 원칙에 근거한다.

반면, 설명요구권은 정보주체가 자신에 관한 개인정보를 처리하는 대상의 개인정보 처리 사유, 처리 내용, 처리 방법 등에 대한 설명을 요구할 수 있는 권리이다. 이는 정보주체가 자신의 개인정보가 어떻게 처리되고 있는지를 알 수 있도록 하여 정보의 투명성과 공정성을 보장하는 것을 목적으로 한다.

따라서, 개인정보자기결정권은 개인이 자신의 정보를 스스로 결정할 수 있도록 보장하는 권리이며, 설명요구권은 개인이 자신에 대한 정보가 어떻게 처리되는지를 알 수 있도록 보장하는 권리이다. 이 두 가지 권리는 서로 보완적인 관계에 있으며, 개인정보 보호와 개인의 권리 보장을 위해 중요한 역할을 한다.

8. 알고리즘과 영업비밀

8-1. 왜, 기업은 알고리즘 공개를 거부하나?

회사는 알고리즘을 고유한 시장 위치를 제공하는 핵심 경쟁 우위로 간주할 수 있기 때문에 영업비밀을 이유로 알고리즘 공개를 거부할 수 있다. 알고리즘을 비밀로 유지함으로써 회사는 경쟁 우위를 유지하고 다른 사람들이 접근 방식을 복제하는 것을 방지할 수 있다.

또한, 알고리즘에는 상당한 투자와 개발 리소스가 필요한 복잡한 지적 재산이 포함될 수 있다. 알고리즘의 세부 정보를 공개하면 경쟁업체가 기술을 더 쉽게 복사할 수 있으므로 알고리즘을 개발한 회사의 투자 가치가 감소할 수 있다.

개인정보 보호 및 보안에 대한 우려도 있을 수 있다. 경우에 따라 알고리즘을 개발하고 훈련하는 데 사용되는 데이터에 개인이나 조직에 대한 민감한 정보가 포함될 수 있으며 알고리즘을 공개하면 해당 데이터가 손상될 수 있다.

영업비밀 보호는 회사가 알고리즘을 보호할 수 있는 법적 프레임워크를 제공할 수 있지만, 알고리즘 의사결정에 대한 투명성과 설명가능성을 요구하는 규제 또는 윤리적 고려 사항이 있을 수도 있다. 특히, 공공복리 또는 인권에 중대한 영향을 미치는 알고리즘은 법적 및 규제적 조사를 받을 수 있을 뿐만 아니라 더 큰 투명성과 책임을 제공하라는 이해 관계자의 압력을 받을 수 있다.

8-2. 알고리즘 감사와 영업비밀은 양립할 수 있는가?

알고리즘에 독점 정보가 포함되어 있거나 알고리즘을 개발한 조직의 주요 경쟁 우위인 경우 알고리즘 감사가 영업비밀과 충돌할 가능성이 있다. 그러나, 투명성과 책임의 필요성과 지식재산 보호의 필요성 사이의 균형을 맞추는 것이 중요하다. 이러한 잠재적 충돌을 해결하기 위해 조직은 알고리즘 감사를 허용하면서 영업비밀을 보호하기 위한 조치를 취할 수 있다. 예를 들어, 비공개 계약을 요구하거나 민감한 정보에 대한 액세스를 선별된 그룹으로 제한할 수 있다. 또한, 조직에서는 차등 프라이버시와 같은 기술을 사용할 수 있다. 이 기술은 데이터에 노이즈를 추가하여 통계 분석을 허용하면서 프라이버시를 보호한다.

이처럼, 알고리즘 감사가 영업비밀과 충돌할 가능성이 있지만 조직은 투명성과 책임의 필요성과 지적 재산 보호의 필요성 사이의 균형을 맞추기 위한 조치를 취할 수 있다.

8-3. 알고리즘 공개는 영업비밀성을 훼손하는가?

알고리즘의 세부 정보를 공개하면, 특히 알고리즘이 조직의 경쟁력 자체인 영업비밀이 손상될 수 있다. 그러나, 영업비밀을 공개하지 않고도 알고리즘에 대한 투명성을 확보하는 방법이 있다.

한 가지 접근 방식은 구현의 특정 세부 정보를 공개하지 않고 알고리즘의 전반적인 기능과 목적에 대한 높은 수준의 설명을 제공하는 것이다. 예를 들어, 금융기관은 알고리즘이 각 요소에 사용되는 정확한 가중치 또는 평가 메커니즘을 공개하지 않고 수입, 신용정보 및 고용 상태와 같은 다양한 요소를 기반으로 신용도를 평가하도록 설계되었다고 설명할 수 있다.

또 다른 접근 방식은 설명가능한 인공지능(XAI)과 같은 기술을 사용하여 알고리즘 구현의 특정 세부 정보를 반드시 공개하지 않고도 알고리즘이 결정을 내리는 방식에 대한 통찰력을 제공하는 것이다. XAI 기술은 사용자가 알고리즘이 결정에 도달하는 방법을 이해하는 데 도움이 되는 시각화, 자연어 설명 또는 기타 형태의 해석 가능성을 제공할 수 있다.

특히 알고리즘이 공공복리 또는 기본권에 영향을 미치는 맥락에서 사용되는 경우 투명성과 설명가능성에 대한 법적 및 규제적 요구 사항이 있을 수 있다는 점에 유의하는 것이 중요하다.

8-4. 알고리즘 공개는 기업의 경쟁력을 약화시키는가?

알고리즘 공개는 많은 논란이 되고 있는 '알고리즘 설명요구권'과 관련이 있다. 알고리즘 설명요구권이란 소비자나 관련 업계 종사자가 정보기술(IT) 기업에 서비스 알고리즘 작동 방식에 대한 설명을 요구할 수 있는 권리를 말한다. 이 권리는 알고리즘의 투명성과 공정성을 보장하고, 알고리즘에 의한 차별이나 편향을 방지하고, 알고리즘의 사회적 영향을 검토하고, 알고리즘의 책임과 책임소재를 명확히 하기 위해 필요하다는 주장이 있다.

반면, 알고리즘 공개가 영업비밀을 침해하거나, 기업의 경쟁력을 약화시키는 것은 아닐까라는 우려도 있다. 알고리즘은 IT 기업의 핵심 자산이며, 그 작동 방식이 공개되면 다른 기업이 모방하거나 해킹할 수 있다. 또한, 알고리즘은 지속적으로 업데이트되기 때문에 공개된 내용이 실제와 일치하지 않을 수도 있다. 따라서, 알고리즘 공개는 기업의 창의성과 혁신성을 저해하고, 기업의 이익과 권익을 침해할 수 있다는 주장이 플랫폼 사업자들로부터 나오고 있다.

이러한 우려를 불식시키기 위해서라도, 알고리즘 공개와 영업비밀 보호 사이에는 균형과 조화가 필요하다. 알고리즘 설명요구권은 소비자와 사회의 이익을 위한 것이지만, 그 과정에서 기업의 영업비밀이 무분별하게 노출되어서는 안 된다. 반대로 영업비밀 보호는 기업의 이익과 권익을 위한 것이지만, 그 과정에서 알고리즘의 투명성과 공정성이 희생되어서는 안 된다. 따라서, 알고리즘 설명요구권의 범위와 방식, 그리고 영업비밀 보호의 기준과 절차에 대해 합리적인 규제와 감독이 필요하다.

9. 알고리즘 영향평가

9-1. 알고리즘 영향평가제도란?

알고리즘 영향평가제도는 공공기관이나 대규모 기업 등에서 사용되는 중요한 의사결정을 도와주는 알고리즘이나 인공지능 기술을 개발하고 운용할 때, 그 영향과 위험성을 사전에 평가하고 예측하기 위한 제도이다. 현재 알고리즘 영향평가제도는 알고리즘 개발자나 운영자에게 의무적으로 요구되는 것은 아니지만, 알고리즘을 사용하는 공공기관이나 대규모 기업 등은 알고리즘 영향평가제도를 도입하여 안전성, 공정성, 투명성 등을 확보하고, 사회적 책임을 다하는 것이 좋다.

실제 알고리즘 영향평가제도는 다양한 평가 지표와 방법론을 활용하여 알고리즘의 예측 성능, 공정성, 개인정보 보호 등을 평가한다. 사전에 알고리즘을 평가함으로써 알고리즘 개발 및 운영 중 발생할 수 있는 문제점을 예방하고, 사용자의 신뢰도를 확보할 수 있게 된다. 따라서, 알고리즘 개발자나 운영자는 알고리즘 영향평가제도를 도입하여, 안전하고 공정한 알고리즘을 제공할 필요가 있다.

알고리즘 영향평가는 알고리즘의 성능과 안정성을 검증하는 과정으로, 알고리즘 규제에 있어서 중요한 역할을 한다. 알고리즘의 성능과 안정성을 검증하면서, 사용자들의 안전과 개인정보 보호 등에 대한 이슈도 고려할 수 있기 때문이다. 하지만, 알고리즘 영향평가도 과도하게 시행되면 기술 발전을 방해할 수 있다. 따라서, 알고리즘 영향평가는 적절한 수준에서 시행되어야 하며, 이를 통해 안전성과 개인정보 보호 등의 이슈를 충분히 고려하면서도 기술 발전을 촉진시킬 수 있어야 한다.

9-2. 알고리즘 영향평가제도가 가져오는 효과는?

알고리즘 영향평가제도는 법학적인 측면에서 다양한 효과를 가져올 수 있다. 이를 상세히 설명하면 다음과 같다.

법적 책임과 불확실성 감소: 알고리즘 영향평가제도를 도입하면 알고리즘의 위험성과 문제점에 대한 예측과 예방이 가능해지므로, 알고리즘 개발자나 운영자의 법적 책임과 불확실성을 감소시킬 수 있다. 예를 들어, 알고리즘의 오작동으로 인한 피해가 발생하더라도, 영향평가 절차를 거쳤다면 이를 적극적으로 반영할 수 있으며, 이로 인한 법적 분쟁을 예방할 수 있다.

개인정보 보호 강화: 알고리즘 영향평가제도를 통해 알고리즘의 개인정보 처리 방식을 평가하고 개선함으로써, 개인정보 보호를 강화할 수 있다. 알고리즘이 개인정보를 수집하고 처리하는 방식이 투명하게 공개되면서, 사용자들은 개인정보 처리 방식에 대한 이해도가 높아지고, 이에 따라 개인정보 처리에 대한 불신이 해소될 수 있다.

공정성 확보: 알고리즘 영향평가제도를 통해 알고리즘의 공정성을 평가하고 개선함으로써, 인종, 성별, 연령 등을 기준으로 차별을 유발하지 않도록 보장할 수 있다. 이를 통해 개인의 권리와 자유를 보호하고, 사회적 정의를 실현할 수 있다.

안전한 알고리즘 제공: 알고리즘 영향평가제도를 도입함으로써, 사용자들에게 안전한 알고리즘을 제공할 수 있다. 알고리즘 개발 및 운영 중 발생할 수 있는 문제를 사전에 예측하고 예방할 수 있으며, 이를 통해 사용자들은 알고리즘이 안전하다는 것을 믿고 사용할 수 있게 된다.

신뢰도 향상: 알고리즘 영향평가제도를 도입하면 사용자들은 알고리즘이 안전하고 공정하며 개인정보 보호를 고려한 디자인이 이루어졌다는 것을 더욱 신뢰할 수 있게 된다. 이는 사용자들의 이용 만족도와 신뢰도를 높이는 효과를 가져올 수

있다. 아울러, 알고리즘 영향평가제도의 도입으로 인해 개발자들은 알고리즘의 설계와 개발에 대한 책임을 더욱 느끼게 된다. 이는 개발자들이 알고리즘의 잠재적인 문제점과 취약점을 발견하고 보완하는 데 더욱 노력하게 만들어, 최종적으로 알고리즘의 신뢰성을 향상시키는 효과를 가져올 수 있다.

따라서, 알고리즘 영향평가제도의 도입은 사용자들의 신뢰도 향상과 개발자들의 책임감 강화, 그리고 이용자의 권리 보호를 위한 효과를 가져올 수 있다. 이는 디지털 시대의 지속적인 발전과 함께 더욱 중요한 문제가 될 것이다.

9-3. 알고리즘영향평가와 알고리즘 감사와는 어떤 차이인가?

알고리즘 영향평가와 알고리즘 감사는 서로 다른 개념이다. 먼저, 알고리즘 영향평가는 알고리즘의 개발자나 운영자가 사용자들에게 알고리즘의 영향과 위험성을 사전에 평가하고 공개하는 것이다. 이는 알고리즘의 신뢰성과 투명성을 높이는 데 목적이 있다. 반면에 알고리즘 감사는 외부에서 알고리즘의 운영 과정과 결과를 검증하고 평가하는 것이다. 알고리즘 감사는 알고리즘의 오류나 문제점을 발견하고 수정하는 데 목적이 있다. 즉, 알고리즘 영향평가는 알고리즘의 개발 과정에서 사용자들에게 알고리즘의 영향과 위험성을 평가하고 공개하는 것이며, 알고리즘 감사는 알고리즘의 운영 과정에서 외부에서 검증하고 평가하여 문제점을 발견하고 수정하는 것이다.

기술적인 측면에서, 영향평가와 감사는 어떻게 구현할 수 있을까? 먼저, 알고리즘 영향평가는 알고리즘을 설계하는 초기 단계에서부터 고려해야 한다. 이를 위해, 알고리즘 개발자들은 알고리즘의 목적, 사용자의 요구사항, 데이터 처리 방식 등을 고려하여 알고리즘의 설계와 개발을 수행한다. 또한, 알고리즘의 효과와 위험성을 사전에 예측하고 분석하기 위해서는 데이터와 통계적 기법을 활용하는 것이 좋다. 이를 통해 알고리즘의 성능을 분석하고, 사용자들에게 해당 알고리즘의 영향과 위험성을 평가하고 공개할 수 있다. 반면, 알고리즘 감사는 외부 전문가들이 알고리즘의 운영과정을 검증하고 평가하는 것이다. 이를 위해서는 알고리즘의 운영 과정에서 생성된 데이터와 로그를 수집하고, 분석하는 기술이 필요하다. 이를 통해 알고리즘의 정확성, 효율성, 안전성, 공정성 등을 검증하고 문제점을 발견하여 수정할 수 있다. 또한, 인공지능 기술을 활용하여 알고리즘 감사를 자동화하는 연구도 진행되고 있다.

이처럼, 알고리즘 영향평가와 알고리즘 감사는 제도적으로나 기술적으로 구현 가능한 방법들이지만, 이를 위해서는 알고리즘 개발자, 운영자, 검증 전문가 등 다양한 분야의 전문가들이 협력하여 알고리즘의 신뢰성과 투명성을 보장할 수 있는 방법을 고민해야 한다.

10. 알고리즘 규제법

10-1. 알고리즘 규제가 필요한 이유는?

알고리즘은 현대 사회에서 매우 중요한 역할을 한다. 예를 들어, 검색 엔진, 추천 시스템, 금융 거래, 의료 진단 등 다양한 분야에서 알고리즘이 사용되고 있다. 이러한 알고리즘은 사회의 발전에 큰 기여를 하지만, 동시에 사회에 부정적인 영향을 미칠 수도 있다. 따라서, 이러한 알고리즘에 대한 안전 확보를 위해 규제가 필요하다.

첫째, 알고리즘의 오류와 편향성을 방지하기 위해서이다. 알고리즘은 사람의 개입 없이 자동으로 작동되기 때문에, 오류와 편향성이 발생할 수 있다. 예를 들어, 검색엔진 알고리즘이 특정 정치적 견해나 인종, 성별 등과 관련된 검색 결과를 노출시키는 경우가 있다. 이러한 경우, 규제가 없으면 이러한 오류와 편향성을 방지할 수 있는 방법이 없다.

둘째, 알고리즘의 사용자의 권리를 보호하기 위해서이다. 알고리즘은 개인정보와 같은 민감한 정보를 다룰 수 있기 때문에, 사용자의 권리와 개인정보를 보호하는 규제가 필요하다. 또한, 알고리즘이 사용자의 인격권과 같은 권리를 침해할 수 있는 경우, 규제를 통해 이를 방지할 수 있다.

셋째, 알고리즘의 투명성을 보장하기 위해서이다. 알고리즘은 복잡한 계산 과정을 거쳐 결과를 도출한다. 이러한 과정은 알고리즘을 설계한 사람들만 이해할 수 있기 때문에, 사용자들은 알고리즘의 결과에 대한 신뢰도가 낮을 수 있다. 규제가 없으면, 알고리즘의 작동 원리를 공개하지 않고 사용할 수 있기 때문에, 이를 보장하기 위한 법적 규제가 필요하다.

따라서, 알고리즘 규제는 알고리즘이 사회적으로 적절하게 사용되도록 보장하고, 사용자들의 권리를 보호하며, 알고리즘의 투명성을 보장하는 중요한 역할을 한다.

10-2. 알고리즘 감사는 실효성이 있을까?

알고리즘 감사는 알고리즘의 잠재적 편향, 오류 및 기타 문제를 식별하는 데 효과적일 수 있지만 그 효과는 궁극적으로 설계 및 구현 방법에 따라 달라진다. 감사 프로세스는 엄격하고 포괄적이어야 하며 알고리즘의 특정 컨텍스트와 목적은 물론 관련 법적 또는 윤리적 고려 사항을 고려해야 한다. 감사를 효과적으로 수행하기 위해 적절한 전문 지식과 자원을 확보하는 것도 중요하다.

그러나, 알고리즘 감사는 만병통치약이 아니며 알고리즘의 모든 잠재적 문제나 편향을 밝혀내지 못할 수도 있다는 점에 유의하는 것이 중요하다. 감사자는 사용할 수 있는 정보에 의해 제한되거나 알고리즘 평가와 관련될 수 있는 특정 데이터셋 또는 기타 정보에 액세스하지 못할 수 있다. 또한, 감사는 시간과 리소스 제한으로 제약을 받을 수 있으며 빠르게 발전하는 기술과 알고리즘을 따라잡지 못할 수 있다.

전반적으로 알고리즘 감사는 알고리즘을 평가하고 개선하는 데 유용한 도구가 될 수 있지만 알고리즘의 책임과 투명성을 보장하기 위한 광범위한 접근 방식의 일부로 보아야 한다. 알고리즘 영향 평가, 사용자 테스트, 지속적인 모니터링 및 평가와 같은 다른 조치도 알고리즘이 공정하고 편향되지 않으며 효과적임을 보장하는 데 필요할 수 있다.

10-3. FTC가 알고리즘 규제 전문기관일 경우, 필요한 역량은?

공정거래위원회(FTC)가 기업 알고리즘 감사를 규제하려면 다양한 역량과 전문적 배경을 가진 전문가 팀이 필요하다. 이 팀에는 다음이 포함될 수 있다.

기술 전문가: 이 전문가는 기계학습 모델, 자연어 처리 및 기타 복잡한 알고리즘을 포함하여 알고리즘의 기술적 측면을 깊이 이해하고 있다. 기술적인 관점에서 알고리즘을 평가하고, 잠재적 편향과 오류를 식별하고, 개선을 위한 권장 사항을 제시할 수 있다.

데이터 과학자: 이 전문가는 대규모 데이터셋 작업, 데이터 정리 및 처리, 통계 기법을 사용한 데이터 분석에 대한 전문 지식을 갖추고 있다. 알고리즘에서 사용하는 데이터의 품질과 완전성을 평가하고 데이터 품질 또는 데이터 프라이버시와 관련된 문제를 식별할 수 있다.

법률 및 규제 전문가: 이 전문가는 알고리즘 책임 및 투명성과 관련된 관련 법률 및 규정을 잘 이해하고 있다. 이러한 법률 및 규정을 준수하여 감사가 수행되는지 확인하고 필요에 따라 규제 프레임워크를 개선하기 위한 권장 사항을 제시할 수 있다.

도메인 전문가: 이 전문가는 금융, 의료 또는 운송과 같이 알고리즘이 일반적으로 사용되는 특정 도메인 또는 산업에 대한 전문 지식을 가지고 있다. 그들은 특정 영역의 맥락에서 알고리즘을 평가하고, 영역별 규정 또는 윤리적 고려 사항과 관련된 문제를 식별하고, 개선을 위한 권장 사항을 제시할 수 있다.

FTC는 이러한 핵심 기능 외에도 감사가 효율적이고 효과적으로 수행되고 감사 결과가 이해 관계자에게 명확하고 효과적으로 전달되도록 프로젝트 관리자, 커뮤니케이션 전문가 및 기타 전문가로 구성된 팀이 필요하다. 전반적으로 기업 알고리즘 감사를 수행하는 것은 다양한 전문 지식과 리소스가 필요한 복잡하고 어려운 작업이다.

〈알고리즘 조작에 대한 과태료 처분 사례〉

네이버의 자사 쇼핑플랫폼에서 자사의 상품 검색결과를 유리하게 하고 경쟁업체에게 불리하게 알고리즘을 조정한 사건이 있었다. 이에 대해 공정거래위원회는 네이버에 대해 공정거래법 위반을 이유로 과징금 처분을 내렸다. 이에 대해 네이버는 자사 플랫폼에서 이루어진 사안으로, 문제될 것은 없다는 입장이었다. 고등법원은 아래와 같이 네이버의 공정거래법 위반 혐의를 인정하였으나 원고인 네이버는 대법원에 상고하였다.

(1) 사안 개요
피고(공정거래위원회)는 원고(네이버)가 2012. 2.부터 2020. 8.까지 자사 쇼핑몰 플랫폼서비스인 '스마트스토어'를 지원하기 위해 자사 비교쇼핑서비스 '네이버쇼핑'의 상품 검색결과 노출순위 결정 알고리즘('검색알고리즘')을 스마트스토어 입점업체에게 유리하고 경쟁 오픈마켓 입점업체에게 불리한 방향으로 조정하였다고 보아, 독점규제 및 공정거래에 관한 법률상 ① 시장지배적지위 남용행위 중 거래조건 차별행위, ② 불공정거래행위 중 부당한 차별취급행위, ③ 불공정거래행위 중 부당한 고객유인행위를 적용하여, 원고에게 시정조치를 명하고 과징금 납부를 명하였다.

(2) 쟁점

네이버가 시장지배적사업자에 해당하는지(적극), 거래조건 차별행위를 하였는지(적극), 시장지배적지위 남용행위에 해당하는지(적극), 불공정거래행위에 해당하는지(적극)에 대한 논란이었다.

(3) 판단

서울고등법원은 다음과 같이 원고인 네이버에 대해 패소판결하였다.

비교쇼핑서비스 시장과 오픈마켓 시장은 별개의 시장으로 보아야 하고, 스마트스토어는 오픈마켓 기능을 수행하며, 원고는 비교쇼핑서비스 시장에서 시장지배적사업자에 해당한다. 원고는 검색알고리즘을 조정함으로써 스마트스토어 입점업체 및 경쟁 오픈마켓 입점업체를 차별하였고, 이는 스마트스토어를 지원하고자 하는 의도와 목적이 인정된다. 이 사건과 같이 지배적 지위에 있는 시장(비교쇼핑서비스 시장)과 경쟁제한 효과 발생의 우려가 있는 시장(오픈마켓 시장)이 다른 경우에도 시장지배적 지위 남용은 성립할 수 있다고 보아야 한다. 비교쇼핑서비스, 특히 네이버쇼핑은 오픈마켓 유입경로로 매우 중요한 역할을 수행하고 있으므로, 원고는 비교쇼핑서비스 시장에서의 지배적 지위를 이용하여 오픈마켓 시장에서 상당한 영향력을 행사할 수 있고, 오픈마켓 입점업체로 하여금 스마트스토어와 거래하도록 유도할 수 있다. 네이버의 검색알고리즘 조정행위는 오픈마켓 시장에서 경쟁제한 효과를 발생시킬 우려가 있는 행위로서 시장지배적지위 남용행위에 해당한다. 원고의 검색알고리즘 조정행위는 거래조건의 현저한 차별로서 부당한 차별취급행위에 해당한다. 네이버쇼핑이 최적의 상품 검색결과를 제공할 것이라는 소비자의 기대와 달리, 자사 스마트스토어 입점상품이라는 이유로 검색결과 상위에 노출시키고 그러한 위계로써 고객이 자신과 거래하도록 유인한 것으로 부당한 고객 유인행위에도 해당한다.

출처: 서울고등법원 2022. 12. 14. 선고 2021누36129 판결

10-4. 알고리즘 감사 매뉴얼에는 어떤 내용이 포함되면 좋을까?

알고리즘을 감사한다는 것은 쉬운 일이 아니다. 알고리즘은 다양한 요소의 결합이라는 점에서 점차적인 공정성을 확보하는 것도 중요하기 때문이다.

알고리즘 감사를 수행하기 위한 대략적인 매뉴얼은 다음과 같다.

목적: 알고리즘 감사를 수행하는 첫 번째 단계는 감사의 목적을 정의하는 것이다. 여기에는 감사할 특정 알고리즘과 감사의 목표 및 목표를 식별하는 것이 포함된다. 감사의 목적은 명확하고 구체적이어야 하며 관련 법적 또는 윤리적 사항도 고려해야 한다.

데이터: 다음 단계는 알고리즘과 관련된 데이터를 수집하고 분석하는 것이다. 여기에는 알고리즘을 훈련하는 데 사용되는 데이터와 성능을 평가하는 데 사용되는 데이터가 포함된다. 데이터는 정확하고 완전하며 알고리즘이 제공하려는 모집단을 대표하는지 확인하기 위해 분석되어야 한다. 감사는 또한 알고리즘과 관련된 데이터 프라이버시 및 보안 관행을 평가해야 한다.

모델: 감사는 모델 아키텍처, 학습 프로세스, 전처리 또는 후처리 단계를 포함하여 알고리즘의 기술적 측면을 평가해야 한다. 여기에는 알고리즘의 입력 및 출력 분석과 중간 계산 또는 단계가 포함된다. 감사는 알고리즘의 잠재적 편향이나 오류를 식별하고 개선을 위한 권장 사항을 제시해야 한다.

투명성: 감사는 사용자 또는 이해 관계자에게 제공되는 문서 및 설명을 포함하여 알고리즘의 투명성을 평가해야 한다. 여기에는 알고리즘의 사용자 인터페이스 분석과 사용자에게 제공되는 문서 또는 교육 자료가 포함된다. 감사는 투명성이

　　　　　　　　　　　　　　　　　제9장 알고리즘 규제

제공될 수 있는 잠재적 영역을 식별하고 개선을 위한 권장 사항을 제시해야 한다.

공정성: 감사는 특정 그룹이나 개인에 대한 잠재적 편견이나 차별을 포함하여 알고리즘의 공정성을 평가해야 한다. 여기에는 알고리즘의 입력 및 출력뿐만 아니라 잠재적인 의도하지 않은 결과 또는 특정 인구에 대한 부정적인 영향을 분석하는 것이 포함된다. 감사는 공정성을 달성할 수 있는 잠재적인 영역을 식별하고 개선을 위한 권장 사항을 제시해야 한다.

책임: 감사는 사용자 피드백 또는 보고 시스템을 포함하여 알고리즘과 관련된 책임 메커니즘을 평가해야 한다. 무엇보다, 감사는 알고리즘과 관련된 책임 메커니즘을 평가하는 것이다. 여기에는 알고리즘이 책임감 있고 윤리적으로 사용되는지 확인하기 위해 시행 중인 정책 및 절차를 분석하는 것이 포함된다. 여기에는 알고리즘의 영향을 받을 수 있는 사용자 또는 이해 관계자가 사용할 수 있는 피드백 및 보고 메커니즘 평가가 포함된다. 감사는 책임을 달성할 수 있는 잠재적인 영역을 식별하고 개선을 위한 권장 사항을 제시해야 한다. 또한, 감사는 내부 또는 외부 검토 프로세스를 포함하여 알고리즘의 감독 및 거버넌스 메커니즘을 평가해야 한다. 감사의 주된 목표는 알고리즘이 책임감 있고 윤리적인 방식으로 사용되며 잠재적인 부정적인 영향이 적시에 식별되고 해결되도록 하는 것이다.

제10장 AI의 위험과 신뢰의 확보

디지털 리터러시(문해력)는 인터넷이나 디지털 매체나 기기에 액세스하고 평가하고 생성하기 위해 디지털 기술을 효과적이고 효율적으로 사용할 수 있는 능력을 의미한다. 여기에는 컴퓨터 활용 기술, 디지털 커뮤니케이션 및 협업, 디지털 안전 및 보안, 비판적 사고 및 디지털 상황에서의 문제 해결 등 다양한 기술과 역량이 포함된다. 반면, 일반 리터러시는 다양한 맥락에서 다른 사람과 의사소통하고 상호 작용하기 위해 언어를 읽고 쓰고 이해하는 능력을 말한다. 개인이 정보에 접근하고, 자신을 표현하고, 사회에 완전히 참여할 수 있게 해주는 기본 기술이다.

디지털 리터러시와 일반 리터러시는 별개의 개념이지만 서로 연결되어 있다. 점점 더 디지털화되는 오늘날의 세계에서 디지털 리터러시는 전체 리터러시에서 점점 더 중요한 구성 요소가 되고 있다. 비판적 사고 및 문제 해결과 같이 일반 리터러시에 중요한 동일한 기술과 역량 중 많은 부분이 디지털 리터러시에도 중요하다. 더욱이 디지털 기술은 읽기, 쓰기 및 의사소통을 위한 도구로 점점 더 많이 사용되고 있어 디지털 리터러시가 일반 리터러시를 보완하는 데 필요한 요소가 되고 있다.

1. AI의 위험성

1-1. AI의 위험성에 대해 기술적으로 미칠 수 있는 영향은?

ChatGPT 등 생성형 AI가 인간에게 미치는 영향력이 커지고 있다. 무엇보다, AI는 많은 작업을 자동화할 수 있는 잠재력을 가지고 있으며, 이는 인간 노동의 대체로 이어질 수 있다. 예를 들어, 자율주행차는 인간 운전자를 대체할 수 있으며 자동화된 생산 프로세스는 특정 산업에서 근로자를 대신할 수 있다. 이는 고용과 경제적 불평등에 중대한 영향을 미칠 수 있다.

또한, AI 시스템은 방대한 양의 개인 데이터를 수집하고 처리할 수 있어 프라이버시 침해에 대한 우려가 제기된다. 예를 들어, 얼굴 인식 기술을 사용하여 동의 없이 사람의 얼굴에 대한 정보를 수집하고 저장할 수 있다. 그런 다음 이 정보는 감시, 신원 도용 또는 표적 광고와 같은 악의적인 목적으로 사용될 수 있다.

무엇보다, AI는 예기치 못한 실수를 하거나 안전을 위협할 수 있다. AI 시스템은 데이터에서 학습하고 해당 데이터를 기반으로 하기 때문에, 데이터에 오류가 있거나 편향된 경우 AI 시스템이 잘못된 예측을 할 수 있다. 그 결과 치명적인 결과를 초래할 수 있다. 예를 들어, 자율주행차의 센서가 편향된 데이터로 훈련되면 사고로 이어질 수 있다. 동일한 데이터로 학습한 다양한 AI 시스템은 동일한 사고가 예결될 수 있기 때문이다.

또한, AI 시스템은 오작동을 일으킬 수 있는 악성 코드 삽입과 같은 악의적인 공격에 취약할 수 있다. 이는 AI 시스템의 장애가 심각한 피해를 초래할 수 있는 의료, 금융 또는 운송과 같은 중요한 시스템에서 특히 우려할 필요가 있다.

AI 시스템은 사회의 기존 편견을 영속화하는 방법을 배울 수 있다. 예를 들어, 안면 인식 기술은 유색인종과 여성의 오류율이 더 높은 것으로 나타났으며, 이는 법 집행이나 채용과 같은 분야에서 차별적인 결과를 초래할 수 있다.

또한, AI 시스템은 투명성, 책임 및 책임과 같은 문제에 대한 윤리적 문제를 제기한다. 예를 들어, AI 시스템이 사람에게 해를 끼치는 결정을 내리면 그 피해에 대한 책임은 누구에게 있을까? 자율 무기에서 AI를 사용하면 사회에서 기술 사용에 대한 더 광범위한 윤리적 문제가 제기된다.

전반적으로 이러한 위험은 AI 시스템에 대한 강력한 감독 및 규제의 필요성과 이러한 기술의 윤리적이고 책임 있는 사용에 대한 약속을 보여준다. 신뢰를 구축하고 이러한 기술의 장기적인 실행 가능성을 보장하기 위해 AI 시스템의 잠재적 결과를 고려하고 이러한 위험을 완화하기 위한 안전 조치를 취하는 것이 중요하다.

1-2. AI 등 기술에 대한 의존도가 높아지는 이유는?

기술 의존도가 높아지는 데에는 몇 가지 이유가 있다. 무엇보다도 기술 발전으로 개인 및 직업 모두에서 광범위한 작업을 보다 쉽고 편리하게 수행할 수 있게 되었다. 커뮤니케이션에서 엔터테인먼트에 이르기까지 기술은 우리 일상 생활의 필수적인 부분이 되고 있다.

기술 의존도 증가에 기여하는 또 다른 요인은 스마트폰, 태블릿, 노트북과 같은 장치의 가용성과 경제성이 증가하고 있다는 것이다. 이러한 장치는 일반 대중의 접근성이 높아져 이동 중에도 연결 상태를 유지하고 생산성을 유지할 수 있다. 실제로 COVID-19 팬데믹은 더 많은 사람들이 집에서 일하고 배우면서 디지털 기술로의 전환을 가속화했다. 이로 인해 커뮤니케이션, 협업 및 생산성을 위한 기술에 대한 의존도가 높아졌다.

비즈니스는 성장과 혁신을 주도하기 위해 점점 더 기술에 의존하고 있다. 자동화에서 데이터 분석에 이르기까지 기술은 비즈니스 프로세스를 최적화하고 고객 경험을 개선하며 경쟁우위를 확보하는 데 사용되고 있다. 기술 의존도의 증가는 기술혁신의 빠른 속도에도 기인할 수 있다. 새로운 기술이 개발되고 도입됨에 따라 사람과 조직은 경쟁력을 유지하기 위해 기술을 채택해야 할 필요성을 느끼기 때문이다.

기술 의존성은 효율성 및 생산성 향상과 같은 많은 이점이 있지만 이와 관련된 잠재적인 단점과 위험을 인식하는 것이 중요하다. 기술의 잠재력을 최대한 활용하는 동시에 기술의 한계와 잠재적인 부정적인 영향을 인식하는 것 사이에서 균형을 유지해야 한다.

보통의 기술처럼, AI에 대한 의존도가 높아지는 이유도 다르지 않다. 특히, AI에 대한 의존도가 높아지는 이유는 생산성 향상, 데이터 분석 및 예측 능력, 인간의 능력 확장, 경쟁력 확보, 편의성과 개인화 등 다양한 이유가 있다. 이러한 이유들은 모두 AI 기술이 기업이나 개인에게 많은 혜택을 제공하기 때문이다. AI 기술은 더 높은 생산성과 정확성을 제공하여 비즈니스 운영을 효율적으로 할 수 있도록 도와주며, 대규모 데이터를 분석하고 예측하는 능력을 가지고 있어 경영 전략을 수립하거나 위험 요소를 사전에 예측할 수 있다.

1-3. AI에 대한 의존도가 높아지면 어떤 문제가 생기나?

AI 기술이 발전하면서 우리의 삶에 더 많은 영향을 미치고 있다. 특히 인공지능이 우리의 일상 생활에서 점점 더 중요한 역할을 하게 되면서, 사람들이 AI의 결정에 대한 의존도가 높아지는 것이 문제가 될 수 있다. 그러나, 이 문제는 단순하지가 않다. AI가 의사결정 지원의 역할을 해서 인간의 모든 의사결정을 대신하여 내리게 될 가능성이 커지기 때문이다. 그런 상황에서 더 이상 AI는 인간의 도구가 아닌 인간을 지배하는 주체가 될 수 있기 때문이다.

AI의 결정에 대한 의존도가 높아질 때, 이를 해결하기 위한 방법으로는 AI 시스템이 내리는 결정에 대한 설명과 투명성을 제공하는 것이 있다. 또한, AI 시스템을 감독하고 검증하는 과정을 강화하고 AI의 결정을 인간이 검토하고 수정하는 것이 필요하다.

결국, 인공지능 기술이 발전하면서 우리의 삶에 더 많은 영향을 미치게 되면서, 우리는 AI의 결정에 대한 이해와 신뢰도를 더욱 중요하게 생각해야 한다. 이를 위해서는 AI 시스템을 감독하고 검증하는 프로세스를 개선하고, AI의 결정에 대한 설명과 투명성을 제공하는 것이 필요하다.

1-4. AI가 가져오는 물리적인 위험은 어떤 것들이 있나?

인공지능이 가져오는 물리적인 위험은 상대적으로 적지만, 몇 가지 예외가 있다. 일반적으로 AI 기술은 소프트웨어로 구현되기 때문에 물리적인 위험보다는 디지털 위험에 노출된다. 하지만, AI가 제어하는 시스템이나 로봇 등 물리적인 환경에서 작동하는 장비와 같은 것들은 물리적인 위험을 초래할 수 있다. 예를 들어, 자율주행 자동차가 사고를 일으키거나, 로봇이 인간에게 상해를 입힐 수 있다. 또한, AI 기술을 사용하는 군사 시스템이나 무인 항공기와 같은 것들은 물리적인 위험을 초래할 가능성이 있다. 예를 들어, 무인 항공기가 비정상적인 상황에서 추락하여 인명 피해를 입힐 수 있다. 따라서, AI 기술을 개발하고 사용할 때는 이러한 물리적인 위험에 대한 적극적인 대응이 필요하다. 이를 위해서는 안전성을 고려한 설계와 감시 체계를 구축하고, 적절한 법적 제한과 규제를 시행하여 AI의 안전성을 확보해야 한다.

1-5. 위험을 가져오는 AI에 대한 신뢰성의 확보 방안은?

수많은 위험을 초래할 가능성이 있는 AI에 대한 신뢰를 확보하기 위해 취할 수 있는 방안을 마련해야 한다. 구현할 수 있는 몇 가지 방안은 다음과 같다.

다양성이 확보된 팀 구축: AI 시스템이 다양성이 부족한 동질적인 팀에서 개발되면 편향되고 차별적일 수 있다. 이 문제를 해결하려면 AI 시스템의 영향을 받을 커뮤니티와 이해 관계자를 대표하는 다양하고 팀을 구성하는 것이 중요하다. 이를 통해 AI 시스템은 다양한 관점과 경험을 염두에 두고 설계되어 편향을 최소화하고 시스템이 공정하고 공평하도록 보장할 수 있다.

투명성 및 설명가능성 확보: AI 시스템은 불투명하고 이해하기 어려울 수 있으므로 이해 관계자가 AI 시스템을 신뢰하기 어려울 수 있다. 이를 해결하기 위해서는 AI 시스템의 투명성과 설명가능성을 촉진하여 이해 관계자가 의사결정 방법을 이해하고 시스템 결과를 평가할 수 있도록 하는 것이 중요하다. 여기에는 의사결정에 대한 설명 제공, 데이터 및 알고리즘 액세스 가능, 감사 및 모니터링 메커니즘 구현과 같은 조치가 포함될 수 있다.

프라이버시 및 보안 보장: AI 시스템은 대량의 개인 데이터에 의존하므로 데이터가 제대로 보호되지 않거나 오용될 경우 프라이버시 문제가 발생할 수 있다. 이를 해결하려면 데이터 암호화, 액세스 제어, 감사 및 모니터링 메커니즘과 같은 강력한 개인정보 보호 및 보안 조치를 구현하는 것이 중요하다. 이는 개인 데이터를 보호하고 AI 시스템이 윤리적 및 법적 프레임워크와 일치하는 방식으로 사용되도록 하는 데 도움이 될 수 있다.

윤리적 평가 수행: AI 시스템은 예상하거나 해결하기 어려운 의도하지 않은 결과 또는 부정적인 영향을 미칠 수 있다. 이를 해결하기 위해서는 AI 시스템에 대한 윤리적 평가를 수행하는 것이 중요하다. 이를 통해 잠재적인 위험과 의도하지 않은 결과를 식별하고 AI가 윤리 원칙과 일치하는 방식으로 사용되고 있는지 확인할 수 있다. 윤리적 평가에는 이해관계자 참여, 영향평가, 시스템 결과에 대한 지속적인 모니터링 및 평가와 같은 조치가 포함될 수 있다.

이러한 조치를 구현함으로써 이해 관계자는 AI가 책임감 있고 공정하며 윤리적인 방식으로 개발되고 사용되도록 보장할 수 있다. 이는 AI 시스템에 대한 신뢰를 구축하고 사회 전체에 이익이 되는 방식으로 AI 시스템이 사용되도록 하는 데 도움이 될 수 있다.

2. AI의 제조물책임

2-1. AI에게 책임을 지울 수 있을까?

인공지능 기술이 발전하면서, 인공지능 시스템이 사람과 비슷한 수준의 작업을 수행하게 되었다. 이러한 발전으로 인공지능 기술이 인간의 삶에서 더욱 중요한 역할을 수행하게 되면서, AI에게 책임을 묻는 문제가 제기되고 있다.

현재로서는, 인공지능 시스템이 결정을 내릴 때 그 결정의 책임을 누가 져야 하는지에 대한 법적인 기준이 아직 충분하지 않는다. 하지만, 다양한 국가에서 인공지능 책임법 등을 제정하려는 노력이 이루어지고 있다.

AI 시스템의 책임에 대해 일반적으로는 아래와 같은 세 가지 관점에서 논의된다.

첫째, 기술적인 문제에 대한 책임으로 인공지능 시스템의 결함이나 오류로 인해 발생하는 문제에 대한 책임을 누가 져야 하는지를 결정하는 것이다.

둘째, 사용자에 대한 책임으로 인공지능 시스템의 사용자가 적절한 지침을 제공하지 않거나 시스템을 오용하여 발생하는 문제에 대한 책임을 누가 져야 하는지를 결정하는 것이다.

셋째, 법적 책임으로 인공지능 시스템의 결정이 인간의 생명, 자유, 재산 등의 권리를 침해하는 경우, 인공지능 시스템의 개발자, 운영자 등이 법적으로 책임을 지게 된다.

따라서, 인공지능에 대한 책임 문제는 여러 측면에서 복잡하고 다양한 요소를 고려해야 한다. 이를 위해서는 AI 개발과 운영에 관련된 전문적인 법적, 기술적 노하우를 보유한 전문가들과의 지속적인 협력과 논의가 필요하다. 현재 인공지능 기본법 논의에서는 선허용 후규제 원칙을 강조하고 있어서, 사후적인 책임논의가 중요하다고 본다.

2-2. AI로 발생된 문제에 대한 책임은 어떻게 지울까?

AI가 발생시킨 문제에 대한 책임은 여러 가지 상황에 따라 다를 수 있다. 일반적으로, AI 기술을 개발한 회사나 조직이 그 책임을 지게 된다.

먼저, AI 시스템의 개발 과정에서 오류나 결함이 있었을 경우, 해당 시스템을 개발한 조직이 책임을 져야 한다. 이러한 경우는 일반적으로 기술적 결함에 대한 책임이며, 해당 조직은 보상을 지급하거나 문제를 해결하기 위해 적극적인 조치를 취해야 한다.

또한, AI 시스템이 사용자의 개인정보를 유출하거나, 인간의 안전에 위협을 가하는 경우, 해당 조직이 책임을 져야 한다. 이 경우에는 개인정보 보호법이나 안전 관련 법 등의 법적 규제를 따르는 것이 중요하다.

마지막으로, AI 시스템이 인간의 판단을 대체하여 결정을 내리는 경우, 해당 조직은 그 결정의 결과에 대한 책임을 져야 할 수도 있다. 이러한 경우는 일반적으로 규제 측면에서 주목받고 있으며, 법적 책임을 따지기 위해 다양한 방법이 연구되고 있다.

정리하면, AI 기술의 발전은 많은 기회와 이점을 제공하지만, 그에 따른 책임도 중요한 문제이다. 이에 따라 AI를 개발하고 사용하는 조직은 적극적으로 책임을 져야 하며, 규제기관과 함께 적극적으로 협력하여 AI의 윤리적 문제와 법적 책임을 잘 관리해야 한다.

2-3. AI에 제조물책임을 물어야 할까?

AI가 제조물책임에 대해 책임을 져야 하는지에 대한 질문은 복잡하고 다면적인 문제이다. 이 주제를 이해하는 데 도움이 될 수 있는 몇 가지 고려 사항을 정리하면 다음과 같다.

첫째, AI 시스템은 인간에 의해 설계되고 프로그래밍된다는 점을 이해하는 것이 필수적이다. 따라서, AI 시스템의 행동에 대한 모든 책임은 궁극적으로 인간 설계자, 개발자 및 제조업체에게 있다. 이러한 개인은 AI 시스템이 안전하고 신뢰할 수 있으며 모든 관련 법률 및 규정을 준수하는지 확인할 책임을 져야 한다.

둘째, AI 시스템은 매우 복잡하고 불투명할 수 있기 때문에 AI 시스템에 대한 책임을 결정하는 것이 어려울 수 있다. AI 시스템이 특정 결정을 내리거나 특정 조치를 취한 이유를 판단하기 어려울 수 있으므로 책임을 할당하기가 어려울 수 있다. 또한, AI 시스템은 시간이 지남에 따라 학습하고 진화할 수 있으므로 잠재적으로 책임을 결정하기가 훨씬 더 어려워진다.

셋째, AI가 제조물책임을 지도록 하는 잠재적인 이점과 단점을 고려하는 것이 필수적이다. 한편으로 AI에 책임을 묻는 것은 기업이 더 안전하고 신뢰할 수 있는

AI 시스템을 개발하도록 장려할 수 있다. 반면에 이러한 시스템 개발 비용과 복잡성을 증가시켜 AI 기술에 대한 혁신과 투자를 저해할 수 있다.

결론적으로 AI 시스템에 대한 책임을 결정하는 것은 다양한 요소를 신중하게 고려해야 하는 복잡하고 어려운 문제이다. 궁극적으로 AI가 제조물책임에 대해 책임을 지도록 하는 이점과 위험의 균형을 맞추는 방법을 결정하는 것은 사회와 법률 시스템에 달려 있다.

2-4. 그럼, SW의 제조물책임은 어떻게 생각해?

소프트웨어의 제조물책임은 소프트웨어 제품의 결함으로 인해 발생하는 손해 또는 신체적 부상에 대한 소프트웨어 개발자, 제조업체 및 배포자의 법적 책임을 말한다. 이러한 결함은 설계 결함, 코딩 오류 또는 부적절한 테스트 및 품질관리로 인해 발생할 수 있다.

최근 몇 년 동안 소프트웨어 사업자가 제품의 결함에 대해 책임을 져야 하는지에 대한 논쟁이 커지고 있다. 어떤 사람들은 소프트웨어 결함이 데이터 손실, 금전적 피해, 경우에 따라 부상이나 사망과 같은 심각한 결과를 초래할 수 있다고 주장한다. 따라서, 소프트웨어 사업자는 자사 제품으로 인한 피해에 대해 책임을 져야 한다.

반면, 소프트웨어 결함이 어느 정도 불가피하며 소프트웨어 사업자가 모든 결함에 대해 책임을 지도록 하는 것은 혁신을 억누르고 업계의 발전을 방해할 수 있다고 주장한다. 또한, 일부에서도 소프트웨어 결함의 원인을 파악하기가 어려워 책임을 할당하기가 어렵다고 주장한다.

결론적으로 소프트웨어의 제조물책임은 다양한 요소를 신중하게 고려해야 하는 복잡하고 논쟁의 여지가 있는 문제이다. 궁극적으로 소프트웨어 사업자에 대한 적절한 책임 수준을 결정하고 책임의 필요성과 업계의 혁신 및 진보의 필요성 사이의 균형을 맞추는 방법은 사회와 법률 시스템에 달려 있다.

2-5. AI 시스템의 입증책임 전환의 필요성은?

'블랙박스'라는 특성은 AI 시스템의 문제로 발생한 책임을 결정하는 데 중요한 요소이다. 블랙박스로서 AI 시스템은 투명하거나 설명할 수 없는 방식으로 작동하여 시스템이 특정 결정을 내리거나 특정 조치를 취한 이유를 파악하기 어렵다. 이러한 이유 때문에 제조물책임과 같은 입증책임 전환의 필요성이 제기된다. 실제, EU의 제조물책임 논의에서는 AI를 제조물에 포함시키는 제조물책임지침 개정안이 나와 있는 상황이다.

입증책임은 일반적으로 원고에게 제품 결함이 피해를 입혔다는 것을 입증해야 한다. 그렇지만 AI 시스템의 경우에는 원고가 AI 시스템이 내린 결정이 피해를 입혔다는 증거를 제시하는 것이 어려울 수 있다. 이러한 이유 때문에 AI 시스템이 개입된 경우, 입증책임을 피고에게 전가해야 한다는 주장도 있다. 이 경우 피고는 AI 시스템이 발생한 피해에 대해 책임이 없음을 입증하는 증거를 제공해야 한다. 물론, 이런 식으로 입증책임을 전환하는 것은 피고에게 지나치게 부담이 될 수 있고 AI 산업의 혁신을 저해할 수 있다는 주장도 있다. 그렇지만, AI 시스템으로 인하여 발생한 책임에 대해 피해자인 원고에게 입증토록 하는 것은 바람직하다고 보기 어렵다. 다만, 궁극적으로 블랙박스 AI 시스템과 관련된 사건의 입증책임 문제는 법률 전문가, 정책 입안자 및 기타 이해 관계자의 신중한 고려와 분석이 필요한 복잡하고 논쟁의 여지가 있는 문제이다. 입법정책적인 면에서, AI로 발생한 손해에 대응할 수 있는 합리적인 방안을 찾는 노력이 필요하다.

3. 알고리즘 책무

3-1. 알고리즘 책무란 어떤 의미인가?

알고리즘 책무란 알고리즘을 설계, 개발 및 배포하는 사람들이 알고리즘이 개인과 사회에 미치는 영향에 대해 책임을 져야 한다는 원칙을 말한다. 여기에는 알고리즘이 공정하고 투명하며 기존의 편향이나 불평등을 영속시키거나 악화시키지 않도록 보장할 책임이 포함된다.

알고리즘이 개인과 커뮤니티에 중대한 결과를 가져올 수 있는 의사결정 프로세스에서 보다 광범위하게 사용됨에 따라 알고리즘 책무는 점점 더 중요해지고 있다. 예를 들어, 알고리즘을 사용하여 신용도, 취업 기회 또는 가석방 또는 보석 여부를 결정할 수 있다.

알고리즘 책무는 투명성, 설명가능성, 공정성 및 견고성을 포함하는 책임 있는

AI의 원칙과 밀접한 관련이 있다. 책임있는 AI는 AI 시스템이 사회에 이익이 되고 잠재적 피해를 최소화하는 방식으로 설계 및 배포되도록 하는 것을 목표로 한다.

실제로 알고리즘 책무는 알고리즘 개발자와 이해 관계자가 알고리즘이 투명하고 설명가능하며 감사 가능하도록 조치를 취하도록 요구한다. 또한, 발생할 수 있는 편견이나 오류를 식별하고 해결하기 위해 시간이 지남에 따라 알고리즘의 성능을 모니터링하는 것도 포함된다. 또한, 영향을 받는 커뮤니티 및 개인과 협력하여 그들의 우려 사항을 이해하고 그들의 권리와 이익이 보호되도록 해야 할 수도 있다.

3-2. 알고리즘 개발자의 책무를 어떻게 설명할 수 있을까?

알고리즘 개발자의 책무는 컨텍스트와 알고리즘의 특정 적용에 따라 달라질 수 있다. 그러나, 일반적으로 알고리즘 개발자는 알고리즘이 안전하고 윤리적이며 모든 관련 법률 및 규정을 준수하는 방식으로 설계 및 구현되도록 할 책임이 있다.

알고리즘 개발자의 특정 책임에는 다음이 포함될 수 있다. 정확하고 신뢰할 수 있으며 강력한 알고리즘을 설계한다. 여기에는 잠재적인 문제나 오류를 식별하고 해결하기 위해 알고리즘을 광범위하게 테스트하는 것이 포함될 수 있다. 알고리즘이 편향되거나 차별적이지 않도록 한다. 알고리즘 개발자는 잠재적 편향을 인식하고 데이터 전처리 또는 공정성 제약 조건을 알고리즘에 통합하는 등의 방법으로 이를 해결하기 위한 조치를 취해야 한다. 알고리즘이 투명하고 설명가능하도록 보장한다. 이는 의료 또는 형사정책과 같이 알고리즘의 의사결정 프로세스가 중대한 결과를 초래할 수 있는 애플리케이션에서 특히 중요할 수 있다.

알고리즘이 모든 관련 법률 및 규정을 준수하는지 확인해야 한다. 알고리즘이 사용자 데이터의 개인정보 및 보안을 보호하고 차별 또는 편견과 관련된 법률을 위반하지 않도록 보장하는 것이 필요하다. 알고리즘의 성능을 모니터링하고 필요에 따라 업데이트 또는 개선해야 한다. 알고리즘 개발자는 새로운 데이터 또는 통찰력이 나타나거나 시간이 지남에 따라 알고리즘의 적용이 변경됨에 따라 알고리즘을 변경할 준비가 되어 있어야 한다.

이처럼, 알고리즘 개발자의 책무는 알고리즘이 안전하고 윤리적이며 모든 관련 법률 및 규정을 준수하는 방식으로 설계 및 구현되도록 하는 것이다.

3-3. 알고리즘 책무를 어떻게 구현할 수 있을까?

알고리즘 책무의 구현에는 다음과 같은 다양한 전략과 접근 방식이 포함된다.

투명성 및 설명가능성: 알고리즘 책무를 구현하는 가장 중요한 방법 중 하나는 의사결정에 사용되는 알고리즘이 투명하고 설명가능하도록 하는 것이다. 여기에는 알고리즘 훈련에 사용되는 데이터, 알고리즘의 의사결정 프로세스 및 출력에 영향을 미치는 요인에 대한 액세스 제공이 포함될 수 있다.

감사: 감사는 알고리즘이 의도한 대로 작동하고 편견이나 차별을 영속화하지 않는지 확인하는 데 도움이 될 수 있다. 이는 제3자 감사자 또는 내부 감사 팀이 수행할 수 있다.

윤리적 지침 및 프레임워크: 윤리적 지침 및 프레임워크를 개발하면 알고리즘의 개발 및 배포가 윤리적 가치 및 원칙과 일치하도록 보장할 수 있다. 이러한 지침은 공정성, 투명성 및 책임과 같이 알고리즘 개발자가 따라야 할 일련의 표준 및 기대치를 제공할 수 있다.

사용자 참여: 사용자 참여는 알고리즘이 사용자에게 유익한 방식으로 설계되고 사용되도록 보장하는 데 도움이 될 수 있다. 여기에는 사용자에게 알고리즘 결정에 이의를 제기할 수 있는 기능을 제공하거나 알고리즘이 작동하는 방식과 알고리즘이 알고리즘에 미치는 영향에 대한 피드백을 제공하는 것이 포함될 수 있다.

규제 및 법적 프레임워크: 규제 및 법적 프레임워크는 알고리즘 책임을 구현하는 데 중요한 역할을 할 수 있다. 여기에는 알고리즘 의사결정의 투명성, 공정성 및 정확성을 요구하는 법률 및 규정과 이러한 표준을 위반하는 알고리즘 개발자에 대한 처벌이 포함될 수 있다.

이와 같이, 알고리즘 책무를 구현하려면 투명성과 설명가능성, 독립 감사, 윤리적 지침 및 프레임워크, 사용자 참여, 규제 및 법적 프레임워크를 포함하는 다각적인 접근 방식이 필요하다. 이러한 전략을 사용함으로써 우리는 알고리즘이 윤리적 및 사회적 가치와 일치하고 개인과 커뮤니티를 위험으로부터 보호하는 방식으로 설계 및 배포되도록 도울 수 있다.

3-4. 알고리즘 책무와 관련된 법적 이슈는 어떤 것이 있나?

알고리즘 책무를 다하지 않을 경우, 다음과 같은 많은 법적 문제를 야기할 수 있다.

차별: 편향된 데이터에 의존하거나 기존 편향을 영속시키는 알고리즘은 특정 개인이나 그룹에 대한 차별을 초래할 수 있다.

지식재산권: 알고리즘은 특허 또는 저작권과 같은 지식재산권법에 의해 보호될 수 있다. 이로 인해 특히 개인에게 영향을 미치는 의사결정 프로세스에 알고리즘이 사용될 때 알고리즘의 사용 및 소유권에 관한 법적 문제가 발생할 수 있다.

책임: 알고리즘 의사결정은 결정이 개인이나 그룹에 해를 끼칠 때 책임 문제를 일으킬 수 있다. 여기에는 알고리즘 개발자에 대한 제조물책임 청구 또는 과실 청구가 포함될 수 있다.

투명성과 설명가능성: 알고리즘의 투명성과 설명가능성이 부족하면 공정한 재판이나 적법 절차에 대한 권리 침해 또는 소비자 보호법 위반과 같은 법적 문제가 발생할 수 있다.

이러한 법적 문제를 해결하기 위해 규제기관과 정책 입안자는 알고리즘 책임을 보장하기 위한 법적 프레임워크를 개발하고 있다. 예를 들어, 유럽 연합의 GDPR은 개인이 알고리즘에 의해 어떻게 결정이 내려지는지 알 권리가 있으며, 캘리포니아 소비자 프라이버시 보호법(CCPA)은 회사가 수집한 개인 데이터와 수집 방법을 공개하도록 요구한다. 의사결정에 사용된다. 또한, 여러 국가에서 알고리즘이 투명하고 설명가능하며 편향되지 않도록 하기 위해 "알고리즘 감사" 개념을 모색하고 있다.

3-5. 알고리즘 감사는 알고리즘으로 인한 문제를 해결할 수 있을까?

알고리즘 감사는 알고리즘이 공정하고 투명하며 편견이 없는지 확인하기 위해 알고리즘을 평가하는 프로세스이다. 알고리즘 감사는 알고리즘 문제를 식별하고 완화하는 데 중요한 도구가 될 수 있지만 모든 알고리즘 문제에 대한 완벽한 해결책은 아니다.

알고리즘 감사는 알고리즘이 기존 편향을 영속화하거나 특정 개인 또는 그룹을 차별하는 경우를 식별하는 데 도움이 될 수 있다. 감사자는 알고리즘을 훈련하는 데 사용되는 데이터, 알고리즘의 의사결정 프로세스 및 출력에 영향을 미치는 요인을 검토하여 알고리즘이 의도한 대로 작동하는지 확인할 수 있다.

알고리즘 감사에는 한계가 있다. 예를 들어, 감사자는 알고리즘 교육에 사용되는 모든 데이터에 액세스할 수 없거나 알고리즘이 의사결정 프로세스를 완전히 이해하기에는 너무 복잡할 수 있다. 또한, 감사는 일회성 또는 주기적인 프로세스이므로 감사 사이에 문제가 감지되지 않을 수 있다.

알고리즘 문제를 완전히 해결하려면 다양한 전략과 해결책을 포함하는 보다 전체적인 접근 방식을 취해야 한다. 여기에는 공정성과 투명성을 염두에 두고 알고리즘 설계, 알고리즘 문제를 식별하고 해결하기 위한 사용자 피드백 메커니즘 구현, 알고리즘 개발자의 책임을 보장하기 위한 법적 및 규제 프레임워크 구축이 포함될 수 있다.

이러한 알고리즘 감사는 알고리즘 문제를 식별하고 완화하는 데 중요한 도구가 될 수 있지만 완전한 해결책은 아니다. 알고리즘 문제를 완전히 해결하려면 감사, 설계, 피드백 메커니즘, 법률 및 규제 프레임워크를 통합하는 포괄적인 접근 방식이 필요하다.

4. 입증책임의 전환

4-1. 입증책임이란 어떤 의미인가?

입증책임은 법적 분쟁 당사자가 자신의 주장이나 변호를 입증할 충분한 증거를 제공할 책임이다. 법원이나 배심원에게 그들의 주장이 사실이거나 방어가 유효하다는 것을 확신시키기에 충분한 증거를 제공하는 것은 청구를 하거나 소송을 제기하는 당사자의 의무이다.

입증책임은 사건의 유형과 관할권에 따라 다르다. 형사사건의 경우, 합리적인 의심의 여지가 없을 정도로 유죄를 입증해야 하는 입증책임은 검사에게 있다. 민사 사건에서 입증책임은 일반적으로 원고에게 있다. 즉, 그들의 주장이 사실일 가능성이 높다는 것을 의미한다.

입증책임은 제시된 증거에 따라 재판 또는 심리 중에 바뀔 수 있다. 예를 들어, 형사재판에서 피고인이 알리바이를 제시하면 그 알리바이가 거짓임을 입증해야 하는 입증책임이 검사에게 넘어갈 수 있다. 입증책임은 충분한 증거 없이는 결정이 내려지지 않도록 하기 때문에 법적 시스템의 근본적인 측면이다. 또한, 주장이나 변호를 반증할 상대가 아니라 그것을 주장하는 당사자에게 증명할 책임을 부여한다.

반면, 입증책임의 전환은 청구 또는 방어를 입증할 책임을 한 당사자로부터 다른 당사자에게 이전하는 것을 의미하는 법적 개념이다. 원래 입증책임을 졌던 당사자는 이제 더 이상 입증책임이 없고, 그 책임은 상대방에게 전가된다는 뜻이다. 입증책임을 이전하는 것은 자신의 주장을 입증해야 할 책임을 덜어주고 상대방에게 부담시킬 수 있기 때문에 당사자에게 상당한 이점이 될 수 있다. 그러나, 변호나 추정이 틀렸음을 증명하기 위해 증거를 제시해야 할 수도 있기 때문에 현재 입증책임을 지고 있는 당사자에게 문제가 될 수도 있다.

4-2. 왜 AI의 책임에 대해서는 입증책임의 전환이 필요하나?

딥러닝 알고리즘이 채용된 AI 모델은 '블랙박스'이므로 의사결정에 도달하는 방법을 이해하기 어려울 수 있기 때문에 AI에 대한 입증책임을 전환하는 것이 필요할 수 있다. 문제가 발생했을 때 누가 책임을 져야 하는지 판단하기 어려울 수 있기 때문이다.

AI 시스템의 개발자 또는 제조업체는 시스템이 작동하는 방식과 특정 결정을 내리는 이유를 상대적으로 잘 이해할 수 있다. 따라서, AI 시스템의 개발자 또는 제조업체가 시스템에서 내린 결정에 대해 책임을 지도록 하기 위해 입증책임을 AI 시스템의 개발자 또는 제조업체로 이전하는 것이 필요할 수 있다.

또한, AI 시스템은 의료, 형사 정책 및 금융과 같이 오류 또는 편견의 결과가 중요할 수 있는 고위험 상황에서 사용된다. 따라서, 입증책임을 AI 시스템의 개발자 또는 제조업체로 이전하면 시스템의 위험을 완화하고 발생할 수 있는 오류 또는 편향을 해결하기 위한 적절한 조치를 취하는 데 도움이 될 수 있다.

이처럼, 전반적으로 개발자와 제조업체가 시스템에서 내린 결정에 대해 책임을 지고 위험을 완화하고 개인과 사회 전체를 보호하기 위한 적절한 보호 장치를 마련하려면 AI의 책임에 대한 입증책임을 전환하는 것이 필요할 수 있다.

4-3. AI사고에 대한 입증책임의 전환은 소비자에게 어떤 도움이 될까?

AI 사고에 대한 입증책임을 전환하면 여러 가지 방법으로 소비자에게 도움이 될 수 있다.

AI 개발자가 안전을 우선시하도록 장려: 증명의 부담이 AI 개발자에게 이전되면 안전을 우선시하고 시스템이 의도한 대로 작동하는지 확인해야 할 더 큰 인센티브를 갖게 된다. 이는 보다 안전하고 신뢰할 수 있는 AI 시스템 개발로 이어질 수 있다.

보다 명확한 보상 경로 제공: 입증책임을 전환하면 AI 사고로 피해를 입은 소비자에게 보다 명확한 보상 경로를 제공할 수 있다. 입증책임이 AI 개발자에게 있다면 소비자는 피해 보상을 받기 위해 시스템 결함이나 개발자 과실을 입증할 필요가 없다.

투명성 증가: 증명의 부담을 바꾸면 AI 시스템이 작동하는 방식과 특정 결정이 내려지는 이유에 대한 투명성도 높아질 수 있다. 개발자는 자신의 결정에 대해 책임을 져야 한다는 것을 알면 시스템에 대한 정보를 더 기꺼이 공유하고 운영 방식에 더 큰 투명성을 제공할 수 있다.

신뢰도 증가: 마지막으로 AI 개발자에게 사고에 대한 책임을 물음으로써 소비자는 AI 시스템의 안전성과 신뢰성에 대해 더 큰 확신을 가질 수 있다. 이는 의료, 금융 및 운송을 포함한 다양한 영역에서 AI 시스템의 채택을 증가시켜 궁극적으로 장기적으로 소비자에게 이익이 될 수 있다.

전반적으로 AI 사고에 대한 입증책임을 전환하면 AI 개발자가 안전을 우선시하고, 소비자에게 보다 명확한 보상 경로를 제공하고, AI 시스템의 투명성을 높이고, AI 시스템의 안전성과 신뢰성에 대한 소비자 신뢰를 높이는 데 도움이 될 수 있다.

5. 일자리 문제

5-1. 사람에게 일자리라는 어떤 가치를 주나?

직업은 개인의 상황과 관점에 따라 사람에게 많은 것을 의미할 수 있다. 다음은 직업이 누군가에게 부여하는 의미에 관한 내용이다. 물론, 일자리는 노동자나 근로자에게 수많은 가치와 삶의 의미를 가져다준다.

목적: 어떤 사람들은 직업이 목적이나 성취감을 제공하기 때문에 직업에서 의미를 찾다. 그들은 다른 사람을 돕거나 과학적 지식을 발전시키거나 새로운 것을 창조하는 등 자신의 작업이 의미 있고 어떤 방식으로든 사회에 기여한다고 느낄 수 있다.

수입: 많은 사람들에게 직업은 주로 자신과 가족을 부양하기 위한 수입을 얻는 수단이다. 직업은 재정적 안정을 제공하고 사람들이 주택, 음식 및 의료와 같은 기본 요구 사항에 대한 비용을 지불할 수 있도록 한다.

정체성: 직업도 개인의 정체성에 중요한 부분이 될 수 있다. 그것은 그들에게 자부심과 자부심을 줄 수 있으며 그들의 기술과 전문성을 보여주는 방법이 될 수 있다.

사회적 연결: 직업은 또한 사회적 연결과 네트워킹의 기회를 제공할 수 있다. 사람들은 직장 동료나 고객과 친밀한 관계를 형성하고 직장 내에서 공동체 의식을 느낄 수 있다.

전반적으로 직업은 목적, 소득, 정체성 및 사회적 연결을 제공하는 개인의 삶의 중요한 부분이 될 수 있다. 그러나, 이러한 각 요소의 중요성은 개인, 상황 및 개인적 가치에 따라 크게 달라질 수 있다.

5-2. 인공지능은 인간의 일자리를 대체할 수 있을까?

최근 몇 년간 인공지능 기술의 발전으로 인해 인공지능이 기존의 일자리를 대체할 가능성이 높아졌다. 특히, 반복적이고 예측 가능한 작업이 필요한 업무에서는 인공지능이 효율적으로 대체될 수 있다. 이러한 업무에는 생산라인에서의 로봇, 금융분야의 자동화 된 거래, 고객 서비스 챗봇 등이 있다. 하지만, 인공지능은 모든 업무에서 일자리를 대체하지는 않는다. 인공지능은 복잡하고 창의성이 필요한 업무에서는 아직도 인간의 능력에 미치지 못하며, 인간의 감성과 상호작용을 필요로 하는 분야에서는 아직까지 한계가 있다.

또한, 인공지능 기술이 발전함에 따라 새로운 일자리도 창출될 수 있다. 예를 들어, 인공지능에 대한 이해도가 높은 기술 전문가나 데이터 과학자, 인공지능 모델을 개발하고 관리하는 엔지니어 등의 새로운 직업이 등장할 수 있다. 따라서, 인공지능이 일부 일자리를 대체할 수 있지만, 인간과 인공지능이 상호보완적으로 협력하는 방식으로 새로운 일자리가 창출될 가능성도 있다. 이러한 변화에 대비하여 교육과 기술 개발에 대한 대응이 필요하다.

5-3. 기술 발전으로 새로운 일자리가 생기는데, 왜 AI는 일자리를 빼앗는 걸까?

기술 발전이 역사적으로 새로운 일자리를 창출한 것은 사실이지만 AI가 고용에 미치는 영향은 복잡하고 여러 요인에 따라 달라진다.

AI가 종종 실직과 관련되는 이유 중 하나는 이전에 인간이 수행했던 일상적이고 반복적인 작업을 자동화하는 데 특히 적합하기 때문이다. 여기에는 데이터 입력, 기본 회계 및 고객 서비스와 같은 작업이 포함된다. AI 시스템이 더욱 발전되고 기능이 향상됨에 따라 이러한 영역과 다른 영역에서 점점 더 인간 작업자를 대체할 수 있다.

동시에 AI가 새로운 일자리와 산업을 창출할 수 있는 잠재력을 갖고 있는 것도 사실이다. 예를 들어, AI 시스템의 개발 및 구현에는 소프트웨어 개발, 데이터 분석 및 사이버 보안과 같은 분야의 숙련된 작업자가 필요할 수 있다. 또한, AI는 의료, 운송 및 엔터테인먼트와 같은 분야에서 일자리를 창출하는 새로운 유형의 제품 및 서비스를 가능하게 할 수 있다.

AI가 고용에 미치는 영향은 정부 정책, 노동 시장 역학, 업무 및 기술에 대한 문화적 태도와 같은 광범위한 경제 및 사회적 요인의 영향을 받을 가능성이 있다. 전반적으로 AI는 고용에 긍정적인 영향과 부정적인 영향을 모두 미칠 수 있지만 그 효과는 예측하기 어렵고 특정 상황과 산업에 따라 크게 달라질 수 있다. 혜택을 극대화하고 피해를 최소화하는 방식으로, 보다 AI 중심 경제로의 전환을 위한 정책을 추진하기 위해 AI가 고용과 업무에 미치는 잠재적 영향을 신중하게 고려하는 것이 중요하다.

5-4. 일자리를 위협하는 인공지능은 사회현상으로 러다이트를 가져오나?

러다이트(Luddite)는 기계화 및 자동화를 거부하고 전통적인 방식으로 일하는 사람을 의미한다. 18세기 영국에서 직공업자들이 공장의 자동화 기술 도입에 반발하여 발생한 운동에서 유래되었다. 이러한 운동은 공장에서 사용되는 기계들을 파괴하는 폭력적인 방식으로 표현되곤 한다.

인공지능의 대두로 나타난 개념인 네오러다이트(neo luddite) 운동은 기술 발전이 인간의 일자리를 대체하고, 노동 시장을 파괴할 우려를 갖고 있기 때문에 이에 대한 우려에 따라 나타나는 일종의 사회현상이다. 일자리 문제는 기술 발전이 가지는 부작용 중 하나이다. 기술 발전은 생산성을 높여 생산량을 늘리는 것이 가능해진다. 이는 기존의 노동자들이 해내던 일들을 로봇이나 자동화된 장비들이 대체할 수 있는 가능성이 있기 때문에, 일부 노동자들은 기존에 수행했던 일을 잃을 가능성이 있다.

기술 발전이 일부 직종의 일자리를 대체하는 경우, 해당 직종에 종사하고 있는 노동자들은 일자리를 잃는 결과를 맞이할 수 있다. 이는 일자리를 대체하는 기술 발전과 노동자들의 취업 가능성과 수익의 간극을 만들어 내는 결과를 가져올 수 있다. 하지만, 기술 발전이 일부 직종의 일자리를 대체하는 반면에, 다른 직종에서는 새로운 일자리가 창출될 수 있다. 예를 들어, 로봇 공학이 발전하면서 로봇을 설계하고 조작하는 일자리가 새롭게 생겨날 수 있다. 이러한 새로운 일자리가 생겨날 가능성도 있기 때문에, 기술 발전이 일자리를 대체하고 일자리를 창출하는 결과를 동시에 가져올 수 있다.

따라서, 기술 발전이 일자리를 대체할 가능성이 있는 분야에서는, 노동자들이 새로운 직업군으로 전환할 수 있는 새로운 기회와 교육 체계 등의 지원을 제공해야 하며, 새로운 일자리를 창출할 수 있는 분야에 대한 연구와 지원을 확대하여 산업의 구조 조정 등을 통해 일자리 문제를 해결할 필요가 있다.

5-5. 기계가 일자리를 빼앗는 것은 어떤 사회문제를 가져오는가?

일자리를 가져가는 기계가 문제라는 생각은 광범위한 실직의 사회적, 경제적 영향에 대한 우려에 근거한다. AI 기술의 개발과 배치는 새로운 유형의 직업과 산업으로 이어질 수 있지만, 특히 일상적이고 반복적인 작업을 쉽게 자동화할 수 있는 산업에서 많은 수의 근로자가 자동화로 인해 대체될 위험도 있다.

자동화로 인한 광범위한 일자리 손실의 잠재적 결과는 중요하다. 이는 영향을 받는 근로자와 그 가족에게 실업, 소득 감소, 경제적 불안정으로 이어질 수 있다. 이것은 차례로 빈곤, 정신 건강 문제 및 사회적 불안을 포함한 다양한 사회 및 건강 문제로 이어질 수 있다. 또한, 광범위한 실직이 기존의 사회 경제적 불평등을 악화시킬 수 있다는 우려도 있다. 자동화의 이점은 주로 자본 소유자와 고도로 숙련된 근로자에게 돌아가고 저숙련 근로자는 뒤쳐지는 것이다.

이러한 경제적·사회적 고민과 더불어 인간의 삶과 사회에서 일의 역할에 대한 윤리적·철학적 질문도 있다. 많은 사람들은 일이 의미와 목적의 중요한 원천이며 자동화로 인한 광범위한 실직이 개인의 복지와 사회적 가치에 부정적인 영향을 미칠 수 있다고 믿는다.

전반적으로 자동화가 일자리에 미치는 영향은 복잡하고 다면적이지만 잠재적인 결과를 신중하게 고려하고 자동화의 이점을 공평하게 공유하고 부정적인 영향을 받는 사람들이 훈련, 교육 및 사회 안전망 등을 제공하는 정책 및 프로그램을 통해 지원되도록 하는 것이 중요하다.

5-6. AI 시대에 창출되는 일자리는 어떤 것이 있을까?

AI의 발전은 다음과 같은 다양한 분야에서 새로운 일자리를 창출할 가능성이 높다.

AI 연구 및 개발: AI 시스템이 더욱 발전되고 기능이 향상됨에 따라 이러한 시스템을 만들고 개선할 수 있는 숙련된 연구원 및 개발자에 대한 수요가 증가할 것이다.

데이터 분석 및 관리: AI는 데이터에 크게 의존하므로 대규모 데이터셋을 수집,

정리 및 관리할 수 있는 작업자가 필요하다.

사이버 보안: 사물 인터넷(IoT)을 통해 더 많은 장치와 시스템이 연결됨에 따라 사이버 공격으로부터 보호하기 위한 보안 조치를 개발하고 구현할 수 있는 작업자에 대한 수요가 증가할 것이다.

인간-기계 협업: AI 시스템은 인간을 완전히 대체하도록 설계되지 않았으며 의료, 금융 및 교육과 같은 분야에서 AI 시스템과 협업하고 이를 감독할 수 있는 작업자에 대한 수요가 증가할 것이다.

창조 산업: AI는 컴퓨터로 생성된 예술 및 음악과 같은 새로운 형태의 창의적 표현을 가능하게 할 잠재력이 있으며 예술가 및 기타 창조적인 전문가가 AI 시스템으로 작업할 수 있는 새로운 기회가 있을 수 있다. ChatGPT 등 생성형 AI를 도구적으로 잘 활용하는 것도 의미가 있다.

서비스 산업: AI는 서비스 부문의 일부 일자리를 대체할 수 있지만 자동화하기 어려운 보다 개인화되고 하이 터치 서비스를 제공할 수 있는 근로자에게 새로운 기회를 창출할 수도 있다.

녹색 산업: AI는 또한 환경 문제를 해결하는 데 사용될 수 있으며 지속 가능한 기술과 관행을 개발하고 구현할 수 있는 근로자에 대한 수요가 증가할 수 있다.

이는 AI 시대에 창출될 수 있는 일자리 유형의 몇 가지 예에 불과하다. AI가 고용 시장에 미치는 전체 영향은 복잡하고 다면적일 가능성이 높으며 AI의 특정 적용, 경제의 전반적인 상태, 이를 위해 시행 중인 정책 및 전략을 포함한 다양한 요인에 따라 달라질 것이다. 보다 AI 중심 경제로의 전환을 위한 거버넌스가 필요한 이유이다.

5-7. 인공지능에 따른 일자리 문제를 해결할 수 있는 방법은?

자동화로 인한 잠재적인 실직은 복잡한 문제이며 근로자와 경제에 미치는 영향을 완화하기 위해 사용할 수 있는 몇 가지 전략이 있다.

기술 재교육: 한 가지 접근 방식은 근로자가 AI 시스템과 함께 작업하거나 새

로운 경력으로 전환하는 데 필요한 기술을 습득하도록 돕는 훈련 및 교육 프로그램을 제공하는 것이다. 이러한 프로그램에는 직업 훈련, 견습 및 인증 프로그램이 포함될 수 있다.

일자리 공유 및 유연근무제: 또 다른 접근 방식은 근로자가 근무 시간을 줄이면서 고용을 유지할 수 있도록 하는 일자리 공유제 또는 유연근무제를 시행하는 것이다.

기본소득: 기본소득은 한 국가의 모든 시민 또는 거주자가 고용 상태에 관계없이 정부로부터 정기적이고 무조건적인 돈을 받는 사회보장의 한 형태이다. 이 접근 방식은 자동화 또는 기타 경제적 요인으로 인해 일자리를 잃은 근로자에게 안전망을 제공하는 것을 목표로 한다.

재교육 및 재배치 지원: 정부 및 민간 부문 조직은 자동화로 인해 일자리를 잃은 근로자가 새로운 경력을 위해 재교육을 받거나 더 많은 일자리 기회가 있는 지역으로 재배치할 수 있도록 재정 지원 및 지원을 제공할 수 있다.

인프라에 대한 투자: 정부는 새로운 교통 시스템 구축 또는 기존 인프라 업그레이드와 같은 인프라 프로젝트에 투자하여 단기적으로 일자리를 창출하고 경제에 장기적인 혜택을 제공할 수 있다. 또한, 재생 가능 에너지 또는 지속 가능한 농업과 같은 녹색 일자리에 대한 투자는 환경 문제를 해결하는 동시에 새로운 일자리를 창출할 수 있다.

전반적으로 AI와 관련된 직업 문제를 해결하려면 근로자를 지원하고 자동화의 이점이 사회 전체에 공평하게 공유되도록 보장하기 위한 단기 및 장기 전략을 모두 포함하는 다각적인 접근 방식이 필요하다.

6. 기본소득

6-1. 기본소득이란?

기본소득(Basic Income)은 모든 시민에게 일정한 금액의 현금을 주는 정책으로, 일반적으로는 정치적, 사회적, 경제적 목적으로 제안된다. 이는 일정한 금액의 현금

지원이 불안정한 일자리나 저소득층의 빈곤, 사회적 배제 등을 해결하는 방안으로 제시된다.

기본소득의 주요 특징은 다음과 같다. 모든 시민에게 동일한 금액의 현금을 제공한다. 일정한 주기로 지급되며, 이는 인간의 삶의 질을 향상시키고 사회 안정성을 높이게 된다.

모든 사람에게 균등 지급: 기본소득은 모든 시민에게 동일한 금액이 지급되는 것을 말한다. 이는 개인의 소득 수준, 나이, 직업, 경력, 가족 상황 등과 상관 없이 모든 시민에게 균등하게 지급된다는 의미이다. 이러한 접근 방식은 사회적으로 취약한 계층과 경제적으로 불안정한 사람들에게 보다 큰 혜택을 제공할 수 있다.

노동 시장의 유연성: 기본소득은 기존의 복잡한 복지 제도를 단순화하여 노동 시장의 유연성을 높여준다. 복지 제도는 종종 복잡하고 어려운 절차를 따라야 하기 때문에 이에 따른 비용과 시간이 많이 소요된다. 그러나, 기본소득은 간단하게 지급되기 때문에 노동자들은 더 유연하게 일할 수 있다.

사회적 안정성 강화: 기본소득은 개인의 경제적 안정성을 높여주는 것 외에도 사회적 안정성을 강화시킨다. 이는 사회적으로 취약한 계층에게 일자리를 제공하여 사회적 배려와 공정성을 증진시킬 수 있기 때문이다.

경제 활동 촉진: 기본소득은 소득 분배의 공정성을 개선하고, 개인이 소비 및 투자 활동을 늘리는 데 기여함으로써 경제 활동을 촉진시킨다. 이는 소득과 소비의 균형을 유지함으로써 경제의 안정성을 유지하고, 소비와 투자에 대한 수요를 증대시켜 경제 성장을 촉진시킬 수 있다는 것이다. 즉, 기본소득을 지급받는 사람들은 일자리에 종속되지 않고, 자유롭게 시간을 사용할 수 있어서 창의성과 자유로운 경제활동을 유도할 수 있으며, 동시에 경제 활동의 증가를 이끌어 내어 경제 성장과 안정성을 촉진시킬 수 있다. 또한, 모든 시민에게 동일한 금액이 지급되므로, 사회적으로 취약한 계층들에게 더 큰 혜택을 제공할 수 있고, 기존의 복잡한 복지제도를 단순화하여 노동 시장의 유연성을 높여줄 수 있다. 이 모든 것은 사회적 안정성을 증진시키고, 사람들의 삶의 질을 높일 수 있다는 것을 의미한다.

자유와 창의성 증진: 기본소득은 개인들의 창의성을 증진시키고, 경제 활동에

대한 자유와 선택의 폭을 높이는 것이 목적이다. 이를 통해 경제와 사회 전반에서 더 많은 혁신과 창조적인 아이디어가 탄생하고, 다양한 직업과 경제 활동이 이루어질 수 있다. 무엇보다, 기본소득은 경제적인 어려움으로 인해 일자리를 유지하기 위해 노력하지 않아도 되기 때문에, 개인들이 새로운 창의적 아이디어를 탐구하고 자신의 꿈을 실현할 수 있는 여유와 자유를 부여한다. 이를 통해 더 많은 혁신이 탄생하고, 새로운 산업 분야나 일자리가 만들어질 수 있다. 또한, 일자리에 종속되지 않는 개인들은 다양한 경제 활동을 선택할 수 있으며, 이는 다양한 경제 활동의 발전을 촉진시키고 전반적인 경제 활동의 유연성을 높여줄 수 있다.

6-2. 기본소득의 헌법적 의미는 무엇인가?

기본소득의 헌법적 가치는 헌법에 명시된 사회 정의와 평등의 원칙의 맥락에서 이해할 수 있다. 기본소득은 모든 시민이 사회적 또는 경제적 지위에 관계없이 최소한의 생활 수준에 접근할 수 있도록 보장함으로써 사회 정의를 증진하는 방법으로 볼 수 있다. 이것은 빈곤과 불평등을 줄이는 데 도움이 될 수 있으며 모든 사람이 존엄성과 존중을 받으며 살 기회를 갖도록 보장할 수 있다.

또한, 기본소득은 소득수준이나 고용상태에 관계없이 모든 국민에게 보편적인 혜택을 제공함으로써 평등을 도모하는 방안이라고 볼 수 있다. 이를 통해 실업자나 빈곤층과 같은 특정 그룹에 대한 낙인과 차별을 줄이고 모든 사람이 동등한 존중과 존엄성을 갖도록 보장할 수 있다.

기본소득은 헌법적 관점에서 볼 때 모든 국민에게 보장되는 생명권, 신체의 자유, 안전, 적정한 생활수준을 누릴 권리 등 기본권과 자유를 실현하는 방안이라고 볼 수 있다. 기본소득은 최소한의 경제적 안정과 자유를 제공함으로써 이러한 권리가 사회의 모든 구성원에게 진정으로 의미 있고 접근 가능하도록 보장하는 데 도움이 될 수 있다.

6-3. 기본소득에 대한 찬반의견은 어떠한가?

기본소득이 갖는 장단점에 따라, 또는 찬반에 대한 다양한 의견이 있다. 먼저, 기본소득의 장점을 보면 다음과 같다.

빈곤 감소: 기본소득은 고용 상태에 관계없이 모든 개인에게 최소 수준의 소득

을 제공함으로써 빈곤을 감소시킬 수 있다. 이것은 모든 사람이 음식, 주택 및 의료와 같은 기본적인 필수품에 접근할 수 있도록 하는 데 도움이 될 수 있다.

경제 안보 강화: 기본소득은 고용에 의존하지 않는 안정적인 소득원을 제공함으로써 개인에게 더 큰 경제적 안정을 제공할 수 있다. 이것은 오늘날 경제에서 많은 개인이 직면하는 재정적 스트레스와 불안을 줄이는 데 도움이 될 수 있다.

사회적 이동성 증가: 기본소득은 개인에게 교육을 받거나 사업을 시작할 수 있는 자원과 재정적 안정을 제공함으로써 사회적 이동성을 증가시킬 수 있으며, 이는 더 큰 경제적 기회와 상향 이동성으로 이어질 수 있다.

단순화된 복지 제도: 기본소득은 여러 프로그램을 단일한 보편적 혜택으로 대체함으로써 복지 제도를 단순화할 수 있다. 이를 통해 관리 비용과 관료주의를 줄이고 모든 사람이 필요한 지원을 받을 수 있다.

다음으로, 기본소득의 단점을 보면 다음과 같다.

비용 증대: 기본소득을 시행하는 데 드는 비용은 특히 혜택이 높은 수준으로 설정된 경우 매우 높을 수 있다. 이것은 납세자와 정부에 상당한 부담을 줄 수 있다.

근로 의욕 저하: 개인이 일자리를 구하는 대신 기본소득에 의존할 수 있기 때문에 기본소득이 근로 의욕을 떨어뜨릴 수 있다고 주장하는 사람들도 있다. 이는 생산성과 경제 성장의 감소로 이어질 수 있다.

인플레이션: 상품과 서비스에 대한 수요 증가로 인해 물가가 상승할 수 있으므로 기본소득은 인플레이션으로 이어질 수 있다. 이것은 기본소득이 개인에게 실질적인 경제적 혜택을 제공하는 데 덜 효과적일 수 있다.

전반적으로 기본소득의 장단점은 프로그램의 구체적인 설계와 실행에 달려 있다. 기본소득 프로그램을 실행하는 것과 관련된 문제가 있지만 개인과 사회 전체에 상당한 혜택을 제공할 수 있는 잠재력이 있다.

6-4. 인공지능과 기본소득이 어떤 관계가 있나?

AI와 기본소득은 일과 경제의 미래에 대한 논의에서 종종 연결된다. AI 및 자동화의 급속한 발전은 많은 직업이 자동화되거나 쓸모없게 될 수 있으므로 고용시장에 상당한 변화를 가져올 것으로 예상된다. 이로 인해 일부에서는 기본소득이 AI로 인한 경제적 혼란에 대한 해결책이 될 수 있다고 제안한다.

기본소득 지지자들은 더 많은 일자리가 자동화됨에 따라 이용 가능한 고용 기회가 줄어들어 불평등과 빈곤이 증가할 것이라고 주장한다. 고용 상태에 관계없이 모든 개인에게 기본소득을 제공함으로써 기본소득은 이 문제를 해결하고 일자리를 찾을 수 없는 사람들에게 안전망을 제공하는 데 도움이 될 수 있다.

반면, AI가 사실상 기본소득을 불필요하게 만들 수 있다는 주장도 있다. 자동화로 인한 생산성과 효율성 증가는 경제 성장과 번영으로 이어질 수 있으며, 이는 개인에게 더 많은 기회와 자원을 제공할 수 있다. 또한, 일부에서는 AI와 자동화가 새로운 일자리와 산업을 창출하여 자동화로 인한 일자리 손실을 상쇄하는 데 도움이 될 수 있다고 주장한다.

전반적으로 AI와 기본소득 간의 관계는 복잡하고 불확실하다. 양쪽 모두 타당한 주장이 있지만 AI가 노동시장에 미치는 영향은 앞으로도 계속해서 논의와 논쟁의 주제가 될 것이 분명하다.

6-5. 기본소득이 실현가능하기 위해서는 어떤 요건이 필요한가?

기본소득이 실현되기 위해서는 다음과 같은 몇 가지 요건이 충족되어야 한다.

적절한 자금 지원: 기본소득은 충분한 자금이 지원되어야 한다. 이를 위해서는 정부 예산에서 추가적인 자금을 할당해야 할 수도 있다. 또는 다른 정부 프로그램에 대한 세금 인상이나 삭감을 통해 자금을 조달할 수도 있다. 이때, 자금을 지원하는 방법은 해당 국가의 정치적, 경제적 상황과 함께 다양한 요인을 고려하여 결정된다.

정치적 의지: 기본소득의 실행과 지속적인 유지를 위해서는 정치적 의지와 지원이 필요하다. 이를 위해서는 정치인들이 해당 프로그램을 지지하고, 법안화하는

등의 역할을 해야 한다. 또한, 기본소득을 실현시키기 위해서는 국민의 인식과 관심도 중요한 요소이다. 이를 위해 광범위한 캠페인과 교육이 필요할 수 있다.

효과적인 시행: 기본소득은 혜택이 공정하고 효율적으로 분배되도록 하기 위해 효과적으로 시행되어야 한다. 이를 위해서는 잘 설계된 관리 시스템과 효과적인 홍보 및 커뮤니케이션 전략이 필요하다. 또한, 프로그램의 구체적인 실행 방식, 혜택 지급 기준 등이 명확하게 정해져 있어야 하며, 이를 관리하는 적절한 인프라와 인력이 필요하다.

광범위한 지원: 기본소득이 성공하려면 사회 전반에 걸쳐 광범위한 지원이 있어야 한다. 이를 위해서는 정부, 기업, 시민 사회 조직 등 다양한 이해 관계자들 간의 협력과 협조가 필요하다. 또한, 이를 위한 커뮤니티 참여와 국가 전반적인 협력체계 구축이 필요할 수 있다.

프로그램의 유연성: 기본소득은 대부분의 경우 여러 가지 요인에 따라 참여자의 상황에 맞게 유연하게 조정될 수 있어야 한다. 이는 기본소득 지급 대상자의 가구 구성원 수, 소득 수준, 거주지역, 직업 등 참여자의 다양한 상황을 반영할 수 있는 체계적인 지급 방식을 도입하고, 이를 유연하게 조정할 수 있는 프로그램 운영 방식을 구성해야 한다는 것을 의미한다.

예를 들어, 일부 참여자는 취업을 하면서도 높은 경제적 부담을 겪고 있을 수 있다. 이러한 경우 기본소득은 일부 소득에 대해서는 지원을 계속 받을 수 있도록 유연한 지원 체계를 마련해야 한다. 또한, 새로운 참여자가 프로그램에 참여하면서 가구 구성원 수나 소득 수준이 변동될 수 있기 때문에, 이러한 상황에 대처하기 위해 프로그램 운영 방식을 유연하게 조정할 수 있어야 한다. 이러한 유연성을 가진 기본소득은 참여자의 상황에 따라 다양한 형태로 지원을 제공할 수 있어서 참여자의 경제적 안정성을 확보하고, 사회적 안정성을 높일 수 있는 데에 기여할 수 있다.

지속적인 평가: 개인과 사회 전체에 미치는 영향을 평가하기 위해 지속적인 연구와 데이터 수집이 필요하다. 기본소득이 성공적으로 운영되기 위해서는 평가 및 감독이 지속적으로 이루어져야 한다. 프로그램의 목표와 성과를 평가하고 개

선하기 위해서는 세부적인 지표와 측정 방법을 수립해야 한다. 이를 위해 목표와 성과 지표를 수립하고, 지속적인 연구와 데이터 수집 및 분석이 필요하다. 평가 결과를 바탕으로 프로그램의 문제점을 파악하고, 이를 개선하기 위한 조치를 계획하고 시행할 수 있다. 또한, 평가 결과를 공개적으로 공개하고, 이를 바탕으로 시민의 의견을 수렴하고 피드백을 받는 것도 중요하다. 이를 통해 시민들의 참여와 프로그램에 대한 신뢰도를 높일 수 있다. 이러한 지속적인 평가와 개선은 기본소득 프로그램이 지속 가능하게 운영될 수 있도록 도와준다.

이러한 요구 사항을 충족하는 것은 어려울 수 있지만 기본소득 프로그램이 개인과 사회 전체에 의미 있는 혜택을 제공하는 데 있어 실현 가능하고 효과적이기 위해서는 필수적이다.

7. 데이터 배당

7-1. 데이터 배당이란?

디지털 배당(digital dividend) 또는 데이터 배당(data dividend)은 데이터마이닝 및 타겟 광고와 같은 개인 데이터 사용으로 생성된 경제적 가치를 금전적 보상 또는 혜택의 형태로 개인에게 재분배한다는 의미이다.

디지털 배당에 대한 주장은 많은 회사가 명시적인 동의나 인지 없이 개인으로부터 대량의 개인 데이터를 수집하고 처리하여 막대한 이익을 창출한다는 것이다. 그런 다음 데이터를 사용하여 대상 광고, 개인화된 콘텐츠 및 이러한 회사에 경제적 가치를 창출하는 기타 제품 및 서비스를 생성한다. 그러나, 데이터를 제공하는 개인은 데이터 사용에 대한 보상을 거의 또는 전혀 받지 못하는 경우가 많다.

디지털 배당의 기본 아이디어는 개인이 개인 데이터 사용에 대해 보상받는 시스템을 만들어 불균형을 해결하는 것이다. 보상은 직접 지불, 세금 공제 또는 기타 혜택의 형태를 취할 수 있다. 이전 답변에서 언급했듯이 디지털 배당금의 개념은 몇 가지 윤리적, 법적 및 실용적인 고려 사항을 제기한다.

기본소득 재원 조달의 맥락에서 일부 아이디어 지지자들은 디지털 배당 시스템이 기본소득 재원 조달에 사용할 수 있는 상당한 수익을 창출할 수 있다고 주장한다. 그러나, 이 접근 방식과 관련된 몇 가지 문제와 우려 사항이 있으며 실제로 얼마나 실현 가능하고 효과적인지는 아직 명확하지 않는다.

7-2. 기본소득을 위한 재원마련 방안은?

디지털 배당 또는 데이터 배당은 기본소득을 위한 잠재적 자금원이 될 수 있다.

디지털 배당금의 개념은 몇 가지 윤리적, 법적 및 실용적인 고려 사항을 제기한다. 한 가지 우려 사항은 개인 데이터의 소유권과 통제, 개인이 데이터 사용에 대한 보상을 받을 권리가 있는지 여부이다. 또 다른 우려는 더 많은 경제적 가치를 창출하기 위해 감시 및 데이터 수집이 증가할 가능성이 있으며, 이는 프라이버시와 개인의 자율성을 더욱 잠식할 수 있다는 것이다.

또한, 디지털 배당을 통하여 기본소득의 재원을 마련하는 것과 관련하여 해결해야 할 몇 가지 과제가 있다. 첫째, 디지털 배당을 통해 얼마나 많은 수익을 창출할 수 있는지가 불분명하다. 이는 데이터 수집 범위 및 사용에 의해 생성되는 가치와 같은 요소에 따라 달라지기 때문이다. 둘째, 일부 개인은 다른 사람보다 더 가치 있는 데이터를 생성할 수 있고 일부는 가치 있는 데이터를 전혀 생성하지 않을 수 있으므로 분배 및 형평성 문제가 있다. 셋째, 투명하고 효율적이며 공평한 방식으로 디지털 배당 시스템을 설계하고 구현하여야 한다.

전반적으로 디지털 배당은 기본소득의 재원으로서 어느 정도 잠재력이 있을 수 있지만, 플랫폼 산업과 연계되므로 신중하게 고려하고 해결해야 하는 중요한 문제와 우려 사항도 있다.

7-3. 데이터 배당에 대한 논의가 필요한 이유는?

데이터 배당에 대한 논의는 다음과 같은 몇 가지 이유로 중요하다.

개인 데이터에 대한 공정한 보상: 회사 및 기타 조직에서 점점 더 많은 개인 데이터를 수집하고 처리함에 따라 이 데이터 사용에 대한 공정한 보상에 대한 문제가 점점 더 중요해지고 있다. 디지털 배당에 대한 아이디어는 개인 데이터 사용에 대해 개인에게 보상할 가능성을 높여 이 문제를 해결하는 데 도움이 될 수 있다.

사회 프로그램 자금 조달: 데이터 배당 시스템에서 발생하는 잠재적 수익은 기본소득을 포함한 다양한 사회 프로그램 자금 조달에 사용될 수 있다. 이것은 증가하는 경제적 불평등을 해결하고 생계를 유지하기 위해 고군분투하는 개인에게 안전망을 제공하는 데 도움이 될 수 있다.

개인 데이터에 대한 통제: 데이터 배당 시스템은 또한 개인이 자신의 개인 데이터와 그 사용 방법에 대해 더 많은 통제권을 부여하는 데 도움이 될 수 있다. 이를 통해 개인정보 보호 및 데이터 소유권에 대한 우려를 해결하고 개인이 데이터 공유 및 사용 방법에 대해 더 많은 정보에 입각한 결정을 내릴 수 있다.

전반적으로 데이터 배당에 대한 논의는 개인 데이터의 가치, 데이터 소유권 및 제어, 개인이 개인 데이터 사용에 대해 공정한 보상을 받도록 보장하는 정부와 사회의 역할에 대한 중요한 질문을 제기한다.

7-4. 데이터 배당의 실현을 위한 기술적인 구현 방안은?

데이터 배당의 실현을 위한 기술 구현 계획은 복잡하고 다면적인 문제이며, 만능 솔루션은 없다. 그러나, 데이터 배당 시스템을 구현하기 위해 해결해야 할 몇 가지 주요 기술 고려 사항이 있다. 데이터 배당 시스템을 위한 기술적 구현을 위해 다음과 같은 사항들이 고려될 필요가 있다.

데이터 수집 및 처리: 데이터 배당 시스템은 개인으로부터 다양한 유형의 데이터를 수집하고 처리해야 한다. 이를 위해서는 데이터 저장 및 처리를 위한 강력하고 확장 가능한 데이터 인프라가 필요하다. 이를 위해 대용량 데이터 저장 및 처리 기술을 사용할 수 있다. 또한, 데이터 수집을 위해 IoT 기술과 같은 다양한 센서 및 장치를 활용할 수 있다. 데이터 처리 과정에서는 머신 러닝, 딥러닝 및 자연어 처리와 같은 기술이 활용될 수 있다.

데이터 평가 및 가격 책정: 데이터 배당 시스템에서는 수집된 데이터의 가치를 평가하고 사용 가격을 결정해야 한다. 이를 위해 데이터 평가 및 가격 책정 알고리즘이 필요하다. 이러한 알고리즘은 데이터 품질, 수량 및 관련성과 같은 다양한 요소를 고려하여 데이터의 가치를 정확하게 평가할 수 있어야 한다.

지불 및 분배: 데이터 배당 시스템은 데이터 사용으로 발생한 수익을 개인에게 다시 분배할 수 있어야 한다. 이를 위해 안전하고 신뢰할 수 있는 결제 시스템 및

배포 메커니즘이 필요하다. 이러한 시스템은 사용자가 데이터 사용에 대한 비용을 결제하고 데이터 소유자에게 수익을 분배할 수 있도록 해야 한다. 또한, 이러한 시스템은 투명하고 효율적이어야 하며, 보안과 개인정보 보호에 대한 고민도 반드시 필요하다.

법적, 윤리적 고려: 데이터 배당 시스템 구현에는 법적, 윤리적 측면에서도 다양한 문제가 발생할 수 있다. 이를 위해서는 관련 법규를 준수하고, 개인 데이터 사용에 대한 투명성과 공정성을 보장해야 한다. 예를 들어, 개인 데이터 사용에 대한 동의 절차를 명확히 하고, 개인 데이터 사용에 대한 목적과 방법을 상세하게 안내해야 한다. 또한, 데이터 사용에 대한 보상을 공정하게 결정하고, 데이터 소유자에게 적절한 보상을 제공해야 한다.

전반적으로 데이터 배당 시스템의 기술적 구현 계획은 그것이 효과적이고 효율적이며 공정하다는 것을 보장하기 위해 광범위한 기술적, 법적 및 윤리적 문제를 해결해야 한다.

7-5. 데이터 배당을 대신할 수 있는 방안은 있는가?

개인 데이터 사용에 대해 개인에게 보상하는 데 중점을 둔다는 점에서 데이터 배당금에 필적하는 여러 시스템 또는 방법이 있다.

데이터 보상금청구권: 플랫폼에 게시된 이용자의 게시물을 학습데이터로 공정 이용함에 따라, 이에 대한 보상이 필요하다. 데이터를 독점하고, 결과물까지도 독점하는 플랫폼사업자에 대해 별도의 보상금청구권을 인정할 필요가 있다. 기본소득이나 기술적 실업에 따른 필요한 재원으로 활용할 수 있다.

데이터 협동조합: 데이터 협동조합은 경제적 가치를 창출하기 위해 개인 데이터를 모으는 구성원(일반적으로 개인)이 소유하고 통제하는 조직이다. 그런 다음 협동조합은 회사 및 기타 조직과 협상하여 회원에게 다시 배포되는 보상의 대가로 이 데이터에 대한 액세스 권한을 판매한다.

개인 데이터 기탁: 개인 데이터 기탁은 개인이 개인 데이터를 저장하고 관리할 수 있는 안전한 디지털 저장 공간이자 시스템이다. 이러한 기탁은 개인에게 데이

터에 대한 더 많은 제어 권한을 부여하고 이 데이터 사용에 대한 공정한 보상을 위해 회사 및 기타 조직과 협상하는 데 사용할 수 있다.

데이터 신탁: 데이터 신탁은 개인 또는 그룹을 대신하여 개인 데이터를 관리하고 보호하도록 설정된 법인이다. 신탁은 회사 및 기타 조직과 협상하여 개인 또는 그룹에 다시 배포되는 보상과 교환하여 이 데이터에 대한 액세스 권한을 판매할 책임이 있다.

전반적으로, 이러한 시스템과 방법은 개인 데이터 사용에 대해 개인에게 보상하는 공통된 초점을 공유하며 잠재적으로 데이터 배당과 함께 사용되어 개인 데이터를 관리하고 경제적 가치를 창출하기 위한 포괄적이고 공평한 시스템을 만들 수 있다.

8. 사회적 갈등의 원인과 해소

8-1. 다양한 갈등의 원인을 무엇으로 볼 수 있을까?

사회적 갈등의 원인은 매우 다양하다. 주로 사람들 간의 관계나 리소스 분배, 정치적, 경제적 이익, 문화 차이 등으로 인해 발생할 수 있다. 또한, 갈등의 원인은 인식 차이나 가치관의 충돌, 그리고 사회, 경제, 정치적 환경 등의 외부 요인도 영향을 미친다.

인간관계에서는 가족, 부부, 연인, 친구 등 간단한 관계에서부터 직장, 학교, 지역사회 등의 복잡한 관계에서도 갈등이 발생할 수 있다. 이는 대인관계에서의 의사소통 부족, 감정적인 불일치, 가치관의 충돌 등으로 인해 발생할 수 있다.

리소스 분배에서는 경제적 자원, 자연자원, 인적 자원 등의 분배 문제로 인해 갈등이 발생할 수 있다. 이는 자원의 부족, 공급과 수요의 불균형, 그리고 자원에 대한 관리와 사용 방식에 대한 다른 의견 등이 원인이 될 수 있다.

정치적, 경제적 이익에서는 개인이나 단체의 이익을 위해 다른 개인이나 단체를 이용하거나 해칠 수 있기 때문에 갈등이 발생할 수 있다. 이는 정치, 경제의 권력과 이익을 놓고 발생하는 갈등이다.

문화 차이에서는 다른 문화, 종교, 가치관 등이 충돌할 때 갈등이 발생할 수 있다. 이는 이해 부족, 인식 차이, 대인관계에서의 소통 어려움 등이 원인이 될 수 있다.

이처럼, 갈등의 원인은 다양하지만, 이러한 원인을 인식하고 이해하면 갈등을 예방하고 해결할 수 있는 노력을 할 수 있다.

8-2. 사회적 갈등은 어떤 유형들이 있나?

사회적 갈등은 사회의 개인이나 집단 사이의 불일치, 긴장 또는 적대의 상태를 설명하는 데 사용되는 용어이다. 그것은 신념, 가치관, 관심 또는 자원의 차이에서 발생할 수 있으며 개인, 그룹 또는 국가 간과 같은 다양한 수준의 사회 조직에서 발생할 수 있다. 사회적 갈등은 평화로운 시위, 파업, 시위에서 테러, 반란, 전쟁과 같은 폭력 행위에 이르기까지 다양한 형태를 띨 수 있다.

또한, 사회적 갈등은 경제적 불평등, 정치적 억압, 문화적 차이, 종교적 신념, 성 역할 또는 환경 문제와 같은 다양한 원인에서 발생할 수 있다. 그것은 또한 식민주의, 노예 제도 또는 대량 학살과 같은 역사적 불의나 불만의 결과일 수 있다. 사회적 갈등은 사회적 붕괴와 경제적 혼란에서부터 인명 손실과 인프라 파괴에 이르기까지 개인과 사회에 중대한 영향을 미칠 수 있다. 이러한 갈등의 유형은 다음과 같다.

경제적 갈등: 이러한 유형의 갈등은 자원, 부, 경제력에 대한 분쟁이 있을 때 발생한다. 자원의 불평등한 분배, 착취 및 빈곤과 같은 문제에서 발생할 수 있다. 이는 노동 파업, 보이콧, 항의 및 더 나은 임금과 근로 조건을 추구하는 근로자 및 기타 그룹의 기타 형태의 저항으로 이어질 수 있다. 극단적인 경우에는 석유나 다이아몬드와 같은 자원을 놓고 내전을 벌이는 경우와 같이 무력 충돌로 이어질 수 있다.

정치적 갈등: 이러한 유형의 갈등은 권력과 지배권에 대한 분쟁이 있을 때 발생한다. 부패, 권위주의, 대표성 부족과 같은 문제에서 발생할 수 있다. 이는 정치적인 의사표시에서 볼 수 있듯이 항의, 시위, 심지어 혁명으로 이어질 수 있다. 정치적 갈등은 폭력적인 수단을 통해 정치적 목표를 달성하려는 집단으로 인해 테러리즘의 형태를 띨 수도 있다.

문화적 갈등: 이 유형의 갈등은 서로 다른 문화 집단 간의 충돌이 있을 때 발생한다. 그것은 가치관, 신념, 관습 및 전통의 차이에서 발생할 수 있다. 이것은 토착민과 식민 세력 간의 갈등이나 다문화 사회에서 다른 인종 집단 간의 갈등의 경우에서 볼 수 있듯이 집단 간의 긴장과 적대감으로 이어질 수 있다.

인종 및 민족 갈등: 이러한 유형의 갈등은 서로 다른 인종 또는 민족 그룹 간에 분쟁이 있을 때 발생한다. 차별, 편견, 불평등과 같은 문제에서 발생할 수 있다.

종교적 갈등: 이러한 유형의 갈등은 종교적 신념, 관행 또는 가치관에 대한 분쟁이 있을 때 발생한다. 그것은 서로 다른 종교 집단 간의 차이 또는 단일 종교 공동체 내의 갈등에서 발생할 수 있다. 예를 들면, 이라크의 수니파-시아파 갈등의 경우에서 볼 수 있듯이 집단 간의 긴장, 편협함, 심지어 폭력으로 이어질 수 있다.

젠더 갈등: 젠더 역할, 권리 또는 평등에 대한 분쟁이 있을 때 발생하는 유형의 갈등이다. 젠더 기반 폭력, 차별, 자원과 기회에 대한 불평등한 접근과 같은 문제에서 발생할 수 있다. 이것은 #MeToo 운동에서 볼 수 있듯이 양성 평등과 여성의 권리에 대한 항의, 행동주의 및 옹호로 이어질 수 있다.

환경 분쟁: 천연 자원이나 환경의 사용이나 보호에 대한 분쟁이 있을 때 발생하는 분쟁 유형이다. 기후 변화, 오염 및 자원 추출과 같은 문제에서 발생할 수 있다. 이는 반핵 시위 또는 석유 시추 또는 광업에 대한 환경 운동의 경우에서 볼 수 있듯이 항의, 행동주의, 심지어 사보타주 또는 폭력으로 이어질 수 있다.

그렇지만, 사회적 갈등은 협상, 중재, 법률 개혁 또는 사회 운동과 같은 다양한 수단을 통해 관리되고 해결될 수 있다. 또한, 사회 정의, 인권 및 평등을 촉진하는 것과 같은 조치를 통해 예방할 수 있다. 사회 갈등의 본질과 역학을 이해하는 것은 개인과 집단이 공존하고 공동선을 위해 협력할 수 있는 평화롭고 포용적인 사회를 구축하는 데 필수적이다.

이러한 유형의 사회적 갈등은 서로 다른 원인과 결과를 가질 수 있으며 서로 중첩되고 교차할 수도 있다. 평화로운 협상, 대화, 타협을 통해 해결할 수도 있고, 방치할 경우 폭력과 무력 충돌로 확대될 수도 있다. 사회적 갈등의 본질과 역학을 이해하는 것은 사회적 조화, 정의 및 평등을 촉진하는 데 중요하다.

8-3. 양극화도 갈등의 원인이 될 수 있을까?

양극화는 갈등의 원인 중 하나일 수 있다. 경제적, 사회적, 문화적 차이가 커지면서 상대적으로 불이익을 받는 그룹과 이익을 누리는 그룹 사이의 갈등이 커지기 때문이다. 특히, 불균형한 재분배와 사회적 보장체계 부족 등이 양극화를 가속화시키는데 기여할 수 있다. 따라서, 양극화 문제는 갈등 예방과 해결에 있어서 중요한 고려 요소 중 하나이다.

양극화가 갈등의 원인이 될 수 있는데, 양극화가 사회적 격차가 커지도록 하기 때문이다. 일부 사람들은 부유하고 풍족한 삶을 살면서도, 다른 사람들은 가난과 어려움 속에서 살아가고 있다. 이러한 상황은 불만, 분노, 부정 등의 감정을 일으킬 수 있으며, 이는 갈등의 원인이 될 수 있다. 예를 들어, 부자들은 재산과 권력을 보유하고 있으며, 부유층의 이익을 지키기 위해 정치적 영향력을 행사할 수 있다. 그러나, 가난한 사람들은 이러한 부유층의 이익이 자신들의 이익과 맞지 않을 때, 불만과 반발을 느끼게 된다. 이러한 상황에서 갈등이 발생할 가능성이 높다.

이와 같이, 양극화는 또한 사회적 융화를 방해할 수 있다. 사람들이 서로 다른 세계를 살고 있기 때문에 상호 이해와 공감대 형성이 어려워지며, 이는 갈등을 더욱 심화시킬 수 있다. 따라서, 양극화는 사회적 안정을 위해 해결해야 할 중요한 문제 중 하나이다.

8-4. 양극화를 해결하기 위한 방안은?

양극화를 해결하기 위한 방안은 다양하다. 이는 경제적, 사회적, 정치적, 문화적 차원에서 다양한 조치를 필요로 한다. 일부 예를 들면 다음과 같다.

불균형한 재분배 해소: 재분배 정책을 통해 소득과 재산을 공평하게 분배하는 것이 중요하다. 예를 들어, 세금 정책을 통한 소득 재분배 등이 있다.

사회보장체계 강화: 사회보장체계를 강화하여 경제적 취약계층의 삶의 질을 향상시키는 것이 중요하다. 예를 들어, 국민연금, 의료보험, 주거지원 등이 있다.

교육 기회 확대: 교육 기회를 확대하여 사회적 계층 이동이 가능하도록 하는 것

이 중요하다. 예를 들어, 무상 교육제도, 교육급여, 전문직 교육 등이 있다.

일자리 창출: 일자리를 창출하여 경제적으로 취약한 계층의 생활 안정을 지원하는 것이 중요하다. 예를 들어, 정부 지원 일자리 창출 계획, 중소기업 지원, 청년 일자리 창출 등이 있다.

노동시간 단축: 일자리 창출 외에도 노동 시간을 단축하고 노동의 질을 향상시키는 것이 중요하다. 예를 들어, 4일 근무제도, 일자리 공유, 생산성 향상을 위한 일자리 재설계 등이 있다.

이와 같이 다양한 방안을 통해 양극화를 해소하고, 사회 전반적으로 공평하고 지속 가능한 발전을 추구해야 한다.

8-5. 사회적 갈등을 해소하기 위한 공적 기구가 필요할까?

사회적 갈등을 해소하기 위해서는 이를 체계적으로 관리하고, 전담할 수 있는 공적 기구가 필요하다. 사회적 갈등은 사회에서 발생하는 다양한 요인에 의해 발생하는데, 이러한 갈등이 지속되면 사회의 안정성과 발전에 부정적인 영향을 미칠 수 있다. 공적 기구는 사회적 갈등의 해결을 위한 중요한 역할을 한다. 공적 기구는 그들은 대화와 협상을 통해 갈등 당사자들이 서로 이해하고 존중하는 문화를 만들어 나갈 수 있도록 돕다. 이를 통해 갈등 당사자들은 서로의 요구사항을 듣고 수용할 수 있게 되며, 갈등의 근본적인 원인을 파악하고 해결책을 찾을 수 있게 된다. 갈등 당사자들 간의 대화와 협상을 중재하고, 갈등 해결을 위한 참여적인 방법을 모색하는 등의 역할을 수행할 필요가 있다.

8-6. 디지털 격차는 어떻게 해소할 수 있을까?

디지털 격차를 해소하기 위해서는 다음과 같은 방법들이 필요하다.

접근성 확대: 디지털 기술에 대한 접근성을 확대하는 것이 중요하다. 이를 위해 공공기관이나 비영리단체에서는 컴퓨터나 인터넷 등을 제공하는 인프라를 구축하고, 이를 이용할 수 있는 교육과정을 마련하는 등의 노력이 필요하다.

디지털 교육: 디지털 기술에 대한 교육이 필요하다. 디지털 리터러시를 강화하

고, 인터넷 사용법, 온라인 거래 방법 등을 교육해야 한다. 이를 위해 공공기관이나 비영리단체에서는 무료 혹은 저렴한 디지털 교육 프로그램을 제공하는 등의 노력이 필요하다.

디지털 인프라 개선: 디지털 기술에 대한 접근성을 확대하기 위해 인프라 개선이 필요하다. 빠른 인터넷 속도, 안정적인 인터넷 서비스, 디지털 장비 등의 개선이 필요하다. 이를 위해 정부나 기업이 투자를 늘리는 등의 노력이 필요하다.

디지털 혜택 제공: 디지털 기술을 이용하여 사람들이 혜택을 누릴 수 있는 기회를 제공하는 것이 중요하다. 예를 들어, 온라인 상에서 일자리 구인 구직 정보를 제공하거나, 전자 거래를 활성화하여 생활 소비를 저렴하게 만드는 등의 방법이 있다.

디지털 포용성 강화: 디지털 기술을 이용하지 못하는 취약 계층을 포함한 모든 사람들이 디지털 혜택을 누리도록 하는 것이 필요하다. 이를 위해, 디지털 접근성이 어려운 지역이나 취약 계층에 대한 지원을 강화하는 등의 노력이 필요하다.

이러한 방법들을 적극적으로 추진하면서 디지털 격차를 해소할 수 있다.

9. 설명가능한 인공지능

9-1. 설명가능한 인공지능은 무엇을 설명하는가?

설명가능한 인공지능(XAI)은 "Explainable Artificial Intelligence"의 약어로, 기계 학습 및 인공지능 모델이 자신의 의사결정 및 예측을 어떻게 내리는지 설명할 수 있도록 하는 기술이다. XAI의 목적은 기계 학습 및 인공지능 모델의 의사결정 과정을 더 투명하고 이해하기 쉽게 만들어 사용자가 그들의 의사결정을 신뢰하고 이를 기반으로 적절한 대처를 할 수 있도록 돕는 것이다.

예를 들어, 머신러닝 모델이 의료 진단을 수행하는 경우, 어떤 증상이 어떤 질병과 관련이 있는지, 어떤 검사결과가 어떤 진단을 내리는 데 영향을 미치는지 등을 설명할 수 있다. 이는 의료 전문가들이 모델의 판단을 이해하고 검토할 수 있도록 도와준다. 또한, XAI 기술은 모델이 예측을 내릴 때 어떤 데이터를 사용했는지를 설명할 수 있다. 예를 들어, 이미지 분류 모델이 특정 이미지를 분류할 때, 어떤 특징을 고려했는지, 어떤 영역에서 주의를 집중했는지 등을 설명할 수 있다. 이는 모델이 예측을 내리는 데 어떤 정보를 사용했는지를 이해하는 데 도움이 되며, 이를 바탕으로 모델을 개선할 수 있다. 따라서, XAI 기술은 머신러닝 모델의 작동 방식을 설명함으로써 모델을 해석하고 개선하는 데 큰 도움을 준다. 이를 통해 모델이 내리는 예측 결과를 이해하고 검증할 수 있으며, 모델의 성능을 더욱 개선할 수 있다.

특히, XAI는 법률, 의료, 금융, 군사 등의 분야에서 중요하게 다루어지며, 기계 학습 및 인공지능 모델이 내린 결정에 대한 책임과 신뢰성 문제를 해결하는 데 도움이 된다.

또한, XAI 기술은 기계 학습 및 인공지능 모델의 내부 작동 방식을 시각화하거나 인간이 이해할 수 있는 형식으로 설명하는 방식으로 구현된다. 예를 들어, XAI 기술은 특정 피쳐가 모델의 예측에 어떤 영향을 미치는지, 모델이 어떤 규칙을 사용하여 판단을 내렸는지, 모델이 예측을 내릴 때 어떤 데이터를 사용했는지 등을 설명할 수 있다.

9-2. 설명가능한 인공지능은 알고리즘 문제를 해결할 수 있을까?

XAI 기술을 사용하면 인공지능 모델의 결과를 이해할 수 있으므로, 모델이 어떻게 작동하는지 알 수 있고 모델이 어떤 결정을 내리는데 어떤 근거를 사용하는지 이해할 수 있다. 따라서, 설명가능한 인공지능 기술을 사용하면 알고리즘 문제를 해결하는 데 도움이 될 수 있다.

XAI는 다음과 같이 설명될 수 있다. 첫째, XAI 기술을 사용하면 모델이 어떤 결정을 내리는데 사용하는 데이터와 기능을 이해할 수 있다. 이를 통해 알고리즘 문제의 성능을 높이기 위한 최적의 데이터와 기능을 결정할 수 있다. 둘째, XAI 기술을 사용하면 모델이 어떤 결정을 내리는데 사용하는 근거를 이해할 수 있다. 따라서, 모델의 결정이 잘못된 경우, 문제의 원인을 파악하고 수정할 수 있다.

물론, XAI 기술만으로 모든 알고리즘 문제를 해결할 수는 없다. 일부 문제는 모델의 정확성과 성능과 관련된 기술적인 문제 때문에 해결하기 어렵다. 따라서, 문제의 복잡성과 종류에 따라 적절한 알고리즘과 기술을 선택해야 한다. 이처럼,

XAI는 인공지능 모델이 내놓은 결과에 대한 이유나 근거를 명확하게 제공하는 기술이다. 따라서, 알고리즘 문제를 해결하는 데에도 유용하게 쓰일 수 있다. 알고리즘 문제를 해결하기 위해서는 우선 적합한 알고리즘을 선택하고, 입력 데이터를 적절하게 전처리한 후, 해당 알고리즘에 적용하여 출력값을 도출해야 한다. 이때, XAI 기술을 적용하면, 알고리즘의 내부 작동 방식을 분석하고 설명함으로써, 알고리즘의 성능을 개선할 수 있다. 이러한 XAI 기술을 적용하여, 모델의 내부 작동 방식을 분석하고, 그에 따라 알고리즘 문제를 해결하는 데에 도움을 주고 있다. 이를 통해, 모델이 어떤 데이터를 어떻게 활용하여 결과를 도출하고 있는지에 대한 이해를 높일 수 있으며, 이를 바탕으로 모델의 성능을 개선하는 방법을 찾을 수 있다.

9-3. 설명요구권과 설명가능한 AI는 양립할 수 있는가?

프로파일링은 데이터 분석 기술 중 하나로서, 사람들의 특정 행동, 성향, 관심사 등을 파악하고 예측하는 기술이다. 이러한 프로파일링 기술은 보안, 마케팅, 인사 등 다양한 분야에서 사용된다. 그러나, 프로파일링은 개인정보 보호와 관련된 문제가 발생할 수 있기 때문에, 설명요구권이라는 개념이 중요하다. 설명요구권은 개인이 자신에 대한 프로파일링 결과를 이해하고 검증할 수 있는 권리를 말한다.

따라서, XAI 기술은 프로파일링과 함께 사용될 때, 설명요구권을 보장하고 개인정보 보호를 강화하는 데 도움이 될 수 있다. XAI는 기계학습 모델의 동작 원리를 이해하고 예측 결과를 해석할 수 있는 방법을 제공하여, 프로파일링 결과를 검증할 수 있는 기회를 제공한다.

이러한 프로파일링과 XAI는 서로 양립할 수 있다. 하지만, 개인정보 보호를 위해서는 프로파일링에 대한 적절한 법적 규제와 XAI 기술을 적극적으로 도입하여 이용자의 설명요구권을 보장해야 한다.

10. AI 리터러시의 확대

10-1. 디지털 리터러시란?

디지털 리터러시는 디지털 환경에서 정보를 찾고 이해하며, 활용하고, 생성하고, 공유할 수 있는 능력을 말한다. 즉, 디지털 기술과 도구를 이용하여 정보를 찾고, 이를 분석하고 해석하는 능력을 가지는 것이다. 이는 인터넷과 같은 디지털 매체를 통해 정보를 접근하는 데 필요한 기술 능력을 말한다.

인터넷 리터러시는 인터넷을 사용하는 능력을 의미한다. 인터넷 리터러시는 인터넷에서 정보를 찾고 이를 이해하며, 인터넷을 통해 의사소통하는 방법을 이해하는 능력을 포함한다. 디지털 리터러시는 인터넷 리터러시와 유사하지만, 디지털 리터러시는 인터넷뿐만 아니라 모든 디지털 기술을 사용하는데 필요한 능력을 의미한다. 따라서, 디지털 리터러시는 더욱 포괄적인 개념이며, 인터넷 리터러시는 디지털 리터러시의 일부분을 차지한다.

물론, 디지털 리터러시는 기본적으로 컴퓨터와 인터넷 기술을 사용하는 능력을 포함하지만, 이는 그 이상의 의미를 가지며, 정보를 제대로 이해하고 적용하는 데 필요한 능력을 말한다. 예를 들어, 디지털 리터러시는 인터넷에서 정보를 검색하는 방법을 알고, 정보를 평가하고 필요한 정보를 찾아내는 능력을 가지는 것뿐만 아니라, 정보를 올바르게 인용하고 창작물을 공유하는 방법도 포함한다.

최근에는 디지털 기술이 일상생활에서 더욱 중요한 역할을 하고 있으므로, 디지털 리터러시는 교육 및 업무 분야에서 중요한 능력으로 인식되고 있다.

10-2. AI 시대의 리터러시는 어떻게 변화해야 하나?

인공지능 시대에는 기존의 리터러시에 대한 개념이 바뀌어야 할 필요가 있다. 이는 인공지능이 일상 생활에 더욱 빈번하게 사용되고, 인공지능 기술이 발전함에 따라 우리의 인식과 태도가 변화하게 됨에 따라 필요한 것이다.

기존의 리터러시는 읽기와 쓰기, 그리고 수학적인 기술과 지식을 포함하고 있었다. 그러나, 인공지능 시대에서는 이러한 리터러시에 더하여 데이터 분석, 머신러닝, 딥러닝 등의 인공지능 분야에 대한 이해와 기술이 필요하다. 이를 통해 우리는 인공지능 기술을 이해하고, 활용하는 능력을 갖출 수 있다.

또한, 인공지능 시대에서는 인간과 기계 간의 상호작용이 더욱 중요해지며, 이를 위해서는 인간 중심적인 접근법과 윤리적인 고려가 필요하다. 예를 들어, 인공지능 기술이 인간의 개인정보와 프라이버시를 침해할 수도 있기 때문에, 이를 방지하고 보호하기 위한 대책이 필요하다.

따라서, 인공지능 시대에는 기존의 리터러시에 더하여 데이터 분석 및 인공지능 분야에 대한 이해와 기술, 인간 중심적인 접근법과 윤리적 고려 등이 중요한 요소가 된다. 이를 통해 인공지능 시대에 우리는 더욱 능동적이고 창의적인 시민으로서 세상을 이끌어 나갈 수 있을 것이다.

10-3. 청소년들에 대한 AI 리터러시 교육방안은?

AI 리터러시는 현재 모든 연령대에서 중요한 기술적 스킬이다. 특히 청소년들은 미래의 혁신적인 기술에 대한 깊은 이해와 함께 현대적인 능력을 갖추는 것이 중요하다. AI에 대한 리터러시를 개발하는 데 도움이 되는 몇 가지 방법은 다음과 같다.

AI 교육: 청소년들은 AI를 배울 수 있는 온라인 코스나 교육 프로그램을 이용할 수 있다. 예를 들어, Code.org는 학생들에게 AI에 대한 교육을 제공하는 온라인 프로그램을 운영한다.

AI 관련 도서 및 자료: AI에 대한 이해를 높이기 위해 도서관에서 AI 관련 책을 대출하거나 인터넷에서 AI에 대한 정보를 검색할 수 있다.

코딩 교육: 프로그래밍 언어를 배우면 AI와 관련된 개념을 이해할 수 있다. 청소년들은 Scratch, Python 등의 코딩 언어를 배울 수 있다.

AI 프로젝트: 실제로 AI를 사용하여 프로젝트를 수행하는 것은 AI에 대한 이해를 높일 수 있는 좋은 방법이다. 예를 들어, AI를 사용하여 이미지 분류기나 음성 인식 앱을 만들어 볼 수 있다.

AI 관련 이벤트 참여: AI 관련 이벤트나 대회에 참가하여 다른 학생들과 AI 관련 아이디어를 공유하고 경험을 쌓을 수 있다.

이러한 방법을 통해 청소년들은 AI에 대한 리터러시를 향상시키고, 미래의 기술혁신에 대비할 수 있다.

10-4. 왜 AI 시대에는 '생각하는 능력'이 중요한가?

인간에게 생각하는 능력은 삶의 가치를 묻는 것이자 자아에 대한 끝없는 관심이기 때문에 무엇보다 중요하다. 생성형 AI를 잘 활용하기 위해서는 어떤 프롬프트를 생성할 것인지이다. 이는 기본적으로 생각하는 능력의 표현이다. 생각하는 능력이란 문제를 파악하고 해결책을 찾아내는 능력을 말한다. 이는 우리가 일상생활에서 직면하는 다양한 상황에서 필수적인 능력이며, 더 나은 결정을 내리고 문제를 더 효과적으로 해결할 수 있도록 도와준다.

또한, 생각하는 능력은 창의성과 혁신성을 발휘하는 데에도 매우 중요하다. 우리가 새로운 아이디어나 방법을 찾아내고 구현하기 위해서는 문제를 다양한 각도에서 바라보고, 창의적인 해결책을 찾아내는 능력이 필요하다.

새로운 기술이 등장하고, 경제적, 사회적 변화 등 다양한 변화들이 발생하고 있다. 이러한 변화에 대응하기 위해서는 생각하는 능력이 필요하다. 생각하는 능력이 있다면, 문제 상황에서 적절한 대처 방법을 찾아내고, 새로운 아이디어를 생각해낼 수 있다. 또한, 자신의 삶을 더욱 효과적으로 계획하고 관리할 수 있다.

AI 시대를 살아가기 위해서는 생각하는 능력이 더욱 중요하다. AI 기술은 이미 우리 생활과 여러 산업 분야에 널리 적용되고 있다. 기존의 직무들을 대체하고, 새로운 직무들을 창출하며, 산업 구조를 변화시키고 있다. 따라서, 변화에 적극적으로 대응하기 위해서는 생각하는 능력이 필요하다. 생각하는 능력이 있다면, 빠르게 변화하는 환경에서도 적극적으로 새로운 기회를 발견하고, 적절한 대처 방법을 찾아내고, 창의적인 아이디어를 발전시킬 수 있기 때문이다.

또한, AI 기술의 발전으로 인해 많은 직업들이 대체될 가능성이 높다. 따라서, 생각하는 능력을 통해 새로운 직무들을 창출하고, 기존의 직무들을 더욱 창의적으로 수행하는 방법을 고민해야 한다. 뿐만 아니라, AI 기술이 발전하면서 생겨나는 윤리적 문제들에 대해서도 생각하는 능력이 필요하다. 예를 들어, AI 기술의 편향성, 개인정보 보호 등의 문제들은 계속해서 다루어져야 하며, 이를 해결하기 위해서는 생각하는 능력과 윤리적인 감각이 필요한 이유이다.

이처럼, AI 시대를 살아가기 위해서는 생각하는 능력이 더욱 중요해지고 있으며, 이를 향상시키는 것이 로봇과의 공존을 위해서라도 필수적이다.

문답을 마치며

질문의 크기가 답변의 크기를 제시한다.

수많은 질문은 답을 이끌어 내지만, 그 과정에서 질문자의 질문의 깊이를 구체화한다.

우리가 글을 쓰는 것은 스스로에게 질문을 하고, 그 질문에 답하는 과정이다.

그런 면에서 질문은 사유의 과정이자, 사유 그 자체이다.

AI는 인간의 명령을 따른다.

명령의 핵심인 알고리즘은 인간이 만든다.

코딩으로 만들어진 알고리즘은 거대한 양의 데이터 기반 학습을 통해 진화한다.

파운데이션 모델인 생성형 AI의 프롬프트에 입력된 인간의 명령은 질문이다.

인간의 명령에 따른 AI의 행동은 이미지나 텍스트 등 콘텐츠라는 답변이다.

이처럼, 생성형 AI에 프롬프트는 질문이자 명령이다.

AI가 만들어 낸 결과물은 콘텐츠이자 답변이다.

우리들의 대화는 스스로에게 하는 것과 같다.

이제 기계와 대화는 필수적이다.

질문자의 의도와 질문의 맥락을 이해하고, 그에 대한 답변을 하는 것을 경험한다.

이 책은 답을 주는 것이라기보다는 여러분들이 하고 싶은 말을 대신 해 준 것이다.

듣고 싶고 보고 싶은 답변을 대신 해 준 것이다.

그렇다고 모든 책임을 여러분들에게 넘기는 것은 아니다.

참고할 수 있는 또는 내 생각이 완전히 동떨어진 것이 아니라는 일종의 확인의 결과물이다.

세상에서 틀리거나 가치 없는 질문은 없다.

우문현답이라고 하나, 답변자가 질문자의 의도와 질문의 맥락을 이해한다면 현답이 될 수 있다.

질문을 통해 사유의 깊이는 더해질 것이다.

"흐드러지게 핀 들꽃과 신록을 품고서, 늘 봄날 꿈같으시길 소원합니다."

2023. 5. 5. 저자 드림

문답을 마치며

찾아보기

작가 소개

김윤명은 남도의 니르바나 땅끝 해남에서 태어났다. 광주 인성고와 전남대학교를 졸업하고, 경희대학교에서 지식재산법으로 박사학위를 받았다. 네이버에서 정책수석으로서 네이버와 한게임의 규제 대응을 위해 일했고, 소프트웨어정책연구소(SPRi)에서 SW·AI법과 정책에 대해 연구했다. 대한민국 국회에서 보좌관으로 디지털 전환을 위한 입법과 정책을 위해 고민했으며, 대통령소속 국가지식재산위원회 AI(인공지능)-IP(지식재산) 특별위원회 위원으로 활동했다. 현재는 기율특허의 연구위원, 법무법인 원의 전문위원, 그리고 한림국제대학원대학교 글로벌게임전공 주임교수로 게임규제 혁신을 위해 고민하고 있다. 2023년, AI를 포함하여 IT 및 디지털 관련 법제와 정책 연구를 위해 '디지털정책연구소(D-Lab)'를 세웠다. 협력이 필요하신 분은 digitallaw@naver.com으로 연락주시길 바란다.

글쓰기를 좋아하여 『인공지능의 생각』, 『블랙박스를 열기위한 인공지능법』, 『게임법』, 『로보스케이프』, 『인공지능과 리걸프레임』, 『소프트웨어와 리걸프레임』, 『게임서비스와 법』, 『인터넷서비스와 저작권법』 등의 책을 혼자 쓰거나 동료와 같이 썼다. 그중 『블랙박스를 열기위한 인공지능법』은 교육부 우수 학술도서로, 『게임법』, 『게임서비스와 법』 및 『인터넷서비스와 저작권법』은 문화부 세종도서(우수 학술도서)로 선정되기도 했다.

현재, 사는 곳은 물 맑은 양평이다. 아이들이 땅을 밟고 사는 삶을 원해서이다. 더 너른 땅에서 곡식과 나무를 심고 몸을 움직이는 일을 하고 싶은 마음이다. Go get it!으로 기억되는 라이코스(Lycos) 시절부터 개발자였던, 그리고 서울 사람으로 밤이 되면 깜깜한 그야말로 시골에서 생활해야 하는 아내에게는 늘 미안한 마음이다.

늘상 시(詩)를 짓고 사진을 찍는다. 아내와 아이들과 시고르자브종 리카, 동네 풍경, 하늘, 바람, 구름과 꽃이 피사체가 된다. 주변의 짠하고도 아심찬한 모습도 담는다. 집에 도서관N을 두었다. 정사서1급 자격증이 있지만, 도서관장은 아내이다. N의 컨셉은 네이버와 한게임의 합병법인 NHN(Next Human Network)의 Next에서 따왔다. 도서관엔(N) 뭐가 있을까? 도서관엔(N) 길이 있지! 도서관 다음엔(N) 뭘 만들지? 이런 따위의 장난스러운 도서관N으로 기억되길 바란다. 모든 이들을 위해 더 큰 도서관N을 만들고자 한다. 이런 생각으로, 양평군 도서관위원회 위원으로 봉사하고 있다.

2023년 생성형 AI인 ChatGPT가 광풍처럼 불어와 이에 대해 고민하였고, 그때부터 "ChatGPT와 규제의 딜레마"(법제연구원), "생성형 AI의 법률 문제"(정보법학), "데이터 공정이용"(계간저작권), "생성형 AI와 저작권 현안"(KISDI), "기계번역의 창작성과 저작권 침해"(SW중심사회), "AI발명과 기술공개의 충분성"(산업재산), "AI발명의 공개와 데이터 기탁제도"(홍익법학), "알고리즘 권력화와 규제 거버넌스"(인권과 정의), "AI생성물의 저작권 등록의 입법방안"(입법과 정책) 등의 논문을 썼다.

생성형 AI의 법과 윤리에 대한 문답

초판발행   2023년 10월 13일

지은이   김윤명
펴낸이   안종만 · 안상준

편 집   한두희
기획/마케팅   김한유
표지디자인   이영경
제 작   고철민 · 조영환

펴낸곳   (주) **박영사**
              서울특별시 금천구 가산디지털2로 53, 210호(가산동, 한라시그마밸리)
              등록 1959. 3. 11. 제300-1959-1호(倫)
전 화   02)733-6771
f a x   02)736-4818
e-mail   pys@pybook.co.kr
homepage   www.pybook.co.kr
ISBN   979-11-303-4498-0   93360

정 가   24,000원